Google™

안드로이드 분석과 실습

(안드로이드 OS부터 Application까지)

남상엽 · 강민구 · 김인기 공저

도서출판 상학당

자동차와 PC 산업에서 일반화된 플랫폼 개념이 휴대폰, 게임, 인터넷 등 디지털 산업 전반으로 확장되고 있다. 과거에는 부품 공용화 및 표준화를 기반으로 하는 하드웨어 중심이었다면 최근에는 소프트웨어 중심으로 치열하게 전개되고 있다. 이는 컨버전스의 고도화로 컴퓨팅 기능의 중요성이 날로 커지고 있으며, 공급자 측면에서도 플랫폼 경쟁력 강화가 새로운 수익원 확보에 유리하기 때문이다.

소프트웨어 플랫폼의 부상은 하드웨어 시장에 커다란 변화를 초래하고 있다. PC 산업의 사례에서와 같이 하드웨어의 부가가치가 점점 축소되고, 플랫폼 리더들에 의해 시장 판도가 좌우되고 있는 것이다.

국내업체들이 소프트웨어 플랫폼 역량을 하루아침에 구축하여 플랫폼 리더로 도약하기에는 많은 시간과 투자가 필요하다. 현재로서는 외부 플랫폼에 어떻게 잘 대응하느냐가 지속 성장의 관건이 될 것으로 보인다. 국내업체들은 무엇보다 플랫폼을 단순한 제품 및 서비스 개발 차원에서 접근할 것이 아니라 조직 전반의 변화를 동시에 추진해야 할 것이다. 소프트웨어 플랫폼은 하드웨어 플랫폼에 탑재되어 하드웨어 기능을 애플리케이션에서 사용할 수 있도록 하여 주고, 애플리케이션 개발에 필요한 프로그래밍 환경(API) 및 실행 환경을 제공하는 역할을 수행한다.

모바일 플랫폼은 단말기에 탑재되어 단말기의 하드웨어 기능을 상위 계층에서 사용할 수 있도록 하여 주고, 상위 응용 계층에는 프로그래밍 환경 및 실행 환경을 제공하는 역할을 한다. CDMA 진영에서는 운영체제와 구분되어 사용되기도 하나, 단말기 하드웨어의 성능이 향상되고 다양한 기능이 요구되어 운영체제로부터 애플리케이션 프레임 워크까지의 모든 소프트웨어를 일컫는 말로 사용되고 있다. WIPI, BREW, J2ME, Symbian 등 기존의 모바일 플랫폼 영역에 2007년에는 애플의 새로운 스마트폰인 iPhone과 구글의 새로운 플랫폼인 안드로이드가 등장하여 모바일 플랫폼 경쟁은 더욱 심화되고 있다. 이 교재에서는 모바일 플랫폼 중 비중이 급격히 확대되고 있는 안드로이드 모바일 플랫폼의 기술 및 응용에 대하여 서술하고자 한다. 이러한 모바일 플랫폼 기술에 대하여 이해를 돕고자 《안드로이드 분석과 실습》을 발간하게 되었다.

이 교재는 컴퓨터, 전기, 전자, 제어, 통신분야의 관련 학생 및 초보개발자를 대상으로 한 안드로이드 모바일 플랫폼에 대한 기본이론 및 안드로이드에 대한 기본적인 개념에서 응용 프로젝트에 대한 개괄적인 이해를 단기간에 소화할 수 있도록 준비된 교재로, 처음 기초 전자, 전기, 통신, 컴퓨터, 제어 및 응용을 접하는 학생에게 기본적이며 쉽고 빠르게 접근할 수 있도록 초점을 맞추었으므로 기초 이론 및 응용에 대한 이해와 전반적인 기술

트랜드 및 시장을 이해하는 감각을 키우는 데 부족함이 없을 것이라 생각된다. 좀 더 깊이 있고 보다 전문적인 내용은 이 교재를 통하여 개념을 이해하고 추가적인 참고서적을 통하여 학습하는 것이 효과적일 것이다.

이 교재의 주요 구성은 다음과 같다.

제 I 부에서는 안드로이드의 개념으로써 1장은 임베디드 시스템의 개요, 2장은 모바일 플랫폼의 개념, 3장은 모바일 소프트 플랫폼, 4장은 안드로이드의 구조 및 특징, 5장은 안드로이드 개발 툴에 대하여 서술하였다.

제 II 부는 안드로이드의 개발 환경설정으로써 6장은 안드로이드의 응용개발 환경설정, 7장은 안드로이드 플랫폼 빌드, 8장은 안드로이드 커널 컴파일, 9장은 안드로이드 플랫폼 프로세서의 개요, 10장은 안드로이드 플랫폼 보드의 구성에 대하여 서술하였다.

제 III 부는 안드로이드 플랫폼의 응용으로써 11장은 안드로이드 응용프로그램 구현을 서술하였다.

끝으로 이 책을 집필하는 데 많은 도움을 주신 (주)이노디지털의 권도홍 책임연구원, 송형돈 주임연구원과 도서출판 상학당의 관계자 여러분들께 감사의 마음을 전한다. 이 교재를 집필하면서 안드로이드 관련 기존 도서를 출판하신 교수님들, 기존 모바일 플랫폼 관계자 여러분 및 안드로이드 관련 분야의 전문가의 조언과 자료제공에 대하여 깊이 감사드린다.

어떤 일이든 첫발을 내딛고 개척하는 것이 가장 힘든 일일 것이나 그 어려움을 극복하고 얻는 것이 무엇보다 값진 결실이 될 것이다. 아직은 열악하고 힘든 개발 환경이지만 이 책이 보다 많은 안드로이드 응용 기술 관련 인력 양성에 힘이 되어주길 바란다.

저 자 씀

Contents

PART 1 안드로이드의 개념

Contents

Contents

PART I

안드로이드의 개념

CHAPTER 01

임베디드 시스템의 개요

임베디드 시스템은 특정한 목적을 위해 개발되는 만큼 그 개발 환경에 있어서도 범용 시스템과는 적지 않은 차이가 있다. 하드웨어와 운영체제, 개발방법론 등의 발전에 따라 임베디드 시스템이 어떻게 변화해 왔는지를 설명하고, 임베디드 개발 환경만의 특성을 살펴본다.

임베디드(Embedded)라는 말은 우리말로 '내장되어 있다'는 의미를 지닌다. 그래서 종종 임베디드 시스템을 내장형 시스템이라고 번역하는 경우도 있지만, 어감이 그다지 좋지 않기 때문인지 임베디드라는 말을 더 많이 쓰는 것 같다. 우리가 흔히 사용하는 PC의 경우 사용하는 사람들이 이를 컴퓨터로 인식하고 사용한다. 본체에 CPU와 메모리, 하드디스크 등이 들어 있고, 주변장치로 모니터와 키보드, 마우스 등의 입출력장치를 붙여 다양한 용도로 사용한다. 반면에 임베디드 시스템은 겉으로 보기에 컴퓨터처럼 보이지 않지만 실제로 그 내부에 컴퓨터가 들어 있는 장치들을 말한다. 요즘 많이 보급된 디지털 TV나 다양한 휴대폰들, 그리고 자동차나 혹은 냉장고 및 세탁기 등의 가전제품들에도 여러 가지 형태의 컴퓨터가 들어 있는데 이런 장치들을 임베디드 시스템이라고 한다.

01 전용(Dedicated) 시스템

이런 임베디드 시스템은 대개 어떤 특정한 목적을 위해 설계된다. 세탁을 한다거나 무선 네트워크 통신을 중계한다거나 혹은 용접 로봇을 제어하는 것처럼 설계 당시에 이미 장치의 사용 용도가 정해져 있는 경우가 대부분이다. 그래서 영어로 전용(Dedicated) 시스템이라고도 한다. 특정 용도를 위한 시스템이라는 뜻이다. 반면에 PC와 같은 장비는 범용(General Purpose) 시스템이라고 한다. 설치하는 소프트웨어와 주변장치에 따라 회계 업무에 사용되기도 하고 게임용으로도 사용된다. 그래픽 작업에도 활용될 수 있고 음악을 작곡하는 데에도 사용된다.

최근에 디바이스 소프트웨어라는 말도 유행한다. 임베디드 소프트웨어라는 말보다는 일단 용어가 친숙해서 좋다. PC와 같이 일반적인 형태의 컴퓨터가 아니라, 뭔가 장치에서 실행되는 소프트웨어라는 의미이다. 사실 요즈음 들어 전통적인 임베디드 시스템의 경계가 다소 모호해지는 분야가 생겨나고 있다. MID(Mobile Internet Device)나 스마트폰 같은 경우가 대표적인 예이다. 따라서 이 교재에서는 우선 전통적인 임베디드 환경의 특징과 대표적인 개발 환경을 설명하고, 이슈로 떠오르고 있는 각 분야의 트렌드를 살펴본다. 이어서 이에 대처하는 개발자의 자세는 어떠해야 하는지도 함께 살펴보도록 하겠다.

[그림 1-1] 2차 세계대전 중 탄도 계산에 사용된 컴퓨터 ENIAC

02 줄어든 하드웨어의 제약

2차 세계대전 기간 중 포탄의 탄도 계산을 위해 최초로 전자식 컴퓨터가 사용된 이래, 컴퓨터가 인간의 생활에서 차지하는 비중은 점점 커져왔다. 진공관을 이용했던 초기의 컴퓨터는 집적회로(IC : Integrated Circuit)의 개발에 의해 크기와 성능이 비약적으로 개선되었고, 이어지는 마이크로프로세서의 발명에 힘입어 오늘날 우리가 사용하는 컴퓨터의 형태를 갖추게 된다. 물론 임베디드 시스템에 사용되는 하드웨어 역시 이런 전자기술의 발전에 힘입어 나날이 비약적인 발전을 거듭하고 있다. 휴대폰 등장 초기의 벽돌만한 모델과 오늘날의 초슬림 휴대폰은 그 생긴 모양만큼이나 기능에서도 큰 차이가 있다. 다만 그 근본적인 하드웨어의 구성을 보면 크게 세 가지로 구분된다는 점에는 예나 지금이나 동일하다.

우선 모든 임베디드 시스템에는 그 두뇌 역할을 하는 마이크로프로세서가 존재한다. TV의 전원을 켜기 위한 리모컨과 실제 화면을 보여주는 TV, 그리고 방송국의 전파를 보내주는 중계기에서 프로그램 제작에 사용하는 방송용 카메라에 이르기까지 다양한 장비들에 다양한 종류의 마이크로프로세서가 들어 있다.

4비트 마이크로프로세서도 있지만 일반적으로 8비트 이상의 프로세서가 현실적으로 주로 사용된다고 하겠다. 여기서 4비트니 8비트니 하는 것은 마이크로프로세서 내/외부의 데이터 버스의 폭이나 명령어, 혹은 레지스터의 크기를 보고 결정한다. 이 버스의 폭이 클수록 사용할 수 있는 메모리의 양도 늘어나고 프로세서의 성능도 더 좋아진다고 말할 수 있다.

일반적으로 8비트나 16비트 정도의 프로세서는 '마이컴'이라고 부르는데, 이는 정확히 말해 마이크로 컨트롤러라고 불리는 형태의 프로세서이다. 단일 칩 내부에 중앙처리장치(CPU : Central Processing Unit)라고 불리는 계산 유닛 이외에 다양한 입출력장치 제어기를 포함하고 있어서 시스템의 구성이 매우 간단해진다. 현재 리모컨에서 하드디스크 컨트롤러에 이르기까지 다양한 분야에 사용되고 있다. 32비트 이상으로 가면 프로세서의 종류와 기능이 매우 다양해지고, 범용 컴퓨팅 분야에서 사용되는 것과 거의 비슷한 수준의 성능을 지닌 것들도 임베디드 시스템에 많이 사용된다.

구조적으로 CISC(Complex Instruction Set Computer)와 RISC(Reduced Instruction Set Computer) 두 가지로 나뉘는데, 임베디드 분야에는 설계가 단순하다는 잇점으로 인해 RISC 계열의 PowerPC나 ARM, 혹은 MIPS 코어가 많이 사용된다. 특히 이 가운데 ARM 아키텍처는 저전력 설계 덕분에 휴대용 기기를 위한 프로세서 시장에서 절대 강자로 자리잡고 있다. 실제로 ARM 아키텍처는 최신 휴대폰을 포함해 우리가 주변에서 보는 거의 대부분의 휴대용 기기에서 프로세서로 애용되고 있다. 이런 전통적인 형태의 프로세서 이외에도 다양한 형태의 프로세서가 사용된다. DSP(Digital Signal Processor)는 다양한 수치 연산을 위해 특화된 프로세서로 일반 프로세서와 비교할 때 훨씬 강력하고 빠른 계산 성능을 자랑하고 있어서 각종 신호처리 분야에 많이 사용된다. 별도의 칩으로도 많이 사용되지만 최근의 임베디드 프로세서들은 시스템 온칩(SoC : System on Chip) 형태로

DSP 유닛을 내장하고 있는 경우도 많다. FPGA 역시 기존의 로직 구현을 넘어서 프로세서를 포함하는 디자인으로도 많이 활용된다.

자일링스(Xilinx)의 최신 FPGA들은 여러 개의 PowerPC 코어를 내장한 설계를 통해 고성능 고집적 시스템을 구현할 수 있고, 셀록시카(Celoxica) 같은 업체는 C언어로 구현한 소프트웨어 기능을 하드웨어 로직으로 변환해 주는 제품을 출시하기도 했다. 더 나아가 텐실리카(Tensilica)라는 업체는 원하는 프로세서를 입맛에 맞게 설계할 수 있는 제품을 출시하기도 했으니, 앞으로 어떤 임베디드 프로세서가 나올지 더욱 기대된다.

임베디드 시스템을 구성하는 두 번째 요소는 메모리이다. 개인용 PC와 같은 범용 컴퓨팅 분야에서는 확장 가능한 메모리의 제약이 거의 사라졌다고 할 수 있을 만큼 가격이 하락한 것 같다. 하지만 임베디드 분야에서 메모리는 여러 가지 의미에서 여전히 중요한 제약 조건이다.

8비트 마이크로 컨트롤러의 경우 일반적으로 32KB의 롬(ROM) 영역과 32KB의 램(RAM) 영역을 제공하는데, 이는 간단한 제어기 정도의 소프트웨어 로직에는 매우 넉넉한 공간이지만 TCP/IP나 USB와 같은 다양한 외부 연결 옵션을 제공하기에는 그리 넉넉한 공간이 아니다. 32비트 프로세서를 쓰는 고성능 시스템의 경우 이론적으로 메모리 공간이 4GB로 늘어나므로 공간의 제약은 없으나, 그렇다고 마냥 메모리를 늘려서 시스템을 설계할 수는 없다. 부품의 가격과 크기, 그리고 전력소모 등 임베디드 시스템 특유의 제약 사항으로 인해 효율적인 메모리의 사용은 여전히 시스템 설계의 중요한 부분으로 남아 있다.

임베디드 시스템의 구성 요소는 다양한 입출력장치이다.

프로세서와 메모리만으로 구성된 임베디드 시스템은 의미가 없다. 다양한 입출력 채널을 통해 외부 세계와 통신할 수 있을 때 비로소 쓸모가 있는 것이다. 대표적으로 여러 가지 통신장치를 들 수 있다. 예전에는 적외선 통신과 RS-232 직렬 버스, 프린터 포트가 주류였다면, 최근에는 Wi-Fi나 블루투스와 같은 무선통신과 USB 버스가 많이 쓰인다. 상대적으로 간단했던 예전의 통신장치들에 비해 최근의 하드웨어도 하드웨어지만, 이를 구동하기 위한 소프트웨어 프로토콜의 복잡성도 매우 높아졌다. 따라서 효과적으로 구현된 통신 소프트웨어가 매우 중요한 설계 요소로 떠올랐다.

또 다른 중요한 부분인 사용자 입출력장치를 살펴보자. 범용 컴퓨팅 분야에서 키보드와 마우스가 가장 보편적인 입력장치라면 임베디드 분야에서는 키패드(혹은 버튼)와 터치스크린 정도가 그런 역할을 한다고 볼 수 있다. 냉장고나 세탁기처럼 최소한의 버튼을 갖고 있는 것에서부터 리모컨이나 휴대폰 키패드와 같이 꽤 많은 버튼을 갖고 있는 것에 이르기까지 미리 역할을 할당한 후 사용자의 손가락을 이용해 누르는 버튼은 가장 오래된 믿음직한 입력 방식이다. 최근 들어서는 터치스크린을 이용한 입력 방식도 각광을 받고 있다. 자동차용 내비게이션과 같이 운전중 사용이라는 특수한 환경을 고려한 입력 방식이나, 혹은 최신의 휴대폰과 같이 상황에 따라 유연하게 반응하는 사용자 인터페이스의 구성에는 터치스크린이 매우 편리하다. 음성인식을 통한 입력 방식은 매우 오래전부터 연구가 진행되어 왔지만, 그 활용 가능성에 비해 상용화가 매우 더딘 분야 가운데 하나다. 그 외에도 사람의 시선을 인식하는 기술이나 각종 표면에 가상의 키보드를 그려서 입력장치로 활용하는 등 다양한 기술이 있으나 역시 널리 사용되고 있지는 않다.

사용자 출력장치쪽을 보면 그다지 선택의 여지가 없어서 화면에 정보를 보여주거나 소리를 들려주거나 하는 정도이다. 물론 나중에 3차원 입체 영상이 보편화되거나 기타 다른 방법으로 인간에게 메시지를 전달하는 기술이 상용화된다면 모르겠지만, 현재로서는 기존의 오디오/비디오 기술을 잘 활용해서 효과적인 사용자 인터페이스를 꾸미는 것이 중요해 보인다. 애플에서 가속도 센서와 멀티 터치를 지원하는 스크린을 활용해 혁신적인 사용자 인터페이스를 보여준 것처럼 이 분야는 어찌보면 기술적인 어려움의 극복보다는 개발자의 상상력이 더 필요한 분야가 아닐까 한다.

03 임베디드 시스템의 신뢰성

임베디드는 하드웨어적으로 범용 컴퓨팅 분야와는 다른 특성을 보인다. 따라서 이러한 임베디드 하드웨어를 위한 소프트웨어 역시 일반적인 범용 컴퓨팅 분야의 소프트웨어와는 달리 몇 가지 점에서 주의해야 한다.

가장 기본적인 것은 신뢰성이 매우 중요하다는 점이다. 물론 개인용 컴퓨터의 소프트웨어가 다운된 경우에도 개인에게 피해가 발생할 수 있고, 나아가 서버용 소프트웨어라면 심각한 금전적 손실까지 초래할 수도 있으므로 신뢰성은 모든 소프트웨어 분야에서 중요한 요소이다. 하지만 대단히 많은 분야의 임베디드 소프트웨어가 그보다 훨씬 심각한 피해를 줄 수도 있는 분야에 적용되고 있다. 비행기나 각종 군용 무기체계, 원자력 발전소나 공장의 용접용 로봇 등이 대표적인 예이다. 혹은 우리 주변에서 흔히 접하는 자동차나 엘리베이터에도 꽤 복잡한 수준의 소프트웨어가 운용되고 있다. 인터넷을 오가는 네트워크 트래픽을 중계하는 네트워크 장비나 전화국에서 휴대폰 통화를 처리하는 교환기 등에 문제가 발생했다고 하면 어떤 혼란이 벌어질지는 쉽게 상상할 수 있다.

그래서 이렇게 신뢰성이 중요한 분야에서 사용되는 소프트웨어는 업계에서 정한 표준에 따라 소프트웨어를 운영하기도 하고, 또는 하드웨어적으로나 소프트웨어적으로 이중화 시스템을 구성해서 장비에서 제공되는 서비스가 중단되는 일이 없게 하는 등의 노력을 하고 있다. 개발자 개인 수준에서 구현된 함수의 동작을 철저히 검증하는 유닛 테스트나 이를 확장해서 프로젝트 전체 혹은 회사 전체적으로 잘 짜인 프로세스와 방법론을 동원해 소프트웨어 품질관리를 철저하게 하는 것도 매우 중요하다.

임베디드 시스템에서 사용되는 프로세서는 아무래도 그 성능이나 기능에 제약이 있게 마련이다. 사용되는 메모리 역시 원하는 만큼 마음껏 쓰지 못할 경우도 많다. 그래서 소프트웨어의 성능이 중요하다. 주어진 프로세서의 속도 내에서, 그리고 정해진 메모리 공간 내에서 최고의 성능을 발휘하기 위해서는 여러 가지 다양한 최적화 기법을 적용해야 한다. CPU 프로파일링을 통해 성능 개선점을 발견하거나 어셈블러 같은 저수준 언어를 통해 성능을 개선하고, 혹은 더 빠른 컴파일러를 사용하거나 심지어는 검증된 상용 모듈의 도입을 고려해야 하는 등 필요한 상황에 맞는 정확한 판단과 실행이 요구되는 아주 어려운 분야이다.

더불어 임베디드 소프트웨어 분야에서의 코드 재사용을 통한 생산성 향상 역시 범용 컴퓨팅 분야와는 구별되는 어려움이 존재한다. 물론 코드 재사용은 일반 소프트웨어 분야에서도 매우 오래된 주제이지만 임베디드 분야에서는 특히나 더 어려운 주제이다. 개인용 PC의 경우 표준화된 하드웨어상에서 윈도우와 리눅스 등 소수 운영체제 환경의 변화만을 고려하면 된다. 하지만 임베디드 시스템의 경우 매프로젝트마다 프로세서를 비롯한 하드웨어 환경이 급격하게 달라지고 이에 따라서 운영체제가 전혀 다른 종류로 바뀌는 것이 그리 드문 일이 아니다.

운영체제가 바뀌면서 개발 환경과 그에 따른 컴파일러 환경도 바뀔 수 있다는 점을 고려하면 이런 상황에서 기존의 프로젝트에서 쓰던 코드를 재활용한다는 것이 매우 어렵다는 것을 알게 된다. POSIX와 같은 표준 API를 사용하거나 혹은 자체적으로 OAL(OS Abstraction Layer)을 만들 수 있고, 또한 자바와 같은 가상 머신을 이용하는 방법도 있지만 여전히 임베디드 시스템의 설계에 있어서 소프트웨어 재사용은 많은 개선을 필요로 하는 부분이다.

04 임베디드 시스템의 실시간 운영체제(RTOS)

8비트나 16비트 하드웨어 환경에서의 개발은 대개 전용 컴파일러와 모니터 프로그램 및 직렬 통신을 통한 저수준의 디버깅 정도로 충분한 경우가 많다. 롬 라이터나 롬 에뮬레이터 정도의 장비만 갖고 개발하는 경우가 많고 예전에는 ICE(In Circuit Emulator)까지 쓰는 경우도 있었지만 요즘처럼 기술이 충분히 성숙한 상태에서는 그리 많이 사용되는 것 같지 않다. 아무래도 시스템 구성이나 소프트웨어가 상대적으로 그리 복잡하지 않아서 최소한의 장비에 의한 개발이 가능한 것 같다.

그러나 32비트 이상의 프로세서에 기반을 둔 설계에서는 시스템의 복잡도가 크게 증가하며, 고가의 상용 개발 환경이 사용되기 시작한다. 이런 성능의 임베디드 환경에서는 거의 필수적으로 운영체제를 활용한 멀티태스킹 시스템이 사용되는데, 이 멀티태스킹 환경에서의 소프트웨어 디버깅은 마이크로컨트롤러에서 하드웨어 인터럽트에 기반을 둔 싱글 태스킹 환경과 비교하면 훨씬 어렵다.

임베디드 시스템에서 사용되는 이런 멀티태스킹 운영체제로 가장 대표적인 것은 실시간 운영체제(RTOS : Real Time Operating System)이다. 초창기의 컴퓨터가 2차 세계대전 기간에 군용 목적으로 개발되었듯이, 초기에 임베디드 분야를 대표한 영역은 항공우주나 군용 혹은 산업용 응용 분야였다. 이런 분야에서는 정확한 타이밍에 하드웨어를 제어하는 것이 중요한 목적이었으므로 시스템의 실시간 응답성, 즉 이벤트 발생의 예측 및 통제가 보장되는 소프트웨어가 필요했다. 바로 이런 목적으로 설계된 운영체제를 실시간 운영체제라고 부른다. 역사적으로 수백 가지 이상의 실시간 운영체제가 존재해 왔고 지금도 많은 개인, 회사, 단체에서 이에 관한 연구를 진행하고 있다. 우리나라의 경우 초창기에 군용이나 산업용으로 매우 널리 쓰이던 VRTX라는 제품이 있었는데 지금은 거의 자취를 감췄다. 그 외에, 소스코드를 기본 제공하고 로열티를 받지 않는 등의 정책으로 휴대폰이나 기타 다양한 가전 분야에서 널리 쓰였던 Nucleus를 비롯해 자동차용 내비게이션과 인포테인먼트 분야에서 사용되던 QNX, 일부 산업용 분야에 쓰였던 LynxOS나 통신 분야의 특징을 강조했던 ChorusOS, 그리고 카메라와 같은 소형 가전 분야에 적합한 ThreadX 등이 있지만 이들은 모두 시장 점유율의 측면에서 보면 미미한 수준이라고 하겠다.

[그림 1-2] VxWorks 실시간 운영체제가 탑재된 화성 탐사선

현재 전 세계적으로 가장 많이 사용되는 상용 실시간 운영체제는 VxWorks라는 제품으로, 미국의 윈드리버시스템스가 1980년대 중반에 개발한 운영체제이다. 초창기에 주로 군용과 항공, 그리고 특히 미항공우주국(NASA)의 화성탐사 프로젝트 등에 사용되며 신뢰성을 확보했고 통신 분야로 영역을 확장해 근래에는 소비자 가전 분야에까지 널리 사용되고 있다. 이는 1990년대 후반까지 pSOS라는 제품과 더불어 시장을 양분해 오다가 2000년에 그 둘의 공급사가 합병하면서 압도적인 시장 점유율을 보유하게 되었다. 이런 상용 실시간 운영체제들은 거의 예외 없이 전용 개발 환경을 제공한다.

통합개발 환경(IDE : Integrated Development Environment)이라고도 하는데, 하나의 프로그램 안에서 소스코드 편집과 프로젝트 관리 및 컴파일, 그리고 디버깅에서 테스트 코드 생성과 코드 커버리지 분석에 이르기까지 개발의 전 과정을 지원하는 개발도구를 제공하는 추세이다. 특히 요즈음은 매우 많은 회사가 이클립스(Eclipse)라는 표준 환경을 제공한다. 따라서 이전에 각 사의 개발 환경이 매우 상이하던 시절과 달리, 서로 다른 운영체제를 사용하는 프로젝트라도 개발자가 쉽게 개발 환경에 적응할 수 있는 기반이 마련되었다. 그 외에 다양한 오픈소스 형태의 실시간 운영체제도 있는데, 수년 전까지 레드햇에서 관리하다가 지금은 별도로 운영되고 있는 eCOS가 대표적이다.

FSF(Free Software Foundation)로 이관된 공개 버전도 있고 상용으로 지원되는 버전도 있는 것으로 알려져 있는데 실제 시장에서는 보기 힘들다. 반면에 Jean J. Labrosse 교수가 스스로 만든 실시간 운영체제를 책을 통해 공개한 것에서 시작된 MicroC/OS는 그 책의 인기 덕분에 실제로 소형 프로젝트에서 사용되기 시작했고 결국 회사를 설립해 판매하기 시작했다. 이와 비슷한 경우로 사카무라 켄(Sakamura Ken) 교수에 의해 시작된 TRON(The Real-Time Operating System Nucleus) 프로젝트는 일본 반도체 회사들의 열렬한 지지를 받았고, 그 가운데 ITRON이라는 운영체제(엄밀히 말하면 TRON 프로젝트는 운영체제의 표준이며 실제 구현은 각각의 회사에 일임)가 특히 일본 시장에서 큰 성공을 거두게 된다. 우리나라에서도 일부 일본 반도체 회사 제품을 사용하는 경우에 이를 종종 사용하는 것으로 알려져 있다. 또한 이런 실시간 운영체제 외에도 초창기 스마트폰 위주에서 점차 그 활용 범위를 넓혀가고 있는 윈도우 CE나 범용 컴퓨팅 분야에서 시작했지만 지금은 임베디드 분야에서도 매우 많이 사용되고 있는 임베디드 리눅스가 존재한다. 이는 별도의 파트에서 더 자세히 다룰 것이므로 이 글에서는 생략하도록 한다.

05 임베디드 시스템의 응용

원래 군용 시스템에서의 응용을 목적으로 초기의 컴퓨터 시스템이 만들어졌고, 이어서 임베디드 분야의 연구가 이뤄진 곳도 바로 항공 및 군수 분야이다. 그 후에 인터넷의 폭발적인 성장과 더불어 통신 분야가 임베디드 시스템의 가장 중요한 적용 분야가 되었고, 그 뒤를 이어 휴대폰과 디지털 가전 제품의 고성능화 및 고기능화에 힘입어 일반 소비자들이 매일 접하는 가전 분야가 임베디드 관련해서 현재 가장 활발한 시장으로 떠올랐다. 그리고, 내비게이션 분야를 필두로 점차 가장 유망한 미래의 임베디드 적용 분야로 떠오르고 있는 부문이 바로 자동차 관련 산업이다. 각각의 주요 산업별 특징을 개발자의 시각에서 살펴보겠다.

1. 항공 및 군수 분야의 응용

미국에서 항공 및 군수 분야는 임베디드 개발자들에게 있어 가장 안정적이고 인기있는 직장 가운데 하나다. 아마도 업계의 특성상 경제상황의 특성을 많이 타지 않고 늘 꾸준한 수요가 있기 때문일 것이다. 이와 마찬가지로 우리나라도 국방 여건상 군수 분야가 꽤 활발한 나라 가운데 하나이다. 물론 항공우주 분야의 개발 경험이 일천하고, 최첨단 무기 시스템의 경우 자체 개발보다는 수입에 의존한다는 점이 아쉽긴 하지만, 그럼에도 불구하고 매년 다양한 프로젝트를 통해 군장비의 국산화율을 높이는 노력을 끊임없이 수행하고 있다. 비록 규모는 작지만 미국과 마찬가지로 경기의 영향이 별로 없는 분야이며, 보통 한 프로젝트의 수행 기간이 몇 년 이상 걸리는 특징이 있어 한층 긴 호흡의 개발을 중요하게 여기는 곳이다. 덕분에 UML을 비롯한 각종 설계 방법론 역시 임베디드 소프트웨어 분야에서는 보기 드물게 원칙대로 적용하는 경우가 많으며, 장비의 신뢰성을 무엇보다 중요하게 생각한다. 프로젝트의 특성상 대부분의 프로젝트가 VxWorks 실시간 운영체제를 사용하고 있는데, 최근 들어 통신 시스템을 중심으로 리눅스의 적용이 검토되기도 한다. 평소 비행기나 군함, 미사일, 전차 등의 밀리터리 분야에 관심이 많았고, 한층 안정적이며 장기적인 형태의 개발을 선호하는 개발자에게는 좋은 기회가 될 것으로 보인다. 국방과학연구소(ADD)나 항공우주연구원 등의 국책 기관에서 근무할 수도 있고, LIG넥스원이나 삼성탈레스 등의 방산전문 대기업 또는 휴니드나 도담시스템과 같은 중견 기업체 등 관련 분야에 매우 많은 업체가 있다.

2. 통신 분야의 응용

항공과 군수 분야에 이어서 실시간 운영체제가 가장 먼저 적용된 곳은 통신 분야이다. 전화국에 들어가는 각종 유무선 교환기나 기업용 네트워크 라우터 및 스위치 같은 장비들, 혹은 와이브로 장비나 차세대 무선통신 장비들을 개발하는 분야이다.

미국의 경우 2000년 무렵 IT 버블이 붕괴되면서 가장 큰 타격을 받은 시장이 바로 통신 장비 시장이다. 이후 점차 회복기에 들어서서 지금은 어느 정도 예전 수준으로 시장이 살아나면서 관련 업계도 활기를 찾고 있다. 우리나라의 경우는 벤처 거품이 꺼지면서 거의 붕괴되다시피 했던 네트워크 장비 업계가 여전히 예전의 활력을 되찾지 못하고 있다.

그러나 무선통신 강국답게, 3G 서비스나 와이브로 등의 장비를 중심으로 투자가 지속되고 있으며 차세대 유무선통신 시장의 가능성을 계속 보여주고 있는 VoIP 시장이나 보안 스위치, 그리고 가정용 펨토셀 등에서 신규 수요가 나타나고 있다. 다루는 시스템이 네트워크 장비인 관계로 조그마한 독립 모듈보다는 시스템 수준에서의 디버깅이 매우 어렵지만 또한 도전적인 분야임에 틀림없다. 이중화나 로우 레벨 디바이스 드라이버의 경우에는 실시간 운영체제의 지식이 필요하지만, 그 외에 네트워크 프로토콜이나 응용프로그램은 일반 컴퓨팅에서의 지식이 충분히 빛을 발하는 응용 분야이므로, 기존의 관련 개발자들이 가장 쉽게 옮겨갈 수 있는 임베디드 분야이기도 하다. 삼성전자의 통신사업부나 LG전자에서 분사한 LG노텔이 통신 분야에서 큰 규모의 회사이고, 티모나 다산네트웍스 같은 경우는 관련 분야의 중견 기업이다. 반면에 포스데이터 같은 경우는 SI업체이면서 요즈음 들어 와이브로 장비개발에 박차를 가하고 있어서 특이한 경우라고 하겠다.

3. 제어 및 자동차 분야의 응용

또 하나의 흥미로운 곳은 산업용 제어나 자동차 분야이다. 요즈음에는 전산을 전공한 사람들도 임베디드 개발 분야에 다수 보이지만, 예전에는 전기·전자를 전공한 사람들이 임베디드 하드웨어 및 소프트웨어를 거의 대부분 담당했었다. 전기·전자 분야의 하드웨어를 하면서 함께 펌웨어 수준의 개발을 해 나갈 수 있는 곳이 바로 이 분야이다. 군수 분야만큼은 아니지만 꽤 길고 안정적인 프로젝트 사이클을 갖고 있는 분야이며 네트워크 장비개발에 비해 하드웨어 의존적인 모듈이 많은 관계로 소프트웨어 입장에서는 디버깅이 더 간단명료하다는 장점도 있다. 그럼 자동차 분야는 어떤가? 본네트 안에 들어가는 전장 분야의 경우에는 여전히 실시간 운영체제보다는 펌웨어 수준의 개발이 주가 되고 있지만, 운전석쪽의 내비게이션이나 인포테인먼트 분야는 거의 대부분이 가전제품 수준의 소프트웨어가 들어가는 이중적인 특성을 나타낸다.

따라서 펌웨어를 좋아하는 개발자들에게 자동차 분야는 좋은 선택이 될 수 있는데, 특히 자동차를 좋아하는 개발자라면 좋아하는 자동차를 속속들이 알고 심지어는 ECU를 비롯한 각종 전장 제품의 튜닝에도 도전해 볼 수 있는 기회가 될 것이다. 현대자동차를 비롯한 국내의 메이저 자동차업체들의 연구소, 그리고 현대오토넷이나 현대 모비스, M&Soft와 같은 자동차 그룹 관계사들, 또한 아이나비로 유명한 팅크웨어나 카포인트와 합병한 지오텔 등의 회사가 유명하다.

4. 소비자 가전의 응용

마지막으로 요즘 가장 따끈따끈한 영역인 소비자 가전(CE : Consumer Electronics)을 들 수 있다. 우리나라가 전 세계에서 1, 2위를 다투는 휴대폰이나 디지털 TV, 셋톱박스, MP3 플레이어 등이 여기에 속한다. 개발 프로젝트에 따라서 실시간 운영체제나 윈도우 CE, 그리고 임베디드 리눅스가 골고루 사용되는데, 어떤 프로젝트를 막론하고 매우 빡빡한 생활을 각오해야 할 것이다. 제품의 특성상 개발기간은 짧게는 몇 개월, 길어도 1년을 넘기지 않는다. 또한 큰 매출 규모를 지닌 프로젝트가 많아서 회사에서 무척 따사로운 관심을 받는 분야이기도 하다. 엄청난 수량의 제품이 양산되고 그것이 실제로 일반 대중들에 의해 사용되는 데다 혹시라도 문제가 발생하면 파장이 매우 크므로, 개발기간 동안

(특히 양산에 임박해서) 디버깅이 매우 큰 부담이 될 수도 있다. 물론 그렇게 고생하는 만큼 결과가 좋을 경우에 돌아오는 혜택도 괜찮은 편이라고 알려져 있고, 관련 산업이 활성화되어 있는 만큼 이직에도 별다른 어려움이 없다고 한다. 실생활에서 매일 보는 TV나 매일 쓰는 휴대폰을 자신의 손으로 직접 만들고 싶고, 또 매우 짧고 굵게 개발자 생활을 즐기고자 하는 이들에게는 매우 좋은 선택이 아닐까 한다. 국내의 대표적인 기업인 삼성전자와 LG전자가 이 분야의 가장 대표적인 회사이다. 또한 휴맥스나 한단정보통신과 같은 셋톱박스 전문업체, MP3 플레이어의 원조 레인콤, 그리고 알티캐스트와 같은 국산 미들웨어 업체들에서 전문 개발 서비스를 제공하는 수많은 소프트웨어 디자인 하우스에 이르기까지 어찌보면 가장 다양한 스펙트럼의 업체들이 치열한 경쟁을 펼치고 있는 분야라고 하겠다.

이상으로 임베디드 시스템 분야에 대한 대략적인 소개이다. 임베디드 개발과 관련된 중요한 기술에 대해서는 임베디드 시스템 개론 등 참고서적을 참고하길 바란다.

[그림 1-3] 구글의 휴대폰 플랫폼인 안드로이드 에뮬레이터

CHAPTER 02

모바일 플랫폼의 개념

01 모바일 플랫폼의 개요

자동차와 PC 산업에서 일반화된 플랫폼 개념이 휴대폰, 게임, 인터넷 등 디지털 산업 전반으로 확장되고 있다. 과거에는 부품 공용화 및 표준화를 기반으로 하는 하드웨어 중심이었다면 최근에는 소프트웨어 중심으로 치열하게 전개되고 있다. 이는 컨버전스의 고도화로 컴퓨팅 기능의 중요성이 날로 커지고 있으며, 공급자 측면에서도 플랫폼 경쟁력 강화가 새로운 수익원 확보에 유리하기 때문이다.

소프트웨어 플랫폼의 부상은 하드웨어 시장에 커다란 변화를 초래하고 있다. PC 산업의 사례에서와 같이 하드웨어의 부가가치가 점점 축소되고, 플랫폼 리더들에 의해 시장 판도가 좌우되고 있는 것이다. 국내업체들이 소프트웨어 플랫폼 역량을 하루아침에 구축하여 플랫폼 리더로 도약하기에는 많은 시간과 투자가 필요하다. 현재로서는 외부 플랫폼에 어떻게 잘 대응하느냐가 지속 성장의 관건이 될 것으로 보인다. 국내업체들은 무엇보다 플랫폼을 단순한 제품 및 서비스 개발 차원에서 접근할 것이 아니라 조직 전반의 변화를 동시에 추진해야 할 것이다.

02 모바일 플랫폼의 정의 및 중요성

도요타 캠리, 인텔 센트리노, 마이크로소프트의 운영체제 윈도우 XP, 닌텐도의 게임기 NDS, 애플의 휴대폰 iPhone, ……. 소속 산업을 대표하는 기업과 제품들을 나열한 것이다. 이들 제품에는 공통적인 제품 철학이 담겨 있다. 바로 플랫폼(Platform)이다. 플랫폼이란 공통의 활용 요소를 바탕으로 보완적인 파생 제품이나 서비스를 개발·제조할 수 있는 기반 자체를 의미한다. 다시 말해 플랫폼은 제품자체뿐만 아니라 제품을 구성하는 부품이 될 수도 있으며, 다른 서비스와의 연계를 도와주는 기반 서비스나 소프트웨어 같은 무형의 형태도 포괄하는 개념이다.

도요타는 캠리의 기본 플랫폼인 TMP(Toyota Modular Platform)를 Estima, Lexus ES 모델 등에 적용하여 2005년 한 해 TMP 기반 차량을 약 140만대 양산했다. 당시 연간 생산량의 18%에 이르는 규모이다.

TMP(캠리)와 함께 NCV(Corolla), NBC(Yaris) 등을 포함하면 3가지 기본 플랫폼이 전체 생산량의 50%를 담당했다. 애플의 iPhone 또한 개별 제품(product)이라기보다는 iTunes, 구글 Map 등의 서비스나 애플리케이션을 수행할 수 있도록 'OS X'라는 플랫폼을 탑재한 기기라고 할 수 있다. 또한 애플은 iPhone 3G의 신모델을 출시하면서도 디스플레이의 해상도는 그대로 유지했다. 이는 플랫폼 관점에서 기존 iPhone 2G에서 사용하던 서비스나 애플리케이션을 그대로 이용할 수 있도록 고안한 것이다.

1. 플랫폼 기반 개발의 장점

앞에서 예로 든 사례처럼 플랫폼은 주로 부품의 수가 많은 하드웨어 산업이나 소프트웨어 산업에서 그 중요성이 부각되어 왔다. 플랫폼 기반으로 제품을 개발하면 일차적으로 부품 표준화 및 공용화, 소프트웨어 재사용 등을 통해 원가절감 효과를 크게 누릴 수 있다. 스웨덴의 버스와 트럭 제조업체인 스카니아(Scania)는 1980년대 플랫폼 기반 개발 및 생산 체제를 도입하면서 제품 개발 비용을 경쟁사의 절반 수준으로 절감할 수 있었다. 차량을 구성하는 엔진, 샤시 등을 각각 몇 가지 형태로 표준화하여 지역별 도로사정에 맞도록 트럭의 설계를 쉽게 변형시킬 수 있었기 때문이다.

플랫폼 기반의 제품 개발은 빠르게 변화하고 있는 소비자들의 니즈에 적기 대응할 수 있다는 장점도 있다. 특히 전자 산업의 경우 제품 전반이 디지털화하면서 모방이 용이해지고 차별화가 힘들어짐으로써 라이프 사이클도 그만큼 단축되고 있다. 이런 상황에서는 개별 단품 개발보다는 다양한 파생제품이나 보완재(부가 제품이나 서비스)로 대응하는 것이 더욱 효과적이다.

플랫폼 전략을 활용할 경우 이러한 파생제품이나 보완재를 빨리 확보할 수 있다. 인텔과 AMD간 저력의 차이는 플랫폼 대응력에 있다. 과거 AMD는 플랫폼 방식을 가벼이 여기고 PC 사용자들이 나머지 부품을 자유롭게 선택할 수 있도록 단품 칩 위주의 제품을 공급했다. 반면 인텔은 호환성 테스트까지 마무리한 칩셋까지 포함한 PC 플랫폼을 하드웨어 업체들에게 제공했기 때문에 다양한 사양의 PC를 신속히 공급할 수 있었다. 최근 AMD는 기존의 전략을 수정하여 ATI 테크놀러지를 인수하면서 '스파이더' 플랫폼을 출시했다.

마지막으로 오픈 이노베이션을 통해 제품 혁신을 빨리 이룰 수 있다는 점도 플랫폼이 중요한 이유 중 하나이다. 자동차 산업이나 디지털 산업에는 다양한 플레이어들이 시장에 참여하고 있다. 부품업체, 제조전문업체, 소프트웨어 개발업체 등을 중심으로 각자 전문영역에서 제품 혁신을 위해 나름의 노력을 기울이고 있는 것이다. 이들의 부분적 혁신을 완제품에 효과적으로 통합시키려면 플랫폼 전략이 필요하다.

IBM은 초기 PC 플랫폼 경쟁에서 효과적으로 대응하지 못한 대표적인 사례이다. 1980년대 초만 하더라도 IBM은 PC 분야의 선두주자였다. 당시 IBM은 PC의 하드웨어 표준을 선도하면서 표준 부품만 있으면 PC를 조립할 수 있는 환경을 제공하였다. 소위 'IBM 호환 컴퓨터'라는 말이 여기서 비롯되었다. 하드웨어 표준의 힘을 뒤늦게 알게된 IBM은 1987년에 PS/2 모델을 내놓으면서 자신만의 표준을 내세우면서 플랫폼을 철저하게 숨겼다. 그러나 다른 업체들의 참여가 저조해지면서 PS/2 모델은 실패했고 IBM 또한 PC 시장에서의 입지가 점점 악화되었다. 만약 그 때 IBM이 인텔과 같은 플랫폼 전략을 구사했더라면 현재의 시장 지위는 상당히 달라졌을 것이다.

2. 하드웨어 플랫폼

하드웨어 플랫폼은 공용화된 부품들로 구성된 하부 시스템(Subsystem)과 이들 하부 시스템과 다른 하부 시스템 또는 기타 부품들을 연결시키는 인터페이스의 집단규칙에 따라 다양한 파생 제품이 제안될 수 있다.

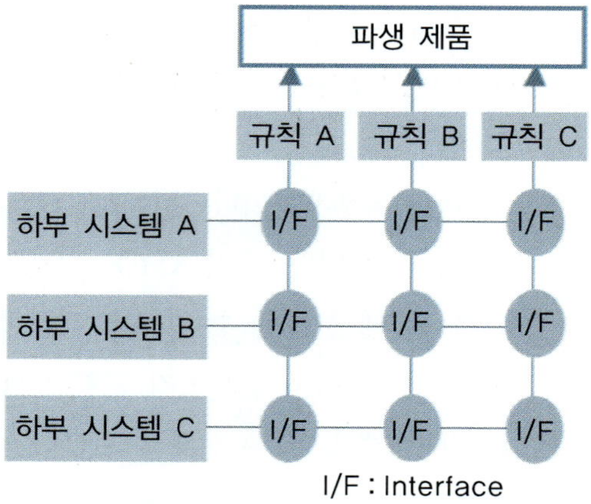

[그림 2-1] 하드웨어 플랫폼

3. 소프트웨어 플랫폼

소프트웨어 플랫폼은 하드웨어 플랫폼에 탑재되어 하드웨어 기능을 애플리케이션에서 사용할 수 있도록 하여 주고, 애플리케이션 개발에 필요한 프로그래밍 환경(API) 및 실행 환경을 제공하는 역할을 수행한다.

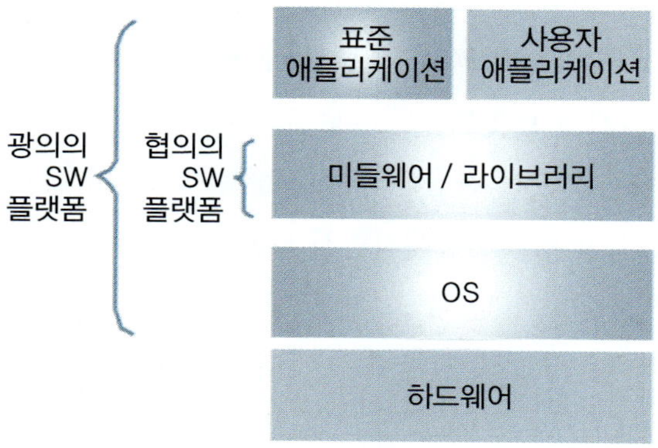

[그림 2-2] 소프트웨어 플랫폼

03 소프트웨어 플랫폼의 확산과 영향

소프트웨어 플랫폼의 효과 때문에 대다수 업체들은 자사의 사업모델이나 제품 특성에 따라 나름의 플랫폼 전략을 추진하고 있다. 플랫폼 기반의 개발이라는 것은 새삼 새로운 사실이 아니다. 그러나 지금까지 다루었던 플랫폼과는 완전히 다른 속성의 플랫폼이 최근 부각되고 있다. 과거에는 부품 공용화 및 표준화를 중심으로 하는 하드웨어 중심의 접근이었다. 부품 자체의 기술 진화가 디바이스 발전의 주요 동력원이었기 때문이다. 최근 플랫폼의 경쟁 양상은 하드웨어에서 소프트웨어 중심으로 전환되고 있다.

소프트웨어 플랫폼이란 API(Application Programming Interface, 애플리케이션 개발에 필요한 사전에 정의된 소스코드)를 통해 애플리케이션(응용프로그램)에 필요한 서비스를 제공하는 특수한 프로그램을 말한다.

1970년대 이후 컴퓨터 프로그램을 쉽게 개발하기 위해 소개된 기술이다. 우리가 흔히 알고 있는 PC의 윈도우 XP와 같은 역할을 하는 것이라고 보면 된다. 이러한 소프트웨어 플랫폼 기술이 PC에서 벗어나 다양한 디바이스로 영역을 확장해가고 있다. 최근 빠르게 성장하고 있는 스마트폰이 이러한 소프트웨어 플랫폼을 적용한 휴대폰이라고 할 수 있다.

모바일 플랫폼은 모바일 단말의 기반이 되는 소프트웨어·모바일 단말은 하드웨어 계층, 펌웨어 및 운영체제 계층으로 차례로 구성된다. 다양한 응용프로그램을 제공하기 위해 운영체제 위에 응용프로그램을 위한 계층을 두기도 한다. 모바일 플랫폼은 다양한 응용프로그램을 제공하기 위해 모바일 단말에 탑재된 소프트웨어 계층들을 총칭한다.

1. 소프트웨어 플랫폼의 확산 배경

소프트웨어 플랫폼의 확산 배경처럼 소프트웨어 플랫폼이 중요해지고 있는 이유는 수요와 공급 양측면에서 살펴 볼 수 있다. 수요 측면에서는 과거 AV 중심의 컨버전스에서 컴퓨팅까지 포함한 컨버전스로 니즈가 고도화되고 있기 때문이다. 우선 디바이스가 지능화되고 컨버전스로 인해 복잡해지면서 PC 수준의 관리 기능이 요구되고 있다. 상황에 따른 신속한 정보처리, 기능 융·복합화에 따른 시스템 안정성 확보, 사용자 인터페이스 개선 등을 위해 PC가 아닌 다른 디바이스에서도 윈도우와 같은 운영체제가 필요하다. 게임 콘솔의 경우 다양한 게임을 문제없이 구동시키기 위해서는 견고한 소프트웨어 엔진이 있어야 한다. 휴대폰 또한 고성능 카메라, 듀얼 스크린 등 다양한 기능이 부가되고 있어 이를 편리하게 이용할 수 있는 애플리케이션 제공이 중요하다.

소프트웨어 플랫폼을 활용하면 기능을 추가하기가 수월하고, 편리한 사용자 인터페이스를 가진 애플리케이션을 보다 쉽게 개발할 수 있다. 또한 생활의 중심으로 자리잡고 있는 인터넷을 PC가 아닌 다른 디바이스에서 안정적으로 지원해주기 위해서는 소프트웨어 플랫폼의 역할이 긴요하다.

광대역 무선 네트워크 인프라 덕분에 모바일 환경에서도 유선 인터넷 수준의 모바일 인터넷을 즐길 수 있게 되었다. 이러한 모바일 인터넷의 발전으로 인터넷을 지원하는 다양한 디바이스가 출시되고 있으며, 인터넷에 접속하지 않는 삶을 상상하기 힘들게 되었다. 인터넷에는 다양한 포맷의 디지털 콘텐츠와 특정한 웹 기술을 요구하는 서비스가 무궁무진하다. 이런 인터넷 서비스를 별 무리 없이 이용하기 위해서는 PC와 가까운 수준의 소프트웨어 플랫폼이 요구된다. 구글은 기존 PC에서 지원하던 애플리케이션을 인터넷 TV나 휴대폰 등 타 전자기기에서도 활용할 수 있도록 모두 웹 기반의 애플리케이션 서비스로 전환하여 출시하고 있다.

2. 네트워크 효과가 높은 소프트웨어 플랫폼

공급자 측면에서 소프트웨어 플랫폼은 네트워크 효과가 매우 커서 고객확보에 유리하고 새로운 수익 모델 창출도 가능하게 해준다. 네트워크 효과(혹은 외부성)란 사용자의 추가 가입이 네트워크의 확대로 이어지고, 그것이 네트워크에 속해 있는 다른 사용자들의 가치를 높여주는 것을 의미한다. 네트워크 효과는 직접적인 효과와 간접적인 효과로 구분할 수 있다(Katz and Shapiro, 1985).

직접적인 네트워크 효과란 네트워크 크기가 증가하면 직접적으로 해당 고객들의 가치가 증가되는 효과를 말한다. 예를 들어 게임 플랫폼 사용자 증가가 해당 플랫폼의 가치를 증가시키는 경우이다. 같은 게임 플랫폼을 가지고 있으면 게임 타이틀을 공유하면서 훨씬 더 효율적으로 사용할 수 있기 때문이다.

간접 네트워크 효과는 보완재에 의해 발생하게 되는 효과를 말한다. 플랫폼의 사용자가 증가하면 다른 보완재의 사용자도 덩달아 증가하게 되는 상호보완성이 있다. 예를 들어 동일한 게임 플랫폼에 사용자가 많이 몰려들수록 게임 타이틀 판매가 늘어날 것이며, 게임 타이틀 제공업체들도 많아질 것이다. 또는 특정 게임 타이틀의 인기가 커질수록 해당 게임 플랫폼에 대한 수요도 커질 것이다. 이러한 네트워크 효과로 인해 소프트웨어 플랫폼을 주도할 수 있다면 애플리케이션이나 해당 하드웨어의 판매를 늘릴 수 있게 된다.

3. 소프트웨어 플랫폼 확산에 따른 파급효과

소프트웨어 플랫폼의 확산이 하드웨어(주로 디지털 기기)에는 어떤 영향을 미칠까? 경쟁의 양상이 지금까지의 단품 중심의 경쟁에서 보완재를 포함한 완전제품간 차별화 경쟁으로 변화할 것으로 보인다. 다시 말해 단지 개발 효율성이 증대하는 것을 넘어 하드웨어 시장 전체의 게임의 룰에 영향을 줄 가능성이 높다.

(1) 하드웨어 시장의 진입장벽이 낮아져 하드웨어 자체의 부가가치가 떨어질 것이다.

미리 잘 정의된 하드웨어와 소프트웨어 플랫폼을 상호 연결하면 손쉽게 제품을 만들 수 있기 때문이다. PC 제조 선두업체인 델과 HP의 영업이익률은 5% 내외이며, 나머지 기업들의 수익성은 더 낮다. 반면 PC 플랫폼을 주도하고 있는 인텔과 마이크로소프트의 수익성은 매우 높은 편이다. 휴대폰 시장에서도 휴대폰 제조업체가 가지고 있던 헤게모니가 플랫폼 리더들에게 넘어갈 것으로 예상된다. 이러한 현상은 플랫폼의 개방성과 쏠림현상이 진전될수록 더욱 강화될 것이다. 동일한 플랫폼을 사용해서 누구나 비슷한 휴대폰을 쉽게 제조할 수 있게 됐기 때문이다.

(2) 하드웨어의 개념이 근원적인 기능을 수행하는 디바이스에서 콘텐츠 전달 플랫폼 (Content Delivery Platform)으로 변화될 것으로 예상된다.

즉, 하드웨어의 보완재 역할을 하는 애플리케이션과 디지털 콘텐츠 등을 통해 제품 차별화가 이루어질 것이다. 휴대폰의 경우 통화, 카메라, 음악재생 등 디바이스 자체가 가지고 있는 기능보다는 인터넷을 통해 제공받을 수 있는 웹 브라우징, UCC 및 음원 제공 서비스 등이 제대로 구현되는지가 중요해질 것이다. 애플 iPhone이나 노키아 N96은 단순한 휴대폰이라기보다는 소비자가 원하는 다수의 콘텐츠 및 서비스에 최적화된 디바이스라고 보는 것이 맞을 것이다. 이러한 애플리케이션이나 디지털 콘텐츠 등은 대부분 소프트웨어 플랫폼 업체들이 구축중인 에코 시스템을 통해 공급받게 된다. 애플은 EA 등 게임업체와 협력하여 iPhone 대응 게임 콘텐츠를 준비하고 있다. 노키아는 운동량 체크 애플리케이션, 골프 스윙 교정 애플리케이션을 탑재한 전용 헬스폰 및 골프폰을 출시하기도 했다. 하드웨어 업체들은 타깃 고객들의 가치를 잘 파악하여 차별적 우위가 있는 애플리케이션이나 서비스를 발굴한다면 경쟁사들보다 수월하게 시장을 공략할 수 있을 것이다.

(3) 소프트웨어 플랫폼의 라이프 사이클에 따라 디바이스의 진화가 일어날 것으로 보인다.

지금까지 디바이스는 개별 기술의 발전에 따라 선형적(linear)으로 발전해왔다. 어느 한 업체가 어떤 제품을 내놓으면 경쟁업체가 그것보다 한층 더 진화된 제품을 바로 내놓는 식이었다. 그러나 플랫폼 기반 디바이스의 진화양상은 계단식(generation)으로 변화할 것이다. 즉, 특정 세대의 플랫폼이 정해지면 거기에서 파생되는 디바이스들이 다음 세대의 플랫폼이 나오기 전까지 치열한 경쟁을 벌일 것이다.

윈도우 모바일이나 S60 등 휴대폰의 소프트웨어 플랫폼의 교체 주기는 보통 2년이다. 동일한 버전의 윈도 모바일이나 S60을 지원하는 휴대폰은 기능면에서 큰 차이가 없다. 그러다가 차기 버전이 출시되면 제품의 성능이 업그레이드된다. 게임 플랫폼의 제품 주기는 휴대폰보다 다소 긴 편이다. 이러한 세대별 진화로 인해 차세대 플랫폼을 탑재한 제품을 누가 먼저 출시하느냐가 경쟁의 초점이 되고 있다. PC의 경우 인텔의 최신 플랫폼과 마이크로소프트의 새로운 윈도우 버전이 나왔을 때 어느 회사가 먼저 출시하느냐가 하나의 커다란 마케팅 수단이 되고 있다.

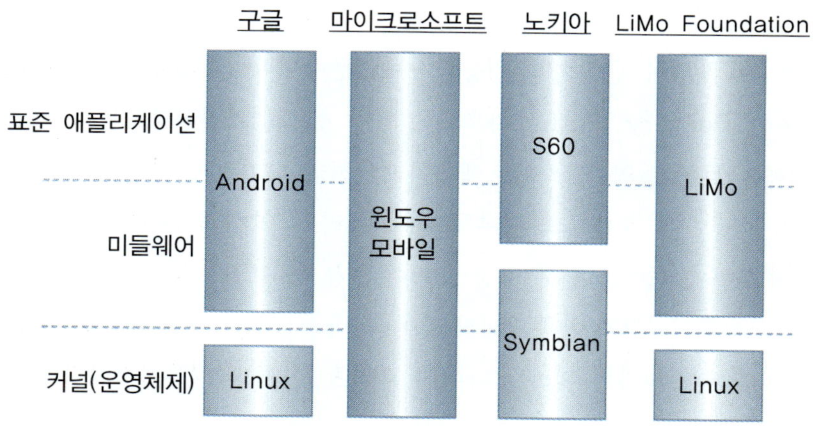

[그림 2-3] 휴대용의 상용 소프트웨어 플랫폼

04 소프트웨어 플랫폼 주도권 경쟁

최근 디지털 기기 시장에서 소프트웨어 플랫폼을 주도하기 위해 많은 기업들이 치열하게 경쟁을 벌이고 있다. 소프트웨어 플랫폼을 선도할 경우 플랫폼 자체의 매출뿐만 아니라 하드웨어 시장을 지배하거나 다양한 신규 시장을 발굴할 수 있는 일석삼조의 효과가 있기 때문이다. 우선, 1990년대 이후 마이크로소프트가 주도하고 있는 PC 산업에서 애플과 리눅스(Linux) 진영의 도전이 거세지고 있다.

애플은 작년에 최신 운영체제인 레오파드를 내놓으면서 마이크로소프트의 윈도우 비스타와 경쟁하고 있다. 더욱 진보된 사용자 인터페이스를 지원하면서 시장에서 긍정적인 반응을 얻고 있다. 예를 들어 2개 이상의 화면을 분할하여 각각의 윈도우에서 독립적으로 작업을 할 수 있게 하는 'Space' 기능과 보다 지능화된 컨텍스트 메뉴 기능인 'Data Detectors' 등이 있다. 향후 리눅스의 약진도 눈여겨볼 만하다.

리눅스는 오픈소스로 제공되어 제공 주체는 따로 없지만 자발적으로 참여하는 개발자들의 노력으로 지속적으로 발전하고 있다. 마이크로소프트와 함께 PC의 성장을 견인해왔던 인텔 또한 자사 칩에 리눅스가 완벽히 구현되도록 노력하고 있다. 이러한 시장 경쟁으로 인해 기존 마이크로소프트의 아성이 약화될 가능성도 크다. 최근 휴대폰 산업에서도 소프트웨어 플랫폼을 두고 다양한 업체들이 경쟁을 벌이고 있다. 세트 업체인 노키아와 애플, 인터넷 업체인 구글, 전문 소프트웨어 업체인 마이크로소프트 등 관련 업체들이 대거 진입하고 있다. 이와 함께 통신사업자와 단말업체들간 협력기구인 LiMo Foundation(리눅스 기반 휴대폰 소프트웨어 플랫폼)과 같이 이해당사자들 간의 협의체 구성도 활발하다. 특히 세트 중심에서 벗어나 플랫폼과 서비스 기업으로 탈바꿈하고 있는 노키아는 운영체제인 심비안을 오픈하여 자사의 소프트웨어 플랫폼인 S60 확산을 위해 팔을 걷어 부치고 있다. 아울러 OVI라는 포털 서비스를 구축하여 다양한 애플리케이션 및 콘텐츠 서비스를 제공하고 있다. 이를 위해 플랫폼만을 담당하는 전문조직도 육성하고 있다. 구글의 플래폼 전략은 전혀 새롭다. 휴대폰 시장의 후발자로서 누구나 소스코드를 활용할 수 있는 오픈소스 전략이라는 획기적인 방법으로 에코 시스템을 구축해 나가고 있다. 구글은 디바이스라는 것을 인터넷 기반의 서비스를 전달하는 매개체로 정의하고 있는 것이다. 머지 않아 베일에 쌓여 있는 구글의 안드로이드 플랫폼이 탑재된 휴대폰이 선보일 전망이다.

PC와 휴대폰뿐만 아니라 텔레매틱스(AMI-C, QNX 등), 디지털 미디어 기기(애플, 마이크로소프트 등), 게임(소니, 닌텐도, 세가 등) 등 다양한 디지털 디바이스 영역에서 플랫폼 경쟁이 일어나고 있다. 이러한 소프트웨어 플랫폼 경쟁에서 누가 살아 남느냐에 따라 향후 시장의 경쟁 구도가 크게 달라질 것으로 보인다.

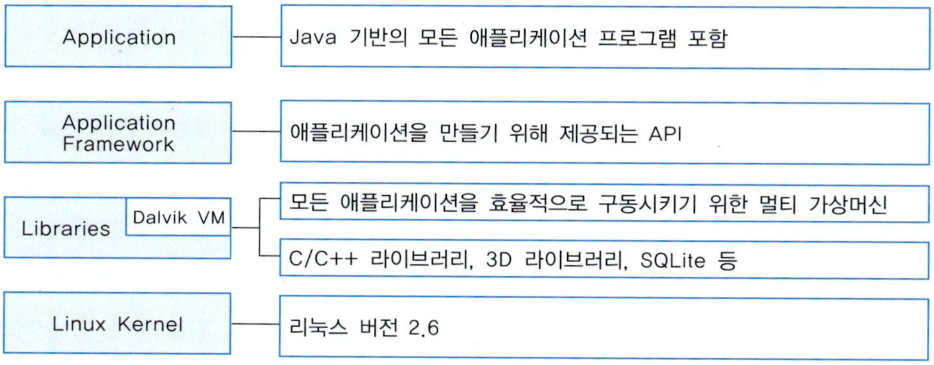

[그림 2-4] 구글 안드로이드 플랫폼

05 소프트웨어 플랫폼의 대응방안

최근에는 소프트웨어 플랫폼 경쟁이 치열하게 전개되고 있지만, 국내업체들의 플랫폼 경쟁력은 상당히 뒤떨어지는 편이다. 지금까지 국내업체들은 하드웨어 중심으로 차별화된 제품 개발을 우선시해 왔기 때문이다. 이러한 성장 패턴은 일정 수준까지 시장 지배력을 빠르게 확보하는 데는 도움이 되었다. 그러나 이제 소프트웨어 플랫폼을 직접 확보하거나 플랫폼 리더와의 관계 설정을 제대로 하지 않는다면 지금까지 쌓아 올렸던 성과를 하루 아침에 잃을 수도 있다. 한때 잘 나가던 모토로라나 소니 에릭슨도 탄탄한 플랫폼을 구축하지 못해 반짝 성공에 그치고 말았다는 점을 명심해야 할 것이다.

그렇다고 국내업체들이 지금 당장 새로운 플랫폼을 직접 구축하기에는 많은 시간과 투자가 필요하다. 모토로라는 2000년 이후부터 자사 휴대폰의 소프트웨어 플랫폼을 리눅스 기반으로 구축하기 위해 많은 투자를 해왔다. 그러나 5년 이상의 투자에도 불구하고 소수 업체들과의 협력 또는 내부개발에 집중하는 바람에 플랫폼 구축에 성공을 거두지 못했다. 따라서 국내업체들로서는 플랫폼 경쟁구도를 잘 파악하여 플랫폼 리더들과 관계를 보다 유리한 방향으로 추진하는 것이 올바른 대응전략이다.

물론, 플랫폼 리더와의 유기적 협력을 추진하는 동시에 그들과의 헤게모니 다툼에서 밀려나지 않기 위해서는 제품 자체의 혁신에도 꾸준히 노력해야 한다. 지금까지 국내업체들의 경쟁력이었던 디자인과 신기술 선적용 등의 강점을 계속 살려 나가야 할 것이다. 어떤 플랫폼 리더와 협력할 것인지는 각 업체의 시장 포지셔닝과 내부역량에 따라 달라질 수 있다.

우선 시장환경 변화에 대한 이해와 플랫폼의 강・약점 분석 등이 선행되어야 한다. 기존에 플랫폼을 주도하고 있는 업체라도 다른 영역에서의 플랫폼을 구축하는데 실패하는 경우도 많이 있다. 인텔의 바이브 플랫폼이 대표적인 사례 중 하나이다. 바이브는 가정 내 모든 기기를 연결할 수 있는 미디어 센터를 PC에 구축하기 위한 멀티미디어 플랫폼이었다. 그러나 고객들은 PC를 거실의 미디어 센터로 내세우는 것은 원하지 않았다. 결국 인텔은 바이브 플랫폼 전략에 있어 전면적인 수정을 할 수 밖에 없었다.

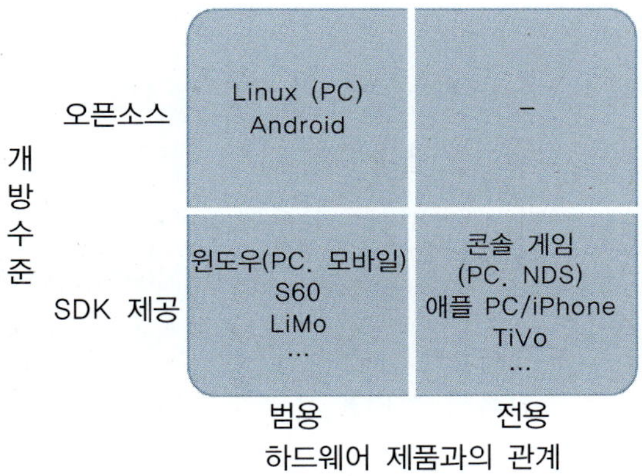

[그림 2-5] 소프트웨어 플랫폼 유형

국내 하드웨어 업체들이 소프트웨어 플랫폼을 적절하게 대응하여 시장 지위를 지속적으로 향상하기 위해서는 개별 플랫폼의 특성에 맞는 경쟁 전략이 요구된다. 경쟁 업체들도 동일하게 해당 플랫폼을 활용한 제품을 출시하기 때문에 제품 경쟁에서 이기기 위해서는 다른 접근법이 필요한 것이다.

앞에서 살펴본 소프트웨어 플랫폼을 하드웨어 관점에서 해당 디바이스와의 관계 및 개방 정도에 따라 유형화할 수 있다. 우선 특정 디바이스에 전용된 소프트웨어 플랫폼인지 다양한 제품에 활용할 수 있는지 구분할 수 있다. 전용 소프트웨어 플랫폼의 경우 국내업체들이 선택할 수 있는 전략적 옵션이 많지 않다. 이들 대부분은 한 업체가 하드웨어와 콘텐츠를 동시에 관리하기 때문이다. 또한 하드웨어 업체가 접근할 수 있는 수준에 따라 플랫폼을 구분할 수도 있다.

개발자 도구인 SDK(Software Development Kit)나 라이센스를 통해 일부 영역만 접근 가능한 소프트웨어 플랫폼이 있는가 하면 소스코드까지 완전 개방한 소프트웨어 플랫폼도 있다. 이러한 플랫폼 개방수준에 따라 국내업체들이 선택할 수 있는 대안도 달라진다.

(1) 오픈소스 플랫폼

먼저 다양한 디바이스로 확장이 가능한 완전 개방형 플랫폼의 경우 디바이스에 최적화된 플랫폼을 설계할 수 있는 역량을 갖추는 것이 중요하다. 오픈소스이기 때문에 하드웨어 업체들은 자신들이 구현하고자 하는 차별화 제품화 요소를 남들보다 먼저 플랫폼에 적용할 수 있기 때문이다. 예를 들어 대표적인 오픈소스 플랫폼인 구글의 안드로이드를 활용하여 휴대폰이 아닌 다른 모바일 컨버전스 기기에 활용할 수 있을 것이다. 다양한 디바이스에 동일한 안드로이드 플랫폼을 적용하여 디바이스 간 상호연결성을 최적화할 수 있을 것이다.

또한 자사에 유리한 방향으로 보완재가 많이 출시될 수 있도록 오픈소스에 적극 참여하고 있는 개발자 커뮤니티를 적절하게 활용해야 한다. 에코 시스템에 자사 제품에 적합한 애플리케이션이나 콘텐츠 서비스가 많다면 차별화 효과는 더욱 커질 수 있다. 경우에 따라서는 일부 애플리케이션들을 개발자로부터 구매하여 자사 디바이스에 탑재할 수도 있다. 서버에 리눅스를 활용하고 있는 IBM이나 HP 등도 이들 개발자를 직접 고용하여 커뮤니티의 아이디어를 적극 수렴하여 서버용 리눅스를 발전시키고 있다.

(2) 상용 플랫폼

윈도우 계열 플랫폼, 각종 표준화 기구에서 진행중인 플랫폼 등의 대다수가 여기에 해당된다. 상용 플랫폼의 경우 하드웨어 업체가 접근할 수 있는 영역이 제한적이다. 따라서 이들 플랫폼을 활용하여 제품 차별화를 하기 위해서는 하드웨어의 기능과 매칭하여 이를 활용할 수 있는 전용 애플리케이션이나 콘텐츠를 번들로 제공하는 것이 효과적이다.

예를 들어, 소니 VAIO는 엔터테인먼트 기능을 잘 구현하기 위해 전용 그래픽 카드를 설계하고 이에 최적화된 전용 애플리케이션을 제공하여 시장에서 차별화에 성공했다. 이러한 애플리케이션이나 콘텐츠 서비스를 경쟁업체들보다 유리한 입장에서 제공하기 위해서는 상용 플랫폼 리더와의 전략적 제휴가 무엇보다 중요하다. 경우에 따라서는 경쟁사보다 먼저 플랫폼에 열람권을 가지거나 더 많이 소스코드에 접근할 수 있다면 제품 선

출시 등이 가능해지기 때문이다. 마이크로소프트와 전략적 파트너십 관계에 있는 대만 HTC의 경우 윈도우 모바일을 탑재한 스마트폰 시장에서 1위를 달리고 있다.

(3) 특정 하드웨어 전용 플랫폼

전용 소프트웨어 플랫폼을 주도하고 있는 업체들은 다른 업체들에게 라이센스를 주기보다는 이를 블랙박스화하여 하드웨어와 콘텐츠 판매 모두를 수익원으로 확보하고 있다. 따라서 하드웨어 전문업체가 이들 플랫폼을 활용할 수 있는 전략적 옵션은 제한적일 수밖에 없다. 대표적으로 애플과 소니, 닌텐도 등 게임 콘솔 업체들이 이 같은 전용 플랫폼을 지향하고 있다. 이들 업체는 개발자 툴을 제공하지만 콘텐츠 판매를 위해서는 자신들의 유통 채널만을 이용하도록 하거나 콘텐츠 로열티를 부과함으로써 시장을 관리하고 있다. 애플은 외부 개발자(3rd Party) 애플리케이션을 자사의 앱 스토어(App. Store)를 통해 판매하도록 하며 판매액의 70% 수준을 애플리케이션 개발자에게 수익으로 배분해 주고 있다. 이러한 앱 스토어에 배포시에는 유료인 iPhone Developer Program에 가입해야 한다.

하드웨어 업체의 입장에서는 자사의 하드웨어 플랫폼에 전용 플랫폼을 접목하여 새로운 시장을 발굴하는 것이 가능하다. 예를 들어, 닌텐도 NDS의 게임 플랫폼을 휴대폰에 컨버전스할 수 있다면 제품 차별화가 가능함과 동시에 새로운 사업 모델을 창안하는 계기가 될 수도 있을 것이다. 큰 성공을 거두지는 못했지만 모토로라는 애플의 iTunes 플랫폼을 자사의 휴대폰에 탑재하기도 했다. 이러한 비즈니스 협력 모델은 복잡한 이해관계에 인해 성공하기가 쉽지 않다. 그러나 국내업체들은 새로운 아이디어를 발굴하고 상호 윈-윈 전략을 지속적으로 플랫폼 리더에게 제안해야 할 것이다.

(4) 플랫폼에 적합한 조직 전반의 변화

플랫폼 시대에 효과적으로 대응하기 위해서는 단순히 제품 및 서비스 개발 차원에서 접근할 것이 아니라 기업 전반의 전략 변화를 고려해야 할 것이다. 변화가 개별제품 개발부서나 사업부에 한정될 경우 플랫폼 효과는 미미할 것이다. 예를 들어 전체 관점에서 플랫폼 전략을 수립하지 않은 채 개별 사업군마다 플랫폼을 도입하다 보면 나중에는 조직 내 제품 간 상호 시장 잠식현상도 나타날 가능성이 있다. 더구나 이러한 플랫폼 전략하에서는 외부 파트너들과의 관계가 중요하다. 전사 차원에서 일관성 있고 강력한 의지를 보여줘야 파트너십 수준이 달라질 수 있다.

INSEAD의 가우어(Gawer) 교수는 "플랫폼 리더십을 확보하기 위해서는 제품기술, 명확한 사업 영역, 협력업체들과의 협력 역량과 이를 추진할 조직이 있어야 한다"고 강조했다. IBM은 1990년에 약 60억 달러의 순이익을 달성하다 1년 후에 적자로 돌아섰으며, 1992년 70억 달러 적자, 1993년에는 80억 달러 적자로 적자규모가 갈수록 커졌다. 당시 IBM의 R&D 생산성이 선도업체의 절반 수준에 불과했던 것이 가장 큰 원인이었다. 이를 극복하기 위해 IBM은 부품 표준화 및 공용화를 시작으로 플랫폼 전략을 추진하기 시작했다. 전사 차원에서 효과적인 협력을 위해 Portfolio Management Team(신규 시장 기회 탐색과 리소스 재할당 담당), Product Line Planning Team(각 사업부의 플랫폼 설계), Product Development Team(제품 개발) 등을 운영했다. 특히 각 사업부의 개별부서 간 협의를 통해 부품 공용화와 인터페이스 설계를 표준화했다. 이러한 활동을 통해 IBM은 부품수를 50% 정도 줄였으며 생산비용을 3% 절감했다.

국내업체들은 여전히 개발 중심의 플랫폼 전략 수준에 머물고 있다. 또한 팀간 유기적 협력(cross-functional)보다는 단계별(serial) 업무 프로세스 중심으로 움직이고 있다. 플랫폼 경쟁 시대에 살아남기 위해서 플랫폼 전략을 뒷받침할 수 있는 조직체계 및 비즈니스 프로세스를 구축할 필요가 있다.

06 스마트폰용 모바일 플랫폼 고려사항

1. 프로세서 구조

스마트폰용 모바일 단말의 프로세서 구조는 응용 프로세서 부분과 베이스밴드 프로세서 부분이 독립되어 있는 듀얼 프로세서 구조가 일반적이었다. 이러한 구조에서는 운영체제 및 응용 소프트웨어는 응용 프로세서에서 실행되며, 베이스밴드용 프로토콜 처리 등에 대해서는 응용 프로세서가 관여하지 않는 방식이 사용된다. 이런 듀얼 프로세서 구조에서는 베이스밴드 프로세서를 주변장치로 인식하여 통신처리를 진행한다.

듀얼 프로세서 구조를 갖게 되는 스마트폰용 프로세서의 예로는 인텔의 PXA25x,

[그림 2-6] 듀얼 프로세서 구조(스마트폰)

PXA27x 등과 TI의 OMAP15xx, OMAP16xx 등 그리고 모토로라의 i.MX1, 삼성전자의 ARM9 기반 SoC 등이 있다.

[그림 2-6]에서 보는 바와 같이 이들 프로세서는 UART, USB 혹은 특별한 인터페이스를 사용해 베이스밴드 프로세서와 연결되고 이를 제어하는 방식으로 통신 기능을 구현한다. 듀얼 프로세서 구조의 장점은 복잡한 통신 프로토콜에 대해 신경쓸 필요없이 응용 프로세서 부분에서 응용 소프트웨어 실행만 하면 되고, 통신 부분은 비교적 간단하게 해결할 수 있다는 것이다. 그러나, 통신 처리시 발생할 수 있는 다양한 시나리오를 완벽하게 처리할 수 없는 경우가 발생해 베이스밴드 부분의 통신 프로토콜 처리 소프트웨어를 수정해야 하는 경우가 발생한다는 단점이 있다.

[그림 2-6]의 듀얼 프로세서 기반의 스마트폰 구조에서는 베이스밴드 프로세서부의 control firmware는 통신 프로토콜 처리 소프트웨어에 맞는 통신제어 소프트웨어 모듈이 탑재되며, 이는 음성 통신 및 데이터 통신을 처리하게 된다. 이에 반해 싱글 프로세서 구조에서는 하나의 프로세서 내에 두 개 이상의 코어를 갖추고 있어 운영체제는 두 개의 코어를 동시에 제어할 수 있는 기능을 가져야 한다.

대표적인 싱글 프로세서 멀티코어 구조의 SoC로는 TI의 OMAP 프로세서와 Qualcomm의 7500시리즈가 있다. 이러한 구조의 프로세서에서 가장 중요한 소프트웨어 계층은 서로 다른 코어 사이의 데이터 교환을 가능하게 해주는 인터페이스 계층이다. TI의 OMAP 프로세서의 경우에는 응용 프로세서 코어로 ARM9을 사용하고 TI의 DSP 코어인 C55x 코어를 사용하여 멀티미디어 처리나 통신 프로토콜 처리를 한다. TI에서는 응용 프로세서 코어인 ARM9 코어와 DSP 사이의 인터페이스를 위해 [그림 2-7]에서 보는 바와 같이 DSP/BIOS Bridge라고 하는 소프트웨어 계층을 주요 운영체제에 대해 제공한다.

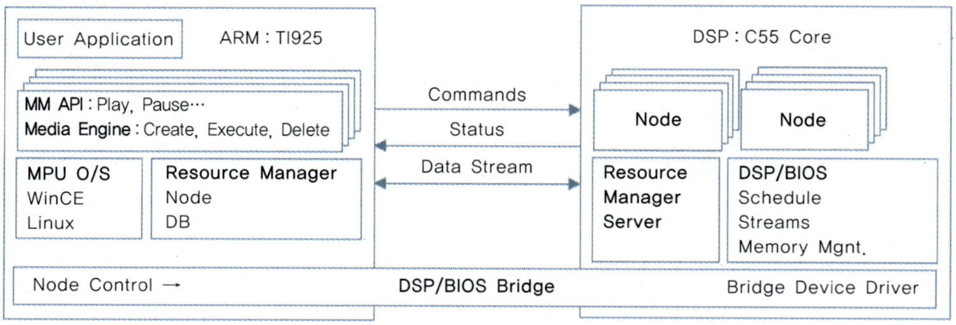

[그림 2-7] TI 프로세서를 위한 DSP/BIOS Bridge

2. 시스템 지원 기술

(1) 전력관리 기술

모바일 단말기에서 전력소모를 줄이기 위한 방안으로 소프트웨어 수준에서의 전력관리 기술을 고려해야 한다. 동적 CPU 클록 속도 변경(dynamic CPU frequency scaling)이나 동적인 운용 전압 변경(dynamic voltage scaling) 등과 같은 기술의 적용을 위해 많은 노력이 필요하다. 배터리 충전 소프트웨어에서 중요한 요소는 배터리 충전 알고리즘이다. 지속적으로 현재 배터리 전압 상태를 파악하여 안정적인 전압 상태가 될 때까지 계속 충전을 해야 한다. 충전시 비정상적인 상황이나 예상치 못한 상황이 생길 것을 충분히 대비한 알고리즘을 구현해야 한다. 운영체제 수준에서의 전력관리는 전력관리를 위한 기본 플랫폼과 전력관리 전략 구현으로 나눌 수 있다. 전력관리를 위한 기본 플랫폼은 전력관리의 전략적 부분의 구현에 필요한 인터페이스 및 장치 제어부를 말한다.

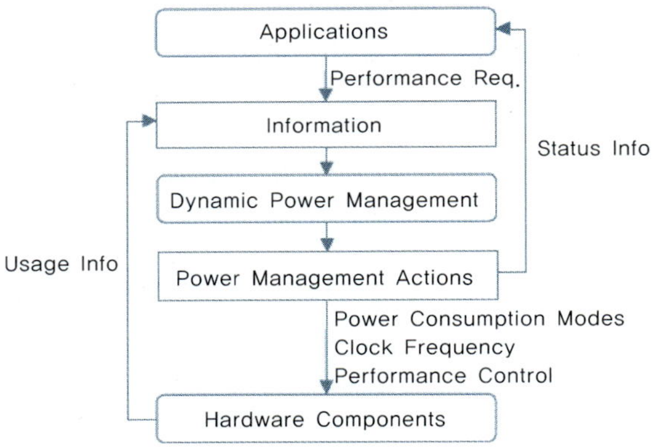

[그림 2-8] 전력관리 기본 개념

[그림 2-8]에서 보는 바와 같이 기본 플랫폼에는 전력관리 가능한 장치의 장치 드라이버, CPU의 전력소모 모드 전환을 위한 인터페이스, 전력관리 기능을 응용 소프트웨어에서 사용할 수 있도록 하는 인터페이스, 그리고 전력관리 전략을 구현하기 위한 기본 인터페이스 등이 포함된다. 전력소모를 관리할 수 있는 요소로는 그림에 나타나 있듯이 각 장치의 전력소모 모드, CPU의 구동 클록 속도, 그리고 메모리 버스 속도 등 성능에 영향을 줄 수 있는 요소들이다. 전력관리 전략 구현은 현재 간단한 수준을 벗어나지 못하고 있다. 단순히 일정 시간 동안 각 장치들이 사용되지 않는 경우 각 장치의 전력소모 모드를 저전력 모드로 전환시키고, 특히 CPU가 수행할 작업이 일정 시간 없을 경우 바로 idle

모드 또는 sleep 모드로 CPU를 전환시키는 정도이다. 인텔에서 권장하는 전력소모 관리 전략 중 현재 시스템에서 수행하는 작업을 계산량이 많은 작업에 해당하는지 또는 메모리 접근이 주가 되는 작업에 해당하는지 분류하여 상황에 맞게 시스템 설정을 변경하는 것이 있다. 계산량이 많은 작업으로 판단되는 경우에는 메모리 버스 속도는 낮추되 CPU 속도를 높여 작업을 빨리 끝내는 방향으로 유도하고, 메모리 접근이 많고 전송 데이터의 양이 많은 작업의 경우에는 CPU 속도는 최대한 낮추되 메모리 접근 속도를 최대한 높이는 방향으로 시스템 설정을 변경하여 전력소모를 줄인다.

(2) Fast Boot 기술

단말의 부팅 시간에 영향을 주는 요소는 실행 메모리의 속도, 파일 시스템의 구성, 부팅에 필요한 시스템 응용들의 실행 속도, 부팅에 필요한 시스템 응용들의 실행 순서 등이다. 이 기술은 커널 XIP 기술 등을 개선하고, 많은 실험에 의해 개선해야 한다.

(3) XIP 기술

XIP는 플래시 메모리에서 응용프로그램을 직접 실행하는 방법으로 이 방법을 사용하면 응용프로그램 바이너리를 DRAM으로 복사하는 오버헤드를 없애고 전력소모를 줄일 수 있다는 장점을 가질 수 있다. 그러나 XIP를 사용하기 위해선 파일 시스템 내에 응용프로그램의 바이너리가 순차적으로 저장되어 있어야 하기 때문에, 일반적으로 사용되는 플래시 메모리용 파일 시스템상에서는 XIP를 구현할 수 없다. XIP는 커널 XIP와 사용자 응용프로그램의 XIP로 나눌 수 있는데 사용자 응용프로그램의 XIP 기능에 대해서만 어느 정도 안정화된 솔루션이 존재하는 수준이다. 사용자 응용프로그램의 XIP를 구현한 예는 [그림 2-9]와 같다.

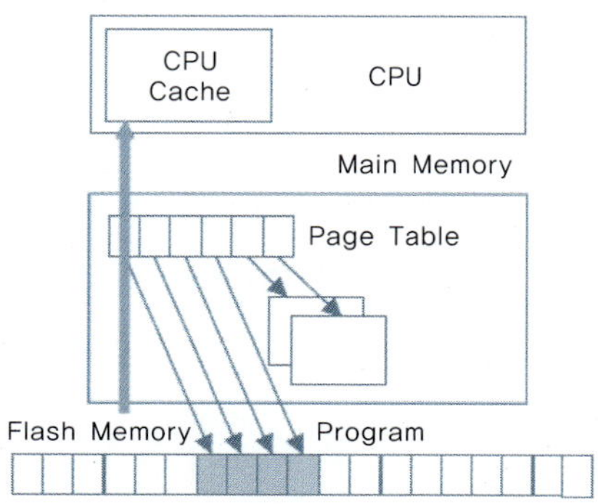

[그림 2-9] XIP 프로그램 실행 예

[그림 2-9]에서와 같이 XIP는 page fault 발생시 메인 메모리에 페이지를 복사하는 1차 적재 과정을 없애고 바로 CPU가 실행할 수 있도록 페이지의 주소를 플래시 주소로 매핑시킨다. 이런 과정에 의해 메인 메모리를 거치지 않고 바로 CPU의 캐시로 페이지 내용이 적재된다. 이를 구현하기 위해서는 pagefault 발생시 이를 처리하는 알고리즘이 파일 시스템 코드와 커널 내의 메모리 관리 코드 부분에 구현되어야 한다.

(4) 멀티미디어 처리 기술

휴대 단말에서 멀티미디어 기능은 중요한 기능 중 하나다. MP3는 물론 동영상뿐 아니라 DMB도 지원해야 하며 음성 및 동영상 캡쳐도 지원해야 한다. 동영상 캡쳐를 위해서 카메라 디바이스 드라이버, 동영상 입력 데이터의 전송을 위한 DMA, 캡쳐와 동시에 디스플레이를 하기 위한 디스플레이 부분 등을 고려해야 한다. 동영상 데이터를 재생하기 위해서는 인코딩 시 수행했던 과정을 역으로 수행해야 한다. 각 단계의 최적화도 고려해야 하며, 디스플레이를 위한 버퍼의 관리도 고려해야 한다. 디코더 및 플레이어가 관리하는 디코더 버퍼와 플레이어 버퍼가 있으며, LCD 출력을 위해 사용하는 마지막 단계의 프레임 버퍼가 존재한다. 디코더 버퍼, 플레이어 버퍼, 그리고 프레임 버퍼를 모두 따로 유지하는 방법이 있으며, 이들을 공유하는 방법이 있다. 각 버퍼를 별도로 유지하는 방법은 구현이 용이하나 두 번의 버퍼간 복사 작업이 필요하다는 단점이 있다. 버퍼를 공유하는 방법에선 디코딩한 결과로 나온 영상 데이터를 플레이어가 바로 사용한다. 이로써 영상 데이터의 복사 작업을 줄일 수 있다.

(5) OOM 처리 기술

OOM이란 잔여 메모리 용량이 지극히 부족한 상황을 말하는 것으로 휴대 단말기에서는 이러한 상황을 특별하게 처리해야 한다. 잔여 메모리 용량이 부족하여 새로운 프로세스 진행이 불가능할 경우 이미 실행중인 프로세스 중 중요도가 낮은 프로세스를 골라 실행을 중지시켜 잔여 메모리를 확보한 후 새로운 작업을 개시하는 방식으로 OOM 상황을 처리하는 것이 일반적이다. 심비안(Symbian)에서는 OOM 처리 부분을 따로 정의하고 있어 사용자가 OOM 상황을 어떻게 처리할지 명시할 수 있다. 2차 저장장치인 플래시 메모리의 접근 속도가 현저히 느려 일반적인 방식인 SWAP 영역을 2차 저장장치에 구현하는 것이 사실한 불가능하기 때문에 OOM 처리 기술이 필요하다.

(6) GUI 플랫폼 및 미들웨어 기술

GUI의 요소 중 하나인 윈도우 매니저, 혹은 응용프로그램 런처(launcher)는 일반 데스크탑 시스템에서의 GUI와 달리 시스템의 각종 정보를 받아들이고 이에 대한 처리를 담당해야 한다. 예를 들어 통신 상황이나 배터리 상황 정보를 받아 화면에 표시해야 한다. 따라서 휴대 단말용 GUI 시스템에선 이러한 시스템의 정보를 수집하는 메커니즘에 대한 정의가 필요하다. 오랫동안 널리 사용되어온 심비안(Symbian)은 다양하면서도 완성도가 높은 미들웨어를 제공하여 휴대 단말상에서의 서비스가 빠르게 구현될 수 있다는 장점을 가지고 있다. 이처럼 휴대 단말용 플랫폼은 다양한 이동통신 서비스를 지원하기 위해 풍부한 미들웨어를 갖추어야 한다. 또 각 미들웨어는 새로운 표준이나 기능의 추가를 수월하게 하는 유연성을 갖추어야 한다.

(7) 기타 고려사항

NAND 플래시 메모리를 위한 파일 시스템 기술이 필요하다. 일부에서는 NOR 플래시 메모리 환경을 가정하고 개발된 파일 시스템을 NAND 플래시 메모리에 그대로 사용하기도 하나 성능상의 낭비가 불가피하다. 또한, 요구 페이징(demand paging) 부분에 대한 고려도 필요하다. 요구 페이징이 실제 휴대 단말기에서 사용되는 예는 적지만 향후 사용될 가능성이 높을 것으로 예상되므로 이를 플래시 메모리에 적합하도록 최적화할 필요가 있다.

플래시 메모리 및 DRAM상에 파일 시스템을 어떤 크기로 어떻게 구성하는 것이 최적인지에 대한 연구가 필요하다. 루트 파일 시스템과 사용자 파일 시스템을 구별하고 각 파일 시스템에 저장되어야 하는 파일들의 종류 및 각 파일들의 수정 가능성 등을 고려하여 파일 시스템 구성을 결정해야 한다. 또한, 시스템 운용중 파일 시스템 구성 파일들의 변동 가능성을 고려하여 어떤 파일 시스템을 쓰기 가능 파일 시스템으로 구성할지 결정해야 한다.

이 밖에도 휴대 단말에 탑재되는 장치의 종류가 많아지면서 이들을 효과적으로 지원하기 위한 연구가 필요하는 등 휴대 단말의 발전에 따라 고려해야 하는 사항들은 계속 늘어나고 있다.

CHAPTER 03

모바일 소프트 플랫폼

모바일 플랫폼은 단말기에 탑재되어 단말기의 하드웨어 기능을 상위 계층에서 사용할 수 있도록 하여 주고, 상위 응용 계층에는 프로그래밍 환경 및 실행 환경을 제공하는 역할을 한다. CDMA 진영에서는 운영체제와 구분되어 사용되기도 하나 단말기 하드웨어의 성능이 향상되고 다양한 기능이 요구되어 운영체제로부터 애플리케이션 프레임워크까지의 모든 소프트웨어를 일컫는 말로 사용되고 있다. WIPI, BREW, J2ME, Symbian 등 기존의 모바일 플랫폼 영역에 2007년에는 애플의 새로운 스마트폰인 iPhone과 구글의 새로운 플랫폼인 안드로이드(Android)가 등장하여 모바일 플랫폼 경쟁은 더욱 심화되고 있다. 이 교재에서는 모바일 플랫폼 중 비중이 급격히 확대되고 있는 스마트폰용 모바일 플랫폼의 동향을 분석하고, 국내외의 모바일 플랫폼 동향을 서술하였다.

01 모바일 소프트웨어 플랫폼의 개요

과거 스마트폰은 PDA폰이라는 이름의 PDA 기능과 폰의 기능이 물리적으로 합쳐진 단말에서 시작하였다. 반면 최근의 스마트폰은 폰 중심의 기능이 PDA 기능을 흡수한 양상을 보이는데, 이를 통해 두 기능의 유기적 동작이 가능해졌다. 모바일 플랫폼은 스마트폰뿐 아니라 기본 기능만 제공하는 폰(vanilla phone)부터 시작하여 카메라 폰 또는 MP3 폰과 같은 기능폰(feature phone)에도 탑재되는 소프트웨어로, 폰의 하드웨어적 성능을 상위 응용소프트웨어에서 사용할 수 있도록 하는 역할을 한다. 휴대 단말에 탑재된 운영체제와 플랫폼을 구분하기도 하나 범용 운영체제가 사용되면서 운영체제부터 애플리케이션 프레임워크까지의 모든 소프트웨어를 일컫는 말로 사용되고 있다.

한 예로, 퀄컴(Qualcomm)의 CDMA 기술을 사용하며 MSM 칩을 주로 사용하는 한국의 경우 동사의 REX를 운영체제로 사용하고, 이 위에 무선인터넷 서비스를 위한 WIPI 등을 플랫폼으로 탑재하여 사용했다. 모바일 플랫폼은 모바일 단말에 탑재되는 소프트웨어로 상위 응용프로그램이 다양한 서비스를 제공할 수 있도록 하는 데 도움을 주는 소프트웨어를 말한다. 애플(Apple)은 휴대 단말기인 iPhone을 2007년 1월 9일 발표했다.

Google은 2008년 출시 계획을 가진 구글폰(gPhone)의 플랫폼인 안드로이드(Android)의 SDK를 2007년 11월 12일 공개했다. 애플(Apple)의 iPhone은 차별화된 UI를 통해 매니아층을 형성시켜 iPod에 이어 Apple의 휴대 단말의 성공을 이끌어 냈다. Google의 안드로이드는 인터넷 서비스 업체인 Google이 만들어낸 개방형 플랫폼으로 제품 출시 전부터 SDK를 공개하여 많은 개발자를 확보해 나가고 있다. 기존의 플랫폼들은 범용 운영체제가 지원되기 전의 휴대폰부터 진화를 해나가 불필요한 기능을 가지고 있는 등의 단점이 있었으나, 이 두 플랫폼은 스마트폰에서 시작하여 이런 단점을 가지고 있지 않다. WIPI, BREW, J2ME, Symbian, Windows Mobile 등 기존의 모바일 플랫폼 영역에 두 플랫폼이 새로 등장하여 모바일 플랫폼 경쟁은 더욱 심화되었다. 이 교재에서는 모바일 플랫폼 중 비중이 급격히 확대되고 있는 스마트폰용 모바일 플랫폼의 동향을 분석하고, 국내외의 모바일 플랫폼 동향을 예측해 본다.

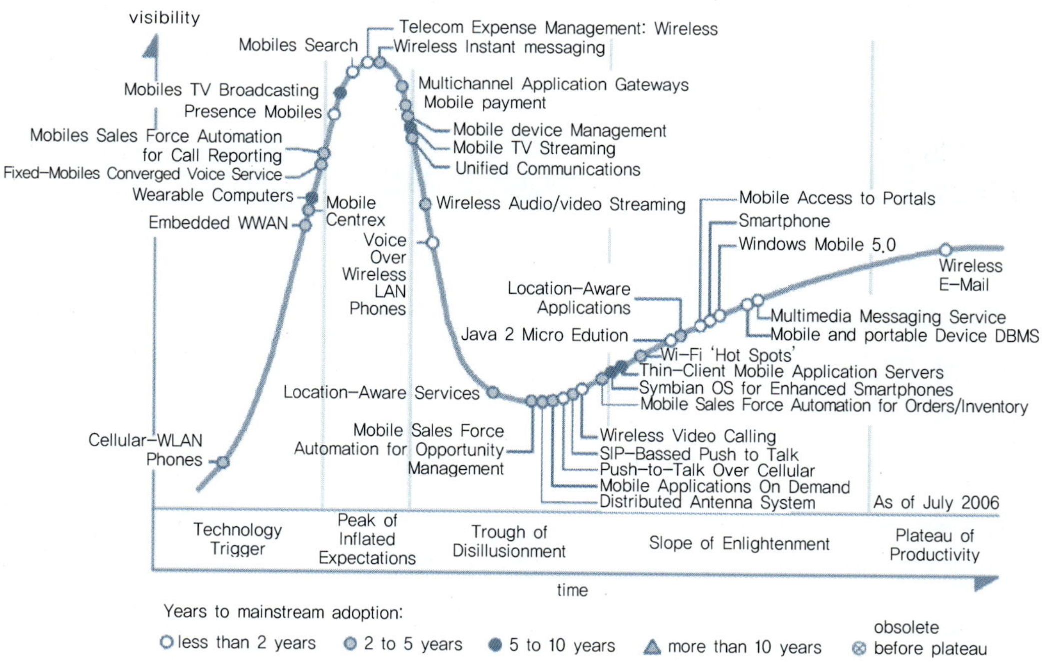

[그림 3-1] 하이퍼사이클

1. WIPI

WIPI는 무선인터넷 환경을 위한 플랫폼으로 과거 국내 이동통신사별로 GVM, SK-VM, MAP, BREW, CLDC/MIDP 등으로 분화되어 있던 모바일 플랫폼을 하나로 표준화한 무선인터넷 표준 플랫폼이다. WIPI는 이동통신 사업자, 단말기 제조사, 그리고 플랫폼 개발업체들이 중심이 되어 만든 공개 표준이라는 특징을 가지고 있다. 소스 레벨의 호환성을 지향하는 WIPI는 플랫폼 표준화를 통하여 콘텐츠 제작 업체의 부담을 크게 줄였으며, 이동통신 사업자들도 다양한 콘텐츠를 빠르게 사용자에게 제공할 수 있게 되었다. WIPI는 2001년 9월 이동통신 3사의 공통 RFP 발표를 시작으로 2002년 3월에는 v1.0을 발표하였고, 2005년 8월 v2.0.2를 발표하였다. 현재는 범용 운영체제를 탑재한 휴대형 단말을 위해 WIPI 규격 3.0을 준비중에 있다.

[그림 3-4]는 현재 WIPI의 구조도이다. 핸드셋 소프트웨어 위에 HAL 계층이 있어 핸드셋 소프트웨어와 WIPI 플랫폼의 포팅을 도와준다. HAL 계층의 역할은 다양한 핸드셋 환경에서도 HAL이 요구하는 기본적인 API만 충족시키면 WIPI를 탑재할 수 있도록 하기 위함이다. WIPI의 핵심이라고 할 수 있는 WIPI 런타임 엔진(Runtime Engine)은 WIPI 콘텐츠를 동작시키는 주체다. J2ME의 경우 응용프로그램이 바이트코드로 컴파일됨에 비해 WIPI 응용프로그램은 바이너리로 컴파일되는데, WIPI 런타임 엔진(Runtime Engine)은 바이너리 형식의 WIPI 응용프로그램을 실행시키고 관리한다. WIPI 응용프로그램에 노출되는 Basic API는 C/Java API로 다양한 서비스가 가능하도록 풍부한 API를 제공한다. 2002년 8월부터는 Sun의 MIDP 프로파일을 Java API에 포함시켜 공인받은 API를 제공하는 기능적인 플랫폼이 되었다. 핸드셋의 발전으로 인하여 다양한 서비스가 필요하나 Basic API가 이를 지원하지 못하는 경우 다이나믹 컴포넌트(Dynamic Component)를 사용하여 WIPI의 기능을 확장하여 사용할 수 있다.

WIPI의 초기 탄생은 기존의 이동통신 단말기에서 시작하였다. 그러나, 텔레매틱스, DMB, RFID 등 다양한 분야에서 WIPI를 차용하여 사용하고자 하는 요구가 늘어 WIPI의 규격을 제안할 수 있는 열린 창구인 WSP(WIPI Standardization Process)를 제정하여 진행하고 있다. 현재는 WIPI 3.0을 통해 다양한 단말과 범용 운영체제에 대응할 수 있는 규격을 준비중에 있다.

WIPI(Wireless Internet Platform for Interoperability) : 한국무선인터넷 표준화 포럼(KWISF : Korea Wireless Internet Standardization Forum)의 모바일 플랫폼 특별 분과에서 표준화한 모바일 플랫폼 표준 규격. 무선인터넷을 통해 다운로드한 응용프로그램을

이동통신 단말기에 탑재시켜 실행시키기 위한 환경을 제공하는 데 필요한 표준규격이다.

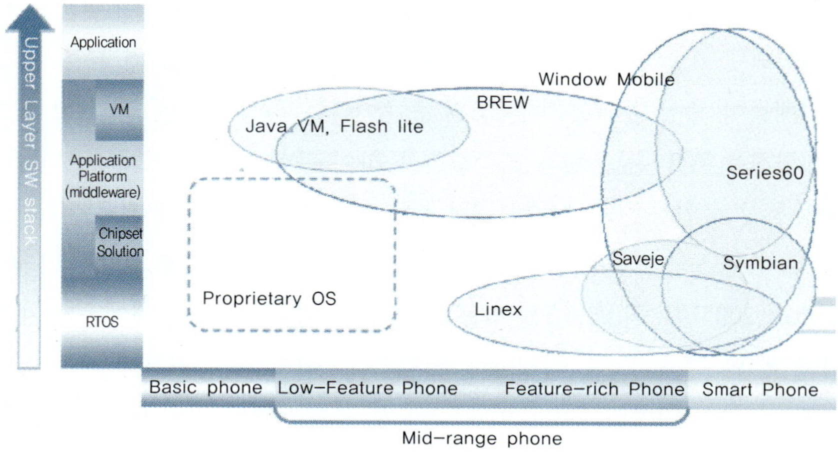

[그림 3-2] 플랫폼 계층적 구조

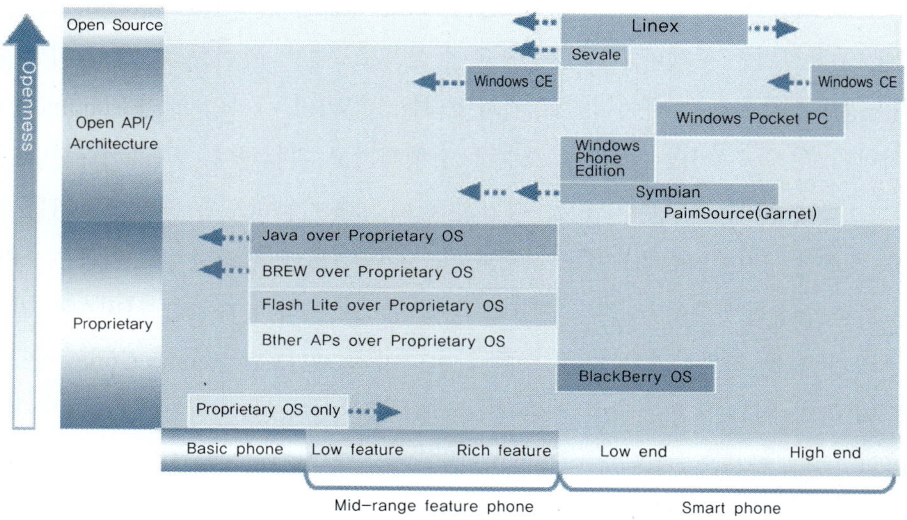

[그림 3-3] 플랫폼별 개방성 수준

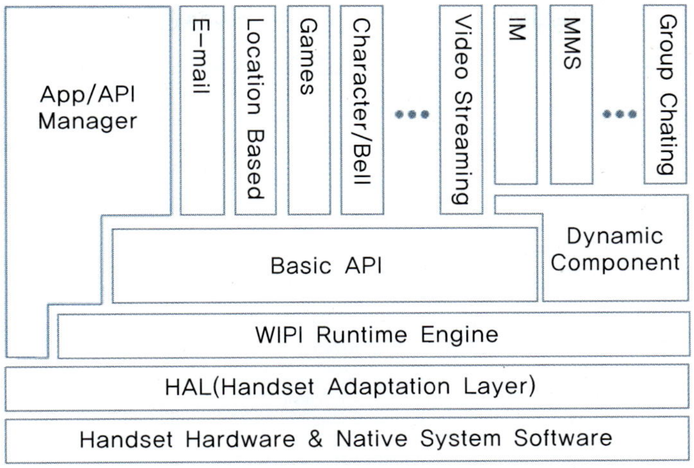

[그림 3-4] WIPI 플랫폼 구조도

2. BREW

브루(BREW)는 핸드셋용 응용프로그램 개발을 위한 표준 개발 환경을 제공한다. 핸드셋 칩 제조업체인 퀄컴(Qualcomm)에서 개발한 플랫폼으로 빠른 개발 주기와 기능 개선과 확장이 빠르다는 장점을 가지고 있다. 하위 운영체제의 소프트웨어에 대한 지식 없이 BREW에서 제공하는 풍부한 API를 쉽게 응용프로그램이 가능하며, BREW 응용프로그램은 바이너리로 동작하므로 빠른 실행이 가능하다는 장점을 가지고 있다.

브루(BREW)는 핸드셋에서 데스크탑과 유사한 환경을 제공하여 사용과 개발이 용이하다는 장점을 가지고 있다. 다른 윈도우 시스템들과 같이 이벤트에 기반한 구조를 가지고 있고, C언어를 통해 개발하며, 개발사 및 제조사에 의해 부족한 기능을 확장할 수 있는 등 풍부한 편의를 제공하고 있다.

퀄컴(Qualcomm)의 uiOne은 개선된 UI 프레임워크로 커스터마이징과 퍼스널라이징이 가능한 프레임워크다. 브루(BREW)의 extension으로 'Data is the UI' 개념을 사용하여 UI를 play할 수 있는 데이터로 표현한다. 이를 위해 TrigML을 UI를 표현하기 위한 마크업 언어로 사용하였다. TrigML은 Trigenix의 기술로 2004년 10월 퀄컴(Qualcomm)에서 회사를 인수하면서 uiOne 기술로 포함되었다.

퀄컴(Qualcomm)은 [그림 3-5]와 같은 브루(BREW) 4시리즈의 디자인을 공개하면서 브루(BREW) 4 시리즈가 컴포넌트에 기반한 플랫폼임을 밝혔다. 핸드셋 소프트웨어 위에 컴포넌트 서비스 환경을 두었다. 컴포넌트 서비스 환경은 파일 시스템, 컴포넌트 매니저, 스레드 및 프로세스 처리, 메모리 관리 등과 같이 휴대 단말에서 공통으로 요구하는 컴포넌트를 기본적으로 탑재하고 기능 확장을 위해 컴포넌트를 추가하는 형식으로 플랫폼을 확장할 수 있는 구조를 제공한다. 브루(BREW) 4시리즈에 처음 도입된 컴포넌트 서비스를 통해 퀄컴(Qualcomm)은 범용 운영체제 환경에 플랫폼을 제공하고자 한다.

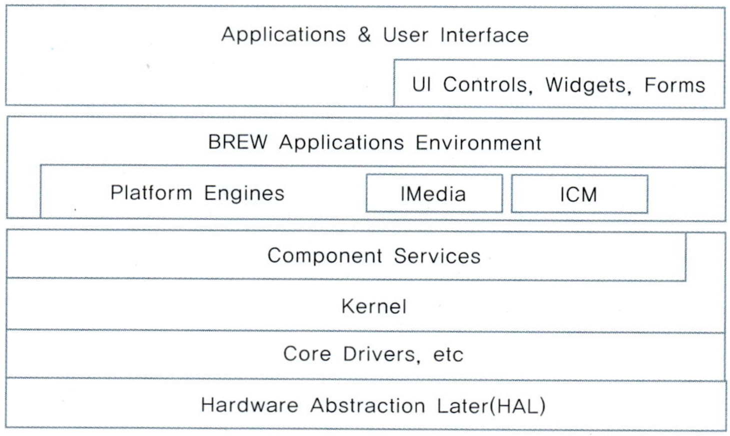

[그림 3-5] 브루(BREW) 4 시리즈 플랫폼 구조도

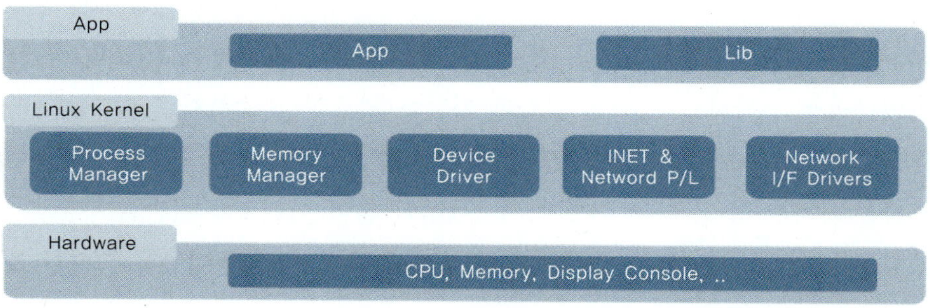

[그림 3-6] 리눅스 플랫폼 구조

안드로이드(Android) 플랫폼은 모바일 디바이스를 위한 소프트웨어 스택으로 운영체제, 미들웨어를 비롯한 필수 응용프로그램을 포함하고 있다. 안드로이드(Android) SDK에는 개발에 필요한 기본적인 tool을 포함하며 API를 제공하여 Java 언어를 이용하여 안드로이드(Android)용 응용프로그램을 개발할 수 있도록 되어 있다. [표 3-1]에서 안드로이드(Android) 플랫폼의 주요 특징을 정리하였다.

[표 3-1] 안드로이드 플랫폼 주요 특징

특징항목	설 명
응용 프레임워크	컴포넌트를 교체하고 재사용할 수 있음
Dalvik VM	모바이 디바이스에 최적화
통합 브라우저	Webkit 기반
최적화된 Graphics	2D 라이브러리와 OpenGLIES1.0[19] 라이브러리 제공
SQLite[20]	데이터 베이스
Media 지원	이미지, 오디오, 비디오(MPEG4, H.264, MP3, AAC, AMR, JPG, PNG, GIF)
GSM Telephony	하드웨어 의존적
Bluetooth, EDGE, 3G, and WiFi	
카메라, GPS, 나침반, 가속기	
풍부한 개발 환경	에뮬레이터, 디버거, 프로파일링, Eclipse 플러그인

구글(Google)이 발표한 안드로이드 플랫폼은 [그림 3-7]과 같은 구조를 가지고 있다. 필수 응용프로그램들은 응용영역에 기본적으로 탑재되어 있고, 모든 응용프로그램은 Java로 작성되었다. 이 응용프로그램들은 응용 프레임워크(application framework)가 제공하는 기능들을 사용하여 개발할 수 있는데, 컴포넌트 형태로 교체할 수 있도록 디자인되었다. 응용프로그램들과 응용 프레임워크(application framework)가 자바(Java)로 구현되어 있는 것에 반해 아래 계층은 C/C++로 구현되어 있다. Library는 응용 프레임워크(application framework)를 통해 응용프로그램에 기능을 제공하는 구조로 되어 있다. 안드로이드 런타임(Android Runtime)은 자바(Java) 실행 환경으로 Dalvik VM을 기본으로 하고 있다. Dalvik VM은 디바이스에서 복수의 VM 인스턴스를 동작시킬 수 있도록 개발되었다. 복수의 응용프로그램을 동작시키면 복수의 VM 인스턴스들이 생성되는 형식이다. 안드로이드는 리눅스 커널(Linux kernel)을 채택하고 있는데, 버전 2.6에서 동작하며 보안, 메모리 관리, 프로세스 관리, 네트워크 스택, 드라이버 모델 등을 따른다. 구글(Google)은 안드로이드용 응용프로그램을 쉽게 개발할 수 있도록 이클립스(Eclipse)용 IDE를 내놓았다. 이를 이용하면 skeleton 코드를 자동으로 생성하여 응용프로그램 개발을 쉽게 할 수 있다. 또한 개발한 응용프로그램은 안드로이드 에뮬레이터에서 동작시킬 수 있다.

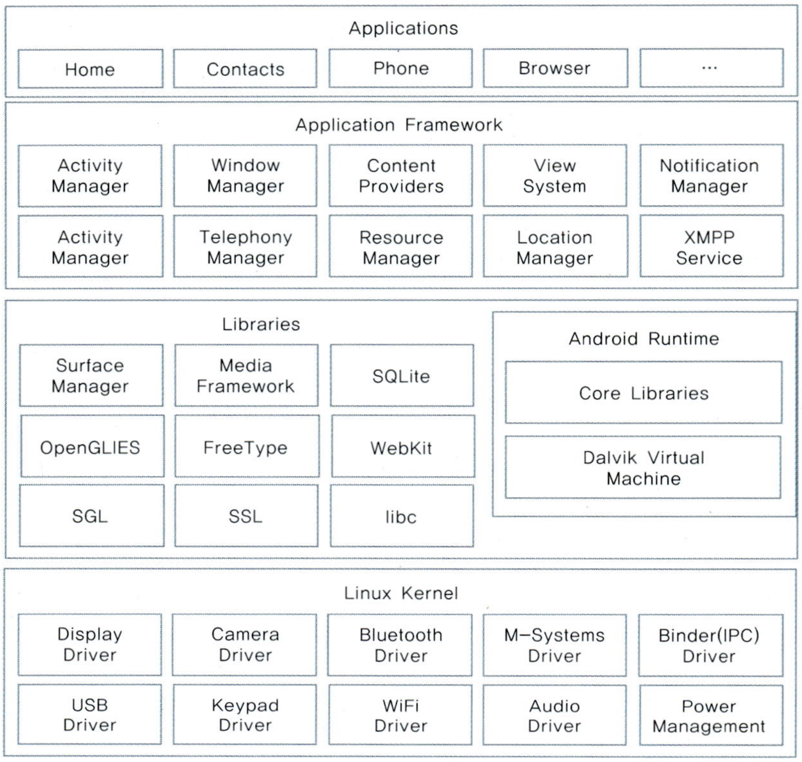

[그림 3-7] 안드로이드 구조도

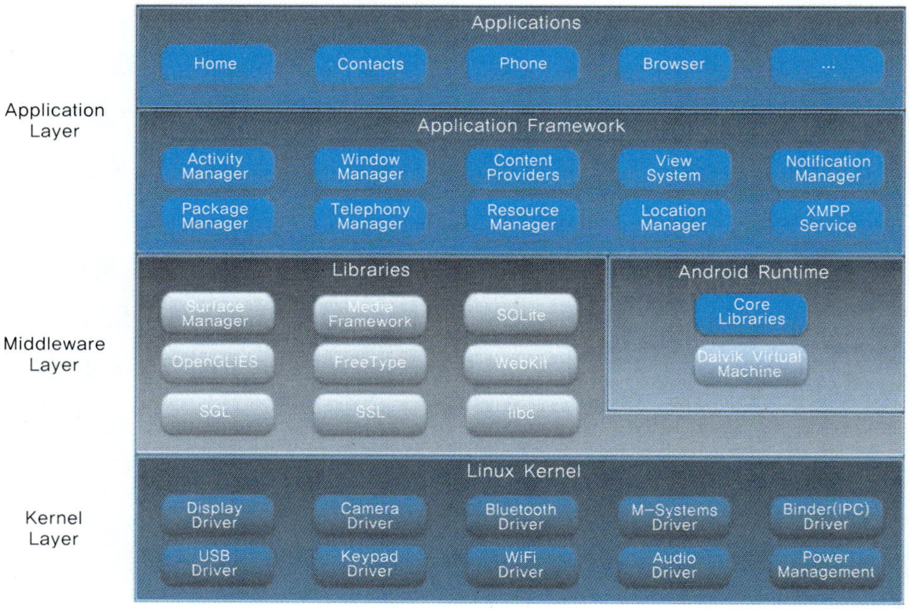

[그림 3-8] 안드로이드 플랫폼 구조

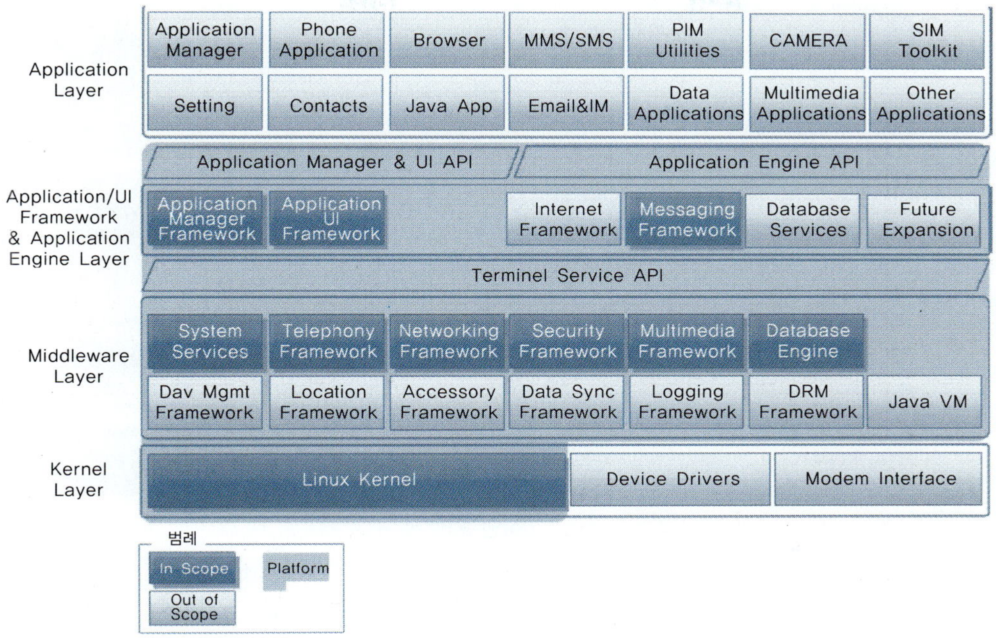

[그림 3-9] LiMo 플랫폼 구성

심비안(Symbian)은 유럽의 주요 단말 제조 업체들의 공동 투자로 만들어진 스마트폰을 위한 운영체제로서 Nokia Series 60 스마트폰 플랫폼의 기반을 이룬다.

심비안(Symbian) 운영체제는 기본적으로 마이크로 커널 기반의 경량 운영체제 구조를 갖추고 있고 네트워크 기능을 포함한 대부분의 기능이 마이크로 커널상의 서버의 형태로 존재한다. 심비안(Symbian) 운영체제의 잘 정의된 OEM adaptation layer는 하드웨어 구성 요소에 대한 지원 소프트웨어 및 통신 프로토콜 부분을 지원하기 위한 인터페이스 소프트웨어 부분 등이 서버 모듈의 형태로 정의되어 있어 다른 부분에 대한 고려 없이 비교적 독립적으로 새로운 하드웨어에 심비안(Symbian)을 탑재할 수 있도록 돕는다.

심비안(Symbian)은 C++를 기본 언어로 하고 있으며, OPL, Python 등의 언어도 지원하며 최근엔 J2ME도 지원한다. [그림 3-10]은 체계적인 구조를 갖춘 심비안(Symbian)의 구조를 보여준다. [그림 3-11]에서 보는 바와 같이 심비안(Symbian)은 S60과 UIQ의 플랫폼을 심비안(Symbian) OS에 탑재한 구조를 가진다. 심비안(Symbian) OS는 OS service, application service, UI 프레임워크(Framework)를 통해 다양한 기능을 제공한다. 심비안(Symbian)은 각종 표준 규격을 빠르고 완벽히 탑재하는 안정적인 플랫폼으로 Web SVG Tiny, AJAX, Flash Lite 2.0 등을 탑재한 브라우저를 통해 Web2.0을 준비하고 있다.

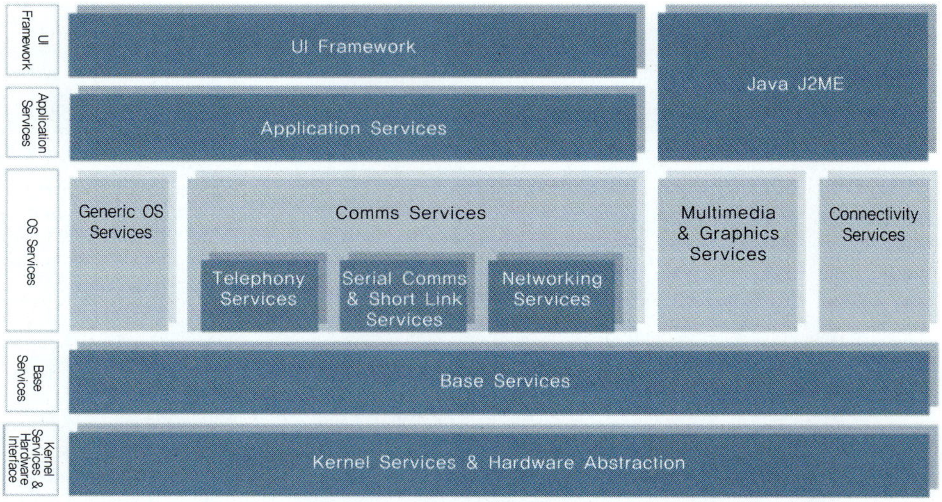

[그림 3-10] 심비안 플랫폼 구조

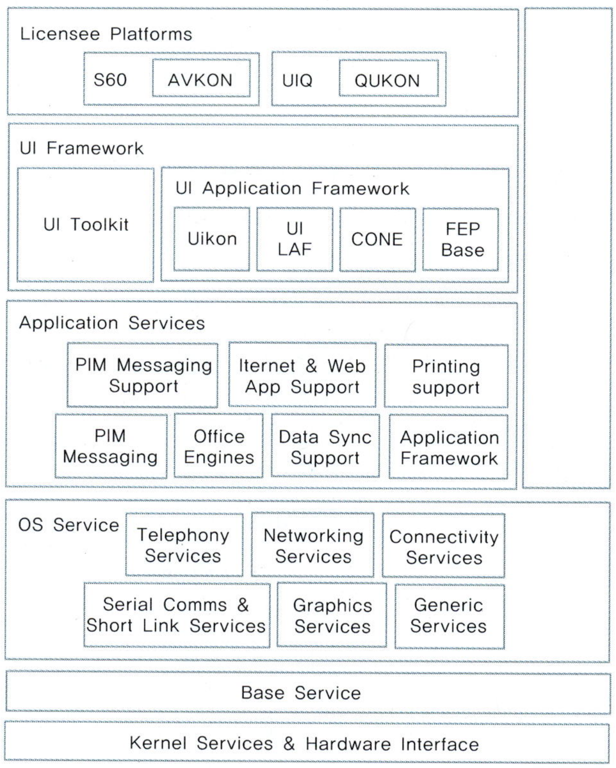

[그림 3-11] 심비안 구조도

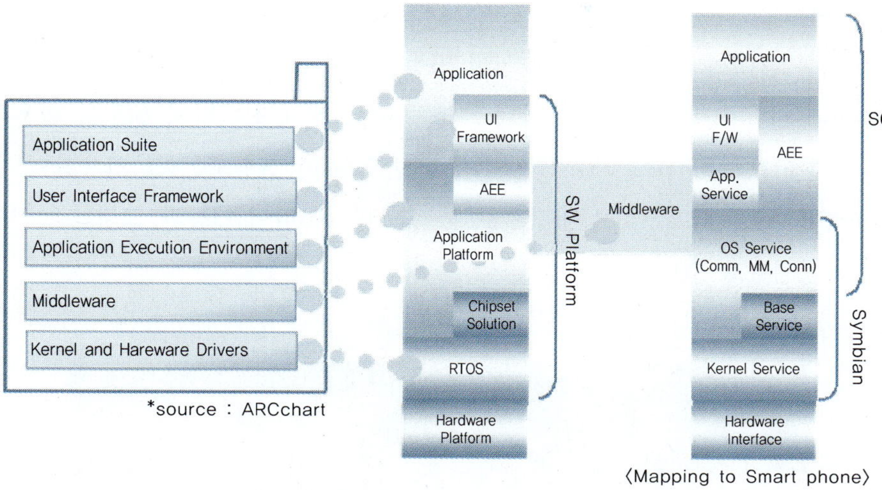

[그림 3-12] S60 플랫폼의 구조

윈도우 모바일(Windows Mobile)은 다양한 제품군으로 다양한 디바이스를 지원한다. 최근 발표된 윈도우 모바일(Windows Mobile) 6.0은 C# 기능을 강화하여 더 빠른 응용프로그램 개발을 가능하게 하였다. 윈도우 모바일(Windows Mobile) 계열은 C, C++, C#을 지원하며 데스크탑에 탑재되는 윈도우와 상당부분 동일한 API를 제공하여 쉽고 빠른 개발 환경을 제공한다. 심비안(Symbian)과 마찬가지로 오랫동안 사용되어 안정성과 성능이 검증된 플랫폼으로 기본 라이브러리부터 UI까지 풍부한 기능을 제공하는 것이 특징이다.

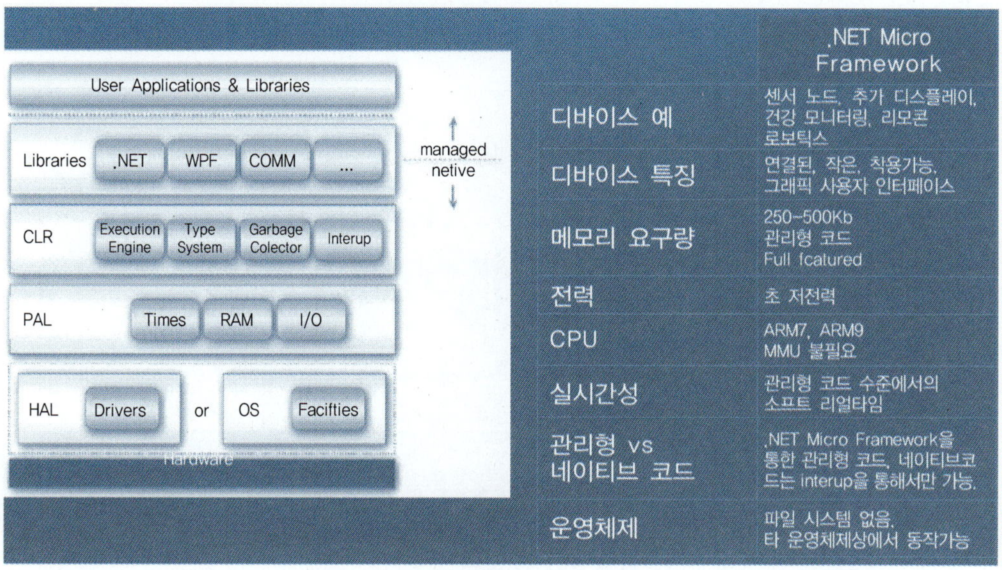

[그림 3-13] 윈도우 모바일 플랫폼 구조

애플의 iPhone은 소프트웨어적인 특징보다 버튼이 없는 터치스크린으로만 동작하는 폰으로 관심을 끌었다. 멀티 터치스크린이 가능한 480×320 해상도의 3.5인치 LCD는 두 손가락을 사용한 다양한 UI를 가능하게 하고, 가속도계와 접근탐지 센서를 활용하여 편의 기능을 제공한다. iPhone은 MAC OSX를 기반으로 한 변형 OSX를 사용한다. 이 플랫폼은 FreeBSD 기반의 Darwin을 바탕으로 풍부한 멀티미디어 기능과 그래픽스 기능을 제공한 UI를 내세우고 있다.

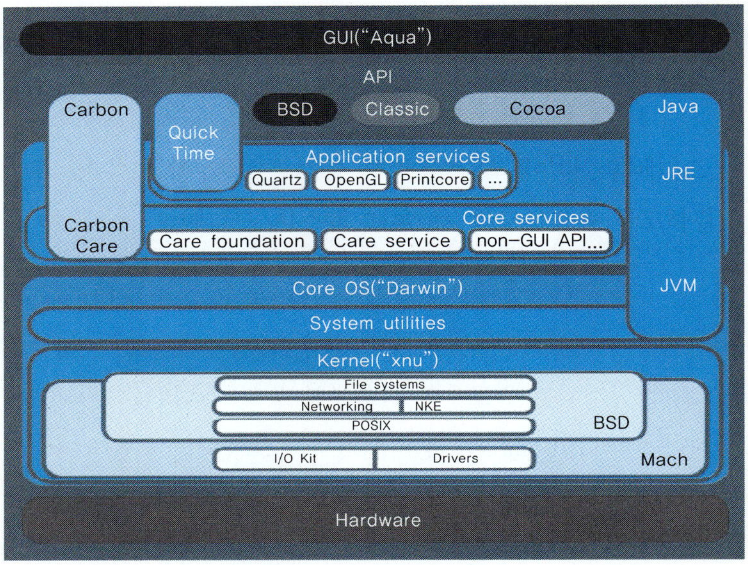

[그림 3-14] iPhone 플랫폼의 구조

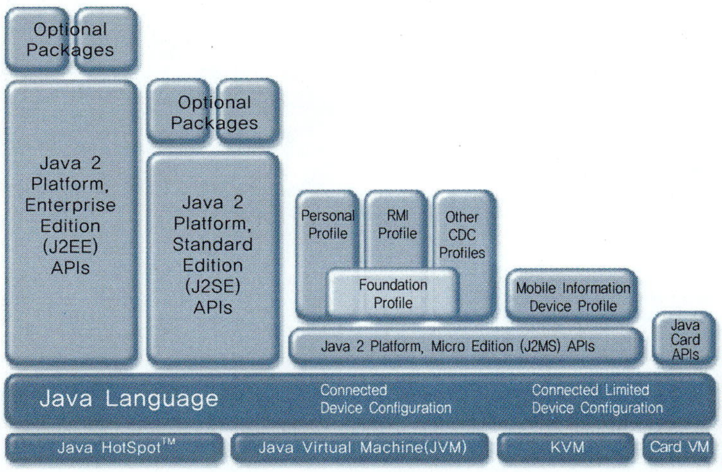

[그림 3-15] Java의 플랫폼 구조

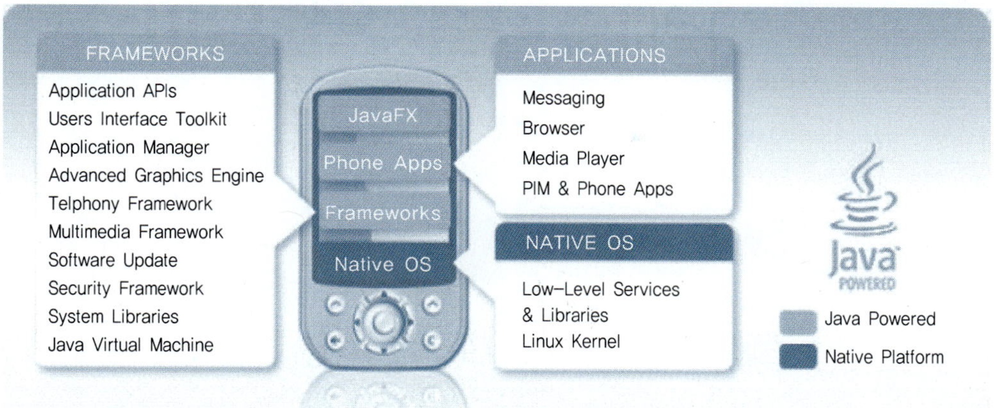

[그림 3-16] Java FX 모바일 플랫폼 구조

CHAPTER 04

안드로이드의 구조 및 특징

01 안드로이드의 탄생

2007년 11월 공개된 구글의 안드로이드(Android)는 휴대폰 개발에 필요한 소프트웨어 플랫폼 일체를 제공하는 공개 소프트웨어의 이름이다. 안드로이드의 커널은 리눅스이고 그 이외의 부분은 임베디드 리눅스와는 매우 다르다. 독자적인 가상머신(VM)을 채택한 설계이고 기존의 자바 프로그램과의 호환성을 활용하였다. 안드로이드는 향후 2~3년 후에 전 세계 표준이 될 가능성이 있는 타깃으로 현재에서 적절한 기술을 조합한 것이라 할 수 있다.

안드로이드의 컴포넌트 아키텍처 구성은 안드로이드의 이식성 및 안드로이드 아키텍처에 대한 평가와 관련되고, 휴대폰에 안드로이드 플랫폼을 탑재할 경우에 중요하다.

플랫폼 구성 형태는 리눅스를 커널에 사용하면서도 라이브러리 군에 일반적인 리눅스와는 다른 소프트웨어를 이용하는 점이다. 이는 휴대폰 개발업체의 요구사항을 감안해 자유롭게 사용할 수 있는 오픈소스 소프트웨어를 모은 결과이다.

API(Application Programming Interface)는 애플리케이션 프로그램 개발이나 배포의 용이성 등 플랫폼으로서 앞으로 보급할 여지가 있는지가 핵심이다. 안드로이드는 물론 기존의 모바일 소프트웨어 개발자들이 쉽게 접근할 수 있도록 플랫폼을 설계했다. 하지만 무엇보다 기존 자바(J2SE/EE)를 통해 데스크탑이나 서버 사이드 애플리케이션을 만드는 개발자들이 큰 거부감 없이 안드로이드를 이용해 개발할 수 있도록 했다. 즉 전 세계의 수많은 자바 개발자들을 흡수하려는 노력이 매우 돋보인 플랫폼이다.

02 안드로이드 구조의 특징

안드로이드의 구조는 리눅스 커널상에 네이티브 코드로 동작하는 라이브러리군과 'Dalvik 가상머신(Dalvik VM)'이라 부르는 독자 VM 실행 환경, 그리고 그 위에서 동작하는 애플리케이션 프레임워크로 구성되어 있다. 프레임워크에 근거해 애플리케이션 프로그램을 기술함으로써 개발의 부하를 줄일 수 있다. 애플리케이션 프로그램은 원칙적으로 Dalvik VM으로 실행한다.

프로그램의 기술언어는 자바이다. 독자적인 가상머신을 전면적으로 채택했다는 점은 복수의 하드웨어 아키텍처가 혼재된 내장 용도인데다 마이크로프로세서의 성능이 향상된 현재로서는 필연적인 선택이라고 할 수 있다. 가상머신을 설치함으로써 다른 기기에서 프로그램을 공통화할 수 있으며, 개발효율을 향상시킬 수 있다. 가상머신은 성능면에서 오버헤드가 크지만 임베디드 또는 모바일용으로 충분히 이용할 수 있다.

또 하나의 특징은 리눅스를 커널에 채택했다는 점이다. 그렇게 함으로써 새로운 하드웨어나 주변기기에 대응하기 쉬워진다. 리눅스에는 하드웨어 메이커가 직접 디바이스 드라이버를 제공한다. 리눅스를 커널에 채택한 것은 모든 하드웨어가 이식되기 때문이며, 다양한 하드웨어를 설계하고 채택하는 휴대폰 제조업체들에게는 매우 반가운 일이 아닐 수 없다. 한편 커널 이외에는 리눅스 관련 소프트웨어를 사용하지 않는다. 예를 들면 구글은 표준 C 라이브러리 'libc'는 BSD UNIX의 것임을 분명히 밝히고 있다. 현 상황에서는 안드로이드의 소스코드 공개 범위가 너무나 좁다. 개발 툴을 제외하면 커널과 HTML의 렌더링 엔진(Webkit) 뿐으로 이는 구성요소의 극히 일부에 지나지 않는다.

그러나 실제 동작하는 안드로이드 SDK를 통해 꽤 많은 사실이 표면화되었다. SDK에 부속된 에뮬레이터는 오픈소스인 QEMU를 안드로이드용에 적용한 것이다. 에뮬레이터의 대상이 되는 하드웨어를 QEMU로 설치해 그 위에서 안드로이드의 실행 환경을 동작시키고 있다. 안드로이드의 실행 프로세스를 살펴보기 위해 에뮬레이터를 통해 API 실행을 구현하는 방식, 즉 시뮬레이션이 아니라 실제 소프트웨어를 에뮬레이터가 설치된 타깃 하드웨어에서 동작시키고 있다. 에뮬레이터의 소스코드를 보면 안드로이드가 대상이 되는 하드웨어가 나타난다.

메인 메모리 영역은 소스코드에 표시된 것처럼 96MB이고([그림 4-2]의 (a) 부분), 거기서 연속적으로 V램 영역이 이어진다([그림 4-2]의 (b) 부분). 그리고 메모리맵 I/O가 최상위 공간에 할당되어 있다. 주요 하드웨어의 구성은 'Android_arm.c' 파일에 기술되어 있다. 마이크로프로세서는 'ARM926', 코어는 ARM9E이다. 접속하는 주변기기나 인터럽트 제어기 등은 동일한 파일에 기술되어 있다.

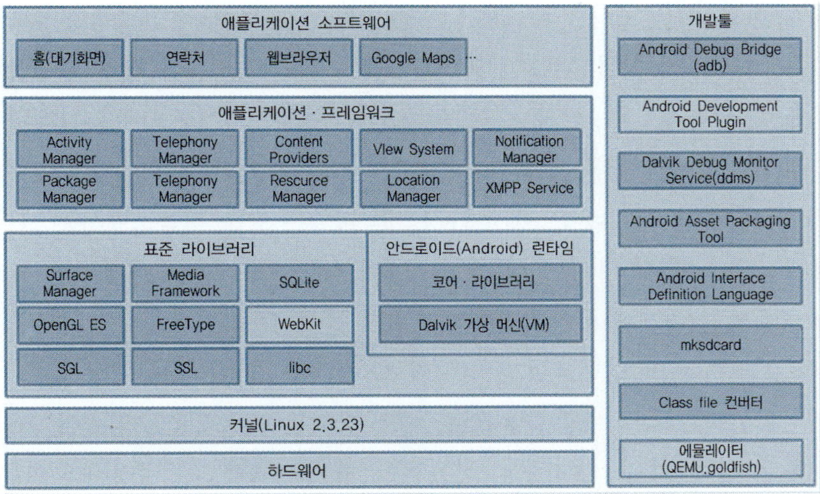

[그림 4-1] 안드로이드 플랫폼 아키텍처

```
zdefine DEFAULT_RAM_SIZE 96
zdefine VGA_RAM_SIZE(8192*1024)
ram_size-DEFAULT_RAM_SIZE*1024*1024;
vga_ram_size-VGA_RAM_SIZE;
...
machine->Init(ram_size.vga_ram_size.boot_device.
        ds.fd_siename.snapghot.
        kernet_siename.kernel_cmdline.Initrd_flename);
```

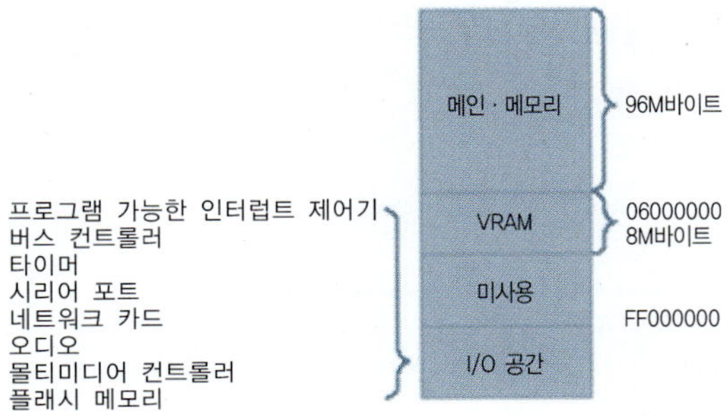

(a) 코드에 따른 정의부분(몇 개 파일에서 발췌) (b) Goldfish의 메모리 맵

[그림 4-2] goldfish의 메모리 맵

그러나 메인 메모리의 메모리 사이즈는 'vl.h' 파일에 분산시켜 기술되어 있었다. 전자는 96MB, 후자는 8MB이다. 이렇게 해서 정의된 하드웨어에는 'goldfish'라는 명칭을 붙였다. 고려하는 화면 사이즈는 두 가지로 320×240 화소의 QVGA와 480×320 화소의 HVGA이다. 이는 각각 가로가 긴 랜드스케이프 모드와 세로가 긴 포트레이트 모드에서 이용할 수 있다. 화면 사이즈의 변화에 따른 영상의 차이 등은 에뮬레이터로 체크할 수 있다.

03 안드로이드 파일 시스템

에뮬레이션 환경에서는 PC에서 동작하는 'Android Debug Bridge(adb)'라는 툴을 사용해 리눅스의 쉘(Shell)을 조작할 수 있다. 이는 에뮬레이터상에서 동작하는 'adbd'라는 프로세스와 통신함으로써 실현된다. 이 쉘(Shell)을 통해 디렉토리나 파일 구성을 들여다보면 지극히 평범한 리눅스에 가까운 것처럼 보인다. 예를 들면 구동시에 실행되는 스크립트는 'etc' 디렉토리에 저장되어 있다.

그러나 자세히 보면 안드로이드에서 특징적인 파일은 표준 리눅스에서는 그다지 볼 수 없는 'system', 'data'등의 디렉토리에 있다. 예를 들면 안드로이드의 Dalvik VM의 본체는 system 디렉토리 아래에 있는 bin 디렉토리에 들어 있다. [그림 4-3]을 보면 일반적인 리눅스와 비슷한 이름의 디렉토리도 있지만 다른 부분도 많이 있다.

예를 들면 일반적인 리눅스에서 'usr/bin/'에 저장되는 프로그램 구성들이 'system/ bin/'에 저장되어 있다. 쉘(Shell) 조작으로 이용하는 'ls'나 'mv' 등의 명령어는 안드로이드에서는 toolbox라 부르는 하나의 프로그램이 통합해 관리하고 있다. 임베디드 리눅스의 경우는 같은 기능을 제공하는 프로그램을 BusyBox를 통해 사용하는 경우가 많다. 여기에서도 일반적인 리눅스와의 차이점이 나타난다.

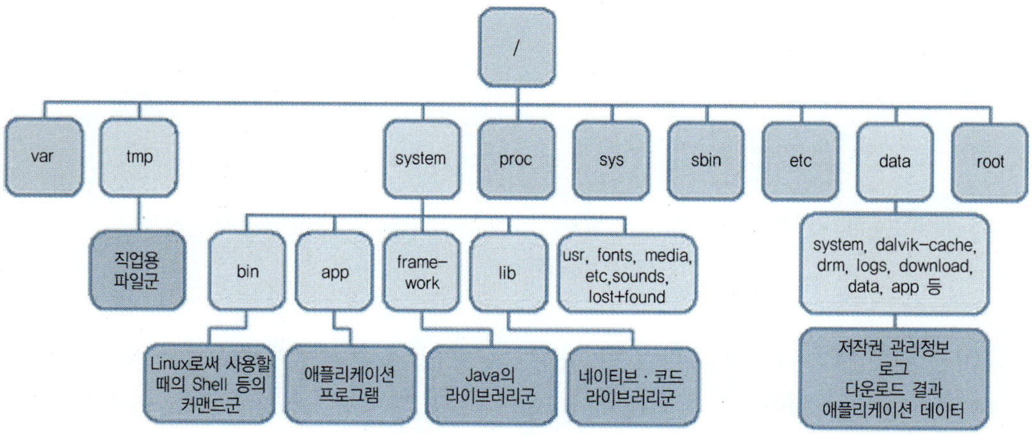

[그림 4-3] 안드로이드의 파일 시스템

04 프로세스의 메모리 구조

통상적인 리눅스와의 차이가 더욱 확연한 부분은 논리 메모리 공간의 구성이다. 이러한 기본적인 부분에서 리눅스와 다른 것을 보면 리눅스를 커널에만 한정하고 있음을 재확인할 수 있다. 논리 메모리 공간은 각각의 프로세스에 할당된 것으로 애플리케이션 프로그램이 이용할 수 있는 메모리 공간이다.

SDK에 표준으로 부속되는 'mem_profiler' 명령어로는 알 수 없지만, KMC의 디버그를 사용하면 조금 더 자세한 메모리 구성을 알 수 있다. 통상적인 리눅스의 경우는 동적으로 로드(load)되는 라이브러리('.so' 모듈이라 불린다)가 논리 메모리 공간의 저위 어드레스에서 고위쪽으로 할당된다. 이 할당을 실행하는 것은 'ld.so' 프로그램이 일반적이다. 이와 관련해 안드로이드에서는 공유 라이브러리가 논리 어드레스 공간의 고위 어드레스에서 저위방향으로 확보된다. [그림 4-4]에서 일반적인 임베디드 리눅스와 안드로이드의 메모리 매핑을 비교했다. 일반적인 임베디드 리눅스의 예로 ARM 임베디드 리눅스 2.2.0을 이용했다. 일반적인 임베디드 리눅스는 40000000번지부터 공유 라이브러리나 파일을 순서대로 배치하고 있다. 안드로이드는 파일을 40000000번지부터 순방향으로, 라이브러리를 B0000000번지부터 역방향으로 배치하고 있다. 라이브러리를 로드하는 역할을 하는 것은 'linker'라는 명칭의 프로그램이다.

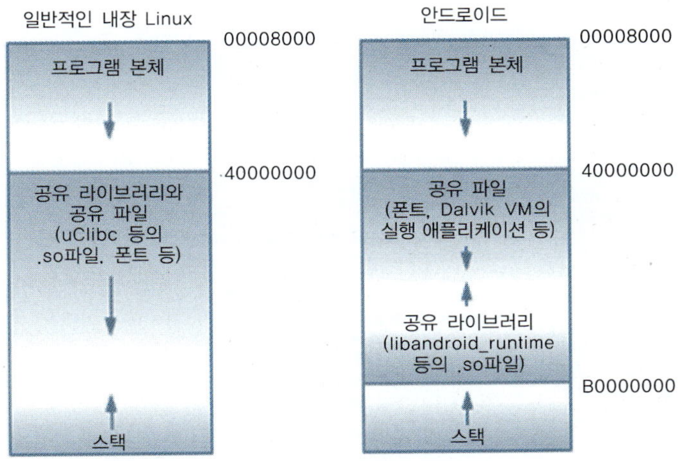

[그림 4-4] 독특한 메모리 매핑

메모리 공간의 구성에서 또 한 가지 특징적인 것은 Dalvik VM용 영역을 별도로 확보하고 있다는 점이다. 일반적으로 리눅스용 JVM인 경우에는 이를 위한 영역을 별도로 준비하지는 않는다. 안드로이드의 경우는 모든 애플리케이션 프로그램을 Dalvik VM으로 동작시키기 때문에 Dalvik VM에 관련되어 소비하는 메모리의 양이 늘어남을 전제로 배치한 것으로 분석된다.

05 독자적인 Dalvik VM

안드로이드에서 가장 궁금한 부분이 바로 안드로이드의 독자적인 VM인 달빅(Dalvik)이다. 하지만 Dalvik VM 자체의 소스코드는 공개되지 않았으므로 안드로이드의 쉘(Shell)에서 동작하는 'dexdump' 프로그램을 사용해 분석했다. dexdump 프로그램은 Dalvik VM의 실행 형식인 '.dex' 파일을 조작하기 위한 프로그램으로 파일 헤더의 정보를 취득하거나 코드 섹션을 역어셈블하는 기능 등을 갖추고 있다. 헤더 부분에는 그 파일에 저장되어 있는 클래스의 명칭이나 새로운 클래스의 명칭, 메소드 명칭 등의 정보가 들어 있다. 자바 가상머신은 스택형을 채택하고 있고 Dalvik VM은 레지스터형의 가상머신을 채택했다. 실제로 dexdump를 이용해 [그림 4-5]와 같이 .dex 파일을 역어셈블해 보았다.

```
Class#6
Classname      :'com/thdkugo/UItest/uiTest'
Accessflags    :0x20001(PUBLIC|OPTIMIZED)
Superclass     :'android/app/Activity'
...

#0                         :(in com/thdkugo/UItest/uiTest)
               name        :'onCreate'
00072c:                               |[00072c]com/thdkugo/UItest/uiTest.onCreate:(Landroid/os/Bundle;)V
000730:0740                           |0000:move-object v0,v4
000732:0751                           |0001:move-object v1,v5
000734:0702                           |0002:move-object v2,v0
000736:0713                           |0003:move-object v3,v1
000738:fa024c003200                   |0004:+invoke-super-quick {v2,v3},[004c]//vtable#004c
00073e:0702                           |0007:move-object v2,v0
000740:14030000037f                   |0008:const v3,#float 174128867447823979350398724896725139456.000000//#7f030000
000746:f80261003200                   |000b:+invoke-virtual-quick {v2,v3},[0061]//vtable#0061
00074c:0e00                           |000e:return-void
```

레지스터 사이에서 데이터 이동을 하고 있다고 생각되는 곳. 07이 move 명령을 나타내고 40이나 51 등으로 레지스터 번호를 나타낸다. 레지스터는 16개가지임을 보고 알 수 있다.

[그림 4-5] 바이너리 코드를 역어셈블한 결과

독자적으로 작성한 애플리케이션 프로그램인 'uiTest'의 'onCreate' 메소드의 서두 부분을 표시한 것으로, 'move-object'라는 명령이 4개 연속되어 있다. 바이트 코드를 보면 모두 '07'이라는 코드로 시작되며 이어지는 바이트의 상위와 하위를 각각 인수(argument)로 할당하고 있다. 예를 들어 '40'에 대응하는 역어셈블 결과는 v0, v4가 되며 '51'이라면 v1, v5가 되는 식이다. 아마 v0, v1 등이 레지스터이고, 4비트로 레지스터 번호를 나타내는 것으로 보인다. 따라서 레지스터는 16개까지 존재할 수 있다. 이어지는 invoke-super-quick은 새로운 클래스의 메소드를 불러내는 명령으로 이는 'fa02'로 표시되고 있다. 다음의 2바이트는 동적 링크를 위한 링크 테이블 번호를 나타내는 듯하다. const 명령은 어떠한 정수를 레지스터에 대입하는 조작으로 보인다. 또한 invoke-virtual-quick은 메소드를 불러내기 위한 명령일 것이다.

레지스터형을 채택한 것은 Dalvik VM의 명확한 특징 가운데 하나로 굳이 가상머신의 사양을 변경해야만 하는 이유가 있는 듯하다. 구글의 한 엔지니어는 "자바에는 프로그램을 로드했을 때 동작의 정당성 등을 검증하는 'Bytecode verifier'라는 기술이 있다. 이 특허를 썬마이크로시스템즈(이하 썬)가 소유하고 있으므로, 이에 저촉되는 것을 피하기 위한 것은 아닐까"라고 추측했다. 또한 레지스터형을 도입하면 ARM926 등에서 제공되는 자바 프로그램의 고속화기구인 'Jazelle DBX'를 이용할 수 없게 된다.

그러나 ARM11 아키텍처의 경우에는 Jazelle DBX를 사용하지 못하게 되므로 문제가 없을 것으로 보는 의견도 있었다. 여기서 수행한 역어셈블의 결과만으로 가상머신 명령 체계의 전체 모습을 파악하기란 어렵다. 소스코드나 가상머신의 사양 공개가 기다려지는 것도 바로 이 때문이다.

06 안드로이드 API 형태

아직 공개가 지연되고 있는 안드로이드 본체와는 달리 애플리케이션 프로그램 개발에 관한 정보는 대략 공개되어 있다. 이는 애플리케이션 소프트웨어 대부분이 플랫폼의 강력하므로 이어진다고 구글이 판단한 결과로 풀이된다.

실제로 개발 콘테스트 등을 개최하고 있는 것도 같은 이유일 것이다. 안드로이드의 애플리케이션 프로그램에는 'Activity', 'Service', 'Content Provider', 'Intent Receiver'라고

하는 네 가지 형태가 있다. 유저 인터페이스(UI)를 가진 안드로이드의 애플리케이션 프로그램은 액티비티(Activity)로서 수행된다. 서비스(Service)는 UI를 가지고 있지 않으며 연속적으로 정보를 제공하는 프로그램이다. 콘텐츠 제공자(Content Provider)는 데이터베이스와 같은 특정 조건하에서 데이터를 제공하는 것이다. 인텐트 수신자(Intent Receiver)는 외부의 이벤트에 대해 어떠한 반응을 나타낼 때에 사용한다. 보통 애플리케이션 프로그램을 만들 때에는 액티비티(Activity)를 사용한다. 각각의 액티비티(Activity)는 액티비티(Activity) 클래스의 하위 클래스로 수행된다. 실행시에는 애플리케이션 프레임워크가 라이프 사이클 모델에 근거해 액티비티(Activity)를 호출한다.

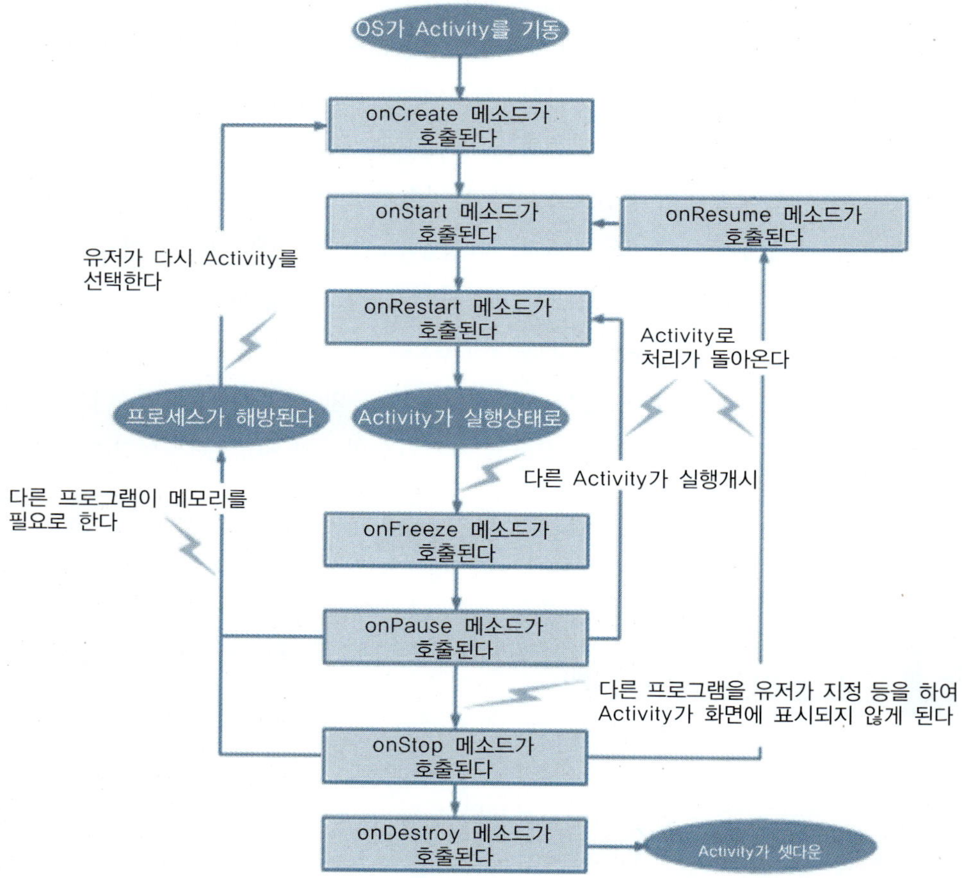

[그림 4-6] 액티비티의 라이프 사이클 모델

07 분산환경 지원

안드로이드의 API에서 특징적인 개념 중 하나가 'Intent'이다.

프로그램 간 연계 시스템으로 CORBA나 COM 시스템을 더욱 진화시킨 것이라 할 수 있다. 안드로이드 프로그램의 경우 원칙적으로 애플리케이션 프로그램은 각각 독립된 논리 메모리 공간에서 동작한다. 그래서 직접 세마포어 등을 사용해 메모리를 공유하는 등의 일은 할 수 없으므로 다른 프로그램에 처리를 부탁하는 것을 Intent로 정의한다. 이 Intent를 처리할 수 있는 프로그램을 운영체제가 적절하게 할당하는 형태를 취한다.

안드로이드의 프로그래밍에서 특징적인 존재가 액티비티(Activity)와 Intent이다. 액티비티(Activity)는 유저 인터페이스를 갖는 프로그램으로 반드시 갖추고 있어야만 한다. Intent는 액티비티(Activity) 등이 데이터 처리를 의뢰할 때에 의향을 명시하기 위한 데이터 구조로, Intent에 대응하는 적절한 프로그램을 안드로이드의 Activity Manager와 커널이 적절하게 판정해 처리를 할당한다. Intent를 받을 수 있는 것은 안드로이드가 규정하는 네 가지 형태 중에서 액티비티(Activity)와 Intent Receiver이다. 유저 인터페이스를 갖는 프로그램이 받을 경우는 액티비티(Activity)로 수행되고, 모두 백그라운드로 통신되는 경우는 Intent Receiver로 수행된다.

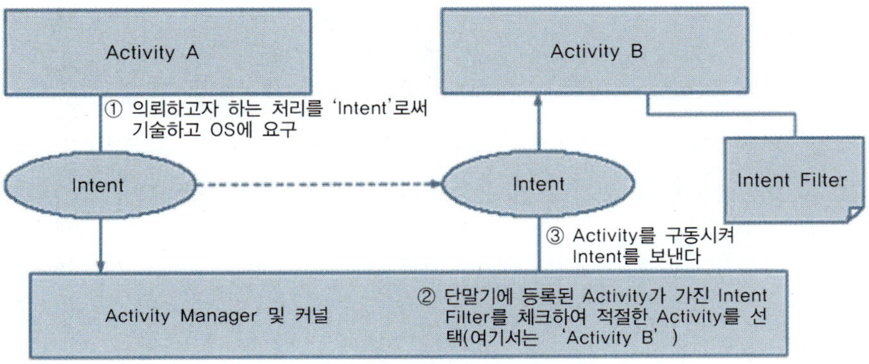

[그림 4-7] 액티비티와 인텐트

08 안드로이드와 J2SE

안드로이드는 애플리케이션 구현에 필요한 개발 환경으로 자바(J2ME/SE)를 선택했는데, 실제 문제는 바로 어떤 자바 클래스를 이용할 것인가이다. 안드로이드의 경우는 'java.io'나 'java.net' 등 자바의 표준적인 패키지 가운데 이용할 수 있는 것이 적지 않다. 커다란 차이는 UI 부분이며, MVC 모델 등에 근거해 프로그램을 만들면 의외로 간단하게 자바 프로그램을 안드로이드용으로 변환할 수 있을 것이다.

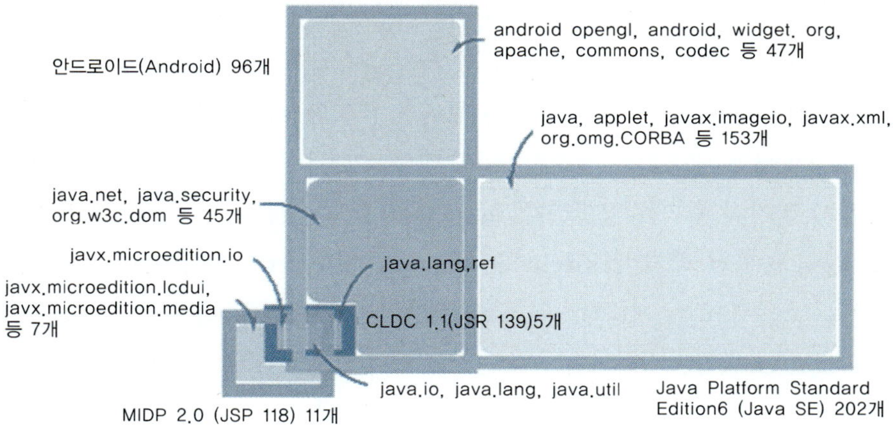

[그림 4-8] 안드로이드와 J2ME/SE 구조

안드로이드가 표준으로 제공하는 클래스 라이브러리 패키지를 휴대폰용 자바 애플리케이션 개발 기반인 'CLDC 1.1' 및 'MIDP 2.0', 서버나 PC용 개발 기반인 'Java SE'와 비교해 보자. 안드로이드의 클래스 라이브러리 패키지는 J2ME의 CLDC-MIDP와의 호환성은 의식하지 않고, Java SE의 서브셋에 구글의 독자 라이브러리를 추구한 것이라 할 수 있다.

결국 이러한 애플리케이션 구조는 심비안이나 CLDC-MIDP 기반에서 개발된 휴대폰용 자바 프로그램의 이식에 어려운 점이 있다.

예를 들어 휴대폰에서 서버와 통신하는 분산 네트워크 환경과 같은 고급 기능의 측면에서 보면 안드로이드와 휴대폰용 자바의 규약인 CLDC인 경우에는 큰 차이가 있기 때문이다. 안드로이드가 채택한 자바 클래스를 보면 휴대폰용 소프트웨어 개발자보다는 서버에서 동작하는 서비스를 개발해 온 개발자들을 흡수하기 위한 것이라는 해석이 성립된다.

안드로이드의 네트워크 기능은 J2EE와 크게 다르지 않다. 저장할 수 있는 데이터의 양에 차이는 있지만 서버 사이드에서 개발해 온 서비스 아이디어를 그대로 휴대폰의 애플리케이션으로 개발할 수 있다.

09 안드로이드와 OSGi

안드로이드는 그리스어가 어원이고 '인간을 닮은 것'이라는 의미를 지니고 있다. 그렇다. 확실히 구글의 안드로이드는 자바 플랫폼을 많이 닮아 있다. 하지만 안드로이드가 인간이 아니듯 구글의 안드로이드 플랫폼은 정확히 말해 자바는 아니다. 오픈소스가 IT 업계의 큰 트렌드로 자리잡은 이 시점에 나타나는 문제점 가운데 하나는 급격한 소스의 파생이 이뤄지고 있다는 점이다. 이른바 'fork'라고도 하는데, 어쩌면 구글의 안드로이드는 자바의 Fork가 될 수도 있겠다. 구글은 왜 모바일과 임베디드 업계에서 점차 확산되고 있는 J2ME를 채택하지 않았을까? 더 나아가서 채택하지 않았으면서 왜 J2ME의 아키텍처를 템플릿으로 참조해 안드로이드 플랫폼을 탄생시켰을까?

아마도 그것은 썬의 자바에 대한 지나치게 폐쇄적인 JCP 정책과 항상 뒤늦은 대응정책 때문이었을 것이다. 썬은 JCP를 통해 자바의 로고와 스펙, 그리고 업그레이드에 대한 독립적이면서 독자적인 권한을 가진다. 구글로서는 자바 환경에서 독립적인, 그리고 무소불위의 권한을 가진 썬이 자사의 모바일 전략에 큰 걸림돌로 여겨졌을 것이다(물론 뛰어난 자바의 기술력과 확장성은 탐이 났겠지만).

결국 자바와 극히 비슷한(J2ME의 CDC 환경) 안드로이드 플랫폼은 일반적인 JVM이 아니라 독립적인 DALVIK VM을 탄생시켰고, Dex 파일이라는 고유한 Dalvik 포맷(format)을 개발자들에게 선물했다.

물론, 모바일 업계에서 아직 J2ME-CLDC/MIDP는 메인 스트림이 아니다. 점차 스마트폰을 중심으로 확산되고는 있지만 제조업체마다 독립적인 API와 서로 다른 RMI 방식, 고급 UI를 지향하면서 무거워져만 가는 GUI 모듈, manifest를 위한 거대한 XML 타입 등과 같이 다양한 모바일 실행 환경에서 여러 가지 문제점들을 나타내고 있다.

구글은 이러한 문제점들을 해결하고 더욱 고급화되는 UI나 멀티태스킹, 강력한 애플리케이션 및 관리 솔루션을 J2ME를 벤치마킹함으로써 개선하고자 했다. 그러나 오픈된 안드로이드 아키텍처를 보면 구글이 플랫폼 구조와 애플리케이션 구동에는 많은 관심을 보여 왔지만, J2ME-OSGi 플랫폼에 비해 독립적인 모듈 구조, 애플리케이션의 라이프 사이클, 애플리케이션을 통합 관리할 수 있는 미들웨어 부분에서는 약점을 드러내고 있음을 알 수 있다.

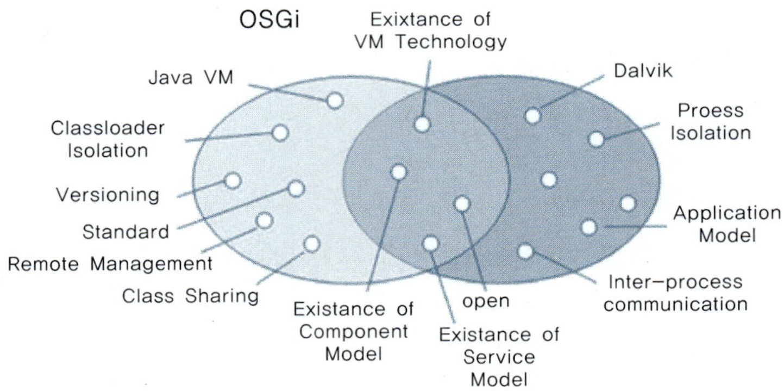

[그림 4-9] 안드로이드와 OSGi 공통 분야

이러한 문제점들은 OSGi(Open Service Gateway Initiatives) 프레임워크에서 장점으로 내세울 수 있는 부분이며, 따라서 안드로이드를 오픈한지 얼마 되지 않은 구글 입장에서 OSGi를 안드로이드 플랫폼에 통합 및 연동하거나 안드로이드-OSGi 솔루션으로 확대될 것을 기대하는 개발자들이 늘어나고 있다. 또한 이러한 개발자들의 요구에 맞춰 몇몇 전문 벤더에서는 안드로이드-OSGi 솔루션을 이미 개발해 시장에 진입하려 하고 있다. 그렇다면 안드로이드와 OSGi는 어떻게 다르고 그 둘의 연동이 우리에게 가져다주는 장점은 무엇인가? 먼저 안드로이드와 OSGi는 VM을 지원하는 방식이 다르다.

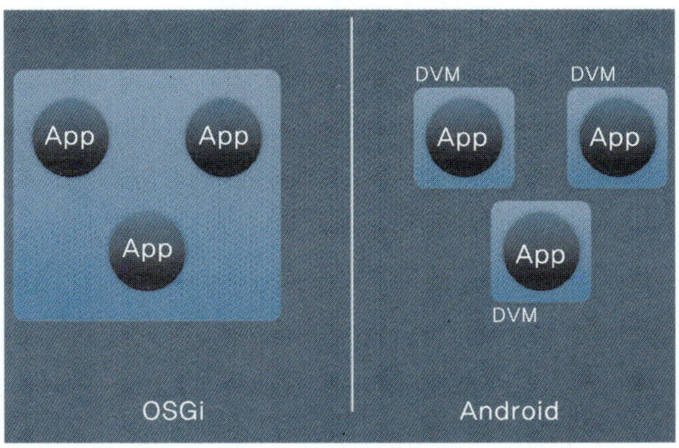

[그림 4-10] 안드로이드와 OSGi의 차이

OSGi는 하나의 VM 위에서 구동되어 각 서비스 또는 애플리케이션이 번들 타입으로 작동하게 된다. 따라서 리소스 및 데이터의 공유가 쉽고 각 번들의 결합을 통해 서비스의 생성과 참조가 쉽게 이뤄진다. 하지만 안드로이드는 하나의 VM에서 하나의 프로세스가 애플리케이션으로 구동되어 작동된다. 따라서 프로세스 간 데이터, 리소스 공유시 IPC, 메타포어 등을 통해야 한다. 그러나 안정성과 보안 측면에서는 OSGi보다 우수하다고 할 수 있다. 그러나 PC 애플리케이션이나 서버급의 엔터프라이즈가 아닌 모바일 및 임베디드 환경에서는 더 작은 메모리로 빠르게 서로를 공유 및 참조할 수 있고 번들과 서비스의 모듈성이 보장되는 OSGi 구조가 훨씬 더 효율적이다.

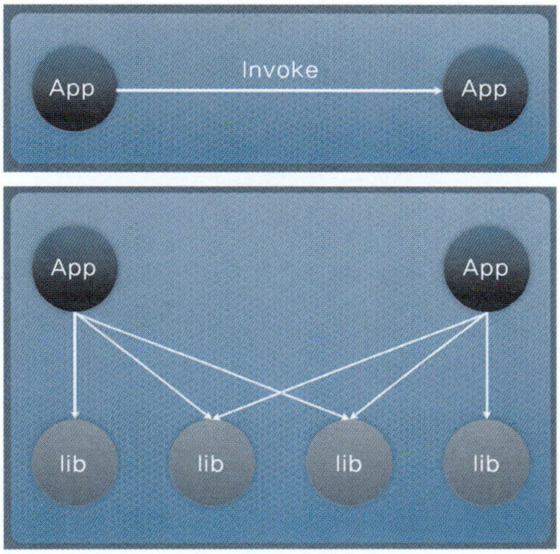

[그림 4-11] 효율적인 OSGi 컴포넌트의 참조와 공유

또한 안드로이드에서 오브젝트의 모듈성에 대한 문제점이 노출되고 있는데, 그것은 바로 Dex 파일의 구성이다. 표준 클래스 로더가 바이트 코드를 로드하려면 반드시 하나의 JAR 파일과 함께 작성되어야 한다. 따라서 JAR 파일 내에 위치한 번들을 찾기 위해 번들-클래스패스(Bundle-Classpath) 같은 기능을 사용하려면 JAR 파일 전체를 핸들(handle)하는 불필요한 메모리 누수가 발생한다. 이러한 문제점들은 하나 내지 소수의 애플리케이션을 작성하고 구동할 때보다 다수의 애플리케이션들이 구동될 때에 치명적인 약점으로 나타날 수 있다.

그렇다면 OSGi와 안드로이드가 결합될 때에 가져다주는 장점은 무엇인가? 그것은 단연 번들의 재사용성이다. J2ME, J2SE를 기반으로 하는 수많은 기존의 번들 코드를 그대로 사용할 수 있고, 또한 기존의 코드를 이용해 다양한 서비스의 참조나 생성을 통해 안드로이드용 애플리케이션을 빠르게 작성할 수 있다. 또한 안드로이드 플랫폼에서 작성하는 애플리케이션에 비해 OSGi 프레임워크의 번들은 OSGi에서 지원하는 다이내믹한 코드의 모듈성과 강력한 번들 라이프사이클 관리시스템으로 인해 코드 사이즈가 작아진다.

그러므로 안드로이드-OSGi 애플리케이션(번들 구현)은 실제로 수행되는 액티비티(Activity) 코드와 GUI 부분에 집중해 개발되어 기존의 애플리케이션보다 훨씬 작은 바이트 코드로 개발할 수 있다. 마지막으로는 강력한 개발 툴의 지원을 꼽을 수 있다. 이미 OSGi는 이클립스에 통합되어 있고 RCP & eRCP라는 개발방법론으로 임베디드-모바일-데스크탑에 이르기까지 다양한 플랫폼에서 전 세계 자바 개발자들에게 각광받고 있다. 이러한 통합된 개발 환경과 방법론으로 전 세계 자바 개발자들에게 안드로이드는 더욱 쉽게 다가갈 수 있을 것이다. 안드로이드-OSGi 솔루션이 이러한 장점을 지니고 있어 기존의 OSGi 분야 강자인 IBM과 Prosyst도 지난해 구글에서 공개된 이후부터 이 분야를 강력하게 밀고 있다.

그럼 안드로이드-OSGi는 쉽게 통합되고 연동될 수 있는가? 이에 대한 답은 올해 3월 미국 캘리포니아에서 열린 이클립스 개발자 컨퍼런스 'EclipseCON'에서 찾아볼 수 있었다. EclipseCON은 과거 이클립스 분야의 오픈소스 개발자들이 모여 시작된 작은 컨퍼런스인데, 재작년부터 OSGi DevCON과 통합되어 이클립스 뿐만 아니라 RCP, OSGi, Server Framework 등 다양한 주제들로 꾸며지고 있다. 이번 OSGi 개발자 세션 역시 별도로 열렸는데, 이번 컨퍼런스에서 IBM의 B.J Hargrave가 안드로이드-OSGi 통합이라는 주제를 발표해 큰 호응을 이끌어냈다.

안드로이드-OSGi 연동은 크게 두 가지로 이뤄진다. 하나는 안드로이드 플랫폼에 프레임워크를 탑재하는 부분이고, 또 하나는 다이내믹한 번들의 수정 또는 개발이다.

10 안드로이드-OSGi 통합

첫 번째로 안드로이드에 OSGi를 탑재해 구동하는 것은 그렇게 어려운 문제는 아니다. 그것은 이미 OSGi가 다양한 VM에 포팅되어 탑재된 경험이 있기 때문이다. OSGi는 기존 JVM이 아닌 Dalvik VM을 통해 구동되므로, Dexification이라는 절차를 거쳐 JAR 파일이 Dex 파일로 수행됨을 인식시켜 준다.

Apache-Felix에서는 큰 문제없이 구동되었으나, Equinox에서는 몇 가지 사항을 수정해야만 했다. Equinox에서는 어떤 소유권들(Properties)을 수정하기 위해 코드소스(CodeSource)를 사용하는데 반해, 안드로이드에서는 프러텍션 도메인(ProtectionDomain)이 null이기 때문에 아예 액티비티(Activity)를 사용할 수 없다. 따라서 직접 코드에 정해 주어야만 한다.

또한 ClassLoader.getResource()는 hook된 Confi guration Property File의 리스트를 사용하는데 반해, 안드로이드는 아예 null 값을 리턴하므로 configuration.ini에 직접 리스트 값을 정의해야 한다. 이러한 각 OSGi와 안드로이드의 환경설정을 맞춰 주면 안드로이드에서 OSGi 프레임워크를 수행하는 것에 무리가 없다.

마지막으로, 번들의 구성이다. 번들의 개발은 OSGi 프레임워크 구동과는 좀 다른 차원의 문제이다. 가장 큰 문제점들이 자바에서 공식적으로 발표되고 사용하는 API가 수정을 거쳐야 하거나 또는 아예 안드로이드에서는 지원되지 않는다는 것이다. 이 부분은 매우 중요한 부분으로 OSGi 프레임워크에서는 번들을 다이내믹하게 로드하고 수행하는 데 표준 API가 필요한다. 만일 안드로이드가 지원하지 않으면 독자적인 안드로이드 API를 사용하기 위해 직접 개발해 주어야 하는 문제가 따른다. 그것은 무엇보다 Dalvik VM의 특성을 따르게 된다. 일반적인 Class Loader.defineClass()가 작동하지 않고 Dalvik의 android. dalvik.Dexfile을 사용하거나, Nested JARs와 Directory Bundles 기능을 사용할 수 없다. 또한 간단한 번들 클래스패스(Bundle Class path)만 사용할 수 있는 등의 제약사항들이 있다. 따라서 그에 대한 예외(Exception) 처리 또는 코드를 수정해야만 한다.

하지만 가장 큰 문제점은 역시 수행시간이다. Dexification이라고 불리는 단계에서 바이트 코드와 Dex 파일 변환이 동시에 이뤄지기가 어렵기 때문에 JIT 기능을 수행하는 성능이 매우 떨어지게 된다. Dexification의 JIT 최적화 문제는 반드시 해결되어야 하는 이슈이다. 또한 풀 번들 클래스패스(Full Bundle ClassPath) 지원도 필요하다. 지금은 간단한 번들 클래스패스 지원만 가능한데, 이 부분은 불필요한 메모리 낭비가 동반되기 때문에 역시 반드시 해결되어야 하는 부분이다. 따라서 이러한 문제점을 보완하고 해결하기 위해 이클립스(Equinox) Incubator 프로젝트로 안드로이드-OSGi 솔루션이 개발되고 있다.

11 Prosyst OSGi와 안드로이드

안드로이드 플랫폼 위에 OSGi를 탑재하려는 벤더들의 노력들이 이어지고 있는데, 그 중 대표적인 업체가 바로 Prosyst이다. 이 업체에서도 역시 안드로이드 플랫폼에 자사의 OSGi 솔루션을 탑재하는 것을 목표로 다양한 연구개발을 진행하고 있는데, 대표적으로 OSGi 상용화 솔루션으로 널리 알려진 mBS와 OSGi 전용 DBMS-DB4O을 안드로이드에 탑재해 구성한 서브(Servo) 솔루션을 들 수 있다. Prosyst에서 내세우는 안드로이드-OSGi의 장점은 다음과 같다.

(1) 클래스 공유의 부족

안드로이드는 각각의 VM에서 프로세스가 구동되는 구조이므로, 클래스의 공유는 클래스를 복제하는 방법으로 지원한다. 이러한 구조는 심각한 메모리 누수를 가져오고, 성능의 저하가 예상된다. 안드로이드와 달리 OSGi는 직접적인 클래스 공유를 통해 메모리 사용량을 줄이고 성능 향상을 나타낸다.

(2) 효율적인 컴포넌트 구성

안드로이드는 구조적으로 컴포넌트 간 IPC와 같은 추상화 레벨의 인터페이스로 통신하게 된다. 컴포넌트 간의 가장 효율적인 통신 방안은 Directly Method Calls이다. 이러한 컴포넌트 간 통신 모델은 이클립스의 RCP, eRCP와 같은 플러그인 아키텍처를 가능하게 하며, 한층 효율적인 컴포넌트 구성을 돕는다.

(3) 디바이스 관리

원격 관리 및 지원 기능은 모바일 디바이스와 서비스 업체의 서버간 중요 기능으로 점차 부각되고 있다. 하지만 아쉽게도 안드로이드는 원격 관리에 대한 기능이 지원되지 않는다. OSGi에서는 rOSGi를 비롯해 OMA-DM을 통한 다양한 원격 모바일 솔루션을 이미 상용화해 서비스하고 있다. 이러한 특징을 전면에 내세우며 Prosyst는 mBS와 서보(Servo) 솔루션의 상용화에 심혈을 기울이고 있다.

mBS가 전통적인 안드로이드-OSGi 솔루션이라면 서보(Servo)는 더 현실적으로 안드로이드에 접근하고 있다. 이는 안드로이드를 채택한 휴대폰에서 구현 및 저장되는 다양한 데이터를 저장하고 관리하는 데 초점을 맞춘 솔루션이다.

특히 사용자가 지닌 다양한 형태의 자료를 저장하는 것을 UGD(User Generated Data)로 명명하고 기존 안드로이드의 SQLite가 아닌 DB4O라는 OODB를 채택해 사용한다. DB4O 엔진이 OSGi 번들로 구성되어 있어서 다이내믹한 로드와 OSGi의 직접적인 관리를 받게 된다.

한편 DB4O는 OSGi 번들용으로 구현되어 기존의 임베디드 DB보다도 작은 코드 사이즈와 빠른 성능, 완벽한 SQL 지원이 특징이다. 그리고 무엇보다 오픈소스로서 SQLite를 채택하고 있는 안드로이드 플랫폼에 더욱 적합한 OSGi용 DB 솔루션으로 주목받고 있다.

12 OSGi 기본과 확장

1. J2ME와 이클립스(Equinox)

현재 OSGi 확산의 주된 이유는 크게 두 가지를 들 수가 있다. 이클립스의 리치 클라이언트 플랫폼(RCP)인 이클립스(Equinox)의 출현과 J2ME의 꾸준한 발전이 그 이유이다. 특히 이클립스(Equinox) 출현은 OSGi의 신뢰성과 대중성의 두 마리 토끼를 잡은 큰 이슈로 평가받고 있다. 또한 J2ME의 꾸준한 발전은 J2ME-OSGi의 조합이 단순히 임베디드 기기에서 모바일로 확산되는 계기를 마련했다. 현재 J2ME-OSGi 플랫폼은 노키아의 스마트폰과 스프린트 PCS, 그리고 곧 출시될 구글의 안드로이드에까지 영향력을 미치며 OSGi 대중화의 선두주자로 부상중이다.

다음에서 OSGi의 기본 운영 환경이 되는 J2ME와 이클립스(Equinox)에 대해 살펴보기로 한다.

2. 이클립스(Equinox)란 무엇인가?

이클립스(Equinox)는 단순히 구현의 관점에서 본다면 OSGi R4 코어 프레임워크 사양(core framework specification)을 근간으로 구현된 코드이다. 이러한 점은 여타의 다른 OSGi 제품들과 다를 바가 없다. 이클립스(Equinox)가 다른 여타의 OSGi와 다른 점은 플랫폼으로 확장된 OSGi라는 점이다. Equinox(이쿼넉스라고 발음된다)는 기본적으로 다른 OSGi처럼 프레임워크, 번들이 존재하지만 또한 Incubator, Server-Side Project로 통한 다양한 서비스 아키텍처, 서버, 서버 프레임워크 모듈로 확장돼 이클립스 기반의 개발 플랫폼의 일부분으로 사용된다. IBM의 Expeditor, Adobe의 VersionCue, Rational의 S/W 개발 툴이 모두 이클립스(Equinox) 기반의 플랫폼에서 최적화된 콘텐츠와 가능들을 가지고 태어난 제품들이다. 마치 윈도우 기반의 애플리케이션과 시스템 아키텍처가 닷넷 프레임워크 위에서 COM모듈로 쉽게 개발되고 하나의 고유한 프로세스와 GUI위에서 운영되듯이 이클립스 플랫폼 닷넷 프레임워크에 맞서 하나의 플랫폼으로 발전하고 있다(물론 아직 닷넷 프레임워크에 비해서 미진한 부분이 많다). 그 핵심에 이클립스(Equinox) OSGi가 있다.

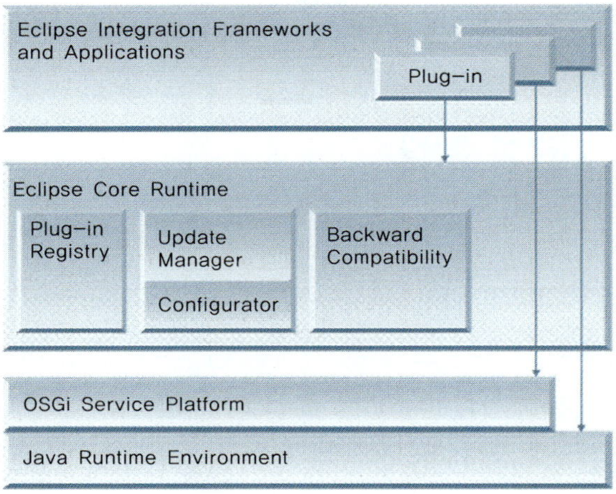

[그림 4-12] 이클립스

3. 이클립스(Equinox)의 역사

이클립스(Equinox)는 2004년 이클립스 재단의 요청에 의해서 이클립스 3.0에 탑재됐다. 이때의 이클립스는 버전 2.1에서 3.0으로 업그레이드가 됐는데 단순히 1.0이 버전업되는 것보다 훨씬 더 많은 변화를 가져왔고, 바로 그것이 이클립스(Equinox)의 탑재였다.

이전에는 수많은 기능이나 모듈이 플러그인 형태로 다운로드되거나 인스톨되었는데, OSGi 기반의 번들 형식으로 변경돼 재설계되고 다이나믹 모듈(Dynamic Module) 시스템으로 제공된 것이다. 이미 2003년초 이클립스 재단은 단순히 이클립스를 통합된 하나의 IDE가 아닌 RCP(Rich Client Platform)로의 확장을 목표로 전체적인 시스템 아키텍처의 재설계를 감행했다.

그때 바로 OSGi 프레임워크 기반의 구조가 논의 끝에 설계됐고, 탑재된 제품은 IBM의 SMF 3.x를 근간으로 이클립스에 최적화된 이클립스(Equinox)가 탄생했다. 이클립스 최적화 기간은 약 18개월 정도였으며 이때 하나의 프레임워크로 선택된 SMF-OSGi가 이클립스(Equinox)로 재탄생해 RCP, JDT, PDE 기반의 이클립스 플랫폼의 핵심 컴포넌트로 탄생했다. 초기 이클립스(Equinox)는 OSGi R3를 기반으로 했지만 현재 R4 스펙으로 버전업됐고, 현재에도 OSGi Alliance의 VEG (Vehicle Expert Group), MEG(Mobile Expert Group)와 협의하에 지속적으로 발전하고 있다.

이클립스 이클립스(Equinox) 프로젝트에는 몇 가지 특징적인 요소들이 있었는데, 프로젝트의 산실인 인큐베이터(Incubator) 활용, 오픈소스 커뮤니티 지원, 그리고 마지막으로 신기술의 개념 도입 등이 그것이다. 우선 이클립스(Equinox)를 구현하기 위해 많은 OSGi 및 이클립스 오픈소스 단체 및 동호회에 개발인력을 구했고 스펙을 선정하면서 요구사항에 도움을 받았다. 이러한 개발의 집합체 및 통로로 인큐베이터(Incubator)를 활용했다. 인큐베이터(Incubator)는 말 그대로 '산실'의 의미를 가지게 되는데, 현재 이클립스(Equinox)가 개발된 이후에도 여전히 인큐베이터(Incubator)를 통해 많은 서비스 번들과 프로젝트가 수행 중이다.

한편 신기술과 신개념 도입은 AOP를 자바에 접목한 AspectJ와 Security 부분을 인큐베이터(Incubator)를 통해 동시에 추진했다. 이러한 특징들은 하나의 회사나 벤더가 독립적으로 개발할 때 나타나는 현상과는 다른 측면으로 공동의 광범위한 오픈소스 지원과 빠르게 변하는 신기술의 적극적인 대응에 부합된다고 볼 수 있다.

4. 이클립스의 선택

이클립스는 무엇 때문에 OSGi를 선택했을까? 그보다도 왜 이클립스는 2.1에서 3.0으로 급격한 변화를 했는지 살펴볼 필요가 있다. 지난 2006년 10월 덴마크에서 열린 JAOO 컨퍼런스에서 'The OSGi Foundation for Eclipse' 라는 주제로 발표했던 Jeff McAffer는 "당시 이클립스 재단에서는 전 세계 SW 시장의 흐름을 눈여겨보고 있었다.

이클립스의 발전을 신기술의 도입에 초점을 둔 것이 아니라 시장의 흐름과 고객의 요구에 모든 우선순위를 두고 있었다."라고 말했다. 과연 이클립스에서 보았던 SW 시장의 문제점과 고객들의 불만, 요구사항은 무엇이었을까? 그것은 다음과 같이 몇 가지로 요약할 수가 있다.

① 이식성 또는 재사용성의 문제점

② 소프트웨어의 복잡성

③ 효율적인 소프트웨어 관리의 문제점

이러한 문제점들과 사용자들의 요구사항을 분석한 이클립스 재단에서는 해결방안으로 몇 가지 특징과 솔루션, 아키텍처를 설계했다. 당시 새로운 시스템을 설계할 경우 필요한 요구사항은 크게 네 가지였다. 가장 중요한 요소로 신뢰성(Reliability), 대규모 분산(Large Scale Distribution), 디바이스의 광범위(Wide Range of devices), 협업(Collaborative) 등을 정의하고 이를 구현하기 위한 기술적인 대안으로 SOA, 프레임워크, 다이나믹 모듈(Dynamic Module)을 선택했다. 이는 무엇을 뜻하는가?

바로 OSGi의 특징과 일치한 부분이 매우 많지 않은가?

이러한 분석과 결과로 이클립스 재단은 1999년부터 개발되고 발전된 OSGi를 이클립스의 기본 프레임워크로 탑재하기로 결정했다. 이렇게 해서 IBM은 이클립스에서 이클립스(Equinox)까지 이르는 개발 툴과 프레임워크를 자연스럽게 통합해 하나의 거대한 플랫폼으로 발전시키는 중요한 역할을 담당하게 된다. 좀 더 자세하게 이클립스에서 OSGi를 탑재한 이유를 살펴보면 위에서의 문제점을 분석하고 그 해결방안으로 제시한다.

지난 2005년 IBM Systems Journal에 실린 'The 이클립스 3.0 Platform-Adopting OSGi Tech nology' (O.Gruber, B.J. Hargrave, J.McAffer, T.Watson)에서는 다음과 같이 설명했다. 신뢰성(Reliability), 대규모 분산(Large Scale Distribution), 디바이스의 광범위(Wide Range of devices), 협업(Collaborative)의 요구사항에 SOA, 프레임워크, 다이나믹 모듈의 기본적인 아키텍처를 제시하고 확실하게 OSGi 입장에서 기능과 장점들을 기술해놓고 있다.

(1) 확장성(Extensible)

확장성을 가장 높은 우선순위에 두고 있다. 대단히 정확한 지적이다. 단순한 개발 툴에서 개발 환경, 플랫폼으로 발전하려면 플러그인을 다운로드해 기능을 추가하는 것에 그쳐서는 안된다. 새로운 애플리케이션, 프레임워크 심지어 서버로써 확장이 가능해야 한다.

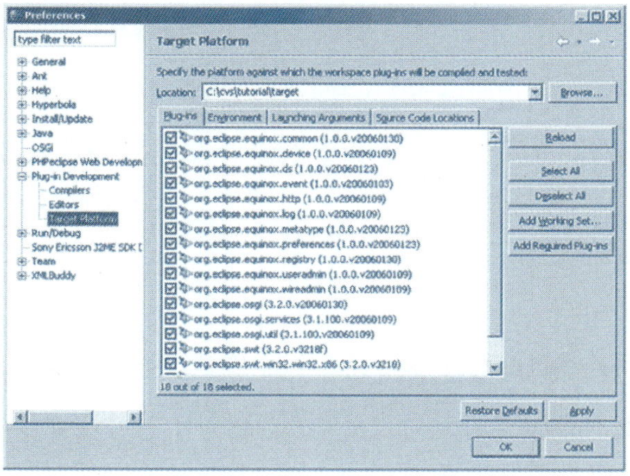

[그림 4-13] 이클립스 플랫폼의 빌드

(2) 가볍고 다이나믹 모듈

빠르고 다양한 기능과 콘텐츠 심지어 서버들을 실시간으로 원격에서 시스템의 중단 없이 추가, 업데이트할 수 있는 관리 기능이 필요하며 가능해야 할 것이다. 또한 네트워크도 유무선 통합된 환경을 위해 가볍고 코드가 작아야 한다.

(3) 독립적인 플랫폼

단순히 윈도우, 리눅스 환경의 문제가 아니다. 모바일-임베디드-PC-서버에 이르는 다양한 하드웨어와 OS가 있기에 그 위에서 운영되는 플랫폼에 독립적으로 콘텐츠가 운영되고 서비스를 사용해야 한다.

(4) 오픈소스 활용 극대화의 오픈소스 커뮤니티

오픈소스 단체와 지원을 최대한 빠르고 정확하게 수용할 수 있는 구조와 프로세스가 정립되어야 한다. 빠르게 발전하는 기술과 트렌드를 적절히 대응하려면 오픈소스의 활용을 극대화해야 한다.

(5) 직관적인 경험과 독립적인 사용

윈도우만의 환경이 아니므로 다양한 플랫폼과 디바이스에 적용될 수 있고, 그리고 직관적으로 사용자들에게 경험되고 다가갈 수 있는 GUI가 필요하다. 하나의 프로세스와 직관적인 경험이 플랫폼과 디바이스에 독립적으로 사용해야 한다.

5. 도약하는 이클립스 OSGi

한편 OSGi Alliance 입장에서 이클립스가 OSGi를 선택하면서 가져다 준 장점이 있다면 무엇일까? 가장 큰 장점은 바로 브랜드 파워, 마켓에서의 힘이다.

과거 OSGi가 임베디드 시스템에서 안정적인 다이나믹 모듈(Dynamic Module) 시스템으로 명성을 날렸던 것은 사실이다. 그러나 어디까지나 한정된 분야(홈게이트웨이, 셋탑박스, 그리고 소수의 스마트폰)였고 또한 임베디드 시스템 전체로 보면 자바가 탑재되는 것에 지나지 않았다. 사실 임베디드 시스템에서는 여전히 RTOS의 C개발 환경에 API 라이브러리(Library), 디바이스 드라이버 그리고 프로세스로 작동되는 구조가 다수인 현실에서 OSGi는 시스템 전체에서 보면 소수 선택된 개발자들만의 프레임워크였다. 그러나 이클립스는 다르다. 모바일, 임베디드 등의 다양한 디바이스와 플랫폼이 탄생했더라도 여전히 개발 환경에서 메인 스트림은 서버 사이드와 PC 클라이언트이다.

PC에서 개발하는 개발자들에게 비주얼 스튜디오를 쓰지 않고도 C/C++, 자바 등의 개발 환경과 PHP, Perl, Python 등의 스크립트 통합 환경을 제공하고 컴파일-디버깅-버그트랙킹-소스 관리 등의 개발 프로세스를 이클립스라는 툴에서 제공한다는 것은 매우 강력한 어필임에는 틀림없고(게다가 무료이다), OSGi와는 비교하지 못하는 충성스러운 수백 만명의 개발자와 브랜드 파워를 가지고 있는 것이다.

그런 이클립스가 대대적으로 변하는 새로운 버전 3.0에 핵심으로 탑재된 런타임 환경이었으니 OSGi를 몰랐던 개발자들에게 다가왔던 충격과 관심은 가히 폭발적이었다. 물론 개발자들이 갖는 관심과 실제 이클립스(Equinox) OSGi를 사용해 구현하는 건 다르지만, 이제 이클립스(Equinox) OSGi는 단순히 이클립스에 탑재된 하나의 기능이 아니라 이클립스(Equinox) OSGi를 몰라서는 더 이상 이클립스 플랫폼에서 개발할 수 없는 단계까지 이르게 된 것이다.

단순히 임베디드의 특수한 환경에서 인정받았던 하나의 OSGi 프레임워크가 단번에 메인 스트림으로 진출하는 계기와 브랜드 파워를 갖게 된 것이다. 이로 인해 OSGi Alliance는 전문가 그룹이 3개에서 4개로 확장되고, 스펙도 R3에서 R4로 급격하게 업그레이드 됐다. 이렇게 OSGi가 임베디드에서 모바일, PC, 서버 환경까지 확장되고 급속하게 발전하는 기술의 트렌드에 적절하게 버전 업그레이드로 대응되는 과정들이 Equinox OSGi가 탄생하고 이클립스에 탑재되면서 나타나게 된 대표적인 장점이다.

6. 이클립스(Equinox)의 미래

현재 OSGi Alliance의 개발 로드맵을 살펴보면 이클립스(Equinox) OSGi는 임베디드에서 모바일과 PC환경을 넘어 엔터프라이즈 환경으로 성공적인 확장과 발전을 목표로 하고 있다. 우선적으로 이클립스(Equinox) OSGi는 이클립스에 탑재됨으로써 PC 환경으로 확장해 나가는데 성공하고 있는 듯하지만, 궁극적으로 유니버설 프레임워크나 플랫폼으로 발전하려면 이클립스(Equinox)가 서버 사이드 플랫폼으로 자리매김해야 한다.

현재 이러한 흐름에는 IBM, BEA, Apache, Spring 등의 업체가 참여해 자사의 제품에 이클립스(Equinox)를 탑재하는 프로젝트가 진행중이거나 이미 부분적으로 상용화해서 서비스하고 있다. 지난 3월에 열린 이클립스 컨퍼런스의 기조연설에서 이클립스 재단 디렉터로 활동하는 마이크 밀린코비치는 "이제 OSGi를 둘러싼 IT업계의 지각변동과 S/W업계의 흐름은 2007년부터 변화되고 있다.

이제 이클립스(Equinox)는 신기술의 하나로 중요한 요소로 작용할 것이며 향후에는 닷넷을 견제하는 가장 이상적인 런타임 환경으로 성장할 것으로 확신한다"고 말했다. 계속해서 "지난 1999년에 태어난 OSGi는 계속해서 성장하고 있다.

최근에는 더욱 빠르게 성장하고 있다. 그 증거로 OSGi는 임베디드, 모바일에서 서버 플랫폼으로 급격하게 개발 중심이 변화하고 있으며 최근 1~2년 사이에 BEA(mSA, SOA360), IBM(Lotus. WebSphere, Tivoli), Oracle(Fusion), Red Hat(JBoss), Spring(Inter face21) 등의 업체에서 다양한 OSGi 기반의 솔루션이 출시되고 있는 것이 그 사실을 증명"해 준다고 말했다. 한편 이클립스(Equinox) 개발의 주역인 Jeff McAffer는 이클립스(Equinox)를 굳이 중요하다고 말하고 싶지 않다.

지금도 전 세계 수백만 대의 PC에서 이클립스가 구동되고 이클립스를 통해 많은 개발자들이 S/W를 개발한다. 이클립스가 구동될 때마다, 로딩될 때마다 이클립스(Equinox) OSGi는 실행되고 있다. 불과 1~2년 사이에 벌어진 일이다. 과거 OSGi가 이렇게 수많은 PC에서 실행되리라고는 아무도 생각을 하지 못했다"며 그는 향후 이클립스(Equinox)의 중요한 개발 이슈를 예비 시스템(Provisioning system)을 꼽았다. "향후에는 원격에서 다양한 콘텐츠와 서비스 기능들을 쉽게 업데이트하거나 관리, 운영하려는 요구사항들이 나올 것이다. 시공간을 초월해서 다양한 서비스들을 플랫폼과 하드웨어 디바이스에 무관하게 즉각적으로 제공할 수 있는 기능이 반드시 필요하다."

현재 이러한 예비(Provisiong) 기능은 이클립스의 업데이트 매니저(Update Manager)가 있고, 상용화 솔루션으로는 IBM사의 Tivoli Manager를 통해서 서비스한다. 하지만 업데이트 매니저(Update Manager) 기능을 넘어서는 예비(Provisioning) 프레임워크로서의 확장성이 요구되고, 이러한 신규 개발 프로젝트는 이클립스(Equinox) 인큐베이터(Incubator)를 통해서 진행중이라고 했다.

7. J2ME &OSGi

기본적으로 OSGi 프레임워크는 자바 환경에서 운영된다. 따라서 자바의 개발 환경과 실행 환경은 매우 중요한 요소이며, OSGi 프레임워크의 탄생 근거가 된다. 현재 자바의 개발/실행 환경은 JSRs, JCP를 통해 스펙이 정해진다.

한편 임베디드 자바(J2ME) 진영에서는 OSGi 프레임워크를 자바 환경위에서 운영되는 하나의 프레임워크가 아닌 자바 실행 환경에 구체적으로 명시하기도 한다. 따라서 자바의 실행 환경의 트렌드는 OSGi 프레임워크 입장에서는 매우 중요한 로드맵과 전략이다.

점차 다양해지고 발전해나가는 임베디드 자바(J2ME)의 기술 트렌드에 대해 살펴본다면 향후 모바일/임베디드 미들웨어의 발전 방향에 대한 정확한 예측이 가능할 것이다.

(1) J2ME 개요

J2ME의 주요 요소로는 소비자용 내장형 장치를 위한 자바 솔루션을 제공하는 여러 도구 및 기술과 함께 CDC(Connected Device Configurations) & CLDC(Connected Limited Device Configurations)라 불리우는 핵심 API Set, 각 디바이스 제품군에 맞는 API Set 스펙을 정의한 프로파일(F/P(Foundation Profile), P/P(Personal Profile), MIDP(Mobile Information Device Profile))로 구성되는데, 특히 소비자 가전(CE)제품용으로 최적화된 자바 런타임 환경도 포함된다.

J2ME 기술은 자바 제품군의 일부로서 관련된 자바 플랫폼에는 J2SE 및 J2EE가 있다. J2ME 플랫폼은 실행, 개발 환경으로 CVM &KVM, 애플리케이션 프로그래밍 API Library, Deployment와 구성 툴(Configuration tool)들을 제공한다.

J2ME 플랫폼이 지향하는 제품군들을 2개의 그룹으로 나눈다.

① 개인의 휴대가 가능하며 네트워크를 통한 정보전달이 가능한 기기군들로 셀룰러폰, 페이져 등을 말할 수 있다.(KVM-CLDC-MIDP)

② 구체적인 기능을 가지며 고정되어 있는 정보전달 기기군들로 셋톱박스, 인터넷 TV, 자동차 내비게이션 시스템 등으로(CVM-CDC-F&PP) 구분할 수 있다.

셀룰러폰이나 페이져 등은 제품들의 모양, 성능, 특성이 제각각이기 때문에 각각의 기계장치들의 공통되는 핵심부분을 모아 가상머신의 구성(configuration)과 API들을 제공한다.

실행 환경 측면에서의 J2ME 구성(configuration)은 메모리 용량과 프로세스의 처리용량이 비슷한 것들을 같은 범주로 한 API들로 CLDC를 정의한다.

구성(configuration)의 스펙을 살펴보면 프로그램 언어인 자바, 자바 가상머신 실행 환경, 개발 도구로 자바 라이브러리와 API를 제공한다. 하이-레벨 아키텍처는 기계장치의 운영체제 위에 가상머신이 존재하고 그 위에 컨피규레이션과 프로파일이 수직적 구조로 이뤄져 있다.

현재 J2ME 플랫폼에서는 CLDC (Connected Limited Device Configuration)와 CDC (Connected Device Configuration), 두 가지의 표준 컨피규레이션이 있으나, 최근 자바원 2007에서 발표된 CLDC의 로드맵은 MSA(Mobile Service Architecture) 1.0으로 발전했다. 자바의 실행/개발 환경을 정의한 스펙은 JCP와 JSRs를 통해서 매우 다양하게 전개가

된다. 그 많은 JSR 중에서 OSGi와 직접적으로 관련된 것들은 다음과 같다.

- JSR 248 - MSA (Mobile Service Architecture)
- JSR 249 - MSAA (Mobile Service Architecture Advanced)
- JSR 232 - MOM (Mobile Operational Management)
- JSR 277 - Java Module System
- JSR 291 - Dynamic Component Support for Java SE (OSGi)

이 중에서 JSR 248/249는 과거 CDC/CLDC에 대한 스펙이며, 특히 OSGi가 대부분 CDC 환경에서는 운영되고 CLDC 환경에서는 운영이 어려웠음을 볼 때 OSGi가 모바일 환경에서도 구현될 수 있는 가능성을 나타낸다. 또한 JSR 232-MOM은 OSGi의 번들 관리 사이클과 비슷한 형태의 관리 환경에 대한 스펙이며 JSR277은 자바의 다이나믹 모듈 시스템으로 OSGi의 번들 형태 구조를 자바에서 직접 구현하려는 의도가 엿보인다. 이러한 JSR들은 OSGi와 직접적으로 연관돼 매우 중요한 스펙이 된다. OSGi가 자바 실행 환경에서 운영되기에 JSR의 발전 방향에 따라서 영향을 받을 수밖에 없기 때문이다.

(2) JSR 248/249 – MSA

JSR 248/249에 나와 있는 MSA는 바로 J2ME의 미래이다. 과거 J2ME는 보다 파워풀한 임베디드 환경의 CDC와 모바일 환경의 CLDC로 구분해 운영했다.

그러나 두개의 운영 환경은 바로 하나의 모델로 통합되는데, 그것이 바로 MSA이다. MSA는 급격하게 발전하고 변화하는 모바일 환경에 적절하게 대응하기 위한 하나의 방안으로 출발하게 된다. 최근 3~4년간 J2ME를 중심으로 모바일 애플리케이션의 시장은 매우 빠른 기술 발전을 했다. 전 세계적으로 자바 기술을 이용해 서비스하는 수행하는 모바일 통신회사는 220개 넘고, 임베디드/모바일 자바가 탑재된 디바이스는 4억개가 넘는다. 35개가 넘는 벤더에 의해 650개가 넘는 자바 휴대폰 모델들이 출시됐고, 모바일 환경에서 자바를 이용해 개발하는 모바일/휴대폰 관련 엔지니어는 35만 명이 넘는다. 또한 모바일 환경에서 구동되는 모바일 자바용 애플리케이션은 5만개가 넘으며, J2ME 관련 툴킷은 1백만 개 이상이 넘게 전 세계 개발자들에게 다운로드되고 배포됐다.

JSR 248/249 - MSA로의 발전은 개발자와 업체, 서비스 운영자, 그리고 최종적으로 사용하는 고객들에게는 어떠한 장점을 가져다 줄 것인가? 자바 진영에서는 다음과 같이 표현했다. 우선 개발자들에게는 상호동작(Interoperability)이 가장 큰 장점으로 다가온다.

과거 CDC, CLDC 환경에서는 해당 프로파일(F/P, P/P, MIDP) 등 양분된 개발 환경을 통해 개발된 애플리케이션은 서로 상호호환성이 약했으나, MSA 환경에서 개발된 애플리케이션은 상호 운영성과 호환성면에서 매우 강력한 힘을 발휘한다.

또한 임베디드/모바일 자바 환경에서 개발과 다른 플랫폼으로의 포팅이 과거보다 쉽고 효율적이 되며, 임베디드와 모바일 애플리케이션으로 양분화된 시장을 하나의 마켓으로 통합하고 개발비용 측면에서 더욱 효율적으로 운영할 수 있다. 마지막으로 최종적인 사용자 고객들은 다양한 고객의 요구사항에 맞게 개발된 콘텐츠와 향상된 사용자 편의성을 통해 고객 서비스 품질이 향상됨을 느끼게 된다.

JSR 248 - MSA의 개발 타깃은 무엇보다 대중화된 CD(Con sumer Devices)와 해당 애플리케이션이었다. 그렇다면 대중화된 CD란 무엇인가? 대표적으로 휴대폰을 생각하면 된다. 현재 사용하는 휴대폰의 특징은 다소 제한된 하드웨어와 리소스를 가지며, 단순한 비즈니스 모델 즉, 원하는 애플리케이션을 바로 사서 나의 휴대폰으로 다운로드하는 단순한 구조를 가졌다. 웹이나 일반적인 애플리케이션에서 사용하는 컴포넌트 기반의 구조나 다이나믹한 실시간 업그레이드 등은 현재 수행하기가 불가능하다. 또한 멀티태스킹 기능도 미약하며, 보안 측면에서도 미비한 부분이 나타난다. 이러한 일반적인 휴대폰의 환경에서 보다 효율적이고 빠른 개발과 애플리케이션을 수행하기 위해 MSA가 탄생했다. 일단 MSA 환경하에서 개발되고 운영되는 애플리케이션은 다운로드된 후에 자바의 보안 모델인 센드박스(Sandbox)에서 수행되며 하나의 독립적인 애플리케이션 모델로 실행된다. 다른 수행중인 애플리케이션과 API를 공유할 수가 없고, 오직 하나의 애플리케이션만 지원한다.

또한 MSA는 모바일 미디어, 메시징, 파일처리, 3D그래픽, 블루투스, 웹서비스, 지불결재 등의 필수적인 기능을 정의한 17개의 컴포넌트 JSR을 포함한다. 이러한 공통의 정의된 컴포넌트 규약들은 모바일 자바 환경에서 통일된 개발 환경과 보다 높은 서비스 품질을 보장하면서 많은 애플리케이션을 개발을 예고한다. 다음 버전에는 약 20개의 새로운 컴포넌트 JSR들이 표준화 승인을 기다리고 있는데 UI/UX 개인화, 텔레포니, 센서, 디바이스 관리 등 보다 세련되고 멀티미디어의 요소가 가미된 휴대폰과 임베디드 모바일 디바이스의 콘텐츠들을 나타낸다.

JSR 248 - MSA에 이어서 JSR 249 - MSAA (MSA Advanced)가 있는데, 보다 강력한 모바일 디바이스용으로 구현됐다. 모바일 디바이스 관점에서 보면 일반적인 휴대폰보다 더욱 강력한 기능들과 향상된 하드웨어 스팩을 보유한 디바이스이다.

이러한 기기들에서는 단순하게 구매해서 다운로드하는 방식보다 실시간으로 업그레이드가 되거나 아니면 교체/대체할 수 있는 향상된 비즈니스 모델을 사용하며 내부적으로는 애플리케이션, 콘텐츠 서비스 그리고 미들웨어 등의 다양화된 계층이 존재한다. 따라서 MSA가 하나의 애플리케이션에 집중하는 고정적인 방식이었다면, MSAA는 다양하고 다이나믹한 애플리케이션 확장성에 초점을 둔 개발/운영 환경이다. 애플리케이션 수행환경도 MSA와는 매우 다른데, MSA가 애플리케이션 하나에 중점을 두었다면 MSAA는 서비스, 애플리케이션, 그리고 라이브러리 등 다양한 객체를 수용하는 운영 환경이다. MSAA는 애플리케이션/패키징 모델, 다이나믹 관리환경, 보안관리 모델, 애플리케이션 협업 관리, 다양한 멀티태스킹 환경을 지원한다.

(3) JSR 232 – MOM(Mobile Operational Management)

급변하는 모바일 콘텐츠 서비스에 대응하고자 태어난 기술이 바로 MJSP(Mobile Java Service Platform)이다. MJSP는 하나의 모바일 플랫폼 기술로 운영 환경의 구조와 개발방법론, 배포/운영/관리 등의 모든 절차들을 담고 있는 포괄적인 아키텍처링 기술로, JSR 232에 의해 스펙이 제정됐고 현재도 계속해서 발전되고 있다. JSR 232 홈페이지에는 이 기술을 MJSP로 바로 소개하지 않고 모바일 운영 관리(Mobile Operational Management)라고 표기했는데, 이는 바로 플랫폼의 구조와 운영 환경이 다양한 콘텐츠들을 운영하고 관리하는데 초점을 맞췄다는 것을 보다 확실하게 나타내려 했다는 것을 우리는 알 수가 있다.

MJSP는 웹 2.0을 대응하는 새로운 모바일 자바 기술로 휴대폰이 네트워크 환경이나 엔터프라이즈 환경에 연결됐을 때 다양하고 다이나믹한 서비스 제공을 목적으로 한다. 이를 간단히 줄여서 모바일 매쉬업 서비스라고도 하는데, 기존의 웹이나 PC 환경에서 제공받던 다양한 서비스들을 그대로 모바일 환경으로 가져왔다고 생각하면 된다. 그렇다면 어떻게 모바일 환경에서 그런 다양하고 다이나믹한 서비스를 구현할 수 있었을까? 우리는 모바일 환경이 하드웨어와 리소스의 제한으로 멀티미디어 서비스조차 제대로 구현하기 힘든 조건임을 잘 알고 있다. 위에서 언급한 모바일 매쉬업 서비스는 다양한 서비스들의 결합으로 이루어져서 제공되는 콘텐츠 서비스인데, 과연 그러한 복잡한 애플리케이션들이 모바일 환경에서 가능할까? 다양한 컴포넌트나 콘텐츠들을 연동하고 찾고 보여주고 관리하려면 리소스의 관리나 상당히 가볍고 빠른 컴포넌트 구조가 필수적이다. 이러한 요구사항에 적합한 구조가 바로 OSGi 서비스이다.

JSR 232의 구조는 실제 OSGi 구조와 거의 비슷하다. OSGi의 기본 구조를 더욱 가볍고 슬림하게 모바일 환경에 적용했다고 보면 정확한 표현이다. JSR 232 드래프트(Draft)

에 보면 MJSP는 멀티 벤더의 모바일 운영 환경을 구현을 목적으로 구현됐으며 일련의 공통적인 모바일 자바 컴포넌트 운영 프로세스, 개발, 배포, 수행, 관리를 다양한 통신 서비스업체, 개발자들의 요구에 의해서 구현한 자바 애플리케이션과 서비스 플랫폼이라고 정의하고 있다. 또한 자바원에서는 JSR 232를 소개하는 세션에서 MJSP를 제 3세대 터미널 혁명이라고까지 표현했다.

MJSP 구조를 살펴보면 거의 OSGi와 같다는 것을 볼 수가 있다. 다른 것이 있다면 일반적인 OSGi 실행 환경이 CDC 기반의 임베디드 환경인데, 여기서는 CLDC 기반의 모바일 환경이라는 것이 다르다. 그것을 가능케 하는 것이 바로 JSR 248-MSA 규격이다. 이렇듯 JCP는 다양한 JSR을 로드맵에 의해서 점차로 발전시켜나가고 있는 것을 볼 수가 있다. 기본적인 구조와 번들 운영 환경은 기존의 OSGi와 같으며, 특이한 부분은 바로 관리 구조(Management Architecture)와 외부 애플리케이션 연동부분이다.

기존의 OSGi가 하나의 독립적인 실행 환경에서 모든 것들이 대부분 수행된 구조였다면, MJSP은 모바일 매쉬업으로 외부와 연결된 네트워킹된 상태에서 다양한 서비스들을 연동하고 표현하는 것이 가장 큰 차이점이라고 할 수 있다. 따라서 외부의 네트워크와 연결되어 서비스들을 관리하는 아키텍처가 중요한 핵심요소 중의 하나이다. OSGi에서도 외부와 연동되어 관리하는 원격관리 모듈들과 프로토콜들이 개발됐다. OMA-DM과 SOAP을 사용하는 웹서비스 등이 그것인데, MJSP에서도 동일하게 사용됐다. 과거 통신 서비스업체들이 자사의 서버에 휴대폰을 접속할 경우에는 독립적인 프로토콜이나 좀 더 발전된 경우에는 네가티브 플랫폼(Native Platform)에서 제공되는 API 레벨에서 접속을 허용했다. 이러한 폐쇄적인 연결구조로는 오픈된 모바일 매쉬업 서비스를 수행하기가 매우 어렵다.

따라서 MJSP에서는 보다 진보된 모델을 구현했는데, 바로 OMA-DM을 기본으로 채택한 것이다. 모델은 기존의 프로토콜과 API를 모두 혼용하여 구현한 모델로서 오픈된 모바일 접속 환경을 제공하게 된다. 또 하나의 기존 OSGi와 차이가 있는 부분이 바로 외부 애플리케이션 연동부분이다. MSA, MJSP을 지원하지 않는 기존의 모델이나 외부의 애플리케이션일 경우 상호 호환성을 위해 열어놓은 일종의 인터페이스 게이트웨이인 셈이다. 그러나 지켜야 할 규약이 있는데, 그것은 바로 OSGi 기본정책인 것이다. 애플리케이션 타입은 JAR이며, 해당 JAR 파일은 번들로 인스톨될 수가 있다. 또한 인스톨된 번들은 핵심 프레임워크를 통해서 번들 라이프사이클 형태를 통해서 관리를 받는다.

마지막으로 외부 애플리케이션은 공용의 패키지로 사용되어야 하며(Import-Package 사용) 서비스의 등록과 사용은 XML을 통해서 구현해야 한다. 이러한 외부 애플리케이션 역시 모바일 매쉬업 서비스의 한 축을 담당하게 되는데, 현재의 모든 서비스들이 MSA, MJSP을 지원하지 않는 상황에서 적절한 구조이기도 하다. 현재 MJSP를 이용해 제공되는 서비스들이 하나둘씩 생겨나고 있는데, 노키아와 스프린트의 매쉬업 서비스가 대표적이다. 미국의 대표적인 통신업체인 스프린트사는 JSR 232, OSGi를 이용한 Titan Platform Project로 차세대 모바일 매쉬업 서비스에 박차를 가하고 있다. 2007년 말에는 PDA을 기반으로 하는 서비스를 런칭하고, 2008년에는 자사의 모든 휴대폰에 플랫폼을 탑재하여 서비스하고 있다. 이에 따라서 스프린트사는 자사의 모든 개발자들에게 JSR 232, OSGi, 그리고 OMA-DM을 핵심 컴포넌트로 규정하고 그것들을 이용하여 개발하는 기술들을 습득하도록 권장하고 있다. 또한 스프린트사는 GPS, 지리정보 등의 특화된 매쉬업 서비스를 구상하고 있다.

또한 MJSP 기반의 OSGi 구조와 기존의 MIDP 연동 서비스, Servlet/JSP/AJAX를 통한 다이나믹 웹서비스, eRCP/eSWT를 통한 수려한 UX 서비스, OMA-DM을 통한 원격 실시간 모니터링, 다이나믹 업그레이드, 콘텐츠 배포 서비스들을 핵심 콘텐츠로 정하고 개발을 진행하고 있다. 결국 JSR 232-MOM은 MJSP을 설명하는 개념이며, MJSP 역시 OSGi 기술을 바탕으로 구현됐다. 또한 MJSP는 SOA 개념을 바탕으로 콘텐츠 서비스들을 수행할 것이며, 미들웨어와 애플리케이션 그리고 플랫폼까지 모든 분야의 핵심을 모바일 환경으로 변화시킬 것이다.

CHAPTER 05

안드로이드 개발 툴

01 안드로이드 개발 도구의 개요

안드로이드 SDK는 안드로이드 플랫폼상에서 다양한 모바일 애플리케이션을 개발할 수 있도록 다양한 툴을 제공한다. 이 중 가장 중요한 것은 안드로이드 에뮬레이터와 안드로이드 개발툴 이클립스 플러그인이다.

그러나 SDK는 에뮬레이터상에 애플리케이션을 디버깅, 패키징, 설치할 수 있도록 다양한 툴을 포함하고 있다. 여기서는 각 툴의 자세한 사용법 보다는 어떤 툴이 있는지 간략하게 살펴보기만 하고, 앞으로 더 진행을 하면서 필요한 경우 아래 툴에 대해 상세히 설명을 할 것이다. 지금은 이런 툴이 있다는 것만 알고 있도록 하자.

02 안드로이드 개발 도구

먼저 안드로이드는 이클립스 환경에서 강력한 확장 기능을 가진 ADT 플러그인을 제공한다. 이것을 이용하여 안드로이드 애플리케이션을 제작하고 디버깅하는 것을 쉽고 빠르게 해낼 수 있다. 만약 이클립스를 사용한다면 안드로이드 애플리케이션 개발에 있어 다음과 같이 굉장한 도움을 줄 수 있을 것이다.

① 이클립스 IDE 내에서 다른 안드로이드 개발 툴에 접근할 수 있다. 예를 들어 ADT는 화면 캡쳐, 포트포워딩, 브레이크 포인트 설정, 스레드와 프로세스 정보 조회와 같은 다양한 DDMS 툴의 기능을 이클립스에서 바로 사용해 볼 수 있다.

② 안드로이드 애플리케이션을 개발할 때 필요한 모든 기본적인 파일들을 빠르게 생성할 수 있도록 새로운 Project Wizard를 제공한다.

③ 안드로이드 애플리케이션 제작 과정을 간편하게 하며, 자동화시켜 준다.

④ 안드로이드 mainfest와 resource file을 위한 유효한 XML을 쉽게 작성할 수 있는 안드로이드 코드 에디터를 제공한다.

다음은 안드로이드의 SDK에 포함된(SDK 디렉토리\tools) 응용프로그램 개발에 필요한 각종 도구들이다. 보다 자세한 내용은 아래의 주소를 참고하기 바란다.

http://developer.android.com/guide/developing/tools/index.html

(1) Emulator

자신이 작성한 안드로이드용 응용프로그램이 실제 휴대단말에서 동작하는 모습을 PC로 확인할 수 있게 해주는 개발하는데 필수적인 프로그램이다. 윈도우 커맨드창에서 실행할 수도 있지만 이클립스에서 바로 실행하여 사용한다.

[그림 5-1] Emulator

(2) Dalvik Debug Monitor Service(ddms)

안드로이드 커스텀 VM에 통합되어 있는 Dalvik 툴은 에뮬레이터나 기기상의 프로세스를 다루거나 디버깅을 돕는데 사용된다. 이것을 이용하여 프로세스를 종료시키고, 디버그를 위해 특정한 프로세스를 선택하고, 추적(trace) 데이터를 생성, 힙과 스레드 정보 조회, 에뮬레이터나 기기의 화면 캡쳐, logcat을 사용하여 시스템 메시지의 로그를 출력할 수 있다. 실제 단말기 없이 에뮬레이터에 Global Positioning System(GPS) 값을 입력하거나 문자 메시지를 에뮬레이터로 전송하고 전화를 걸 수도 있다. 또한 File Explorer를 사용하여 파일을 집어넣거나 추출할 수 있다.

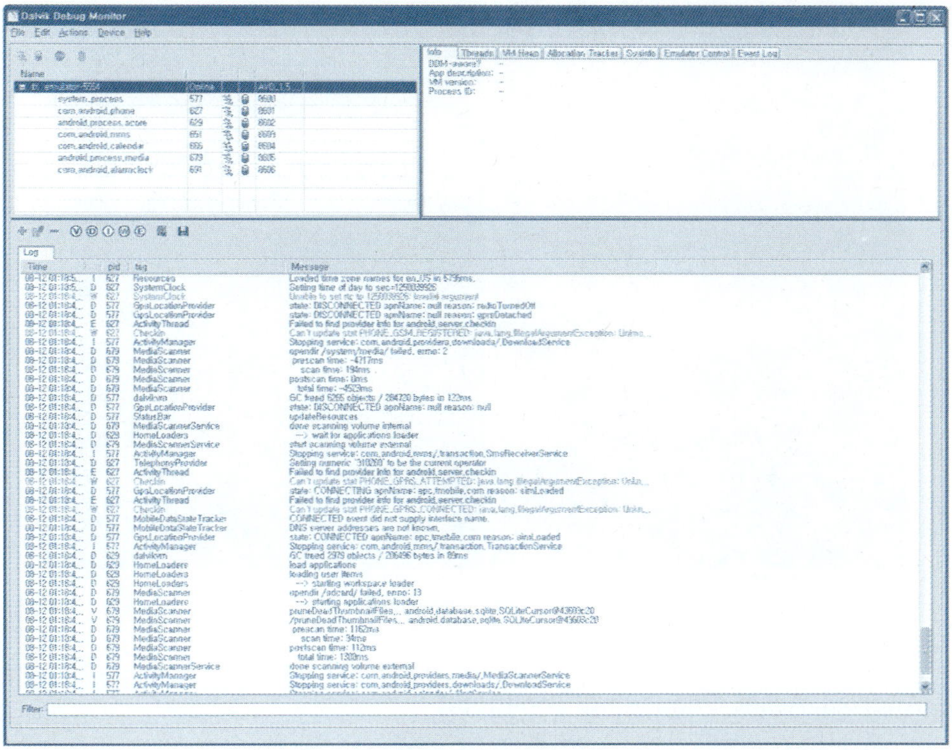

[그림 5-2] ddms 화면

(3) Android Debug Bridge(adb)

adb 툴은 애플리케이션의 .apk 파일들을 에뮬레이터나 기기에 설치하고 커맨드라인을 통해 에뮬레이터나 기기에 접근할 수 있도록 한다. 이것을 이용하면 안드로이드 에뮬레이터나 기기에서 실행되는 애플리케이션 코드로 표준 디버거를 링크시킬 수 있다. adb의 다양한 기능 중 다음과 같은 작업을 수행할 수 있다.

① 작성한 응용프로그램을 직접 추가하거나 추출할 수 있다.

② 사용자가 설치한 응용프로그램을 삭제할 수도 있다.

③ su 명령을 실행하여 수퍼유저가 될 수 있다.

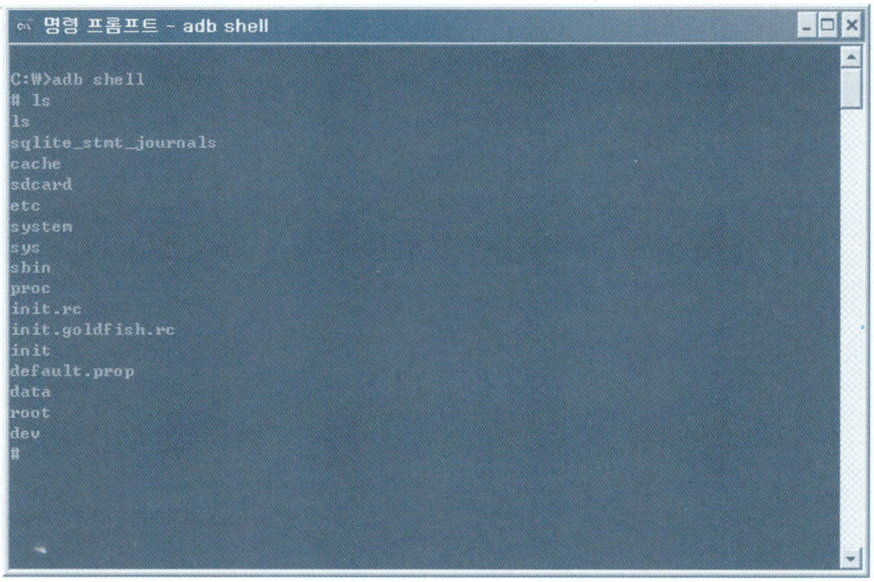

[그림 5-3] adb shell 실행 화면

(4) Android Asset Packaging Tool(aapt)

aapt는 달빅에서 사용되는 바이트코드(.dex) 들을 하나로 묶어 하나의 패키지(.apk)를 만들 때 사용한다. 패키지 파일의 생성은 R.java와 기타 리소스 파일, .class 등 복잡한 과정을 거쳐 만들어진다. 이클립스를 사용하여 개발할 경우 이와 같은 복잡한 과정을 거친 후 생성된 .apk 확장자를 가진 패키지 파일이 생성된다.

(5) Android Interface Description Language(aidl)

AIDL은 Android에서 사용되는 IPC (Inter process communication)로 안드로이드 구조

를 이야기할 때 Binder라고 일컬어지는 부분을 사용하기 위해서 정의한다. Remote Service 라는 것은 같은 프로세스가 아니라 다른 프로세스에서 오는 함수 호출을 처리하는 Service이고 그것을 연결할 때 Binder를 사용한다. AIDL을 사용하여 이 Binder를 사용하는 코드를 자동으로 생성해준다.

(7) sqlite3

안드로이드에서는 데이터베이스 사용을 위하여 sqlite3가 포함되어 있다. 응용프로그램에서 데이터베이스를 이용하여 개발할 때 이를 관리를 위하여 sqlite3 daemon을 이용하여 데이터베이스를 관리한다. 커맨드창에서 adb shell을 실행한 후 (만약, 응용프로그램의 패키지 이름이 android.app.test일 경우) /data/data/android.app.test/databases 디렉토리 안에 데이터베이스 파일이 존재한다.

(8) Traceview

이 툴을 사용하면 안드로이드 애플리케이션으로부터 생성된 trace 로그 데이터를 시각적으로 볼 수 있다.

(9) dx

dx 툴은 .class 바이트코드를 안드로이드 바이트코드(.dex 파일)로 변경시켜준다.

(10) activityCreator

안드로이드 애플리케이션을 컴파일하기 위한 Ant build 파일을 생성해주는 스크립트이다. 이클립스 ADT 플러그인을 사용하고 있다면 굳이 이것을 따로 사용할 필요는 없다.

(11) mksdcard

SD Card를 테스트 할 수 있도록 FAT32 디스크 이미지를 다음과 같은 형식에 맞추어 생성할 수 있다. -l 옵션은 생략 가능하다.

```
mksdcard [-l label] <size>[K|M] <file>
```

256MB의 SD 카드를 생성한다면

```
mksdcard 256M sdcard.iso
```

같이 입력하면 생성된다. 이때 file 부분에 해당하는 부분에 원하는 곳에 생성이 되며 확장자는 이미지 파일이라는 의미에서 iso, img를 사용하도록 한다.

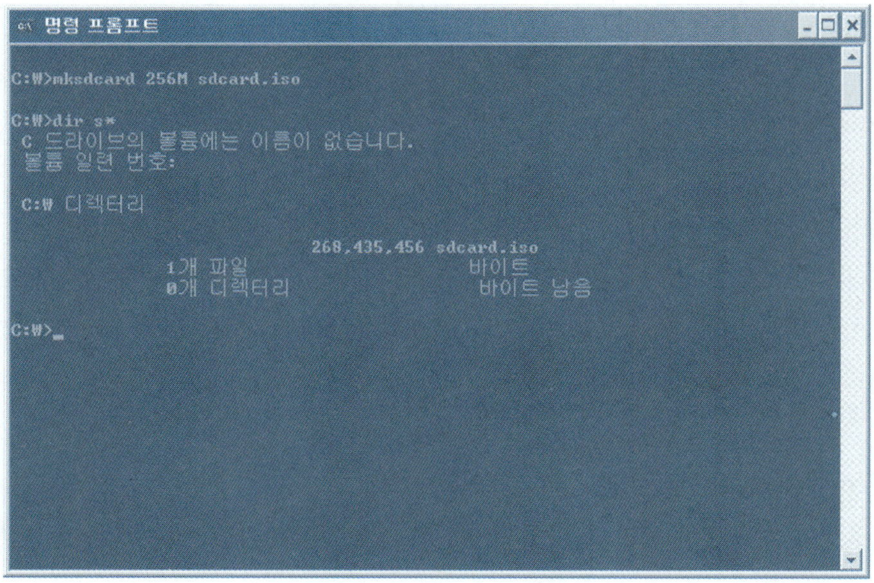

[그림 5-4] mksdcard 생성 화면

PART II

안드로이드의 개발 환경설정

CHAPTER 06

안드로이드 응용개발 환경설정

안드로이드 응용개발을 위하여 안드로이드 타깃 플랫폼에 포팅 및 개발이 필요하다. 이 장에서는 안드로이드 응용개발을 위한 환경설정이 필요하다.

(1) 안드로이드 애플리케이션의 개발

안드로이트 애플리케이션에는 게임, 동영상 플레이어, 일정 관리 등과 같은 다양한 종류의 애플리케이션을 자바를 사용하여 개발한다.

(2) 안드로이드 타깃 플랫폼 포팅 및 개발

안드로이드 타깃 플랫폼 포팅 및 개발은 디바이스 드라이버, 리눅스 커널 그리고 미들웨어에 대한 지식이 필요하며 이를 위해 리눅스 및 C/C++/어셈블리 언어에 대한 개발 능력이 필요하다.

(3) 안드로이드 애플리케이션의 개발을 위한 환경설정

이클립스 IDE 환경에서 제공되는 ADT(Android Development Tool)을 설치하여 애플리케이션을 쉽고 빠르게 개발할 수 있다.

개발을 위한 프로그램 설치 및 환경설정은 아래와 같은 순서로 진행된다.

① JDK(Java SE Development Kit) 6 설치

② 이클립스(Eclipse) 설치

③ 안드로이드 SDK 설치

④ 안드로이드 이클립스(Eclipse) 플러그인(ADT) 설치

⑤ 이클립스(Eclipse)에서 안드로이드 SDK 경로 설정

⑥ 안드로이드 가상 장치 만들기

01 Java SE Development Kit (JDK) 6 설치

1 안드로이드 응용프로그램을 개발하기 위해서는 JDK 5 또는 6이 필요하다. 아래 보이는 화면은 교재 작성일을 기준으로 현재 사용자가 보고 있는 웹페이지의 내용과 조금 다를 수도 있다. 아래의 주소에 접속하여 Java SE 개발 키트 (JDK) 6 다운받는다.
http://java.sun.com/javase/downloads/index.jsp

② 이 교재에서는 윈도우 환경에 대하여 설명한다. 사용하는 플랫폼에서 Windows를 선택하고 continue 버튼을 누른다.

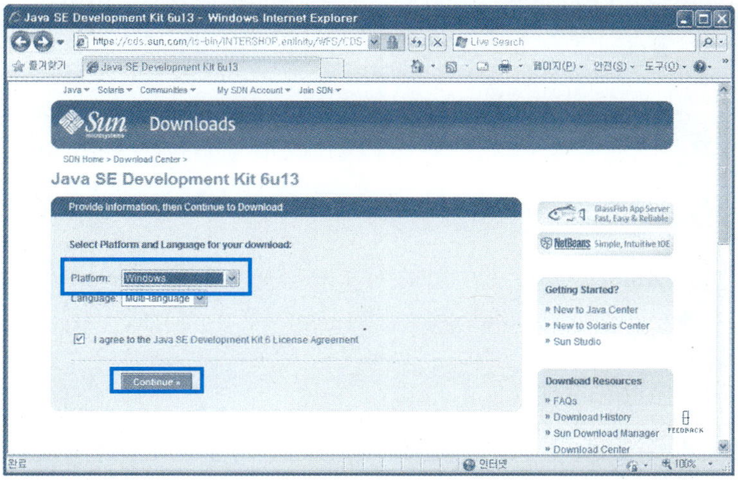

③ Sun Download Manager를 사용하여 다운로드할 수도 있지만 아래 그림과 같이 jdk-6u13-windows-i586-p.exe 파일을 직접 다운로드한다.

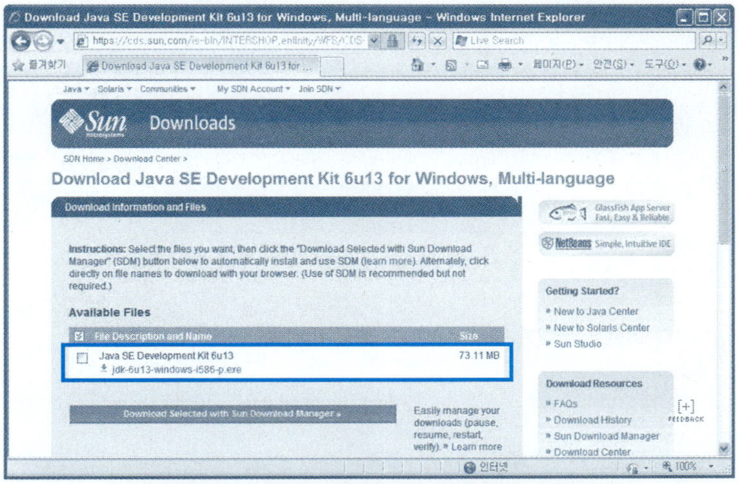

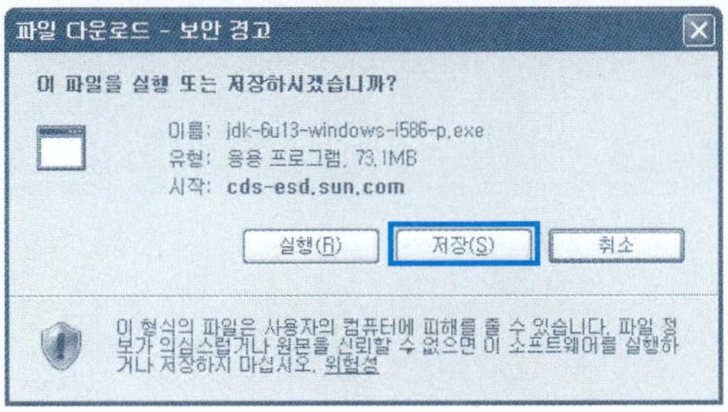

④ 편의를 위해 바탕 화면에 저장하기로 한다.

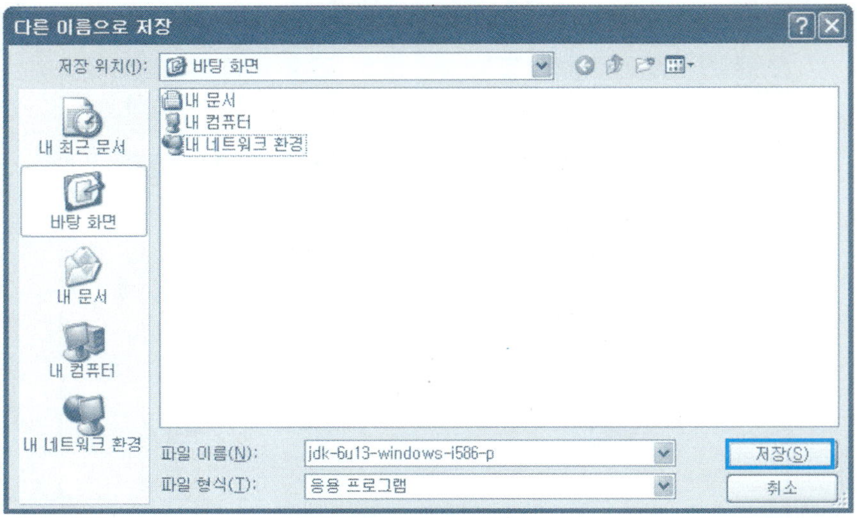

⑤ 바탕화면에 다운로드가 완료되면 jdk-6u13-windows-i586-p.exe 파일을 더블클릭하여 설치를 시작한다.

⑥ Accept를 눌러 다음 단계로 진행한다.

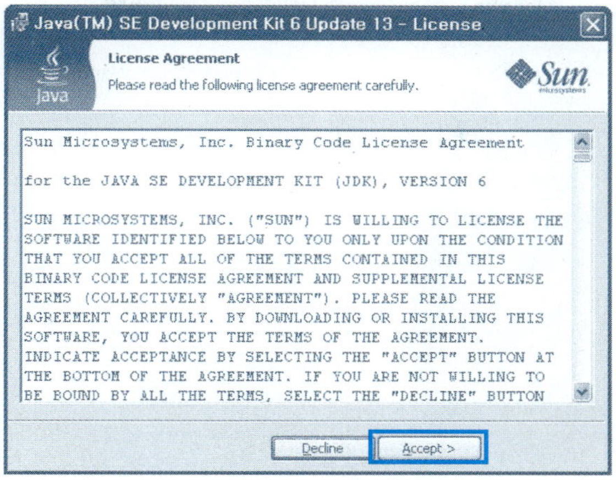

⑦ Next를 눌러 다음 단계로 진행한다.

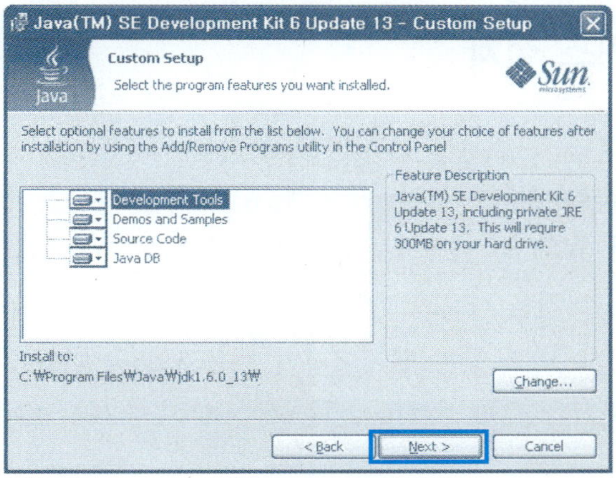

⑧ 아래 그림은 설치되는 과정을 보여주고 있다.

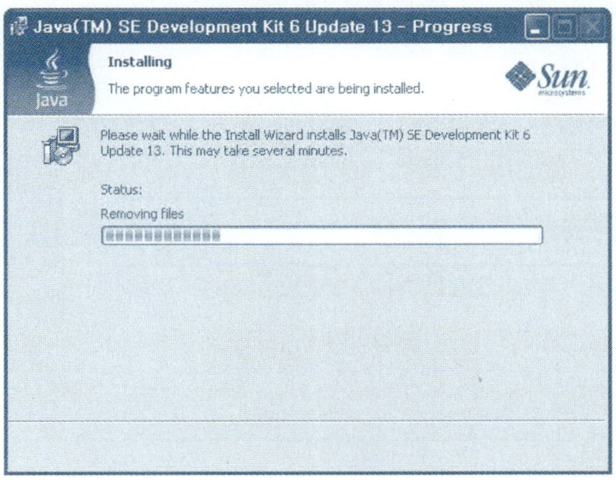

⑨ 설치가 완료되면 Finish를 클릭한다.

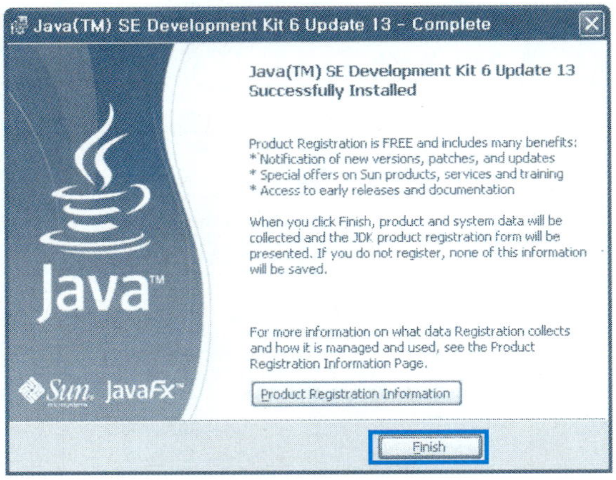

02 이클립스 설치

① http://www.eclipse.org/downloads/ 주소에 접속한다.

안드로이드에서 WST를 사용하는데 기본으로 WST가 포함된 이클립스 IDE for Java Developers 버전을 다운로드받는다. 아래 보이는 화면은 교재 작성일을 기준으로 현재 사용자가 보고 있는 웹페이지의 내용과 조금 다를 수도 있다.

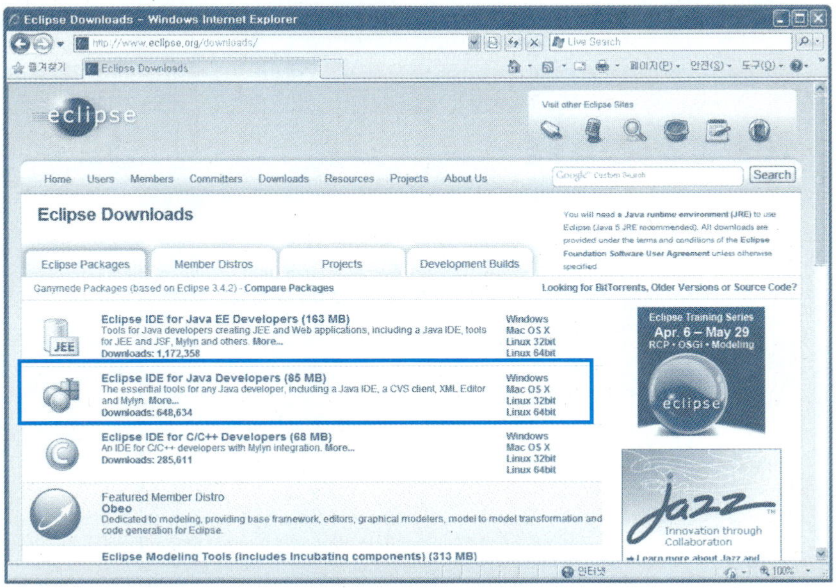

② 비트토렌트 파일을 다운받거나 웹페이지에서 직접 다운을 받을 수 있다. 사용자가 원하는 파일을 다운받는다. 이 교재에서는 일반적으로 사용되는 웹에서 직접 다운로드받기로 한다.

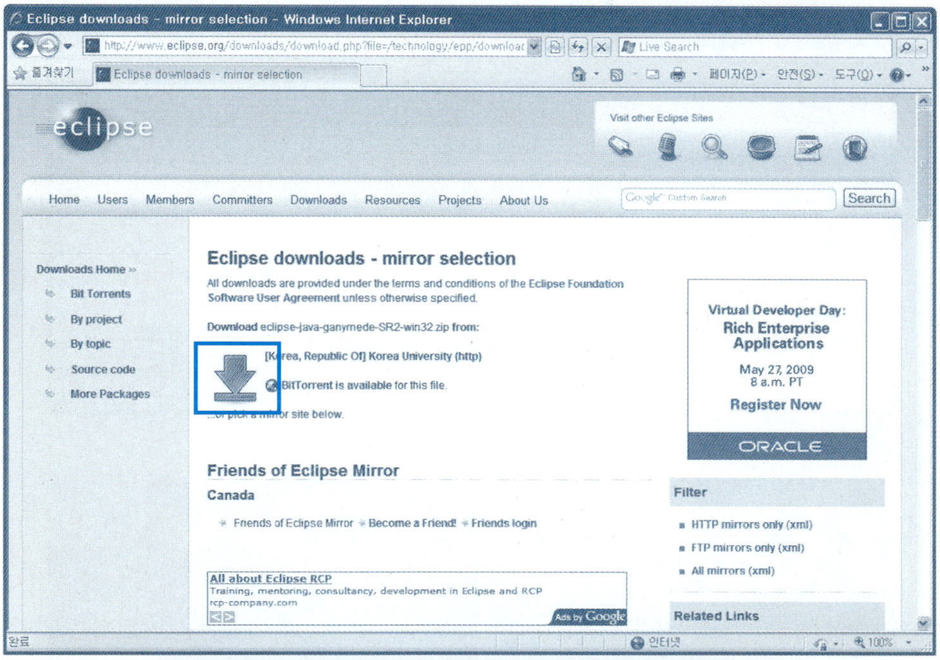

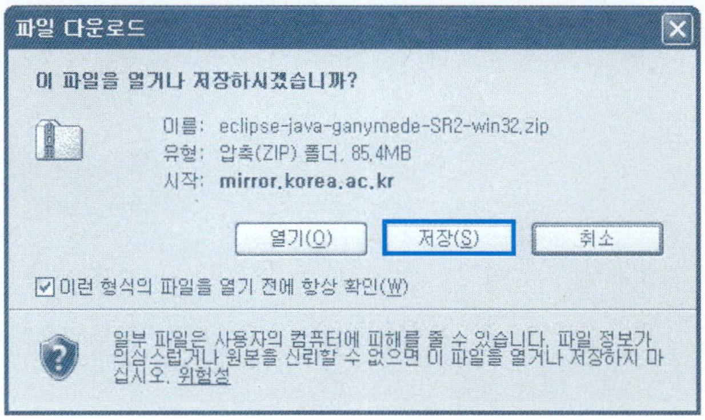

③ 바탕화면에 저장하기로 한다.

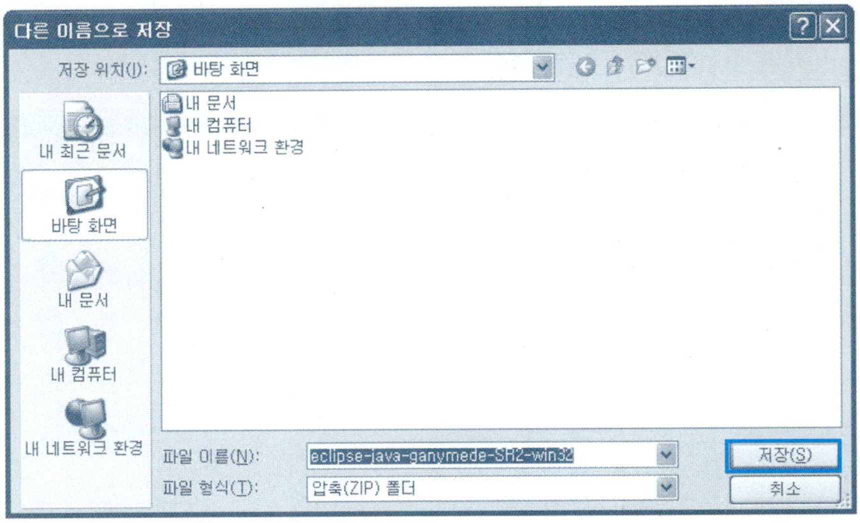

④ 다운로드가 완료되면 zip으로 압축된 파일의 압축을 푼다.

⑤ 이 교재는 윈도우 XP에서 기본으로 제공되는 프로그램을 사용하였다.

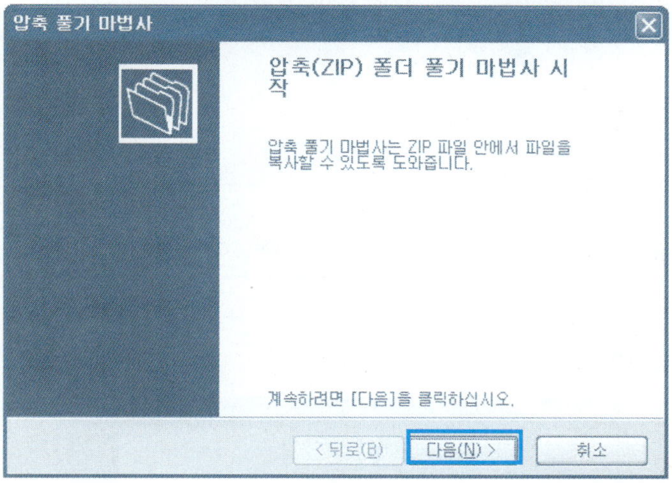

⑥ 다음을 클릭한다.

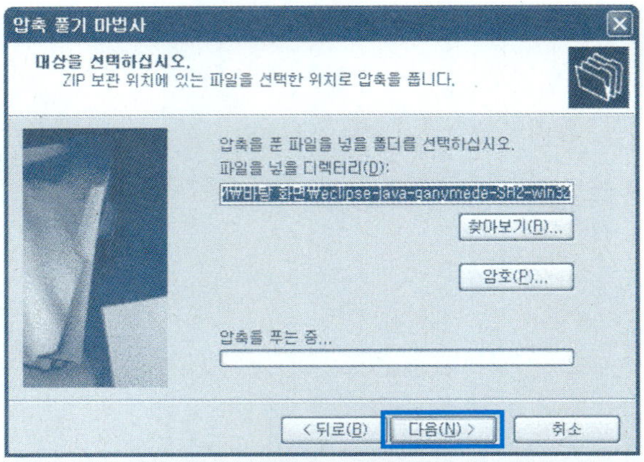

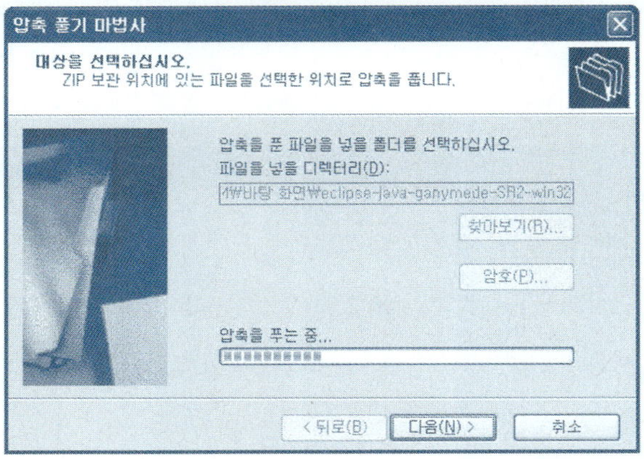

⑦ 마침을 클릭하여 종료한다.

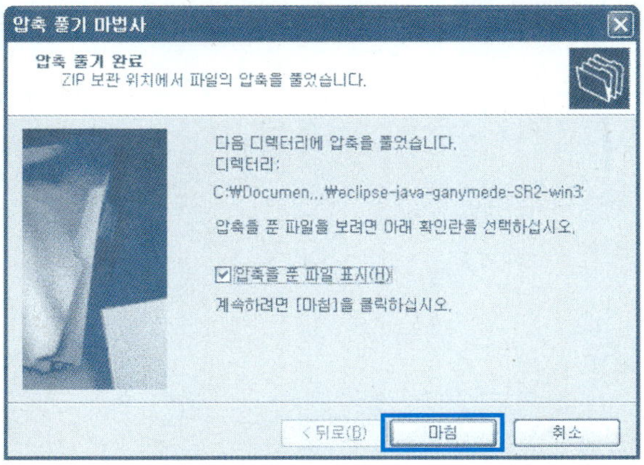

8 이클립스(Eclipse) 툴은 별도의 설치 과정 없이 프로그램을 사용할 수 있다. eclipse.exe 가 이클립스(Eclipse) 실행 파일이다.

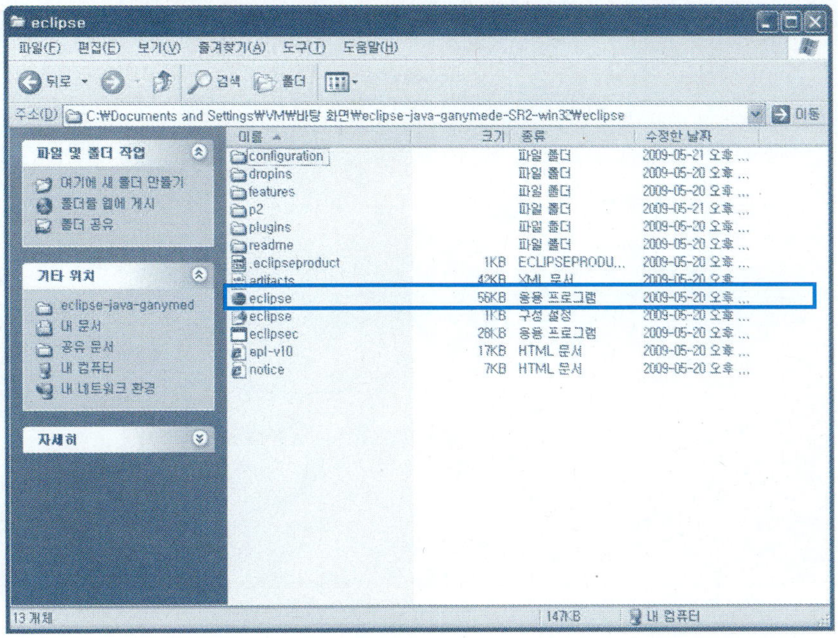

9 압축이 완료된 사용자가 원하는 디렉토리를 바탕 화면이 아닌 다른 곳으로 옮겨 사용하기로 한다. 교재에서는 c:\로 옮겼다.

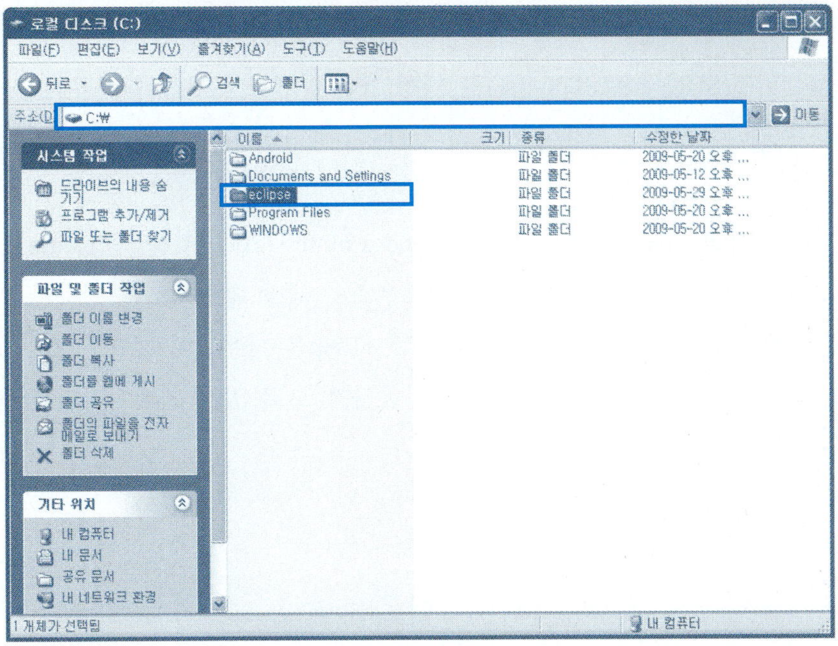

⑩ eclipse.exe 파일을 바탕화면에 바로가기를 만들어 사용하도록 하자.

03 안드로이드 SDK 설치

여러 번의 버전(SDK 1.0, SDK 1.1)를 거쳐 2009년 5월에 가장 최근 배포된 Android SDK 1.5를 아래 주소에 접속하여 사용하는 OS에 해당하는 패키지 파일을 다운받는다.

① http://developer.android.com/sdk/1.5_r1/index.html (2009년 5월 Release 1)
이 교재의 경우 일반적인 사용되는 윈도우즈의 개발 환경으로 진행하기 위하여 윈도우즈 플랫폼의 android-sdk-windows-1.5_r1.zip을 다운받아 사용한다(아래 보이는 화면은 교재 작성일을 기준으로 현재 사용자가 보고 있는 웹페이지의 내용과 조금 다를 수도 있다).

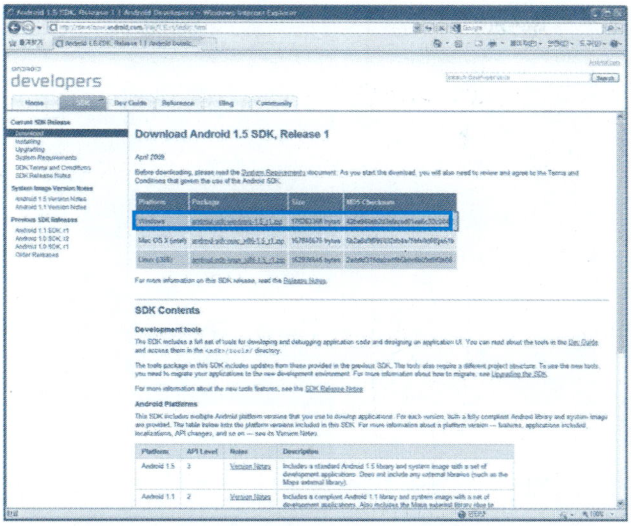

② 라이선스 동의와 관련하여 체크를 한 후 다운로드를 클릭하여 다운로드한다.

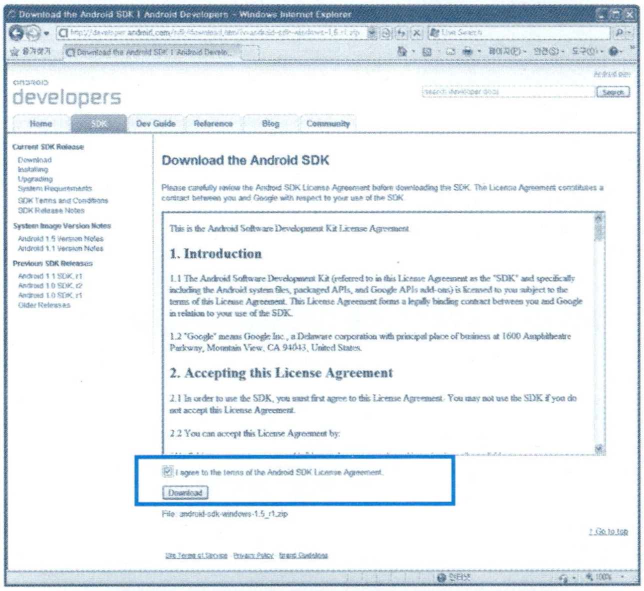

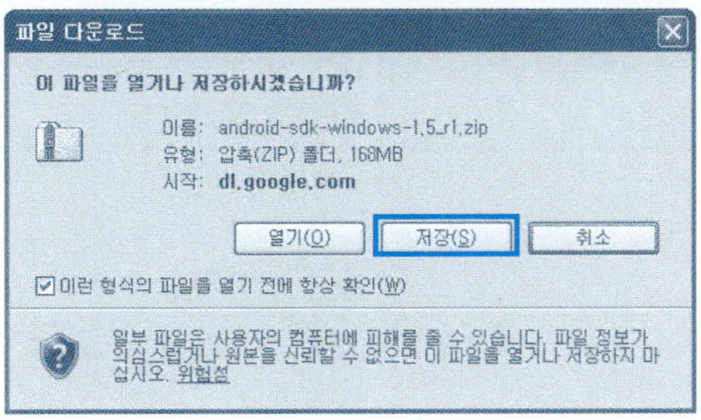

③ 다운로드가 완료되면 zip으로 압축된 파일의 압축을 푼다.

④ 이 교재는 윈도우 XP에서 제공하는 툴을 사용하여 압축을 풀었다.

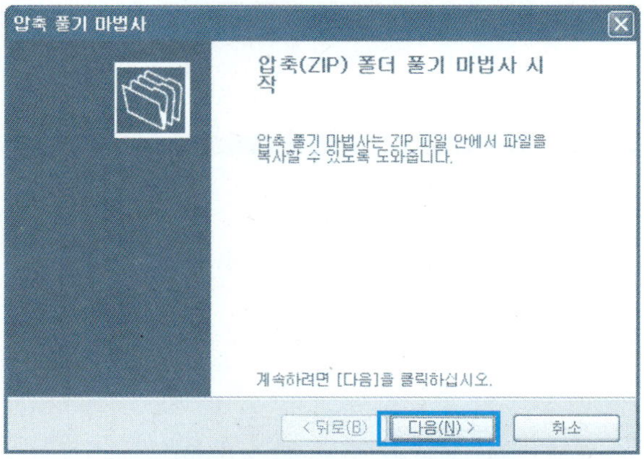

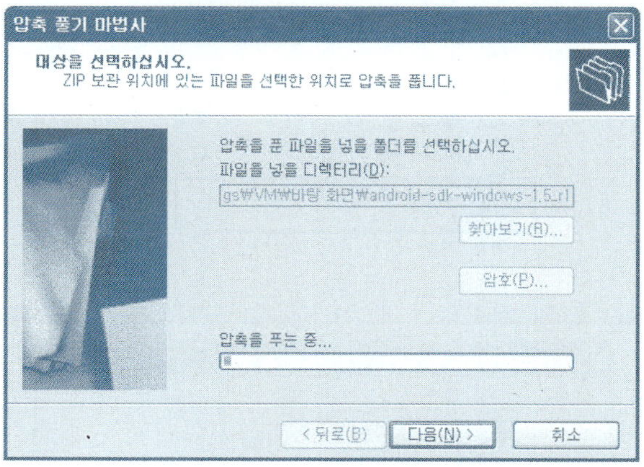

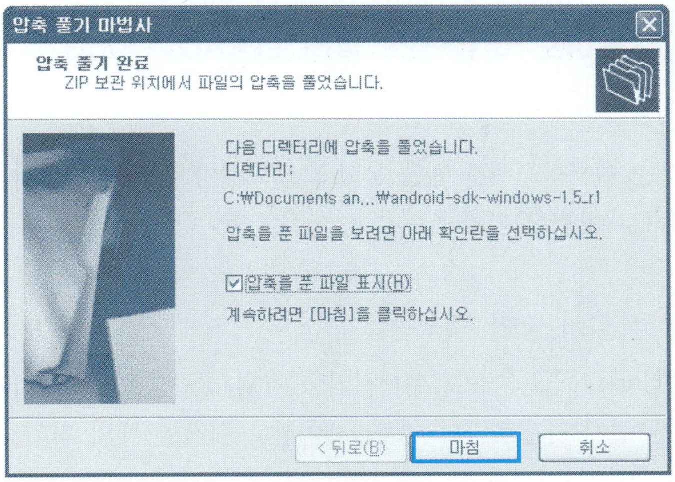

⑤ 바탕화면이 아닌 다른 디렉토리로 위치시킨다. 압축 해제한 안드로이드 SDK는 이클립스(Eclipse)에서 사용된다.

이 교재에서는 C:\Android\SDK_1.5 라는 디렉토리에 위치시켰다. 디렉토리 위치에 한글이 포함되어 있으면 실행이 되지 않기 때문에 SDK를 다른 곳으로 옮길 때 주의하도록 하자.

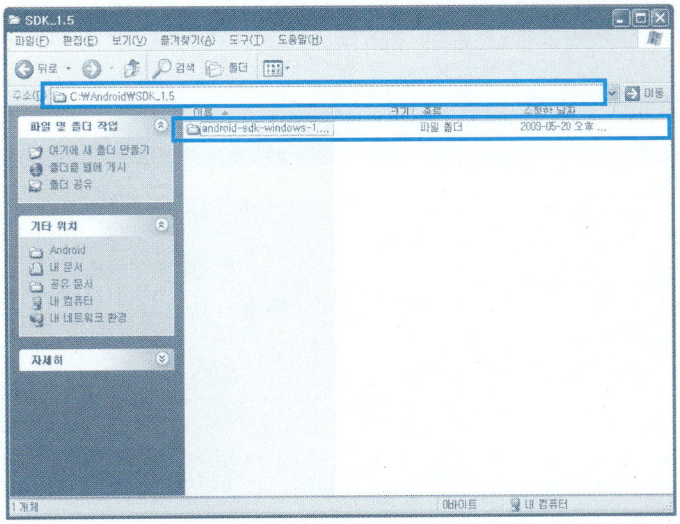

04 안드로이드 이클립스 플러그인(ADT) 설치

설치 방법으로는 이클립스에서 웹을 통한 소프트웨어 Update 방법과 ADT 파일을 직접 받아서 설치하는 방법이 있다.

1. 인터넷을 통한 설치 방법

① 이클립스(Eclipse) 프로그램을 실행시키면 작업 공간을 설정하고 OK를 클릭한다. 작업 공간은 실제 안드로이드 애플리케이션을 작성할 때의 작업 공간을 설정하는 것으로 안드로이드 이클립스 플러그인 (ADT) 설치-인터넷을 통한 설치 방법과 관련하여 아무런 영향을 주지 않는다.

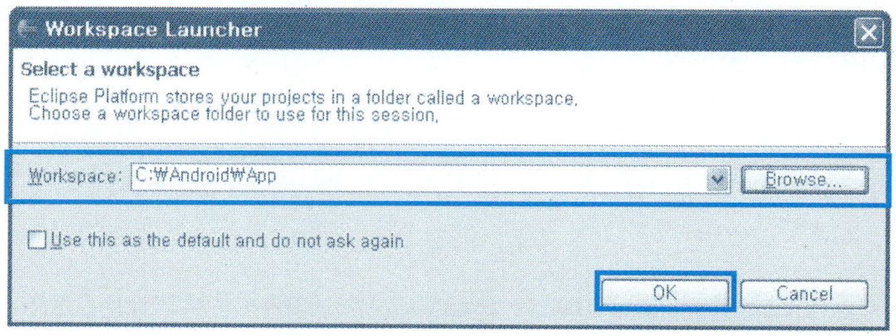

② 이클립스(Eclipse) 실행 화면이다.

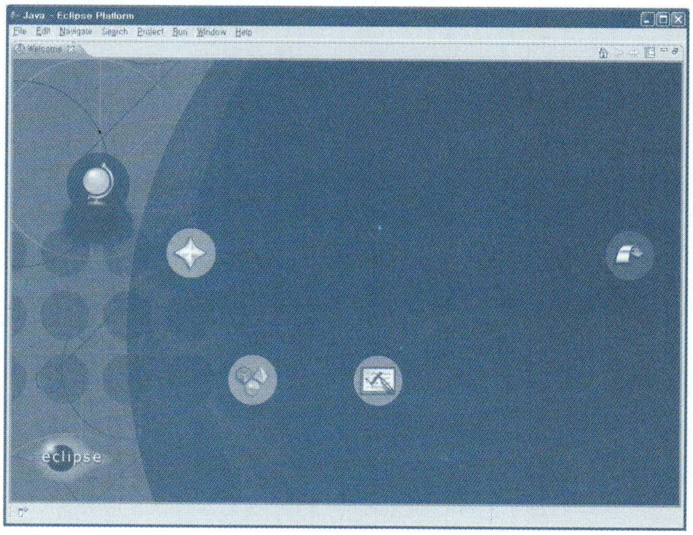

③ 메뉴에서 Help → Software Update를 선택한다.

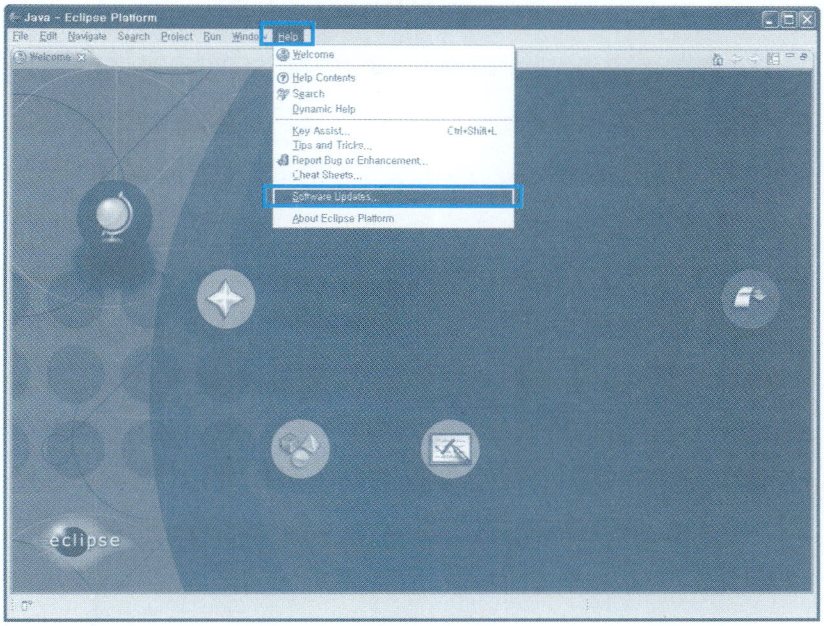

④ Software Update and Add-ons창이 나타나면 Available Software 탭을 선택한다.

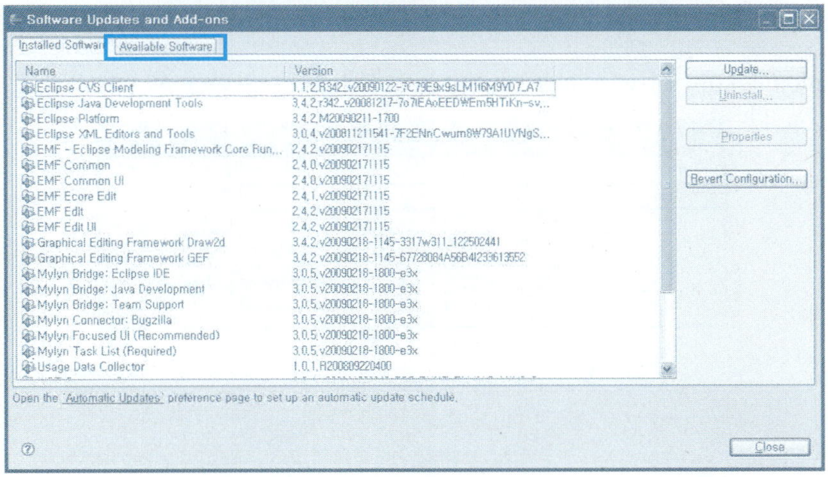

5 기본적으로 업데이트 가능한 목록이 화면에 나타난다. 오른쪽의 Add Site 버튼을 클릭한다.

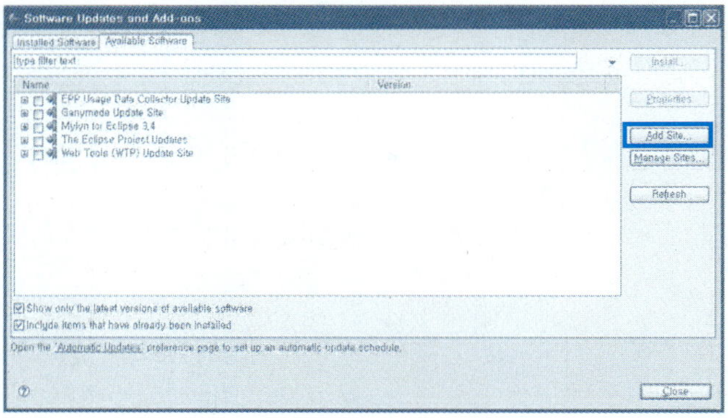

6 다음과 같은 주소를 입력할 수 있는 팝업창이 나타난다.

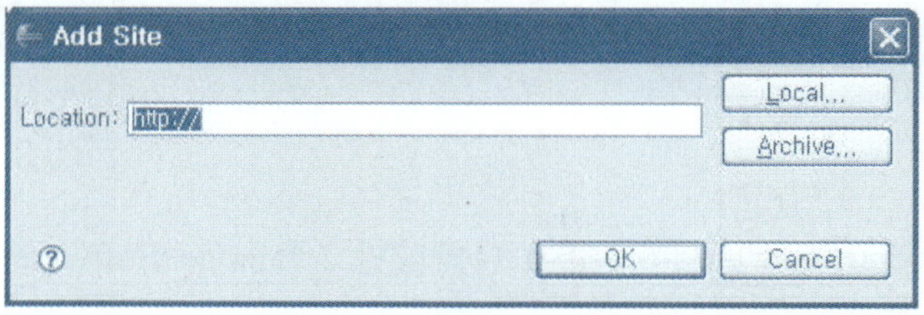

7 Location에 http://dl-ssl.google.com/android/Eclipse를 입력한 후 OK 버튼을 클릭한다.

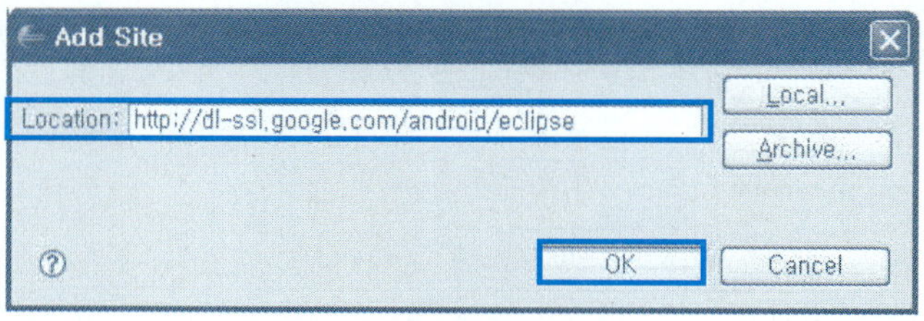

⑧ 아래 그림처럼 Developer Tools에 Android DDMS와 Android Development Tools가 새로 목록에 추가되었다. 아래 보이는 화면은 교재 작성일을 기준으로 현재 사용자가 보고 있는 웹페이지의 내용과 조금 다를 수도 있다.

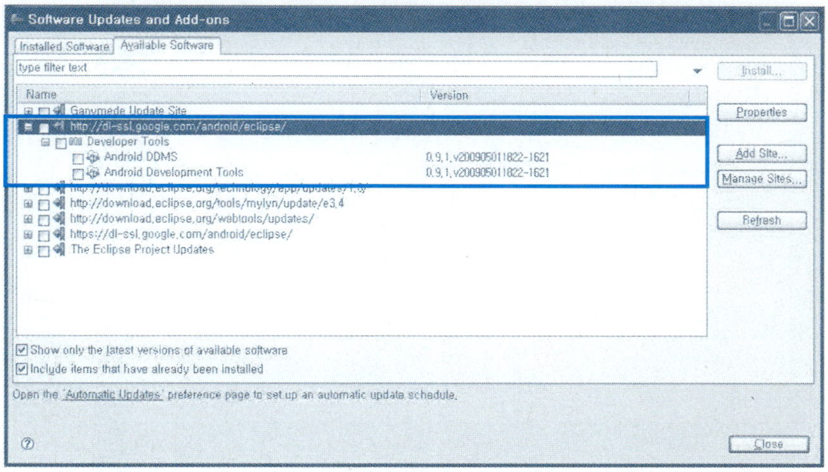

⑨ 체크를 하고 오른쪽 위에 Install 버튼을 클릭한다.

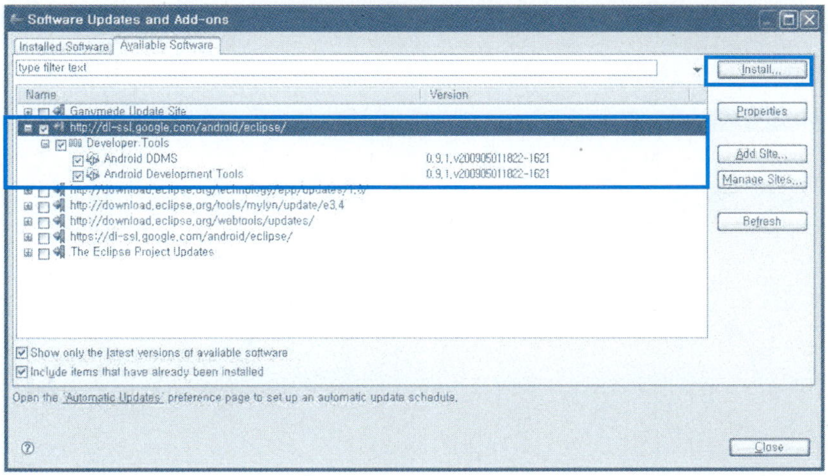

⑩ 화면 하단에 웹을 통하여 다운로드 진행 상황을 확인할 수 있다.

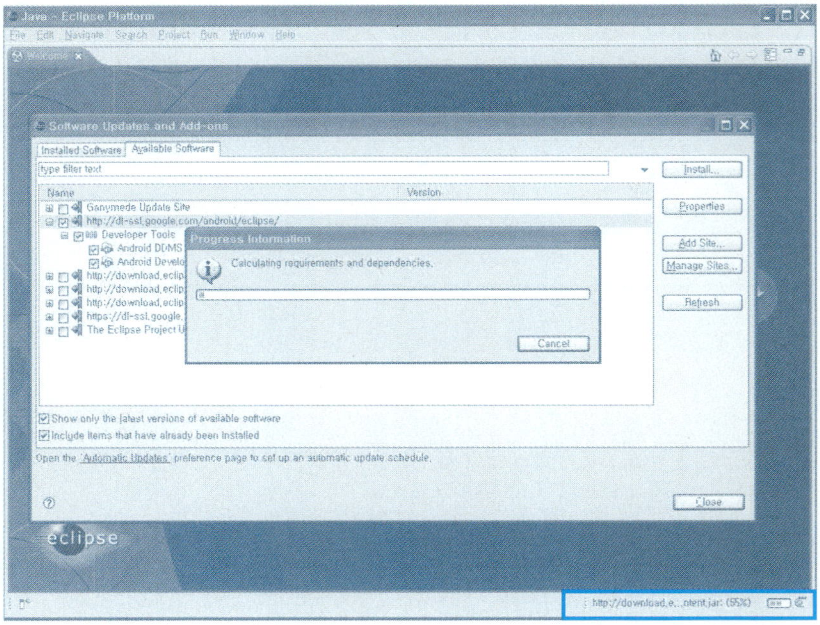

⑪ 다운로드가 완료되어 다음과 같은 창이 나타나면 Next 버튼을 클릭하여 다음 단계로 진행한다.

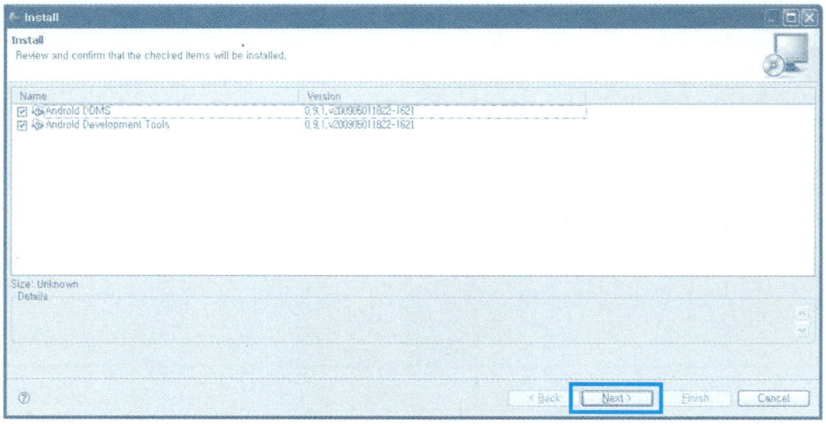

⑫ 오른쪽 하단의 라이센스 동의에 체크한 후 Finish 버튼을 클릭하여 설치를 시작한다.

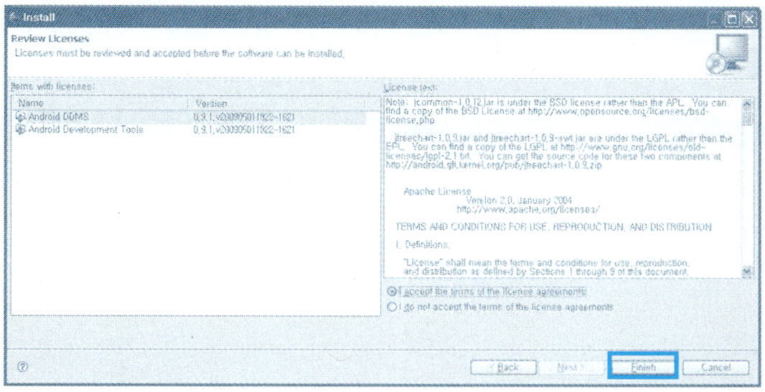

⑬ 설치가 진행되는 과정을 보여주며 Run in Background 버튼을 클릭하면 백그라운드에서 설치를 진행한다. 오른쪽 하단에 진행상황이 표시된다.

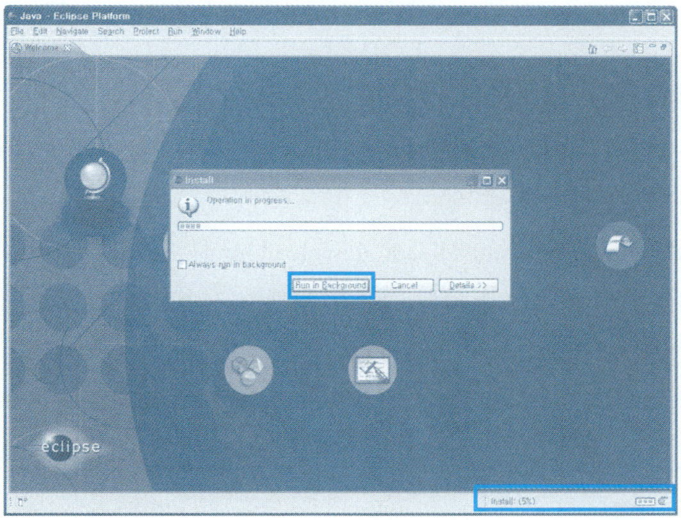

⑭ 설치가 완료되면 재시작을 위해 Yes를 눌러 Eclipse를 다시 시작하도록 한다.

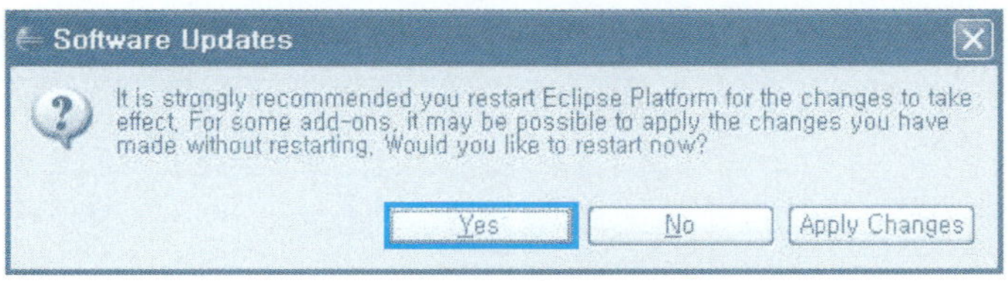

⑮ Eclipse가 다시 시작되고 난후 다시 메뉴에서 Help → Software Update를 선택한다. Software Update and Add-ons를 확인해보면 Android DDMS와 Android Development Tools가 추가되었음을 확인할 수 있다.

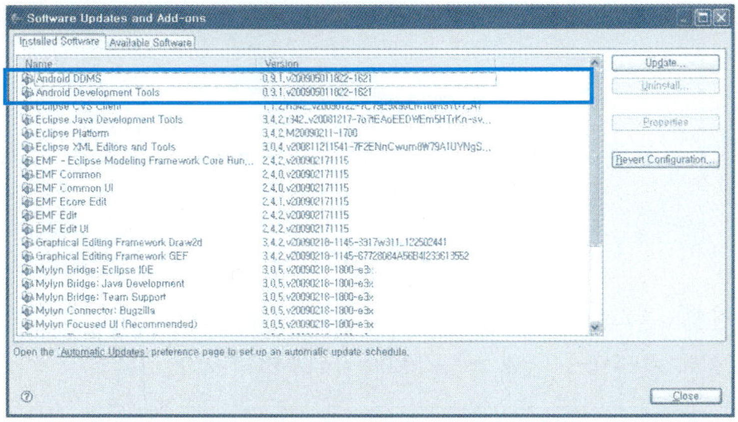

2. 다운받은 ADT 파일을가지고 설치하는 방법

① 인터넷을 통하여 설치시 에러가 발생하거나 업데이트가 잘 되지 않을 경우 ADT 파일을 직접 받아 설치할 수 있다.

http://developer.android.com/sdk/adt_download.html 주소로 접속하여 ADT-0.9.1.zip 파일을 다운받는다. 아래 보이는 화면은 교재 작성일을 기준으로 현재 사용자가 보고 있는 웹페이지의 내용과 조금 다를 수도 있다.

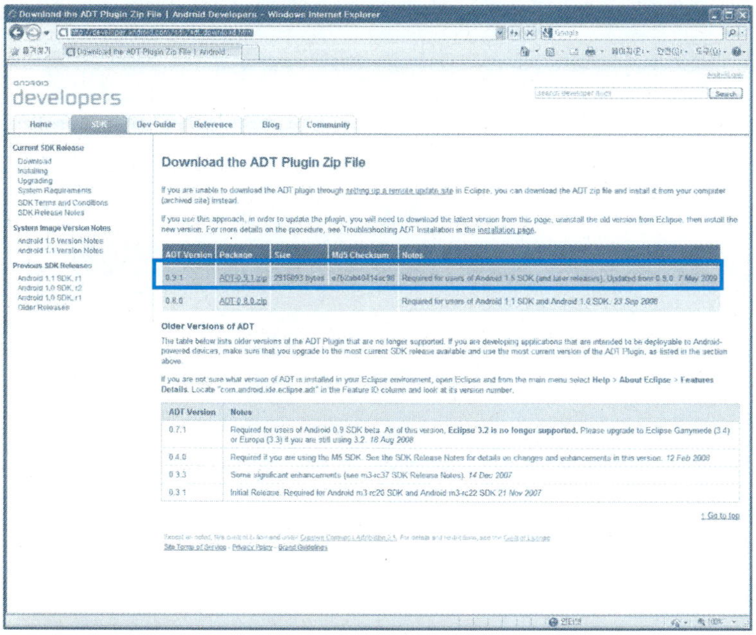

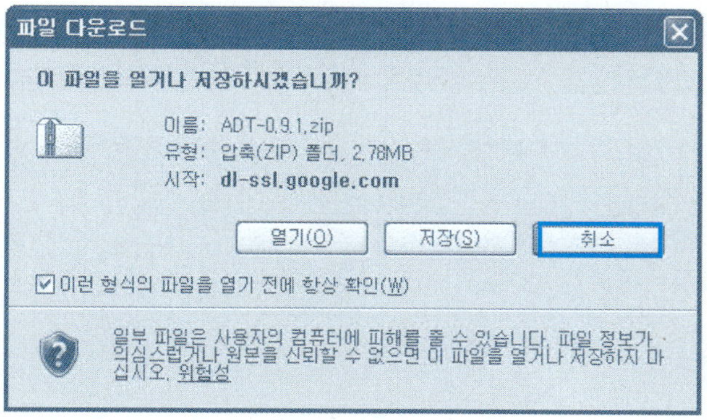

② 바탕화면에 파일을 저장하였다.

③ 이제 이클립스 프로그램을 다시 실행시킨다.

작업 공간을 설정한 후 OK 버튼을 클릭한다. 현재의 작업 공간은 안드로이드 이클립스 플러그인 (ADT) 설치-다운받은 ADT 파일을 가지고 설치하는 방법과 관련하여 아무런 영향을 주지 않는다.

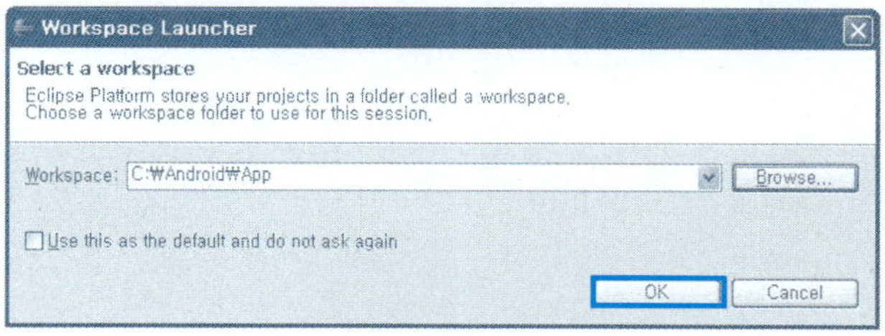

④ 디렉토리를 설정을 마치면 아래와 같이 화면이 나온다.

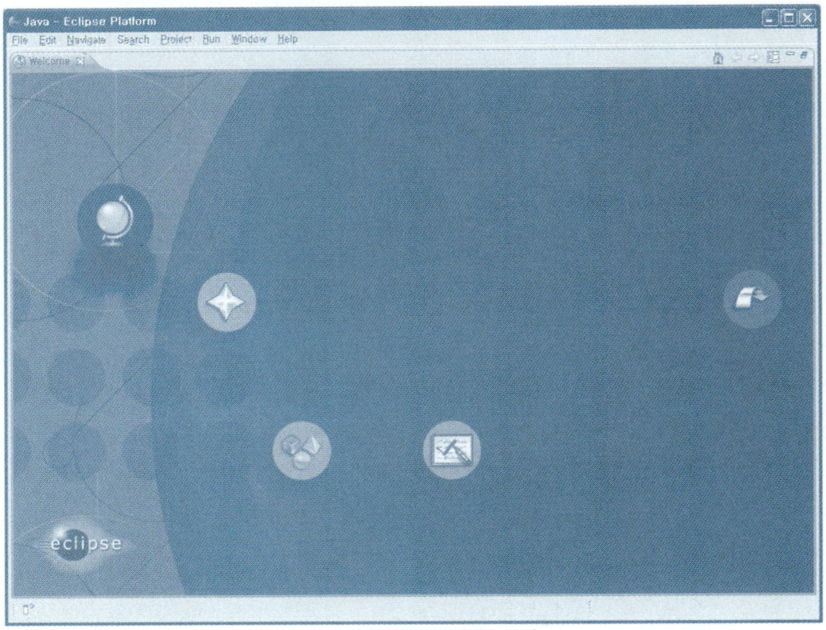

⑤ 메뉴에서 Help → Software Update를 선택한다.

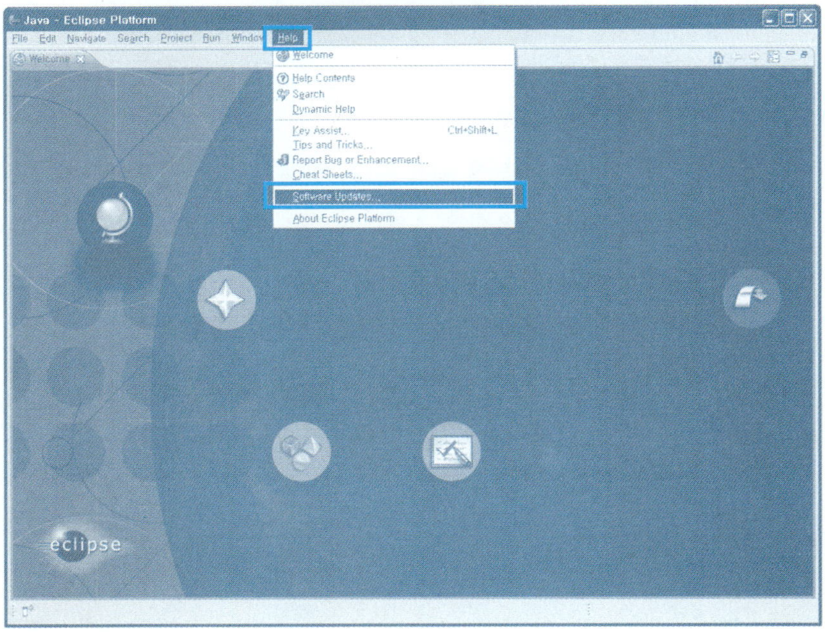

⑥ Software Update and Add-ons 창이 나타나면 Available Software 탭을 선택한다.

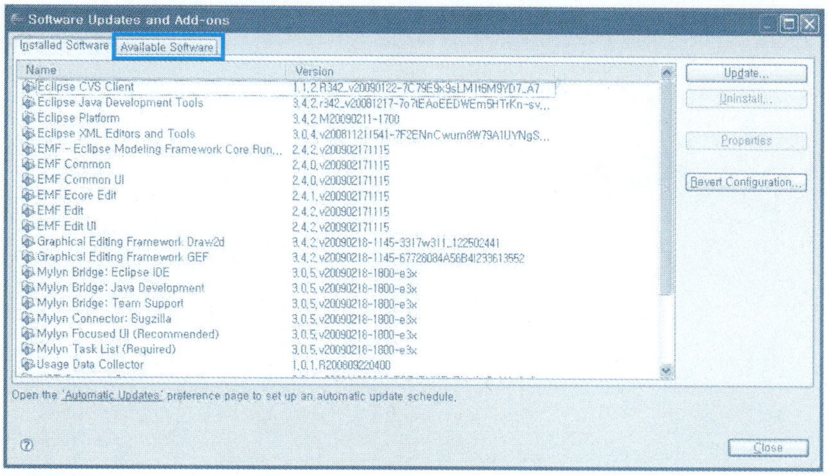

⑦ 오른쪽의 Add Site 버튼을 클릭한다.

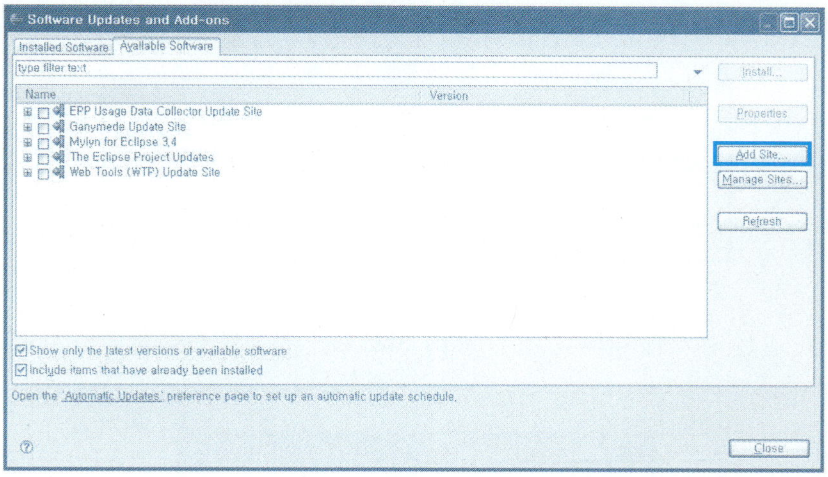

⑧ 다음과 같은 주소를 입력할 수 있는 팝업창이 나타난다. 지금까지는 인터넷을 사용하여 다운로드하는 방법과 같다. 여기서 Archive 버튼을 클릭한다.

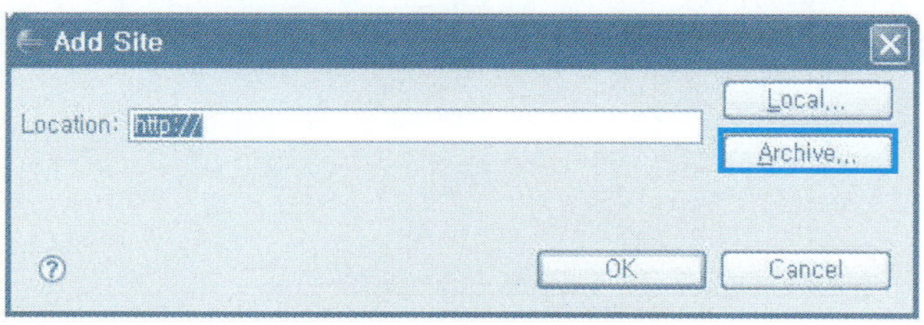

⑨ 파일을 선택할 수 있는 창이 나타난다.

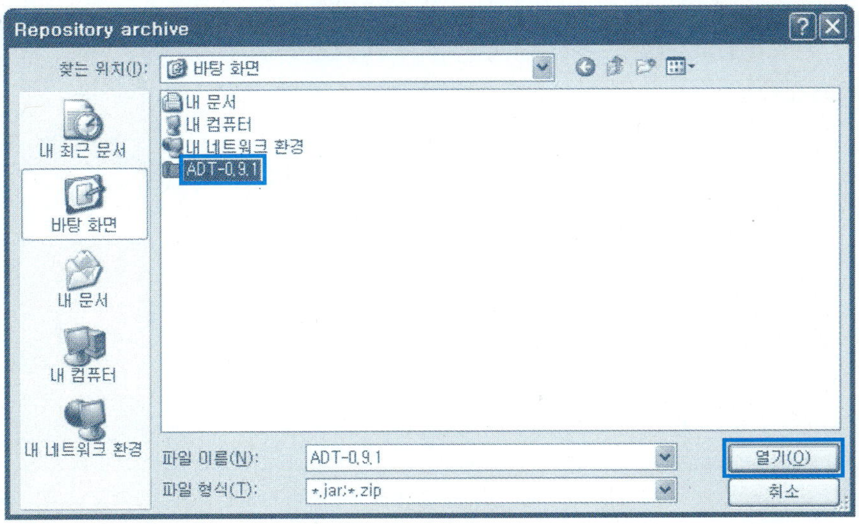

⑩ 다운로드받은 ADT-0.9.1.zip 파일을 선택한 후 OK 버튼을 클릭한다.

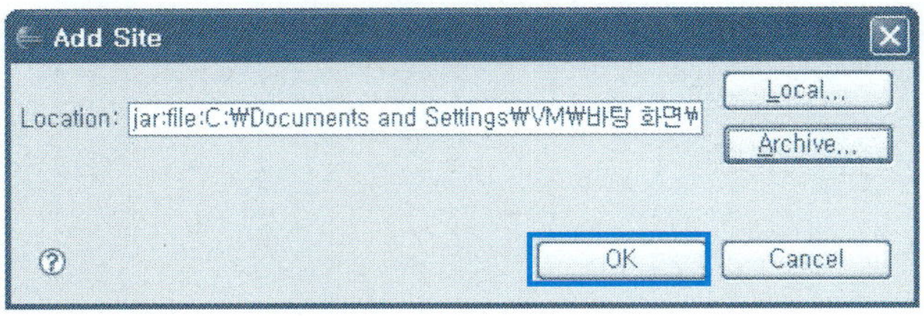

⑪ 다음과 같은 에러가 나타날 경우 https 프로토콜 문제로 OK 버튼을 누르고 무시하도록 하자.

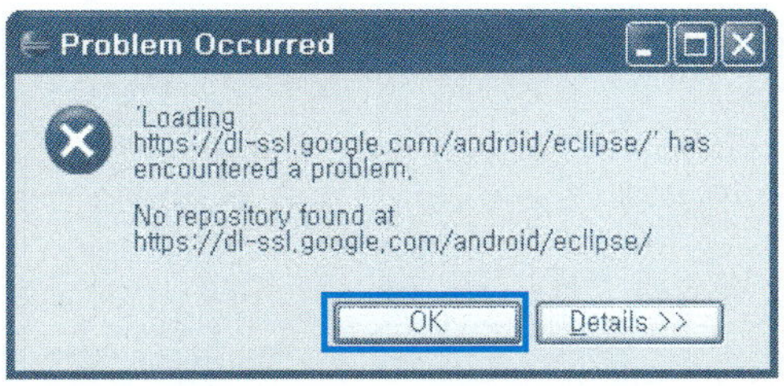

⑫ 인터넷을 통해 설치하는 방법과 마찬가지로 안드로이드 DDMS와 안드로이드 개발 툴(Android Development Tools)가 새로 목록에 추가되었음을 확인할 수 있다.

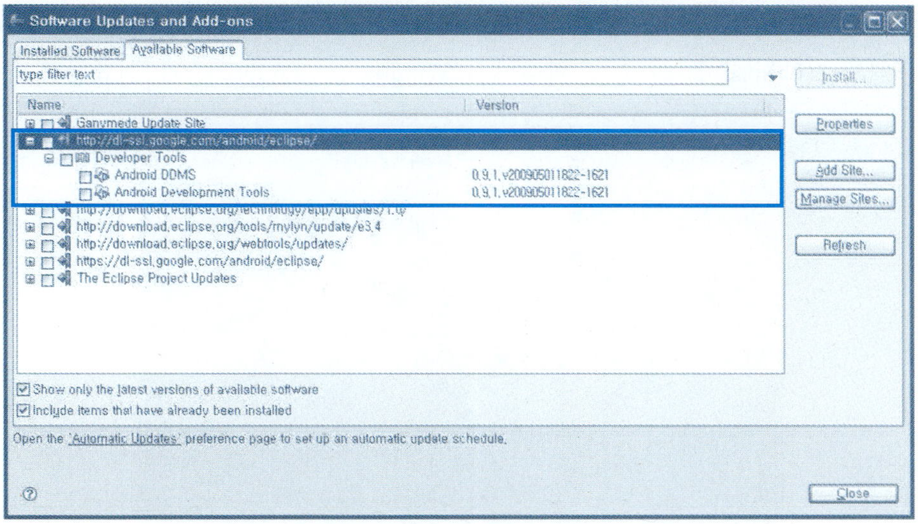

⑬ 나머지 설치 과정은 인터넷을 통한 방법과 동일하다.

⑭ ADT를 설치한 후 메뉴에서 Help → Software Update를 선택하여 Software Update and Add-ons를 확인해보면 안드로이드 DDMS와 안드로이드 개발 툴(Android Development Tools)이 추가되었음을 확인할 수 있다.

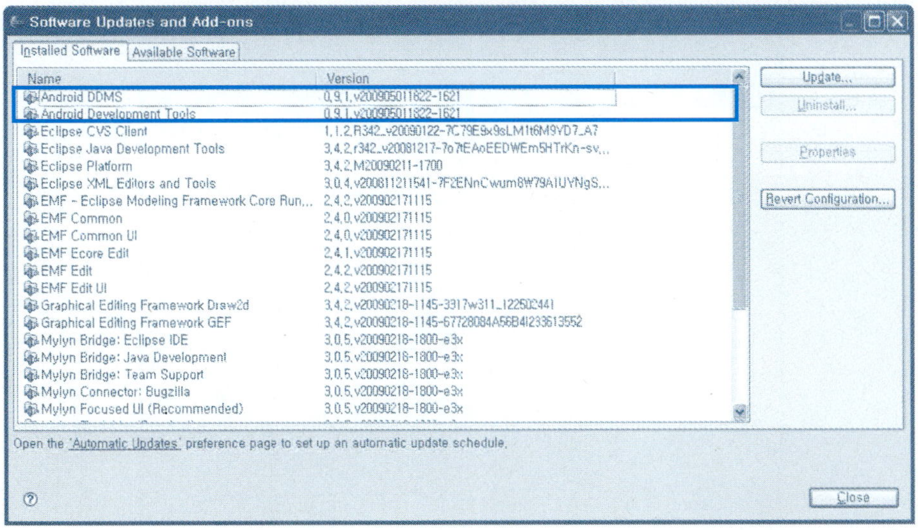

05 이클립스에서 안드로이드 SDK 경로 설정

① 이클립스(Eclipse)를 실행 후 메뉴에서 Window → Preference를 선택한다.

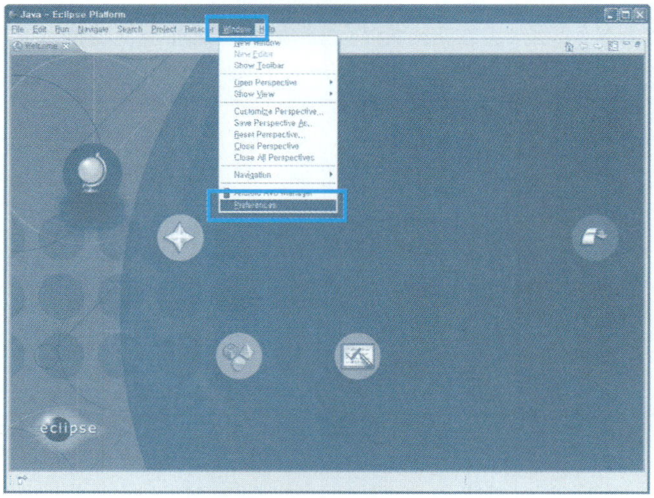

② 아래와 같은 설정 화면이 나온다. 왼쪽 목록에서 안드로이드(Android)를 선택한다. 이클립스(Eclipse)의 안드로이드 ADT가 제대로 설치되지 않았다면 왼쪽 목록에 안드로이드(Android)가 나타나지 않는다.

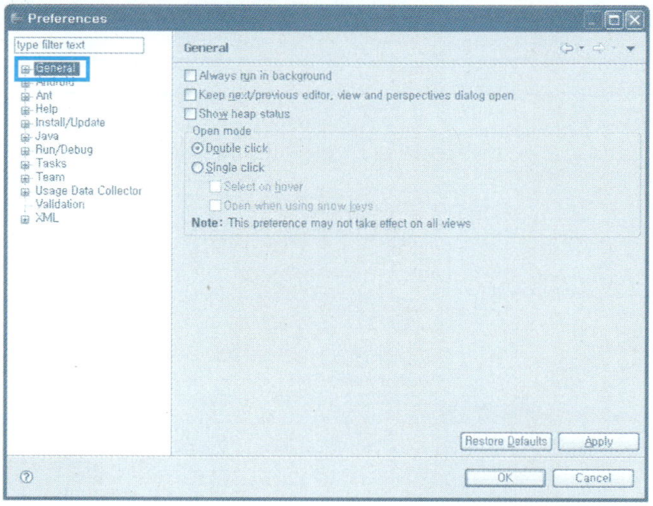

③ SDK Location이 설정되지 않았다는 경고 화면을 보여준다. OK 버튼을 클릭한다.

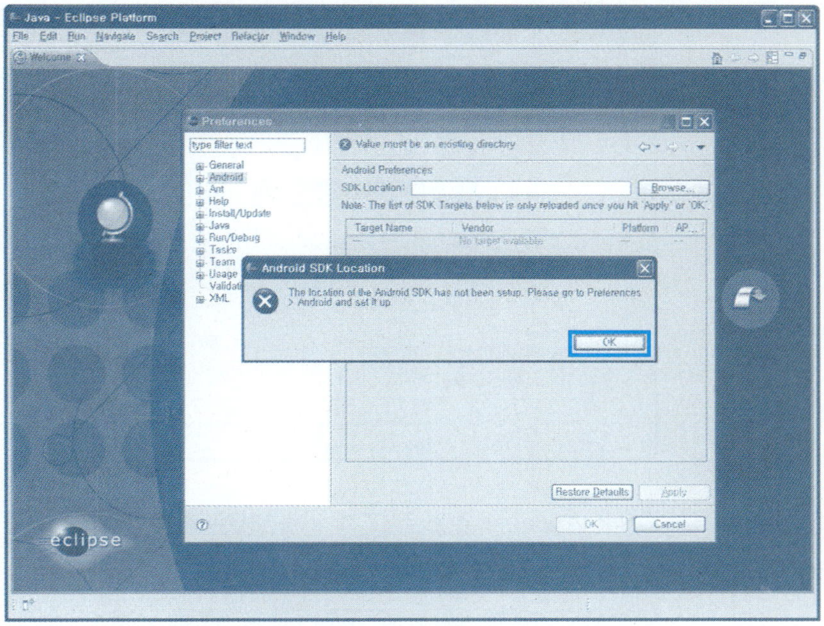

④ 브라우저(Browse) 버튼을 클릭하여 SDK의 경로를 선택한다.

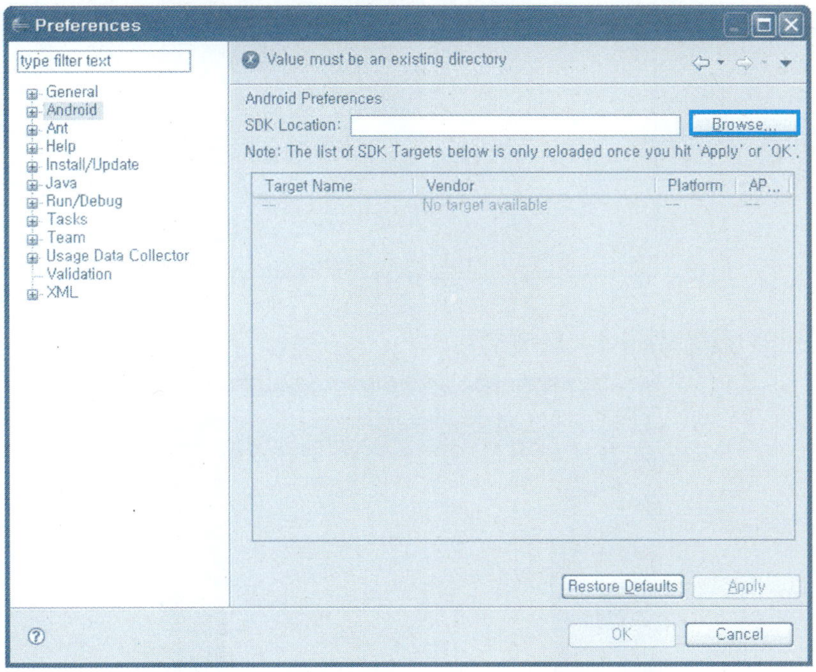

5 브라우저(Browse)를 누른 후 SDK 디렉토리 경로를 선택한다.

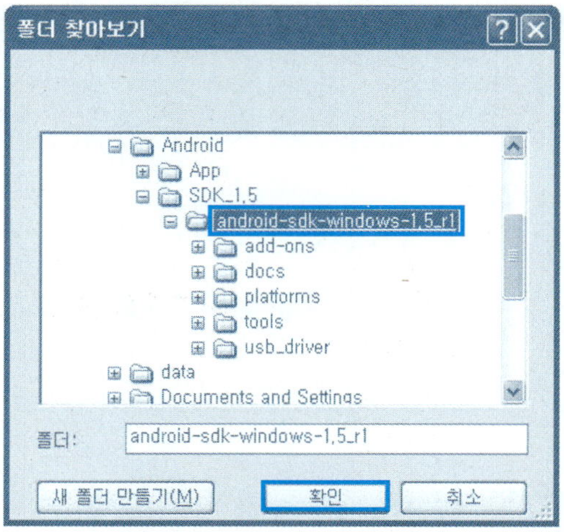

6 Apply 버튼을 클릭한다. Apply 버튼을 누르지 않을 경우 적용되지 않으니 유의하기 바란다.

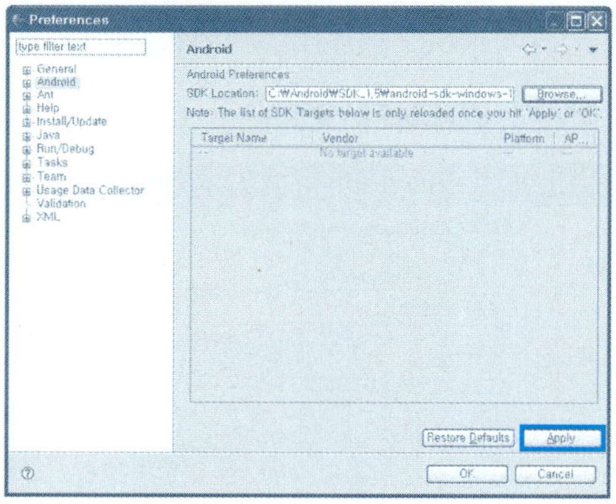

7 창 하단에 진행 과정을 보여준다.

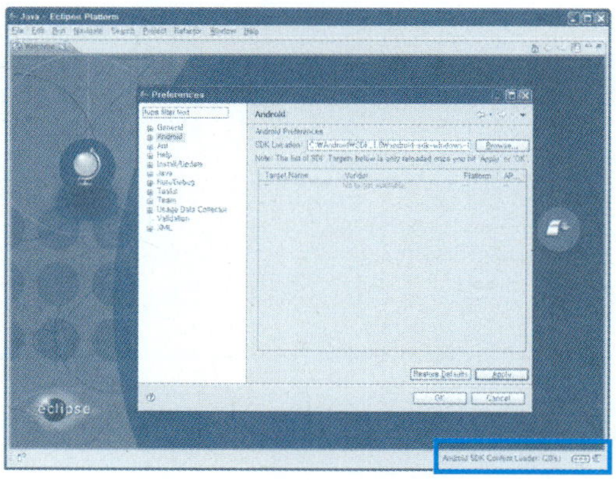

8 적용이 끝나면 다음과 같이 지원하는 타깃 이름과 플랫폼 목록이 나타난다. OK 버튼을 클릭하여 설정을 마친다.

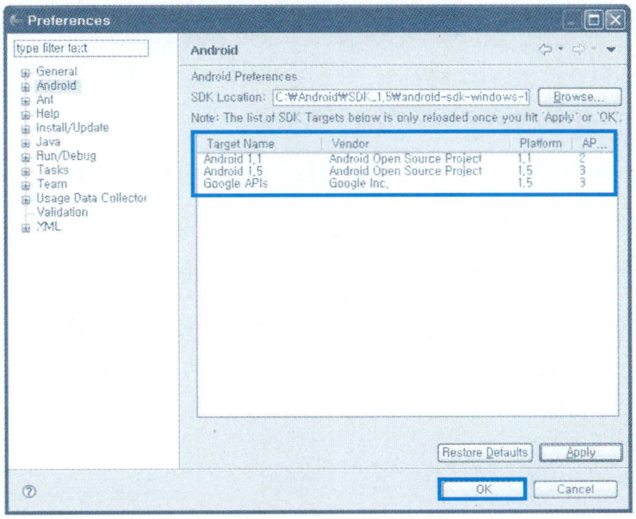

9 현재 지속적인 버전 업데이트로 인하여 교재에 참조된 SDK 및 ADT에 대하여 링크 연결이 되지 않을 경우 주소(http://developer.android.com/)에 접속하여 SDK 부분을 클릭하여 최신 버전의 필요한 데이터를 다운받을 수 있도록 하자.

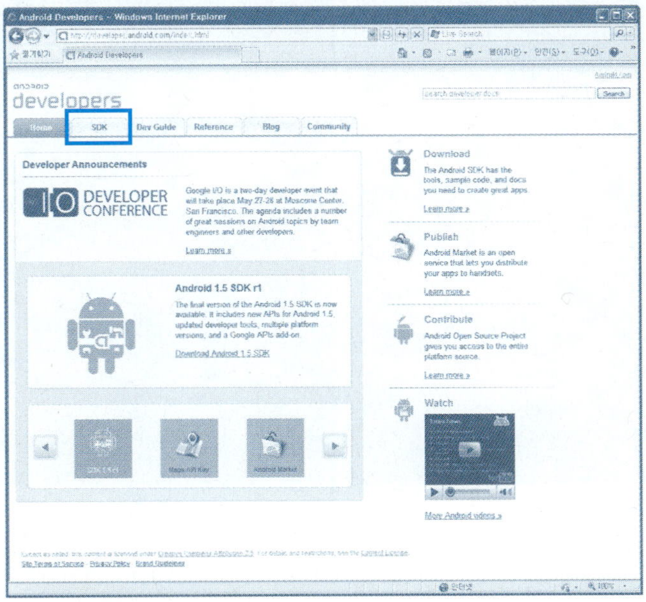

06 안드로이드 가상 장치 만들기

안드로이드 SDK 1.5가 릴리즈되면서 에뮬레이터를 동작시키기 위해서는 AVD(Android Virtual Devices)가 필요하다.

AVD는 안드로이드 버전 및 다양한 단말기의 환경(카메라 유무, 램 사이즈, 터치스크린 유무 등)에 대하여 에뮬레이터 환경에서 테스트가 가능하다.

2009년 5월 1일 ADT 0.9.1가 새로 배포되면서 이클립스(Eclipse) 환경에서 바로 AVD를 생성할 수 있게 되었다. 도스 환경에서는 다양한 단말기 환경으로 설정할 수 있지만 이클립스(Eclipse)에서 생성할 경우 타깃 및 SD 카드 정도의 간단한 설정을 할 수 있다.

1. 이클립스(Eclipse)를 사용하여 AVD 생성

① 이클립스(Eclipse)를 실행한다.

② 메뉴에서 Window → Android AVD Manager를 선택한다.

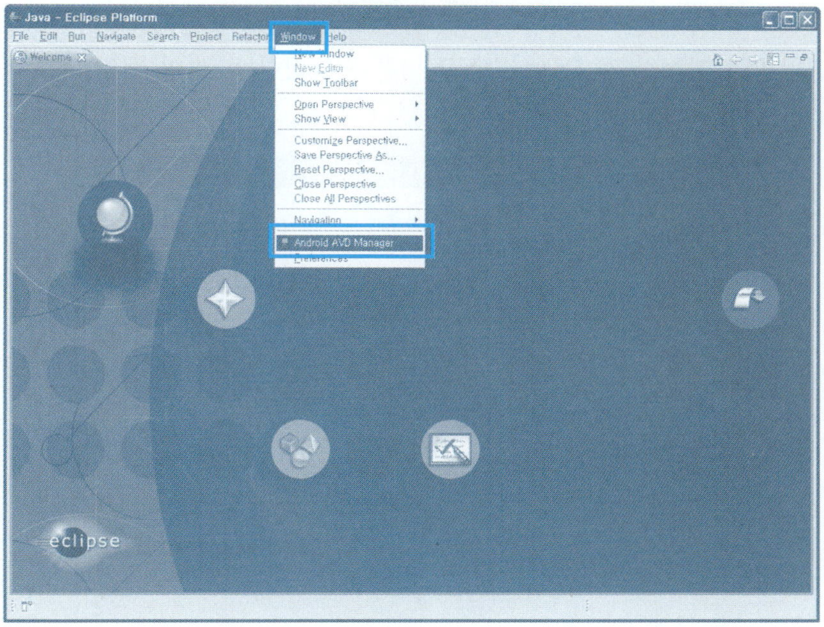

③ Name을 입력하고 타깃을 선택하여 생성할 수 있다.

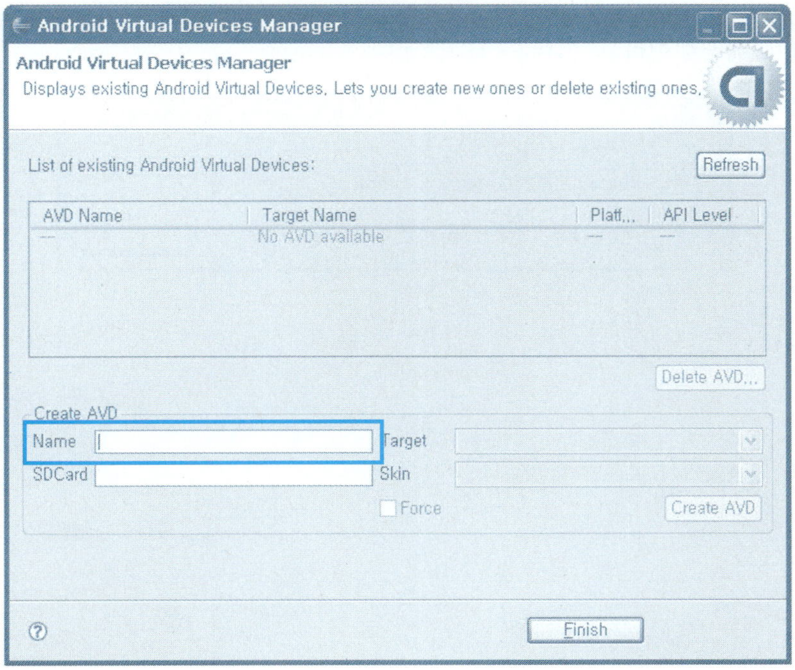

④ 이 교재의 애플리케이션은 최근 릴리즈된 1.5를 기준으로 타깃은 1.5를 만들기로 한다. 1.1 및 구글 APIs를 타깃으로 생성하여 에뮬레이터에서 테스트 역시 가능하다. 아래와 같이 작성한 후 Create AVD 버튼을 클릭한다. 여러 개의 타깃에 상관없이 AVD를 생성할 수 있다.

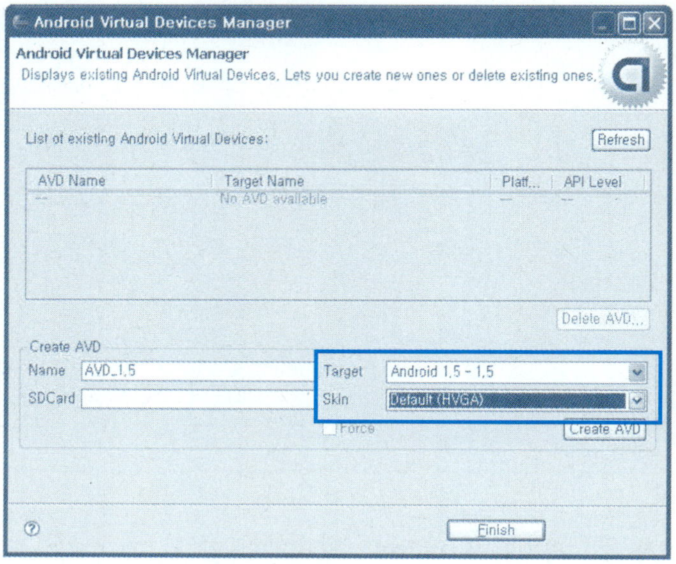

⑤ AVD가 생성되었다는 화면을 보여준다.

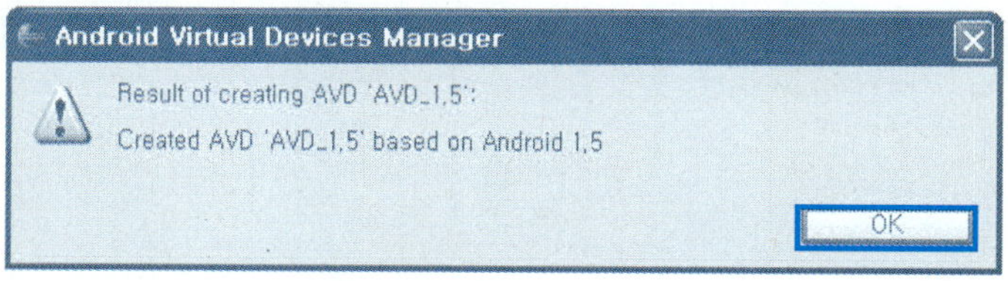

⑥ 이 같은 방법으로 안드로이드 AVD 1.1과 안드로이드 구글 APIs AVD를 생성해 놓도록 하자.

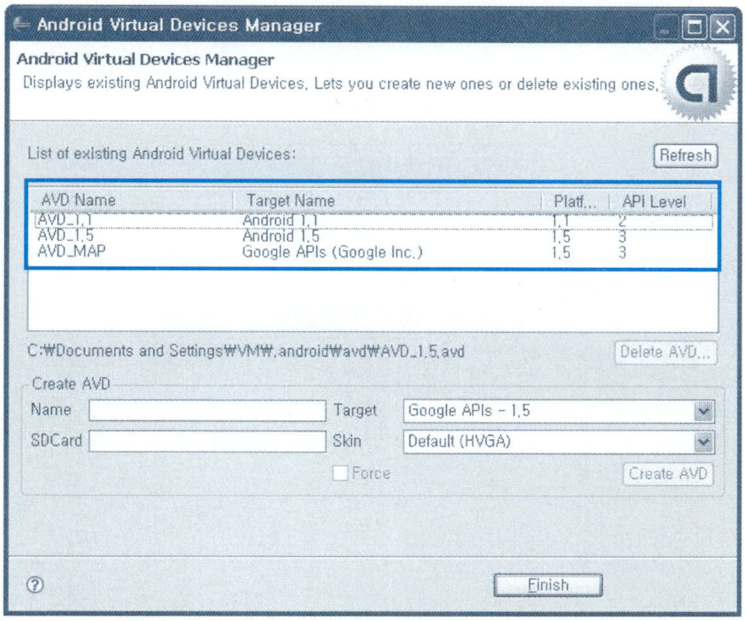

2. 명령 프롬프트에서 AVD 생성

명령 프롬프트를 사용하여 생성할 경우 이클립스에서 생성하는 방법보다 더 다양한 설정을 적용할 수 있다. 명령 실행을 위하여 윈도우 환경변수에 PATH를 설정하도록 한다.

① 바탕화면에서 내 컴퓨터에서 마우스 오른쪽 버튼을 눌러 속성을 선택한다.

CHAPTER 06

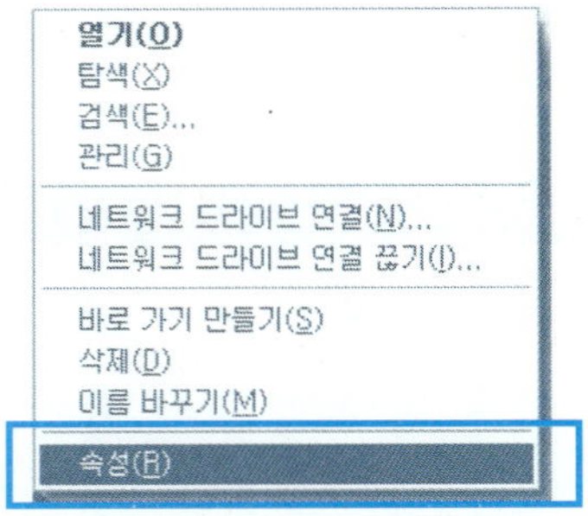

② 고급 탭에서 하단의 환경변수 버튼을 클릭한다.

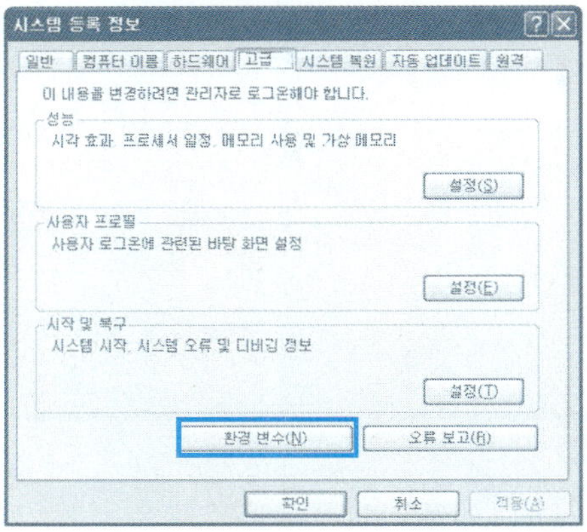

③ 시스템 변수에서 패스(Path)를 선택하고 편집 버튼을 클릭한다.

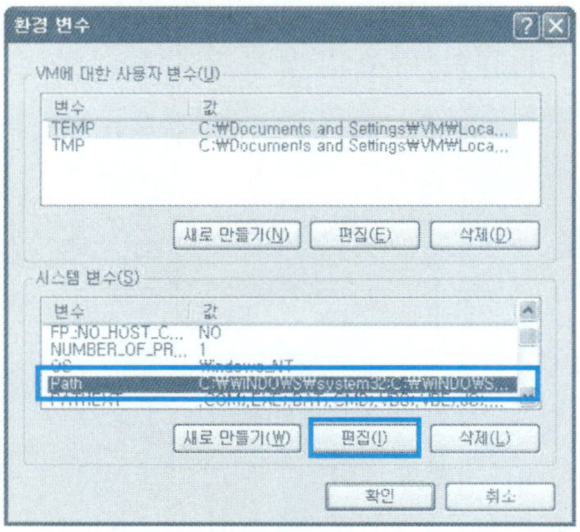

④ 변수값 부분에 마지막에 새로운 패스(Path)를 추가하기 위해 세미콜론(;)을 추가하고 사용하는 SDK 안에 있는 Tools 디렉토리의 경로를 적고 확인 버튼을 클릭한 후 모든 창을 닫는다.

교재의 SDK내 Tools 디렉토리의 위치는 다음과 같다. PATH가 적용하기 위해서는 재부팅이 필요하다.

C:\Android\SDK_1.5\android-sdk-windows-1.5_r1\tools

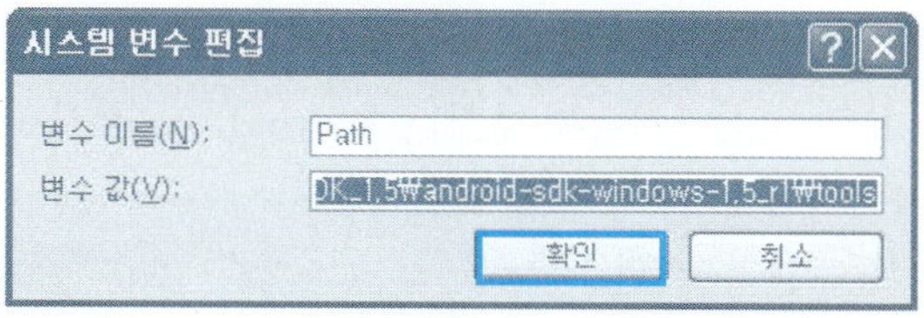

5 이제 명령 프롬프트창을 띄운다. 실행은 시작 → 보조 프로그램 → 명령 프롬프트 또는 시작 → 실행 → cmd → 확인 2가지 방법이 있다.

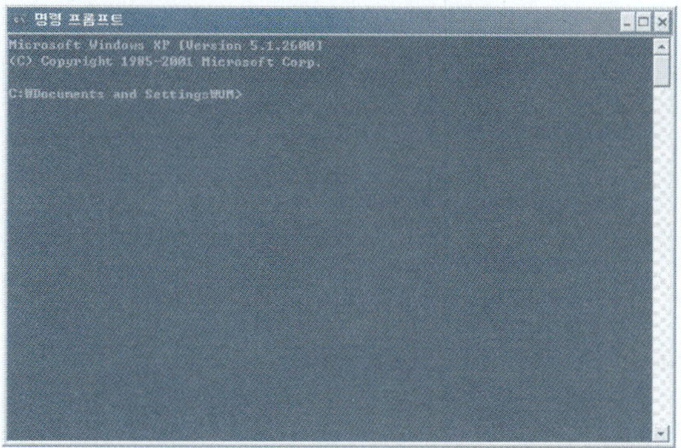

6 다음과 같은 명령으로 SDK의 대상 목록을 확인할 수 있다.

C:\Documents and Settings\[사용자계정]> android list targets

현재 명령을 입력하는 디렉토리의 위치는 Path 설정을 하였기 때문에 어느 위치에서도 명령을 실행할 수 있다.

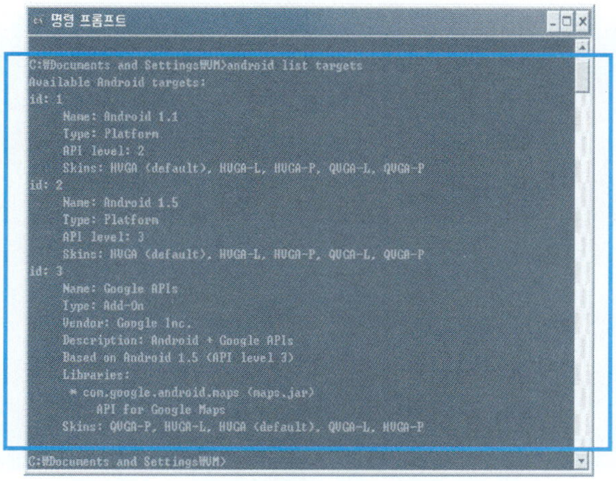

CHAPTER 06

7 AVD를 만들기 위해 커맨드 프롬프트에서 사용자의 SDK 폴더의 tools 디렉토리 안에 있는 android라는 명령을 사용하여 생성할 수 있다.

android create avd -n <name> -t <targetID> [-<option> <value>]

AVD 1.5를 생성하기 위해 다음과 같이 입력한다.

C:\Documents and Settings\[사용자계정]> android create avd -n AVD_1.5 -t 2

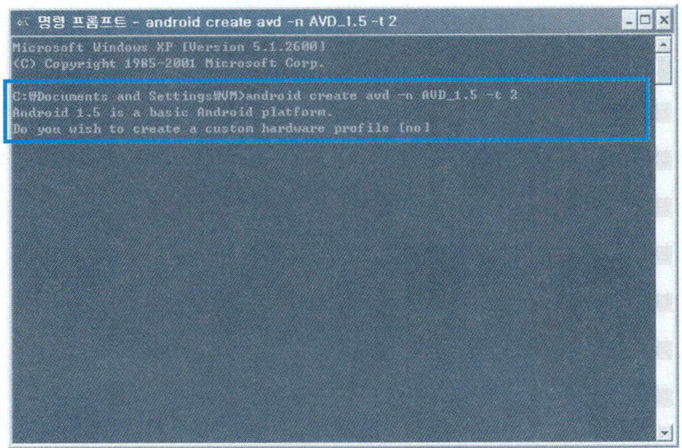

안드로이드 도구는 다음 단계로 하드웨어 프로파일을 설정할 것인지를 묻는다.

Android 1.5 is a basic Android platform

Do you wish to create a custom hardware profile [no]

기본 설정에 만족하지 않는다면 yes라고 하고 엔터키를 친다.

이때 기본값이 [no]로 그냥 엔터를 입력하면 AVD 생성을 할 수 있다.

프로파일 설정하는 방법은 다음 장에서 설명하겠다.

8 아래와 같이 생성했다는 메시지를 확인할 수 있다.

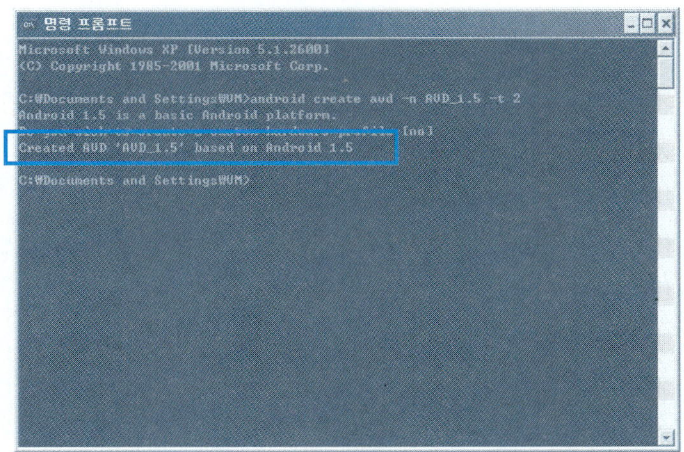

⑨ 아래 그림은 구체적인 하드웨어 프로파일 설정 방법으로 Do you wish to create a custom hardware profile [no]에서 yes를 입력한다.

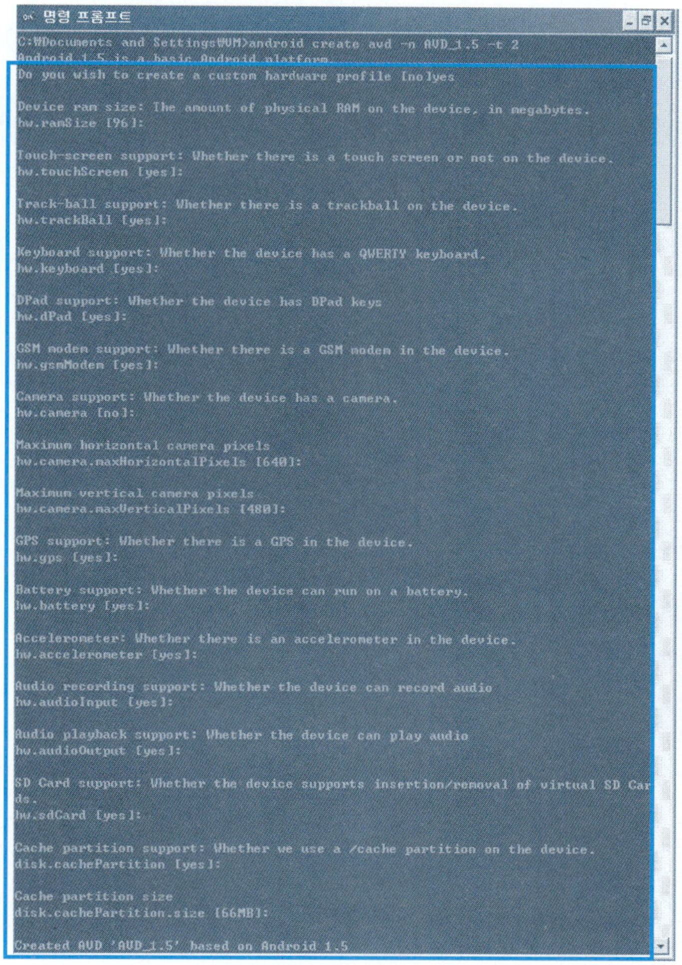

램사이즈, 카메라, 터치 스크린, SD 카드 등 사용자가 원하는 하드웨어로 구성을 할 수 있다.

⑩ 애플레이션에 대한 옵션을 설정은 아래 링크를 참조한다.

http://developer.android.com/guide/developing/tools/avd.html

기본 생성 위치(윈도우 XP기준)인 C:\Documents and Settings\[사용자계정]\.android\avd\의 경로를 바꾸고 싶으면 AVD 생성시 -p 옵션을 사용할 수 있다.

android create avd -nAVD_1.5 -t 2 -p path/to/my/avd

3. 생성된 AVD 확인

① 앞에서 생성된 AVD 파일은 윈도우를 기준으로 현재 로그인된 계정 디렉토리의 .android\avd 디렉토리 안에 생성된다.

C:\Documents and Settings\[사용자계정]\.android\avd

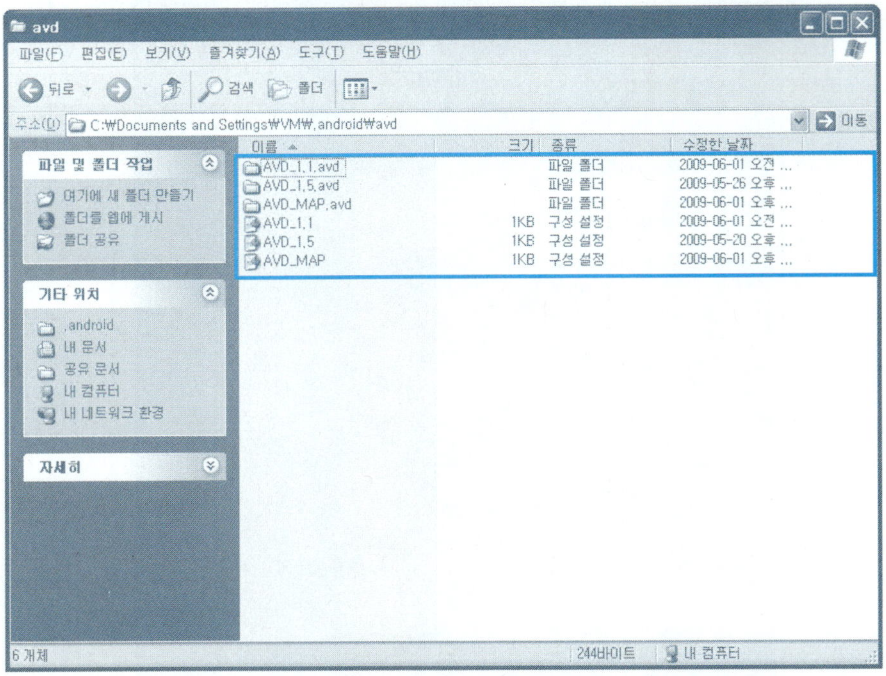

CHAPTER 07

안드로이드 플랫폼 빌드

안드로이드는 오픈소스 플랫폼(Open Source Platform)이기 때문에 누구나 소스에 접근하여 사용할 수 있다. 그리고 원한다면 여러 상용 응용제품들을 만들 수도 있다.

여기서는 안드로이드를 구글(Google)에서 운용하는 소스 저장소(GIT)에서 가져와 빌드(Build)하고 그것을 실제 안드로이드 플랫폼 보드에 올려보도록 하겠다.

01 안드로이드 플랫폼의 개발 환경

1. 리눅스(Linux)의 여러 배포본들에서 가능하나 가급적이면 우분투(Ubuntu)를 사용하면 좋다. 실제 구글에서도 우분투(Ubuntu)를 추천하고 있다.
2. 현재 우분투(Ubuntu)의 최신 버전은 9.0.4이다. www.ubuntu.com에 가서 8.10 이상을 고르거나 http://ftp.daum.net/ubuntu-releases/jaunty/ubuntu-9.04-desktop-i386.iso의 URL에서 직접 받을 수 있다.

③ 받은 iso 파일은 구워서 적당한 PC에 설치하도록 한다.

④ 개발 환경 셋업시에는 항상 root 권한으로 해야만 한다. 우분투(Ubuntu)에서는 root 계정이 설정이 안되어 있기 때문에 맨 처음에 다음과 같이 root 설정을 해 주어야 한다.

```
$ sudo password root
```

⑤ 설치된 리눅스 데스크탑(Linux Desktop)에서 직접 작업을 해도 되지만, 따로 네트워크로 윈도우즈 등에서 개발하기 위해서는 Telnet, SSH를 설치해야 한다. 일반적으로 SSH를 설치하면 보안성이 좀 더 나아지기 때문에 권장하고 있다. SSH로 접근하기 위해서는 SSH Client가 필요한데 putty가 무료이고 일반적인 기능을 모두 가지고 있기 때문에 많이 사용된다(http://www.putty.nl/download.html에서 받으면 된다).

```
$ sudo apt-get install ssh
```

02 안드로이드 개발 환경설정

1 일반적인 리눅스 애플리케이션 개발에는 GCC 등만 있으면 가능하겠지만 안드로이드 컴파일시에는 좀 더 많은 패키지가 필요하다. 다음과 같은 패키지가 필요하다.

① Git와 GNU Privacy Guard

```
$ sudo apt-get install git-core gnupg
```

② Phyton 2.4 이상 우븐투(Ubuntu)에는 이미 상위 버전이 설치되어 있기 때문에 생략해도 된다.

③ JDK 5.0, update 12 또는 그 이상

```
$ sudo apt-get install sun-java6-jdk
```

④ Flex, bison, gperf, libs이-dev, libesd0-dev, libwxgtk2.6-dev(optional), build-essential, zip ,curl

```
$ Flex, bison, gperf, libs이-dev, libesd0-dev, libwxgtk2.6-dev(optional), build-essential,
zip ,curl
```

⑤ Valgrind 필요하다. memory leaks, stack corruption, array bounds overflows 등을 찾는데 사용한다.

```
$ sudo apt-get install valgrind
```

⑥ 새로운 버전의 libreadline이 필요할 수도 있다.

```
$ sudo apt-get install lib32readline5-dev
```

⑦ Git 이외에 안드로이드 소스를 받기 위해서는 Repo가 필요하다.

```
$ cd ~
$ mkdir bin
vi 로 ~/.bashrc에 다음과 같이 환경변수를 추가한다.
$ vi ~/.bashrc
export LANG=c
export PATH=/home/<your_home>/bin:$PATH:.
export JAVA_HOME=/usr/lib/jvm/java-6-sun-1.6.0.07
export ANDROID_JAVA_HOME=$JAVA_HOME
$ curl http://android.git.kernel.org/repo >~/bin/repo
$ chmod a+x ~/bin/repo
```

CHAPTER 07

03 안드로이드 소스 가져오기

① 개발 환경설정이 모두 끝났으면 이제 실제로 안드로이드 소스를 받고 컴파일할 수 있다.

② 프로젝트 디렉토리를 만들고, repo를 이용하여 소스를 가져올 준비를 한다.

```
$ mkdir android_work
$ cd android_work
$ git config —global user.email "you@example.com"
$ git config —global user.name "me"
$ repo init -u git://android.git.kernel.org/platform/manifest.git -b cupcake
```

여기까지 실행하면 repo initialized in /home/<user id>/android_work 메시지가 나오면 소스 받을 준비가 된 것이다.

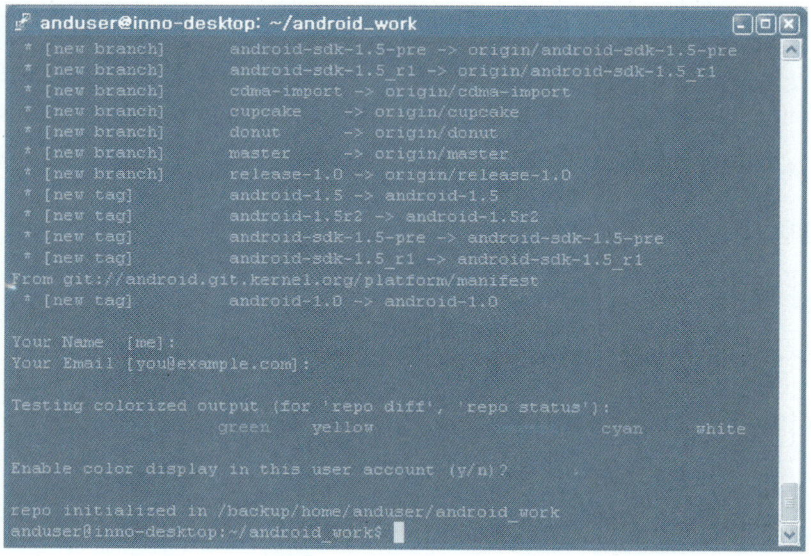

③ 소스 가져오기

```
$ repo sync
```

이렇게 하면 소스를 가져오기 시작하면 약 1.8G 이상이기 때문에 시간이 상당히 걸린다. 만약 받는 도중에 타임 아웃(timeout) 등의 에러(error)가 나오고 멈추면 계속해서 repo sync를 입력하여 끝까지 받아야 한다.

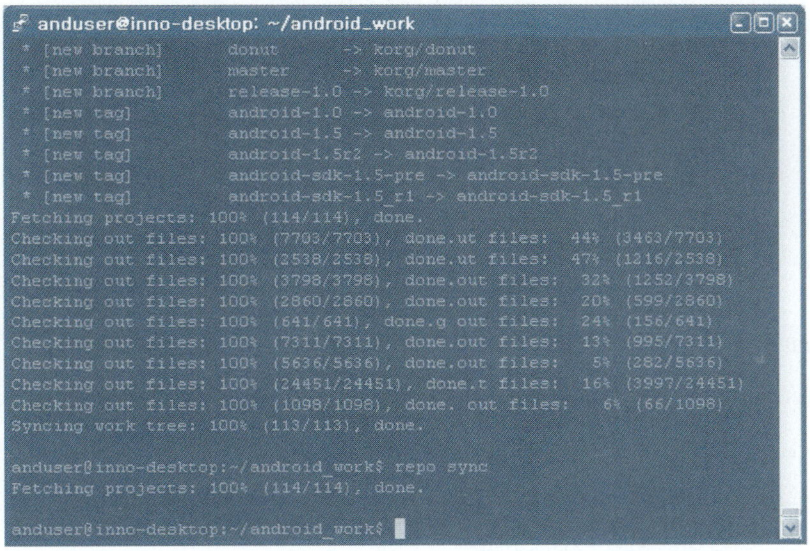

04 컴파일하기

① 안드로이드 전체 소스(Full Source)를 모두 받았으면 간단히 android_work 디렉토리에서 make하면 된다.

```
$ make
```

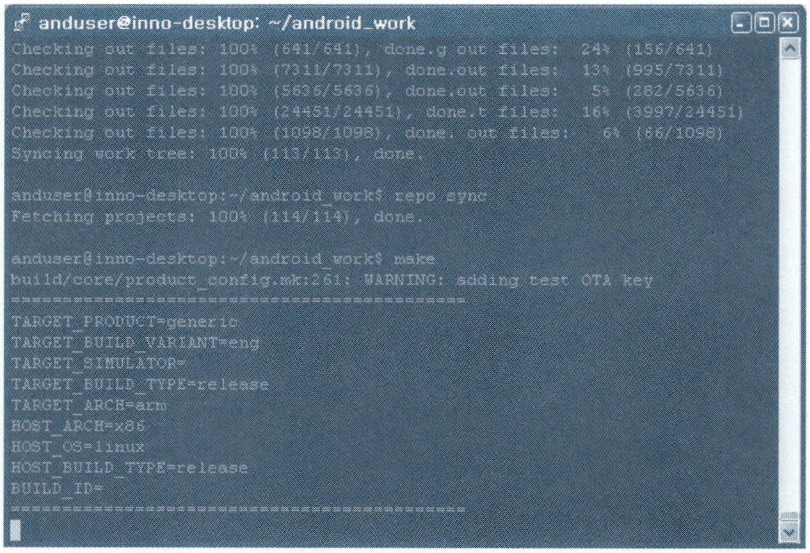

② qemu쪽에서는 에러(Error) 나오는 경우가 있는데, qemu를 사용하지 않기 때문에 에러(error)나는 부분을 삭제하여 컴파일(compile)을 계속 수행하면 된다.

③ 안드로이드 빌드(build) 과정도 시간이 꽤 필요하다. 사용자의 PC 사양에 달라지지만 30분 이상이 경과하기도 하다.

05 빌드 결과 확인

빌드(Build)가 무사히 마치게 되면 out 디렉토리에 안드로이드 Full Package가 존재하게 된다.

```
$ cd out/target/product/generic
```

```
anduser@inno-desktop: ~/android_work/out/target/product/generic
anduser@inno-desktop:~/android_work/out/target/product/generic$
anduser@inno-desktop:~/android_work/out/target/product/generic$
anduser@inno-desktop:~/android_work/out/target/product/generic$
anduser@inno-desktop:~/android_work/out/target/product/generic$
anduser@inno-desktop:~/android_work/out/target/product/generic$
anduser@inno-desktop:~/android_work/out/target/product/generic$
anduser@inno-desktop:~/android_work/out/target/product/generic$
anduser@inno-desktop:~/android_work/out/target/product/generic$
anduser@inno-desktop:~/android_work/out/target/product/generic$
anduser@inno-desktop:~/android_work/out/target/product/generic$
anduser@inno-desktop:~/android_work/out/target/product/generic$
anduser@inno-desktop:~/android_work/out/target/product/generic$ ls -al
total 45044
drwxr-xr-x  7 anduser anduser     4096 2009-06-05 14:03
drwxr-xr-x  3 anduser anduser     4096 2009-06-05 12:58
-rw-r--r--  1 anduser anduser        7 2009-06-05 14:03 android-info.txt
-rw-r--r--  1 anduser anduser      285 2009-06-05 14:54 clean_steps.mk
drwxr-xr-x  2 anduser anduser     4096 2009-06-05 13:05
-rw-r--r--  1 anduser anduser    11666 2009-06-05 14:03 installed-files.txt
drwxr-xr-x 12 anduser anduser     4096 2009-06-05 14:03
-rw-r--r--  1 anduser anduser       40 2009-06-05 14:54 previous_build_confi
g.mk
-rw-r--r--  1 anduser anduser   145785 2009-06-05 14:03 ramdisk.img
drwxr-xr-x  8 anduser anduser     4096 2009-06-05 14:03
drwxr-xr-x  4 anduser anduser     4096 2009-06-05 13:31
drwxr-xr-x 10 anduser anduser     4096 2009-06-05 14:03
-rw-------  1 anduser anduser 45864192 2009-06-05 14:03 system.img
-rw-------  1 anduser anduser     2112 2009-06-05 14:03 userdata.img
anduser@inno-desktop:~/android_work/out/target/product/generic$
```

06 플랫폼 보드에 올리기

① 플랫폼 보드(board)에 올리기 위해서는 out/target/product/generic/system을 NFSROOT의 system 부분을 nfsroot 디렉토리에 복사하고 nfs 부팅을 통해 실행할 수 있다.

```
$ cp –a out/target/product/generic/system /nfsroot/rootfs_anw6410
```

② uBoot에서 nfs 부팅으로 바꾼다.

```
# setenv bootargs 'root=/dev/nfs nfsroot=192.168.10.6:/nfsroot/rootfs_anw6410 ip=192.168.10.153:192.168.10.6:192.168.10.1:255.255.255.0:s3c6410:eth0:off console=ttySAC0,115200'
# saveenv
```

CHAPTER 07

CHAPTER 08

안드로이드 커널 컴파일

01 안드로이드 패치

현재 안드로이드 Kernel 2.6.27 베이스로 안드로이드를 패치(Patch)를 추가해서 이루어진다. 추가해야 할 패치(patch)는 다음과 같다.

① CONFIG_AEABI=y

ARM의 확장된 ABI이다.

② CONFIG_ANDROID_POWER=y

안드로이드만의 전원 관리(Power Managment) 기능이다.

③ CONFIG_ANDROID_PMEM=y

안드로이드에서 사용하는 메모리(Memory) 관리 모듈이다.

④ CONFIG_BINDER_IPC=y

바인더 IPC는 기존의 IPC 통신을 좀 더 단순하고, 유용성 있게 만든다.

⑤ CONFIG_LOW_MEMORY_KILLER=y

안드로이드 같이 한정된 메모리를 가진 장치에서 메모리가 모자를 경우에 강제로 애플리케이션을 종료하게 만든다.

02 안드로이드의 디바이스 드라이버

안드로이드에서는 기본적으로 필요한 하드웨어 드라이버가 있다.

① Double Buffering Frame Buffer 드라이버

일반적인 LCD Frame Buffer에서는 Double Buffering을 지원하지 않아도 되지만 안드로이드에서는 필수적이다. 이를 위해 버퍼(Buffer) 메모리를 2배로 잡아야 한다.

```
var->sync = mode->sync;
var->grayscale = mode->cmap_greyscale;
var->xres_virtual = var->xres;
var->yres_virtual = var->yres * 2;
```

② 터치 스크린(Touch screen) / Key Pad 드라이버

안드로이드는 일반 리눅스의 tslib가 지원하지 않는다. 그러므로 터치 칩에서 받은 데이터를 디바이스 드라이버에서 가공해 실제 LCD 해상도에 해당하는 값으로 응용프로그램에 전달한다.

```
report_x = x * 800 / MAX_12BIT;
report_x = 800 - report_x;
report_y = y * 480 / MAX_12BIT;
if (report_x > 800 || report_x <= 0 )
report_x = prev_x;
if (report_y > 480 ||report_y <= 0 )
report_y = prev_y;
input_report_abs(input, ABS_X, report_x);
input_report_abs(input, ABS_Y, report_y);
input_report_abs(input, ABS_PRESSURE, z1);
input_report_key(input, BTN_TOUCH, 1);
input_sync(input);
prev_x = report_x;
prev_y = report_y;
```

③ YAFFS2 파일 시스템

YAFFS2는 Read / Write하는 NAND용 파일 시스템이다. 안드로이드 /data 디렉토리를 운용하기 위해서는 꼭 필요한 드라이버이다.

03 커널 컴파일

1. cd에 있는 안드로이드 패치(patch) 및 드라이버 적용된 리눅스 소스(/binary/kernel_src에 위치함)를 사용자 디렉토리로 복사한다.

2. 복사된 linux_src.tgz의 압축을 푼다.

```
# tar xvzf kernel_src.tgz
```

3. 압축이 풀리면 커널(kernel) 디렉토리가 나오고, Makefile를 수정하여 사용자 환경에 맞게 cross_compile 환경을 맞춘다.

```
# cd android_kernel/kernel
# vi Makefile
```

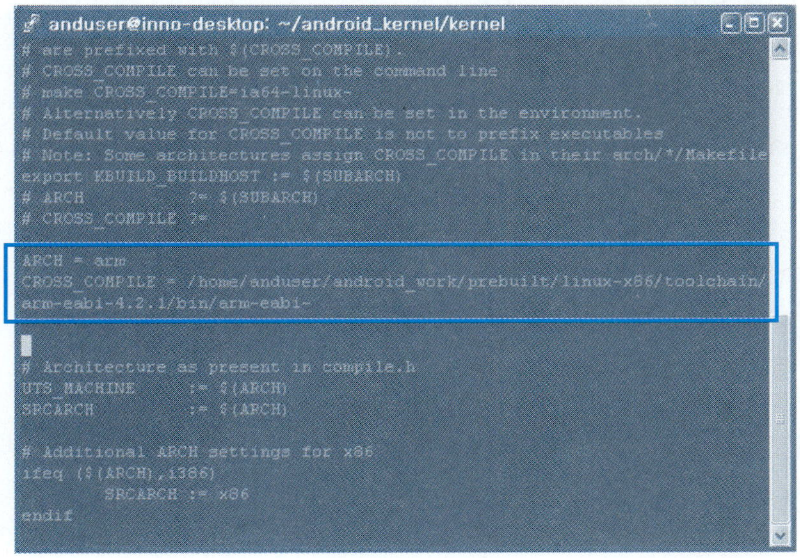

CHAPTER 08

④ CROSS_COMPILE 의 위치는 안드로이드 소스를 가져올 때 같이 가져온 툴체인(toolchain)의 위치이다. 이를 알맞게 고쳐야 한다.

⑤ 작업이 끝나면 일반적인 make를 수행하여 커널 컴파일(kernel compile)을 시작한다.

```
# make clean
# make
```

⑥ 에러(Error) 없이 컴파일이 잘 수행되면 zImage가 생성되고, 자동으로 tftpboot에 복사된다.

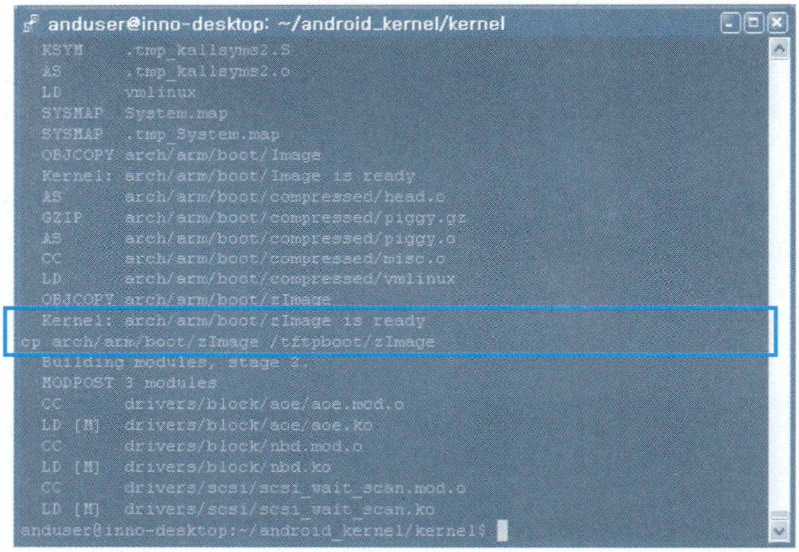

04 안드로이드 플랫폼 보드에서 테스트

① 컴파일된 zImage 형태의 리눅스 커널(Linux Kernel)을 플랫폼 보드에서 테스트하기 위해서는 uBoot에서 NAND Flash 대신에 tftp로 커널을 불러와야 한다.

② 우분투(ubuntu)에서의 TFTP 셋팅은 다음과 같은 예제로 한다. 물론 일반적인 다른 방법도 있다.

```
$ sudo apt-get install tftpd tftp
$ sudo vi /etc/xinetd.d/tftp

          service tftp
          {
           protocol = udp
           port = 69
           socket_type = dgram
           wait = yes
           user = nobody
           server = /usr/sbin/in.tftpd
           server_args = /tftpboot
           disable = no
          }

$ sudo mkdir /tftpboot
$ sudo chmod -R 777 /tftpboot
$ sudo chown -R nobody /tftpboot
$ sudo /etc/init.d/xinetd restart
```

3 tftp로 커널(kernel) 부팅

① 전원을 켜는 순간 아무키를 눌러 uBoot 명령 입력 상태로 만든다.

② 우분투(ubuntu)가 설치된 serveip와 플랫폼 보드(board)의 IP 등을 맞춘다.

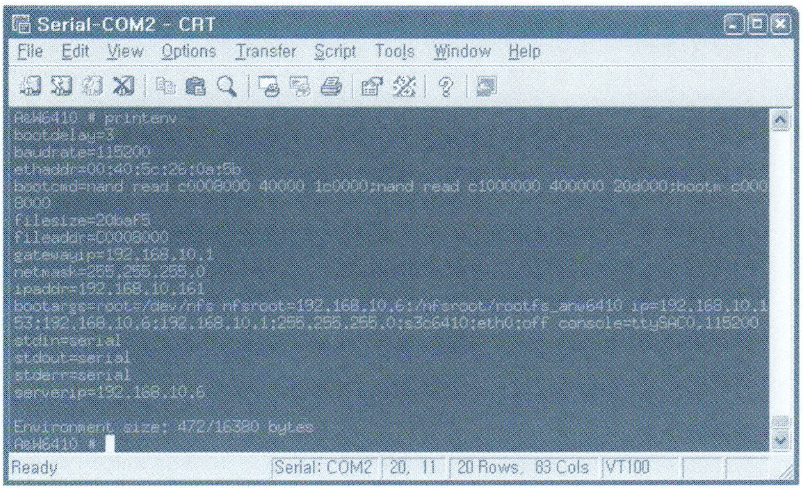

③ tftp 명령어를 이용하여 우분투(ubuntu) pc의 zImage를 메모리로 읽는다.

```
# tftp 0xc0008000 zImage
```

CHAPTER 08

④ 메모리로 직접 부팅하도록 한다.

```
# tftp 0xc0008000
```

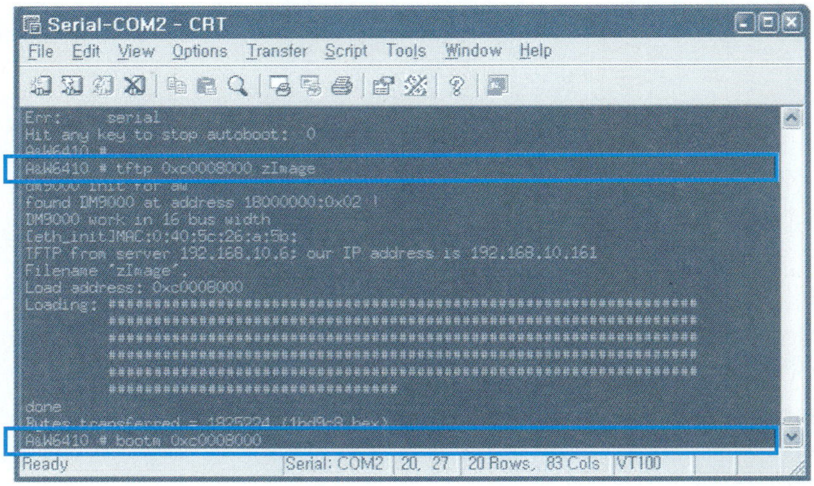

CHAPTER

09 안드로이드 플랫폼 프로세서의 개요

S3C6410은 ARM11기반에 533/667MHz/800MHz 클록, 65nm공정의 저전력 프로세서로, WVGA 해상도, 3D GFX 엑셀레이터(OpenGL ES 1.1/2.0 지원), MPEG-4 SP, H.264/263 BP, VC-1(WMV9) 디코더, TV 인코더 기능 등 하드웨어 기반의 DSP가 내장되어 있는 프로세서다.

01 플랫폼 프로세서(S3C6410)의 소개

① 삼성 S3C6410 프로세서는 ARM 11기반의 모바일 응용 프로세서이다.

② 스마트폰부터 개인용 내비용 장치까지 폭넓은 모바일 장치를 만들기 위한 많은 기능을 가지고 있다.

③ 이전 S3C6400과 많은 부분의 H/W적인 부분과 S/W 호환성을 가진다.

④ S3C6410은 강력함과 확장성을 통한 빠르게 Time-to-market에 적용할 수 있다.

02 S3C6410 로드맵

프로세서는 S3C6410과 프로세서로 전개 발전되고 있다.

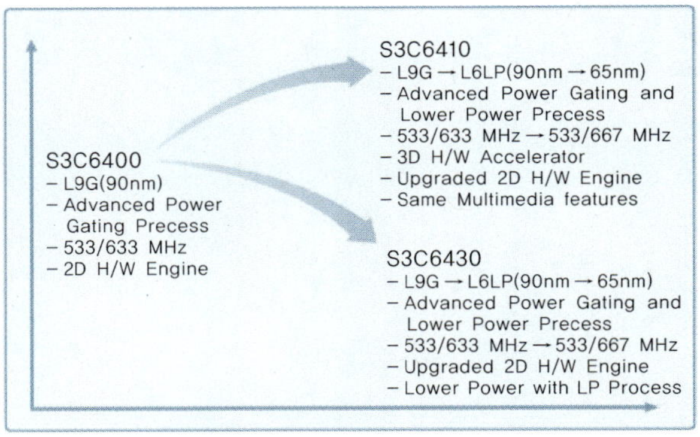

[그림 9-1] S3C6410 로드맵

03 S3C6410 블록도

S3C6410는 시스템 주변기기 블록(System Peripheral), ARM 코어 블록, 멀티미디어 엔진 블록, 메모리 서브시스템, 전원관리 블록, TFT LCD 제어기 및 다양한 I/O 등으로 구성되어 있다.

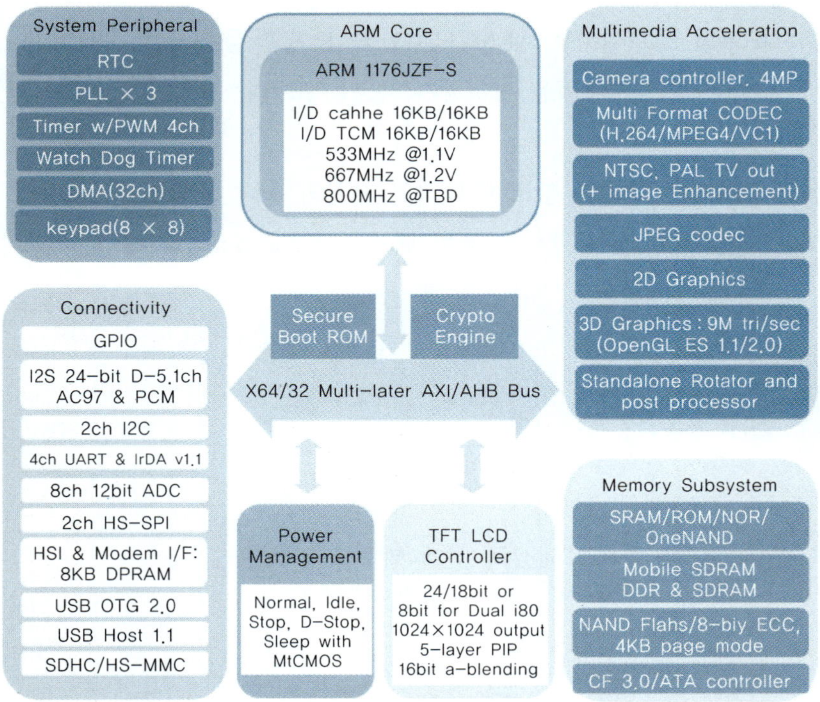

[그림 9-2] S3C6410 블록도

04 S3C6410 특징

① 내장 MFC(Multi-format Codec) : SD급 인코더(encoding)/디코더(decoding), MPEG4, H.264, H.264, VC1, 실시간 비디오 회의와 TV출력 지원

② 듀얼 메모리 포트 : Nand 플래시, NOR-플래시, One NAND 지원, 모바일 DDR 지원

③ ARM 코어

- ARM1176JZF-S 프로세서는 ARM V6 구조를 갖고 있다.
- Java 바이트 코드의 직접적인 실행을 위하여 ARM코어는 ARM, Thumb 명령어 세트와 Jazelle 기술을 제공한다.
- SIMD DSP 명령어 범위는 32비트 레지스터에서 8비트이나 16비트 데이터 값으로 구동한다.

- ARM1176JZF 특징

– TrustZone™ security extensions

– S/W 구동 전원관리

– 고속 AMBA(Advanced Microprocessor Bus Architecture)버스 구조를 갖는다.

– AXI(Advanced Extensible Interface) 2개 인터페이스 레벨은 멀티프로세서의 구현을 위해 우선권을 제공한다.

– 정수 유닛(Integer unit)은 완전한 임베디드 ICE-RT 로직을 가지고 있다.

– 8단계 파이프라인 구조를 갖는다.

– 리턴 스택을 위해 브랜치(Branch) 예보(prediction)를 갖는다.

– 낮은 인터럽트 잠복(Low interrupt latency)로 구성되었다.

– 외부 코프로세서 인터페이스(External coprocessor interface) CP14와 코프로세서(CP15)를 갖고 있다.

– 단일의 메인 TLB에 의하여 마이크로 TLB구조를 사용하여 명령어와 데이터 MMU (Memory Management Units)를 갖고 있다.

– Hit-Under-Miss (HUM)를 가진 논 블록킹 데이터 캐시를 포함한 명령어(Instruction)와 데이터(data)캐시를 갖고 있다.

– 가상 인텍스(Virtually indexed)와 물리적 어드레스(physically addressed) 캐시를 갖

고 있다.

- 양쪽 캐시를 위하여 64비트 인터페이스를 갖는다.
- VFP(Vector Floating-Point) 코프로세서(coprocessor)를 제공한다.
- 외부 코프로세서(External coprocessor)를 제공한다.
- 추적장치(Trace)를 제공한다.
- JTAG기반의 디버그를 갖는다.

④ 가속엔진(acceleration Engine)을 가진 CPU 서브시스템 기반의 ARM1176JZF-S 코어이다.

⑤ 각각 16KB 명령어/데이터 캐시, 각각의 16KB 명령어/데이터 TCM를 갖고 있다.

⑥ 동작주파수는 533/667/800MHz이다.

⑦ 스케일을 위하여 최대 4M픽셀과 언스케일를 위한 최대 16M픽셀 해상도의 한 개 8비트 ITU 601/656 카메라 인터페이스

⑧ 멀티 포맷 CODEC은 MPEG-4/H.263/H.264 >30fps@SD/D1인코더/디코더와 VC1 video>30fps@SD/D1 디코더를 제공한다.

⑨ 9M triangles/sec OpenGL ES 1.1 / 2.0, D3DM API를 가진 3D 그래픽 가속기(graphics accelerator)을 제공한다.

⑩ Bit Blit와 회전(Rotation)를 가진 2D 그래픽 가속기(Graphics Accelerator)를 제공한다.

⑪ 3채널 I2S는 1개의 Dolby 5.1채널을 제공하고 2개 채널은 PCM와 AC97 I/F를 제공한다.

⑫ 최대 1024×1024까지 제공하는 1/2/4/8bpp 팔레트 혹은 8/16/24bpp 논 팔레트(Non-Palletized) Color-TFT 제공한다.

⑬ 2채널 I^2C 인터페이스를 제공한다.

⑭ 직접적인(Dedicated) IrDA 1.1포트를 제공한다.

⑮ 구성할 수 있는 GPIO 레지스터를 갖고 있다.

⑯ 온칩 USB 2.0 OTG 전송기와 제어기는 고속으로 (480Mbps, on-chip transceiver)전송하고 제어한다.

⑰ 온칩 USB 1.1 호스트 제어기(Host controller)와 전송기(transceiver)는 고속 (12Mbps, on-chip transceiver)으로 전송하고 제어한다.

⑱ 3채널은 HS-MMC/MMC/SDHC/SDIO 카드들을 제공한다.

⑲ CF+와 Compact Flash 사양 3.0(MDMA 동작은 제외하고)과 호환성이 있다.

⑳ RTC(Real time clock), 3 PLL's, PWM를 가진 타이머와 와치독 타이머(watch dog timer)를 제공한다.

㉑ 32채널 DMA제어기를 제공한다.

㉒ 8X8 키 매트릭스를 제공한다.

㉓ 8-채널 12-비트 ADC(Touch screen interface)를 제공한다.

㉔ 모바일 응용을 위해 향상된 전력관리기를 제공한다.

- 전원모드(Power Modes) : Normal, Idle, Stop, Deep Stop, Sleep
- 멀티 전원 도메인를 위한 지능적인 전원 게이팅(Intelligent Power Gating)
- 멀티 CMOS기술
- 저전력(Low Power) 65nm 프로세스

㉕ 메모리 서브시스템(Memory Subsystem)

- x8 혹은 x16 데이터버스를 가진 SRAM/ROM/NOR 인터페이스
- 혼합된 x16 데이터버스를 가진 한 개의 NAND 인터페이스
- x8 데이터 버스와 1/4/8비트 하드웨어 ECC 회로와 4KB페이지 모드를 가진 NAND 플래시 인터페이스
- x16 혹은 x32 데이터 버스를 가진 SDRAM 인터페이스
- x16 혹은 x32 데이터 버스를 가진 모바일 SDRAM 인터페이스 (133Mbps/pin rate)
- x16 혹은 x32 데이터 버스를 가진 모바일 DDR 인터페이스 (266Mbps/pin DDR)

05 ARM 프로세서의 개요

1. ARM 프로세서의 구성

1) ARM 소개

ARM(Advanced RISC Machine)은 영국의 ARM사에서 개발한 32비트 RISC 프로세서로써 핸드폰, PDA 등 다양한 임베디드 시스템에 적용할 수 있도록 개발 환경이 간단하고 막강한 성능 및 전력소모가 적어 임베디드 시스템에 다양하게 적용되고 있다. ARM은

프로세서의 코어를 설계만 하고 인텔, 삼성 같은 반도체 회사에서는 프로세서 코어에 주변장치를 추가하여 SoC칩을 만들어 제조 및 판매를 하고 있다.

대표적인 SoC칩은 XScale(PXA255), Bulverde(PXA27x), Monahans(PXA3xx)와 삼성의 S3C2440, 2443, 2460 6410, 6430 등이 있다.

모나한스(Monahans)인 3세대 X스케일 프로세서가 개발 발표됨으로써 휴대용 디지털 기기들의 성능이 대폭 빨라질 전망이다. 최근 인텔의 이동통신 및 애플리케이션 프로세서 사업 부문에 대한 인수한 마벨 테크놀로지는 차기 휴대용 임베디드 프로세서인 '모나한스' 제품인 806MHz PXA320(Monahans-P)으로서 최대 1.2GHz 속도이다. 대규모 휴대기기 시장을 겨냥한 저가형 프로세서 PXA300 (Monahans-L)과 3G 비디오 및 오디오 기능을 특화시킨 PXA310(Monahans-LV)이다. PXA300과 PXA310은 624MHz 속도로 동작하며 주력 제품인 PXA320용으로 제작된 소프트웨어들을 모두 구동할 수 있다.

이번 모나한스 시리즈는 모두 인텔의 다단계 전력관리 기술인 '스피드 스텝(SpeedStep)'과 '뮤직맥스(MusicMax)' 기술을 사용하여 간단히 MP3 파일만 재생할 경우 최장 30시간의 휴대기기 사용시간을 보장한다. 또 인텔 '비디오맥스(VideoMax)' 기술을 이용해 D1 해상도(480i)에서 H.264 비디오를 30fps으로 재생할 수 있으며, 500만 화소급 디지털 카메라 센서와 연동하여 흔들림 보정 등 다양한 카메라 효과를 부가적으로 사용할 수 있다.

게다가 모나한스 프로세서는 ARM 아키텍처와의 호환성을 확보하여 ARM 기반의 애플리케이션을 쉽게 모나한스 플랫폼으로 이식할 수 있다는 장점도 가진다.

요즘 사용자들은 자신들이 사용하는 개인용 무선 융합 기기들이 블루투스, 웹 브라우징, 카메라 등 다양한 멀티미디어 기능을 광범위하게 지원하면서 더 긴 사용시간과 끊김 없는 인터넷 사용성 확보를 원한다. 이번 모나한스 시리즈는 다양한 용도에 맞춰 3가지 제품을 동시에 출시하는 만큼 고성능, 저전력, 비디오, 싼 가격 등 다양한 소비자들의 요구를 충분히 만족시킬 수 있을 것이다.

모나한스 프로세서는 현재 PDA에서 가장 널리 사용되고 있는 인텔 '벌버디(Bulverde)' 프로세서의 후속작이자 인텔 XScale 기술의 세번째 작품으로서, 본래 인텔이 개발하던 제품이지만 마벨 테크놀로지가 인수한 이후 마벨 테크놀로지의 이름으로 개발되어 왔다.

2) ARM 아키텍처와 ARM 프로세서

ARM 아키텍처는 32비트 단위로 데이터를 처리하는 32비트 아키텍처로써 RISC를 기반으로 하고 있다. 이 ARM의 아키텍처는 명령어, 레지스터, 데이터 등으로 구성되어 있다.

RISC란 매우 빠른 속도로 한 클록 안에 실행될 수 있는 간결하면서도 막강한 명령어들을 가지고 있는 아키텍처를 말한다. RISC는 하드웨어에 의해 수행되는 명령어들의 복잡도를 줄이는 것을 목표로 하고 있는데, 그 이유는 하드웨어보다는 소프트웨어에 유연성과 기능성을 제공하는 것이 보다 유리하기 때문이다. 결과적으로 RISC는 컴파일러에 더욱 의존하게 되었다. 반면, 전통적인 CISC(Complex Instruction Set Computer)는 명령어에 대해 하드웨어에 더 많이 의존하기 때문에 CSIC 명령어들은 훨씬 더 복잡해졌다.

ARM 코어는 RISC 아키텍처를 사용하고 있다. ARM 아키텍처에는 [그림 9-3]처럼 v4T, v5TE, v5TEJ, v6 등이 있다. ARM 코어는 ARM 아키텍처의 기본 원리를 이용하여 구현된 프로세서의 핵심이고, ARM 프로세서는 ARM 코어와 MMU, TCM, BIU, 캐시 등과 같은 주변회로를 포함한 형태로서 대표적인 종류를 [표 9-1]에 나열하였다.

ARM 코어는 ARM7TDMI 코어, ARM9TDMI 코어, ARM9E 코어, ARM11 코어 등이 있고, ARM 프로세서는 ARM940T, ARM920T, ARM926E-S, ARM1136JF-S 등이 있다.

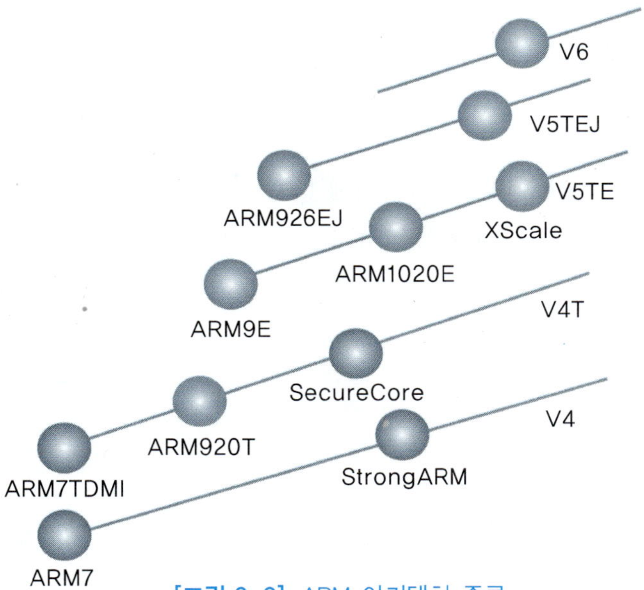

[그림 9-3] ARM 아키텍처 종류

[표 9-1] ARM 코어와 프로세서의 종류

Product Type	Product	Cache Size (Inst/Data)	Memory Mgnt.	AHB bus I/F	Thumb	DSP	Jazzlle	Clock (MHz)
ARM 코어	ARM7TDMI	No	No	Yes	Yes	No	No	133
	ARM7TDMI-S	No	No	Yes	Yes	No	No	100-133
	ARM7EJ-S	No	No	Yes	Yes	Yes	Yes	100-133
	ARM966E-S	No	No	Yes	Yes	Yes	No	230-250
	ARM940T	4K/4K	MPU	Yes	Yes	No	No	180
	ARM946E-S	Variable	MPU	Yes	Yes	Yes	No	180-210
	ARM1026EJ-S	Variable	MMU+MPU	Dual AHB	Yes	Yes	Yes	266-325
ARM 프로세서	ARM720T	8K Unified	MMU	Yes	Yes	No	No	100
	ARM920T	16K/16K	MMU	Yes	Yes	No	No	250
	ARM922T	8K/8K	MMU	Yes	Yes	No	No	250
	ARM926EJ-S	Variable	MMU	Dual AHB	Yes	Yes	Yes	220-250
	ARM1020E	32K/32K	MMU	Dual AHB	Yes	Yes	No	325
	ARM1022E	16K/16K	MMU	Dual AHB	Yes	Yes	No	325
	ARM1026EJ-S	Variable	MMU+MPU	Dual AHB	Yes	Yes	Yes	266-325
	ARM1136J(F)-S	Variable	MMU	Quad AHB	Yes	Yes	Yes	333-400

3) ARM의 명명법

ARM의 명명법에서 ARM이라는 글자 뒤에 나오는 문자와 숫자는 그 프로세서가 갖는 특징을 나타낸다. 앞으로 더욱 많은 특징이 추가되면 이들 숫자와 문자의 조합은 변경될 수 있다.

ARM {x}{y}{z}{T}{D}{M}{I}{E}{J}{F}{-S}

- x : 제품군
- y : MMU/MPU
- z : 캐시
- Z : TrustZone
- T : Thumb 16비트 디코더
- T2 : Thumb 아키텍처의 확장 버전
- D : JTAG 디버거
- M : 고급 곱셈기
- I : Embedded ICE macrocell
- E : DSP 확장 명령어
- J : Jazelle
- F : VFP 장치
- S : synthesizible 버전

ARM7TDMI 이후에 나온 모든 ARM 코어는 비록 ARM 뒤에 TDMI라는 문자가 포함되어 있지 않더라도 이것의 특징을 포함하고 있다.

(1) D : JTAG 디버거

JTAG는 IEEE 1149에서 정의하고 있는 것으로 프로세서 코어와 테스트 장비간에 디버깅 정보를 전송하기 위해 ARM에서 적용한 시리얼 프로토콜이다.

(2) I : Embedded ICE macrocell

Embedded ICE macrocell은 프로세서에 내장되어 있는 디버그 하드웨어 장치로 브레이크 포인트(break point)와 워치 포인트(watch point)를 설정할 수 있게 해준다.

(3) S : synthesizible 버전

synthesizible이란 프로세서 코어가 EDA 툴에 의해 쉽게 사용 가능한 형식으로 컴파일될 수 있는 소스코드로 공급된다는 것을 의미한다.

(4) T2 : Thumb 아키텍처의 확장 버전

T2(Thumb-2)는 코드의 밀집도를 높여주면서 성능을 향상시킬 수 있도록 설계된 확장 아키텍처이다. 이로부터 32비트 ARM 명령어에 16비트 Thumb 명령어들을 혼용해서 사용하는 것이 가능해졌다. 이러한 조합은 32비트 명령어를 액세스할 때 추가적인 성능 향상을 꾀하면서 Thumb의 코드 집적도라는 잇점이 있다.

(5) Z : TrustZone

TrustZone은 휴대폰과 같은 소비재를 사용하여 행할 수 있는 상거래의 보안과 가까운 미래에 일어날 수 있는 예로, 음악이나 비디오를 다운로드받는 온라인 상거래의 보안을 목적으로 개발된 기술이다. 이 기술은 ARM이 ARM1176JZ-S를 발표했던 2003년 10월에 처음으로 소개되었다.

이 기술의 기본 아이디어는 현재 운영체제가 너무 복잡하여 소프트웨어상의 보안성과 정확성을 보장하기가 어려워졌다는 데에서 출발한다. 이를 해결하기 위한 솔루션으로 ARM에서는 간단한 검증 소프트웨어 커널만이 동작할 수 있는 새로운 동작 '상태'를 아키텍처에 추가하였다. 이것은 보다 큰 운영체제에도 서비스를 제공할 수 있다. 그러면 마이크로프로세서 코어는 버스 인터페이스상에 몇몇 새로운 신호들을 내보내어 보안 '상태'에 접근할 수 있는 시스템 주변장치들을 제어하는 역할을 수행한다. 그러므로 이 기술은 휴대폰 또는 네트워크 연결 기능이 있는 다른 휴대용 장치와 같이 콘텐츠 다운로드를 수행할 수 있는 장치들에 유용하다.

(6) F : VFP 장치

VFP는 Vector Floating Point로서 부동소수점 성능을 대폭 향상시켜 주며 IEEE 754.1985 부동소수점 표준과 호환된다.

4) ARM 프로세서의 프로그램 모델

ARM 프로세서에서 프로그래밍(C언어, 어셈블러, H/W제어 등)을 작성하는 데 필요한 정보인 명령어, 메모리 구조, 동작 모드, 레지스터 구조 및 사용법, 예외처리, 인터럽트 등 프로세서의 내부구조와 동작에 대한 이해가 필요하다. 프로그램의 모델은 ARM 아키텍처에 따라서 사용하는 명령어나 처리방법이 달라진다.

(1) 명령어

[표 9-2] ARM과 Thumb 명령어의 특징비교

비교항목	ARM 명령어	Thumb 명령어
명령어 길이	32비트	16비트
명령어 갯수	11형태(58개)	6형태(37개)
조건분기 명령 여부	대부분 가능	분기명령어만 가능
레지스터 사용	15개 범용 레지스터, PC	8개 범용 레지스터, 7개 상위 레지스터, PC
프로그램 상태 레지스터	특권 모드에서만 R/W 가능	직접 R/W 불가
데이터 처리 명령	배럴 시프트와 ALU 가능	배럴 시프트와 ALU 명령어 분리

ARM 명령어는 [표 9-2]처럼 32비트 ARM 명령과 16비트 Thumb 명령어의 형태를 갖는다. 최근 ARM 프로세서 중에 Thumb 명령을 개선한 Thumb-2 명령어는 ARM 아키텍처 v6 이상에서 지원되는 명령어로서 코드크기와 성능을 개선하였다.

Thumb 명령은 32비트 ARM 명령의 일부를 16비트로 재구성한 명령어이다. 또한 근래에 ARM 프로세서 중 Jazelle 코어를 확장한 프로세서의 경우에 명령어 크기가 8비트이고 Java 코드의 60% 이상은 하드웨어적으로 구현되었고 나머지는 소프트웨어적으로 구현되어 명령어를 실행할 수 있는 기능을 제공한다.

① 32비트 ARM 명령어

32비트 ARM 명령어는 모든 명령이 조건부로 실행 가능하게 설계되어 있고 크게 11개의 기본 형태로 [표 9-3]처럼 구분할 수 있다.

[표 9-3] 32비트 ARM 명령어

	구분	명령어
1	분기명령	B, BL
2	데이터 처리 명령	ADD, ADC, SUB, SBC, RSB, RSC, AND, ORR, BIC, MOV, MVN, CMP, CMN, TST, TEQ
3	Multiply 명령	MUL, MLA, SMULL, SMLAL, UMULL, UMLAL
4	Load/Store 명령	LDR, LDRB, LDRBT, LDRH, LDRSB, LDRSH, LDRT, STR, STRB, STRBT, STRH, STRT
5	Load/Store Multiply 명령	LDM, STM
6	스왑 명령	SWP, SWPB
7	소프트웨어 인터럽트 명령	SWI
8	PSR 전송 명령	MRS, MSR
9	코프로세서 명령	MRC, MCR, LDC, STC
10	프로세서 상태변경 명령	BX
11	Undefined 명령	정의되지 않은 명령으로 예외처리발생

② 16비트 Thumb 명령어

Thumb 명령은 [표 9-4]처럼 16비트 축약 명령어로써 32비트 ARM instructions 중 일부 포함되어 있지 않고 프로세서 내에서 32비트 명령어로 복귀할 수 있다.

장점은 ARM의 70% 프로그램 크기이고 16비트 메모리 시스템에서 130% 빠르고 ARM 시스템보다 적은 전력을 소비한다. 단점은 동일한 작업에 ARM보다 많은 명령어를 사용하고 고속 처리를 요하는 작업은 ARM 명령어 사용이 필요하다. 즉 Exception Handling에 필요한 몇 개의 명령어가 없고 Exception Mode 진입시 자동으로 ARM 모드로 변경되고 유연성이 떨어지는 것이 단점이다. ARM-Thumb 인터워킹은 [그림 9-4]처럼

[표 9-4] 16비트 Thumb 명령어

	구분	명령어
1	분기 명령	B, BL, BX, BLX
2	데이터 처리 명령	ADC, ADD, AND, ASR, BIC, BKPT, CMN, CMP, EOR, LSL, LSR, MOV, MUL, MVN, NEG, ORR, ROR, SBC, SUB, TST
3	단일 레지스터 전송 명령	LDR, STR, LDRB, STRB, LDRH, STRH, LDRSB, LDRSH
4	다중 레지스터 전송 명령	LDMIA, STMIA
5	스택 명령어	POP, PUSH
6	소프트웨어 인터럽트	SWI

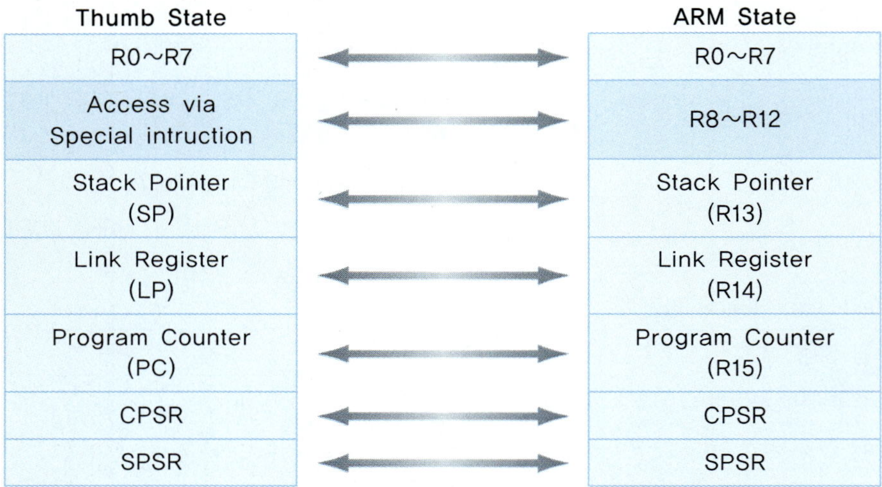

[그림 9-4] ARM과 Thumb 사이의 매핑

ARM 코드와 Thumb 코드를 함께 링크하는 방법을 말하고 해당 명령어는 BX(ARM/Thumb 상태변환 분기명령어), BLX(ARM/Thumb 상태변환 및 서브루틴 호출 분기명령어)이다. 16비트 Thumb 명령어는 대부분 어셈블러로 작성되지 않고 C언어로 작성 후 Thumb으로 컴파일해서 사용한다.

보다 자세한 내용을 ARM 홈페이지(www.arm.com)를 참조하기 바란다.

[표 9-5] 7가지 동작 모드

Mode	Description	ID	Comments
User	Normal program execution mode	usr	restriction
System	Privileged mode for operating system	sys	OS task
FIQ	When a fast interrupt	fig	High-speed ch.
IRQ	When a normal interrupt	irg	
Supervisor	Exception mode for operating system	svc	SWI
Abort	When data or instruction prefetch abort	abt	Vir. Mem. MPro
Undef	When an undefined instruction	und	HW Emulation

(2) 동작 모드

ARM 프로세서의 동작 모드는 [표 9-5]처럼 프로세서가 어떤 권한을 가지고 무슨 일을 처리하는지를 나타내는 프로세서의 동작상태를 표시하는 것이다.

① 유저 모드(User Mode)

ARM 프로세서는 유저 태스크나 응용을 수행할 때의 동작 모드이다. 유저 모드는 7가지 모드 중 유일하게 비특권(un-privileged) 모드이다. 유저 모드는 메모리나 I/O장치를 사용하는 데 제한을 두는 모드이다.

② 시스템 모드(System Mode)

시스템 모드는 유저 모드와 동일한 용도로 사용되지만 특권(privileged) 모드라는 점이 다르다. 유저 모드와 시스템 모드는 프로그래머의 필요에 따라 소프트웨어적으로만 변경이 가능한 동작 모드이다.

③ FIQ 모드(Fast Interrupt Request Mode)

ARM 코어에는 2개의 인터럽트가 있는데 이 모드는 빠른 인터럽트를 처리하는 모드이다. 외부의 하드웨어적인 FIQ에 의해 ARM 코어는 FIQ 모드로 전환되고 인터럽트를 처리한다.

④ IRQ 모드(Interrupt Request Mode)

이 모드는 일반적으로 사용하는 인터럽트를 처리하는 모드이다. 외부장치에서 요청되는 하드웨어적인 IRQ 발생에 의해 ARM 코어는 IRQ 모드로 전환하고 인터럽트를 처리한다.

⑤ 수퍼바이저 모드(SVC : Supervisor Mode)

이 모드는 리셋신호가 입력하거나 소프트웨어 인터럽트(SWI)를 사용하면 수퍼바이저 모드로 전환되고 주로 운영체제의 커널이나 디바이스 드라이버를 처리할 때 사용한다.

⑥ Abort 모드

이 모드는 메모리에서 명령어를 쓰거나 읽을 때 메모리 오류가 발생할 때 처리하는 모드로써 MMU, MPU 혹은 외부의 메모리 제어기에서 구동되는 Abort 신호에 의해 발생한다.

⑦ Undefine 모드

이 모드는 명령어를 실행할 때 명령어 디코더에서 정의되지 않은 명령인 경우에 발생되는 오류를 처리하는 모드이다.

(3) 레지스터

ARM 코어는 32비트의 레지스터를 총 37개를 가지고 있다. 30개의 데이터의 연산 등에 사용되는 범용 레지스터와 프로그램을 제어하는 1개의 프로그램 카운터(PC), 프로세서의 동작상태를 나타내는 6개의 상태 레지스터(1개의 CPSR, 5개의 SPSR)를 가지고 있다. 프로그램 실행과정을 저장하는 스택 포인터(R13, SP)와 서브루틴과 예외처리 후 복귀 주소정보를 갖는 링크 레지스터(R14, LR)가 있다.

ARM 명령어에서 1개의 PC를 포함하여 총 16개의 레지스터를 이용하여 사용자 프로

User & System	FIQ	IRQ	Supervisor	Abort	Undef
R0	R0	R0	R0	R0	R0
R1	R1	R1	R1	R1	R1
R2	R2	R2	R2	R2	R2
R3	R3	R3	R3	R3	R3
R4	R4	R4	R4	R4	R4
R5	R5	R5	R5	R5	R5
R6	R6	R6	R6	R6	R6
R7	R7	R7	R7	R7	R7
R8	R8_fiq	R8	R8	R8	R8
R9	R9_fiq	R9	R9	R9	R9
R10	R10_fiq	R10	R10	R10	R10
R11	R11_fiq	R11	R11	R11	R11
R12	R12_fiq	R12	R12	R12	R12
R13	R13_fiq	R13_irq	R13_svc	R13_abt	R13_und
R14	R14_fiq	R14_irq	R14_svc	R14_abt	R14_und
Program Counter					
PC(R15)	PC(R15)	PC(R15)	PC(R15)	PC(R15)	PC(R15)
Program Status Register					
CPSR	CPSR	CPSR	CPSR	CPSR	CPSR
	SPSR_fiq	SPSR_irq	SPSR_svc	SPSR_abt	SPSR_fiq

[그림 9-5] ARM의 동작상태별 레지스터

User & System	FIQ	IRQ	Supervisor	Abort	Undef
R0	R0	R0	R0	R0	R0
R1	R1	R1	R1	R1	R1
R2	R2	R2	R2	R2	R2
R3	R3	R3	R3	R3	R3
R4	R4	R4	R4	R4	R4
R5	R5	R5	R5	R5	R5
R6	R6	R6	R6	R6	R6
R7	R7	R7	R7	R7	R7
SP	SP_fiq	SP_irq	SP_svc	SP_abt	SP_und
LR	LR_fiq	LR_irq	LR_svc	LR_abt	LR_und
Program Counter					
PC	PC	PC	PC	PC	PC
Program Status Register					
CPSR	CPSR	CPSR	CPSR	CPSR	CPSR
	SPSR_fiq	SPSR_irq	SPSR_svc	SPSR_abt	SPSR_fiq

[그림 9-6] Thumb 동작상태별 레지스터

그램을 작성할 때는 [그림 9-5]처럼 단지 15개의 범용 32비트 레지스터(R0-R14)와 프로그램 카운터(R15), 그리고 CPSR(Current Program Status Register)들만 고려하면 된다. 나머지 레지스터는 인터럽트와 같은 예외처리를 처리하는 시스템 레벨 프로그래밍(system-level programming)과 예외처리에서 사용된다. Thumb 동작상태별 레지스터는 [그림 9-6]처럼 사용한다.

현재 프로그램 상태 레지스터(CPSR)는 상태 코드 비트를 저장하는 사용자 레벨의 프로그램에 사용된다. 예를 들면 이런 비트들은 비교 작업 결과를 기록하고 조건 분기가 생기는지 아닌지 제어하는 데 사용된다.

[그림 9-6]처럼 조건코드(Condition Code)의 하위부분은 CPU의 동작 모드(0비트에서 4비트), 비트 5는 명령어 세트의 종류(I : 32비트 명령, T : 16비트 명령), 비트 6~7는 Interrupt enable(I : Interrupt Request, F : Fast interrupt request)를 나타내고, 이 비트들은 유저 레벨(User Level) 프로그램에 의해 변화하지 않는다. CPSR의 상위 4비트(비트 31~28)는 다음과 같다.

① N(Negative) : ALU operation의 결과가 음수인 경우이다.

② Z(Zero) : ALU operation의 결과가 '0'인 경우이다.

③ C(Carry) : ALU operation의 결과 또는 shift operation의 결과 carry 출력이 발생한 경우이다.

④ V(oVerflow) : 산술연산의 결과로서 결과 값이 너무 커서 sign bit를 연산결과가 침범하는 경우이다.

C와 V 플래그가 복잡해 보여도 사용하는 것은 매우 간단하다. 거의 모든 경우에 프로그래머는 이 플래그들을 계산해서 정확한 값을 구하지 않고, 간단하게 한 두 개의 조건을 체크해서 계산하게 되어 있다.

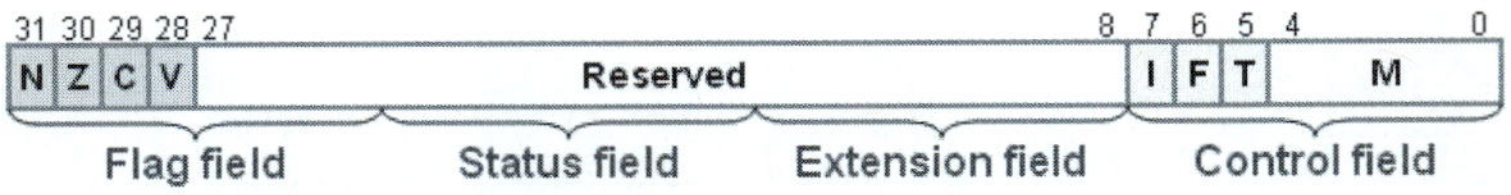

Condition Code Flags	
N	Negative result from ALU
Z	Zero result from ALU
C	ALU operation caused Carry
V	ALU operation oVerflowed

Control bits	
I	1: disables IRQ
F	1: disables FIQ
T	1: Thumb, 0: ARM

Mode bits	
M[4:0]	Mode
0b10000	User
0b11111	System
0b10001	FIQ
0b10010	IRQ
0b10011	Supervisor
0b10111	Abort
0b11011	Undefined

[그림 9-7] 현재 프로그램 상태 레지스터(CPSR)

(4) 메모리 구조

일반적으로 메모리는 [그림 9-8]처럼 가장 액세스 시간이 빠른 레지스터, 캐시, 메인 메모리, 디스크, tape 순으로 메모리 계층이 구성되어 있다.

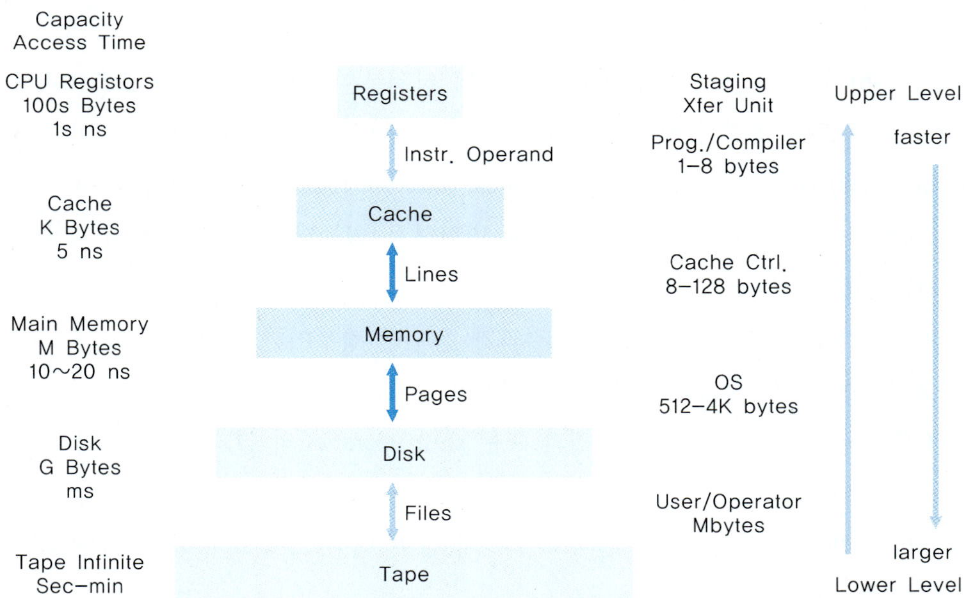

[그림 9-8] 메모리 계층도

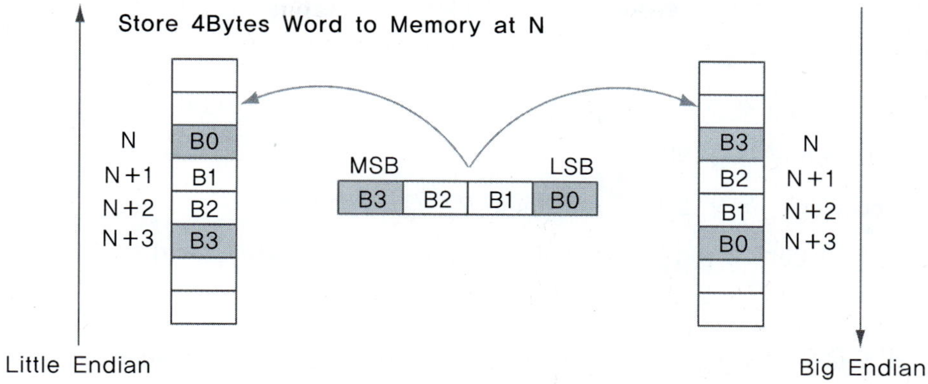

[그림 9-9] Little Endian과 Big Endian과의 비교

메모리는 프로그램과 데이터를 저장하는 데 사용되는데 ARM 코어는 메모리에서 데이터를 읽고 쓸 때 8bit(byte), 16bit(half-word), 32bit(word)의 형태를 갖는다.

[그림 9-9]에서와 같은 순서로 4바이트를 묶어서 한 word의 주소로 사용하는 메모리를 리틀 엔디안(little-endian) 메모리 구성이라고 부르며 이와 반대인 경우는 빅 엔디안(big-endian)이다. ARM 코어는 두 경우 모두를 제어한다.

(5) 예외처리(Exceptions)

예외처리는 외부의 긴급한 요청이나 오류가 발생했을 때 발생한다. [표 9-6]은 ARM의 예외처리형태 및 우선순위를 나타낸다.

[표 9-6] ARM의 예외처리 형태 및 우선순위

Exception Type	Priority	Mode	Vector	High Vector
Reset	1	Supervisor	0x00000000	0xFFFF0000
Undefined Instruction	6	Undefined	0x00000004	0xFFFF0004
SWI	6	Supervisor	0x00000008	0xFFFF0008
Prefetch Abort	5	Abort	0x0000000C	0xFFFF000C
Data Abort	2	Abort	0x00000010	0xFFFF0010
Reserved			0x00000014	0xFFFF0014
IRQ	4	IRQ	0x00000018	0xFFFF0018
FIQ	3	IRQ	0x0000001C	0xFFFF001C

ARM은 다양한 interrupt, trap, 그리고 supervisor call 등을 지원하며 이들을 묶어서 예외처리라고 하며 이들의 처리는 아래의 순서를 따른다.

① 현재의 상태가 저장된다([PC] → r14_exc, CPSR → SPSR_exc, 여기서 exc는 exception 종류를 의미한다).

② Processor는 동작 모드를 exception 모드로 바꾼다.

③ PC는 0x00에서 0x1C값 중에서 exception의 종류에 따라 한 가지 값이 선택된다.

PC의 새로운 주소(vector address)의 명령어는 대개 예외처리(exception) 프로그램으로 분기(branch)하는 명령어이다. 예외처리 프로그램에서는 메모리에 지정된 스택을 가리키는 r13_exc를 사용해서 사용자 레지스터들의 값을 저장한다. 예외처리가 다 끝난 뒤에 다시 사용자 프로그램으로 되돌아오려면 스택에 저장되었던 사용자 레지스터들과 PC와 CPSR을 복구시키면 된다. 이때 이전 상황을 예외처리가 일어났을 때의 상황을 반영하기 위해 PC값과 r14_exc이 값의 조정이 필요할 수도 있다.

(6) 인터럽트

ARM의 입출력장치(disk controller, network interface 등)들은 메모리 맵 I/O 방식이고 인터럽트를 이용할 수 있다. 이 장치들의 내부의 레지스터들에는 메모리 주소가 할당되어 ARM의 로드 / 스토어(load / store) 명령을 이용하여 그 내용을 읽거나 쓸 수 있다.

주변장치는 인터럽트를 사용하여 프로세서를 이용하며 인터럽트에는 범용 인터럽트(IRQ)와 고속 인터럽트(FIQ)의 두 가지가 있다. 각 인터럽트는 레벨 감지(level-sensitive)하고 마스크(mask)할 수 있다. 일반적으로 모든 인터럽트를 발생할 수 있는 장치들은 IRQ를 공유하고, 한 개 혹은 두 개의 시간에 민감한 장치들만 높은 우선 순위의 FIQ를 사용한다.

(7) 시스템 리셋

전원이 인가되거나 리셋 스위치를 누르면 리셋 예외처리가 발생된다.

리셋 신호가 입력되면 ARM 프로세서는 CPSR의 값을 변경하고 PC값을 리셋 벡터 주소인 0x00000000으로 변경하고 리셋 핸들러로 분기한다. 시스템이 처음 시작되는 리셋 핸들러는 클록, 메모리 제어기 등을 초기화되지 않은 상태이고 C프로그램을 수행하기 위한 스택영역이나 변수가 초기화되기 전이므로 어셈블러 코드만 사용할 수 있다.

리셋 핸들러의 주요 기능은 하드웨어의 초기화와 소프트웨어가 정상적으로 동작할 수 있도록 초기화하는 것이다. 리셋 핸들러는 인터럽트와 각종 예외처리를 위한 환경설정을 하고 스택 영역을 초기화하며, 필요에 따라 힙(heap)영역을 초기화하고 C에서 사용되는 각종 변수를 초기화하고 난 뒤 C로 구성된 함수를 호출한다. 이와 같은 초기화 과정을 가지고 있는 코드를 부트 코드라 한다. 특히 부트 코드는 어셈블러로 작성된다.

2. ARM 프로세서의 구조 및 특징

ARM은 사용 코어에 따라 ARM7, ARM9, ARM10, ARM11 코어의 제품계열로 분류된다. ARM8은 개발되었으나 바로 출시된 ARM9에 의해 대체되었다.

ARM 프로세서는 [그림 9-10]처럼 ARM 코어에 캐시(Cache), MPU(Memory Protection Unit), MMU(Memory Management Unit), 쓰기 버퍼, TCM(Tight Coupled Memory), 버스 인터페이스 유닛을 주변회로로 하여 구성되어 있다.

캐시는 ARM 코어에서 최대한 빨리 명령이나 데이터를 전달하기 위한 고속 메모리 장치이다. 캐시를 가지고 있는 ARM 프로세서는 메모리를 관리하기 위해 MMU와 MPU와 같은 제어장치를 갖고 있고, 고속으로 동작하는 ARM 코어와 저속으로 동작하는 시스템

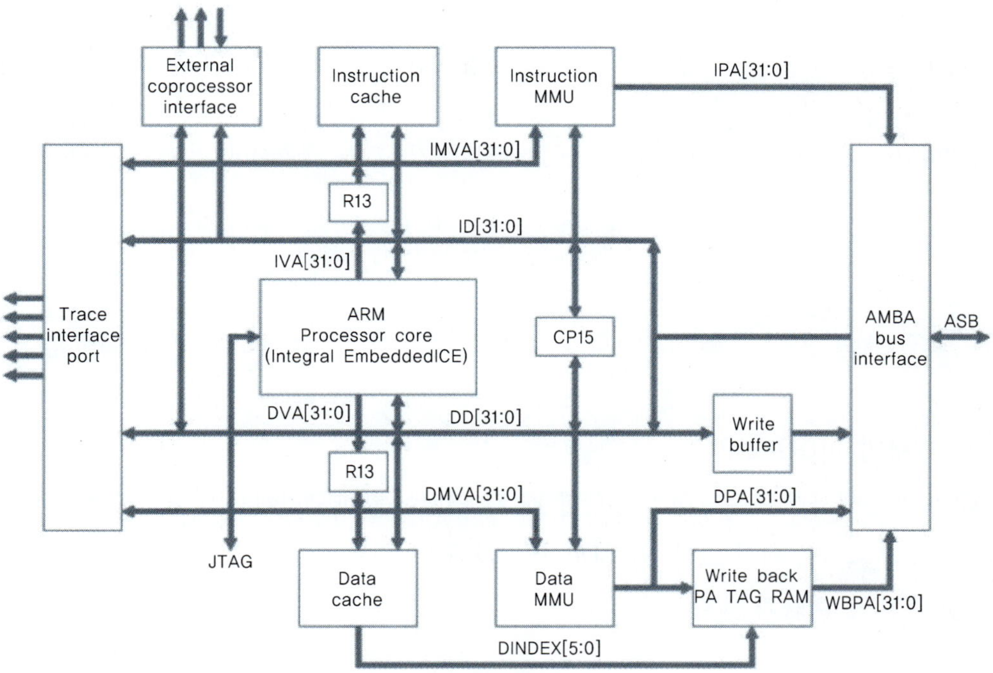

[그림 9-10] 프로세서의 구조

버스 사이의 속도 차이를 극복하기 위해 쓰기 버퍼를 지원하고 있다.

MMU는 가상주소를 물리주소로 변환하는 어드레스 변환기능이 있어 다양한 응용을 지원할 수 있다. MPU는 작은 SoC를 설계시 원가를 줄이기 위해 MMU의 주소변환기능이 없고 단지 메모리 보호기능만 가지고 있다.

ARM 프로세서는 버스 인터페이스 유닛과 시스템 버스를 연결한다. ARM 코어를 사용하는 SoC 제품은 AMBA(Advanced Microcontroller Bus Architecture) 버스를 많이 사용한다. ARM 프로세서의 캐시, MMU, MPU, TCM, 쓰기 버퍼는 코프로세서 15번 인터페이스(CP15)를 이용하여 제어한다. ARM 프로세서에서 CP15 레지스터를 액세스할 때에 코프로세서 전송 명령어인 MCR과 MRC를 사용한다.

CP15의 레지스터인 CRn, CRm의 종류와 사용법은 프로세서의 종류별(ARM920T, ARM926E-S, ARM946E-S, Xscale 등)로 조금씩 다르다.

[표 9-7]은 ARM 코어의 제품군별 특징을 파이프라인, 클록 속도, 전력소모, 성능, 버스 구조, DSP 기능별로 특징을 비교하였다.

[표 9-7] ARM 제품군별 특징

	ARM7	ARM9	ARM10	ARM11
파이프라인	3단계	5단계	6단계	8단계
클록속도	80	150	260	335
전력소모 (mW/MHz)	0.06mW/MHz	0.19mW/MHz (+캐시)	0.5mW/MHz (+캐시)	0.4mW/MHz (+캐시)
성능 (MIPS/MHz)	0.97	1.1	1.3	1.2
버스 구조	폰노이만	하버드	하버드	하버드
DSP 성능	8*32	8*32	16*32	16*32

1) ARM의 파이프라인

ARM 프로세서가 프로그램을 수행할 때 각 명령어를 메모리에서 읽어 해석한 후 처리하는 과정으로 구성되어 있다. 각 LDR 명령과 SUB 명령을 처리하는 과정을 5단계로 나누어 실행하면 다음과 같다.

(1) 인출(Fetch)단계

메모리에서 명령어를 인출하여 프로세서 내의 명령어 해석기에 전달한다.

(2) 해석(Decode)단계

인출한 명령어를 해석하고 레지스터 오퍼랜드를 레지스터로부터 읽어 프로그램을 실행할 준비를 한다. 레지스터에는 3개의 오퍼랜드 입력 포트가 있으므로 ARM 명령어는 한 사이클에 모든 오퍼랜드를 읽을 수 있다. LDR의 명령인 경우에는 레지스터 뱅크에서 베이스 레지스터 값과 옵션을 읽어오고 SUB의 명령인 경우에는 레지스터 뱅크에서 2개의 오퍼랜드를 읽는다.

(3) 실행(Execute)단계

오퍼랜드가 시프트되고 ALU 연산이 생성되고 명령어가 로드에 저장되면 ALU에서 메모리 어드레스를 계산하고 그 외의 명령어인 경우에는 오퍼랜드가 ALU로 보내져서 연산 결과를 생성한다. LDR 명령은 ALU를 이용하여 읽을 메모리의 유효 어드레스를 계산하고 SUB 명령에서는 ALU로 보내서 최종 연산 결과 값을 생성한다.

(4) 메모리(Memory)단계

데이터 메모리에 접근하여 ALU 결과를 단순히 모든 명령어를 위해 동일한 흐름을 주기 위해 1클록 사이클 동안 임시로 버퍼 메모리에 저장한다. LDR 명령은 메모리에서 실제 데이터 값을 읽어오고 SUB 명령은 별다른 동작을 하지 않는다.

(5) 쓰기(Write)단계

읽어온 데이터를 레지스터에 저장하고 그 외에 명령어는 명령어에 의해 생성된 ALU 결과를 메모리 데이터를 레지스터에 저장한다. LDR 명령은 읽어온 데이터를 레지스터에 기록하는 동작을 하고 SUB 명령은 결과값을 레지스터에 저장한다.

ARM 프로세서는 클록에 동기되어 동작되므로 5단계인 인출, 해석, 실행, 메모리,쓰기 단계는 각각 한 클록 동안에 실행된다. 그러면 LDR 명령이 수행될 때 5사이클이 소요된다. 만약 LDR 명령과 SUB 명령이 동시에 2개 명령이 실행되면 총 10사이클이 소요된다. 하지만 실제 동작은 그렇지 않다. ARM은 2개의 명령어 처리동작을 연속적으로 이루어지는데 이를 명령어 파이프라인(Pipeline)이라 한다.

[그림 9-11]은 사이클 1에서 ARM 코어는 메모리에서 ADD 명령이 인출하고, 사이클 2에서 ARM 코어는 ADD 명령을 해석하고 메모리에서 SUB 명령이 인출되고, 사이클 3에서 ADD 명령은 실행되고 SUB 명령은 해석하고 MOV 명령이 인출된다. 계속하여 6사이클의 파이프라인을 수행한다. 이러한 파이프라인 수행과정은 파이프라인이 길어지면 각 단계에서 처리의 양은 감소하고, 프로세서의 높은 동작주파수가 필요하지만 성능은 향상된다.

파이프라인은 ARM 제품군에 따라 [그림 9-12]에 ARM7군은 3단계, ARM9군은 5단계, ARM10군은 6단계, [그림 9-13]에 ARM11군은 8단계인 2개의 인출단계, 1개의 해석단계, 1개의 이슈(Issue) 단계와 4개의 실행단계로 구성되어 있다. 특히 ARM11의 파이프라인은 일반적인 명령의 해석(decode)단계가 끝나면 해석단계에 따라 산술, 논리 연산을 하는 ALU 파이프라인, 곱셈 연산을 하는 MAC 파이프라인, 로드/스토어를 실행하는 LS 파이프라인이 동시에 병렬로 처리된다.

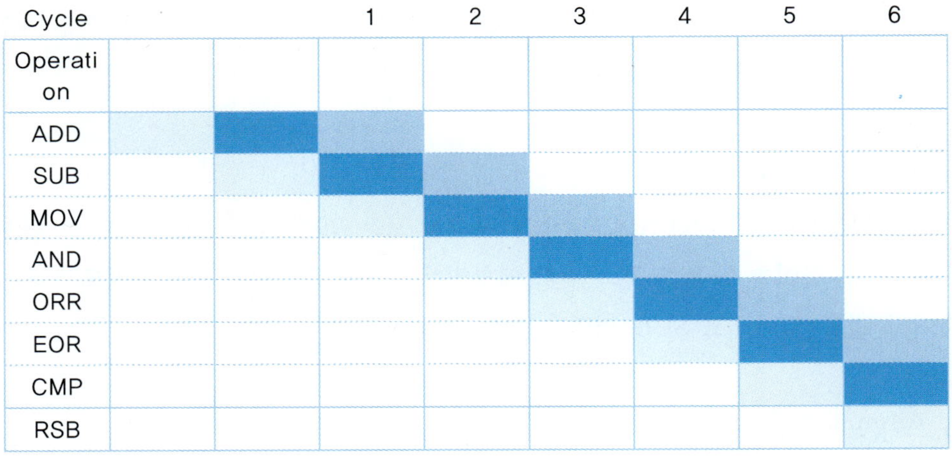

[그림 9-11] 파이프라인

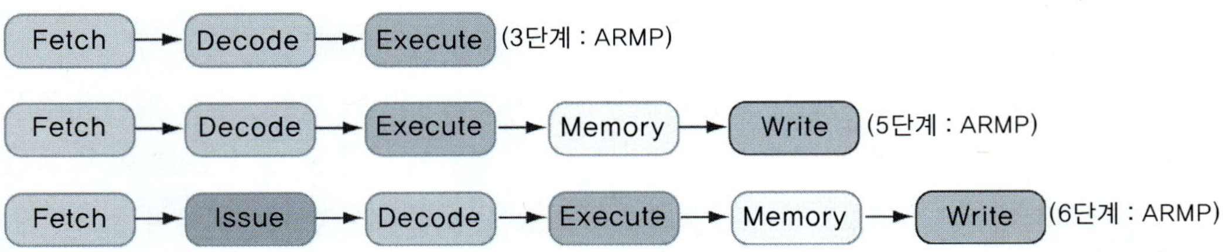

[그림 9-12] ARM7, 9, 10 파이프라인

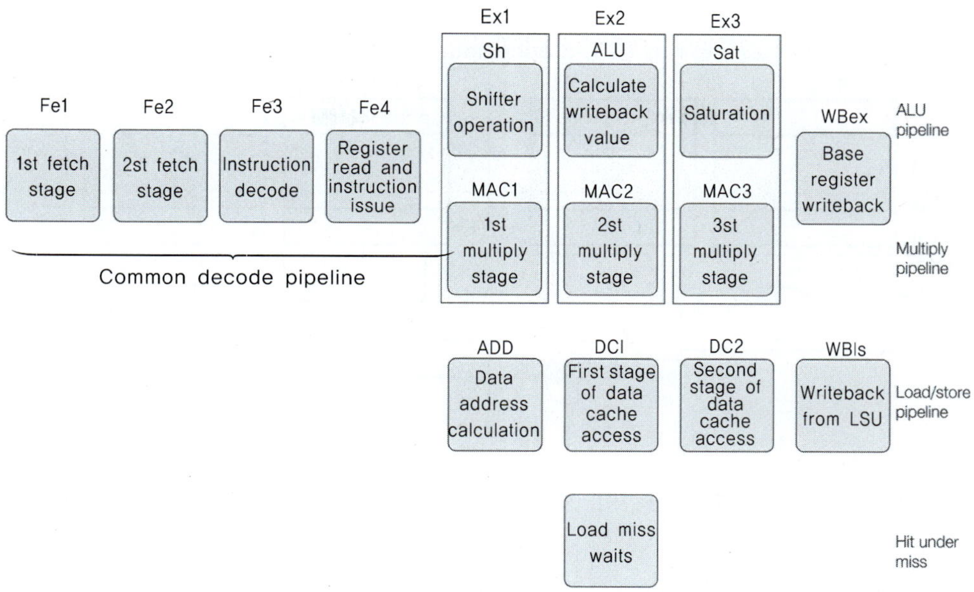

[그림 9-13] ARM11 8단계 파이프라인

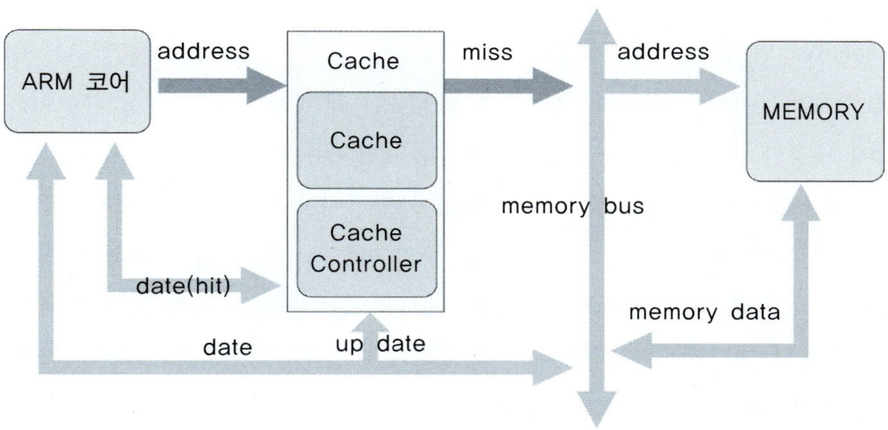

[그림 9-14] ARM의 캐시 구조

2) ARM의 캐시

[그림 9-14]처럼 캐시는 모든 프로세서의 성능을 향상시키기 위해 사용되고 프로세서의 요청이 있을 때 최대 빨리 명령이나 데이터를 전달하는 고속 메모리 장치이다.

캐시 메모리(SRAM)에 많은 명령과 데이터를 저장하기 위해 캐시 메모리가 커지면 커질수록 메인 메모리(DRAM)에 대한 액세스가 줄어들어 시스템의 성능이 증가되는 반면 시스템 전체 원가에 영향을 미치므로 성능 대 가격비율을 판단하여 캐시 크기를 결정해

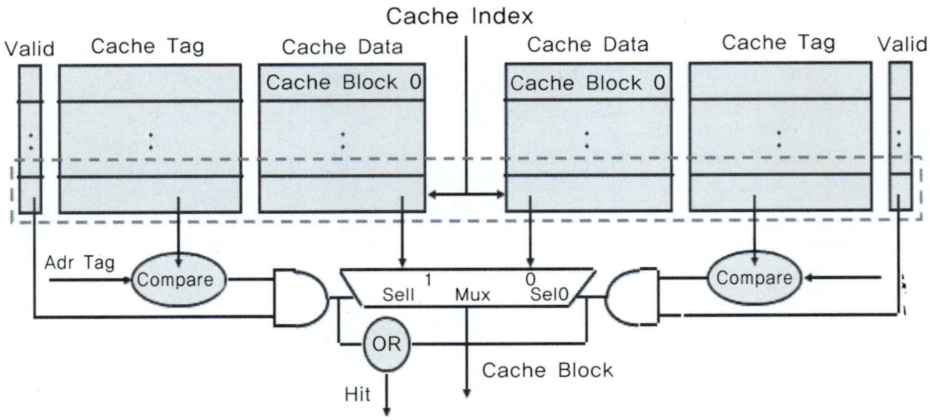

[그림 9-15] 2way set Associative 캐시방식

야 한다. 캐시를 여러 조각(way)으로 나누어 배치하여 메인 메모리와 캐시 메모리 사이의 매핑을 자유롭게 할 수 있다.

[그림 9-15]처럼 보통 2조각 또는 4조각이고 동일한 라인의 집합을 2way 혹은 4way set Associative 방식이라 한다.

ARM 프로세서에서 명령이나 데이터를 요청하면 캐시 컨트롤러는 실행된 어드레스가 캐시 안에 요청한 어드레스에 저장되어 있는지 확인하여 명령이나 데이터가 있으면 히트(hit)가 되어 프로세서에 전달하고, 만약 요청한 명령이나 데이터가 없으면 미스(Miss)가 발생하여 캐시 컨트롤러는 가상 어드레스를 물리 어드레스로 변경한 다음 버스 인터페이스를 통하여 메모리 컨트롤러에 전달되고, 메모리 컨트롤러는 실행된 물리 어드레스를 해석하여 요청한 어드레스 영역의 메인 메모리에 대한 읽기 신호를 실행하여 캐시의 라인 크기만큼 명령이나 데이터를 읽어 온 후 프로세서에 전달하고 캐시 메모리에도 저장한다.

이때 캐시 메모리와 메인 메모리에 동시에 저장하면 Write Through 캐시방식이라 하고, 캐시 메모리만 저장하고 메인 메모리에는 쓰기 버퍼(write buffer)를 통하여 나중에 저장하면 Write Back 캐시방식이라고 한다. 성능면에서는 Write Back 캐시방식이 더 효율적이다. 이러한 캐시의 쓰기정책은 [그림 9-16]과 같다.

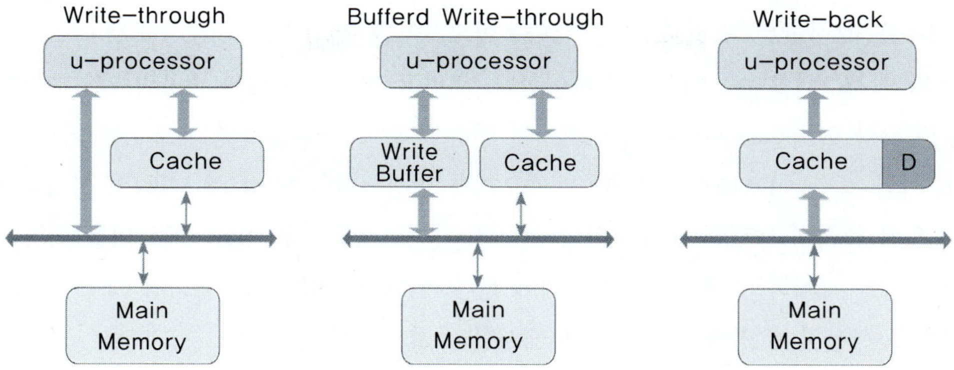

[그림 9-16] 캐시의 저장방식

여기서 어떤 way에 내용을 변경할 것인지를 관리하는 카운터가 빅팀 카운터인데, ARM에서 빅팀 카운터를 제어하기 위해 순차적(Round Robin) 방식과 임의(random)방식을 제공하고 [표 9-8]처럼 코프로세서 레지스터(CP15)의 기본 레지스터에 의해서 결정한다. 또한 빅팀 카운터를 제어하여 way의 내용의 일부를 교체하지 않고 명령이나 데이터

[표 9-8] ARM 프로세서의 CP15 레지스터

Reg	Read	Write	Action
0	ID Code	Unpredictable	Op_2=0
0	Cache type	Unpredictable	Op–2=1
1	Control	Control	
2	Translation table base	Translation table base	
3	Domain access control	Domain access control	
4	Unpredictable	Unpredictable	
5	Fault status	Fault status	2 registers for instr./Data
6	Fault address	Fault address	
7	Unpredictable	Cache operations	
8	Unpredictable	TLB operations	
9	Cache lockdown	Cache lockdown	2 registers for instr./Data
10	TLB lockdown	TLB lockdown	2 registers for instr./Data
11	Unpredictable	Unpredictable	
12	Unpredictable	Unpredictable	
13	FCSE PID	FCSE PID	
14	Unpredictable	Unpredictable	
15	Test configuration	Test configuration	

의 성능을 보장받는 방법은 캐시 락다운이고, 이를 제어하는 것은 ARM 프로세서의 CP15의 레지스터 9번을 이용하여 제어한다. 그리고 캐시 메모리의 내용과 메인 메모리의 내용은 항상 일치(cache-coherency)하여야 하는데 일치하지 않으면 새로 업데이트되어야 한다. 이런 경우는 DMA에 의해 메인 메모리가 변경되거나 MMU와 MPU의 설정이 변경될 경우에 캐시의 명령이나 데이터의 정보를 가지고 있는 태그(tag) 메모리를 포함한 모든 메모리를 삭제하는 캐시플러시를 해야 한다. 이때도 ARM 프로세서의 CP15의 레지스터 7번을 사용하여 명령어와 데이터 캐시를 무효화한다.

3) ARM의 MMU

ARM의 MMU(Memory Management Unit)는 [그림 9-17]처럼 가상 어드레스를 물리 어드레스로 변환하는 어드레스 변환 기능과 메모리를 액세스할 때 권한을 제어하여 사용자 임의로 시스템 메모리를 변경하는 것을 방지하여 시스템의 안정성을 확보하는 메모리 보호 기능을 제공하여 시스템의 메모리를 유연하게 사용할 수 있도록 도와준다.

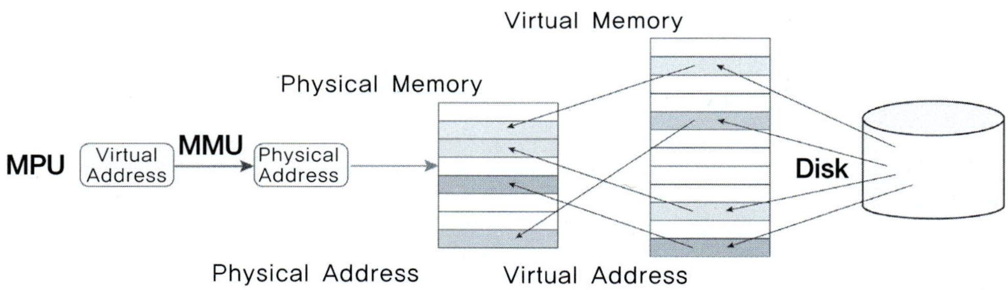

[그림 9-17] 가상 어드레스와 물리 어드레스의 구성

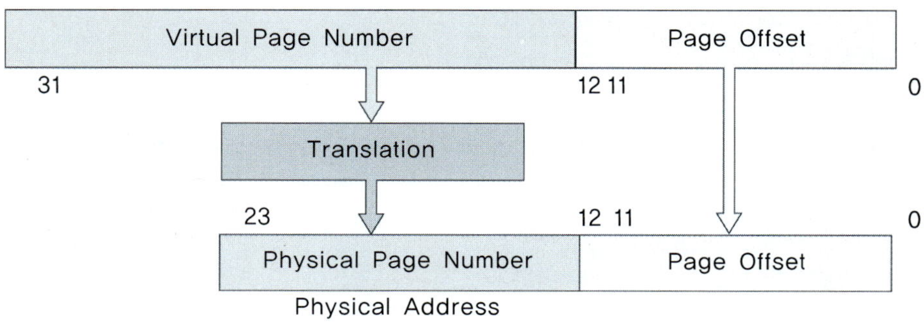

[그림 9-18] 가상 어드레스를 물리 어드레스로 변환한 예

페이지의 구성은 [그림 9-18]처럼 가상/물리 어드레스 공간의 예제에서 가상 어드레스 32비트는 4G바이트의 가상공간 어드레스를 만들고 물리 어드레스 24비트는 6M바이트의 물리공간을 만들게 됨으로써 페이지의 크기가 12비트이면 4K바이트가 되므로 페이지가 4K바이트이면 가상 어드레스를 물리 어드레스로 변환하는 것이 가능하다.

MU는 가상 어드레스를 물리 어드레스로 변환하는 정보와 접근권한의 제어정보를 가지고 있는 메인 메모리의 변환 테이블의 내용을 저장하는 버퍼인 TLB(Translation Lookaside Buffer), 32비트인 ARM 프로세서가 사용하는 4GB의 가상 어드레스를 1MB 섹션(section) 단위로 관리하는 4066개의 변환정보를 가지고 있는 1차 변환 테이블과 64KB(large page), 4KB(small page), 또는 1KB(tiny page) 단위의 변환정보, 인접제어 정보를 가지고 있으면서 1차 변환 테이블에 의해 지정하는 2차 변환 테이블로 구성되어 있는 변환 테이블은 [그림 9-19]처럼 구성되어 있다.

MMU의 설정은 우선 메인 메모리에 1차 변환 테이블 설정인 가상 어드레스 공간 4GB에 대해 1MB 섹션단위로 4096개 32비트 길이로 1차 변환 디스크립터를 물리 어드레스로 변환하기 위한 정보, 캐시 및 쓰기 버퍼 사용여부, 접근권한 등의 특성을 만들어 주고 CP15의 레지스터 2번 TTL레지스터에 설정한 1차 변환 테이블의 물리 어드레스를 지정하고, CP15의 레지스터 1번 제어용 레지스터를 이용하여 MMU를 활성화하고 캐시, 쓰기 버퍼 등을 차례로 활성화하면 MMU 설정이 완료된다.

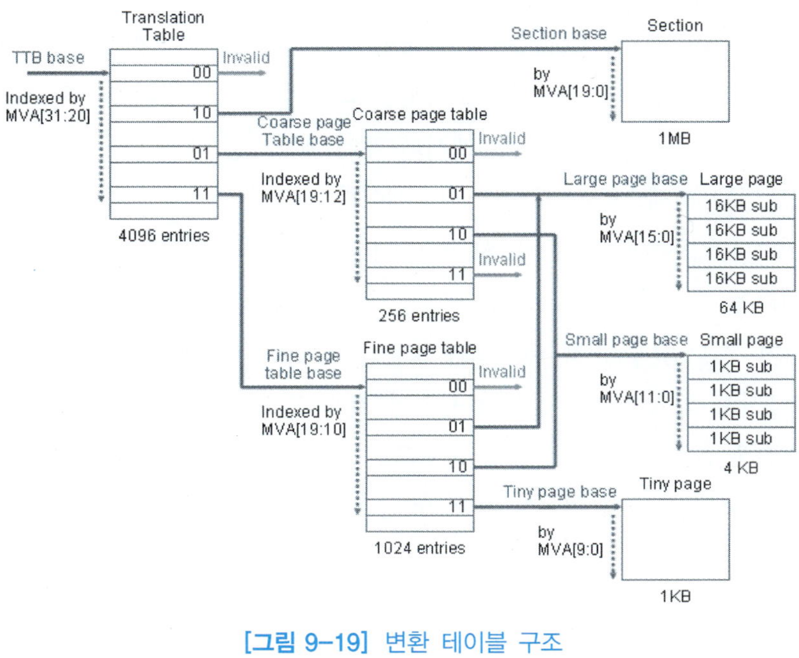

[그림 9-19] 변환 테이블 구조

4) ARM의 MPU

MPU(Memory Protection Unit)는 SoC를 보다 적게 설계하여 단가를 줄이기 위해 MMU의 주소변환 기능을 삭제하고 메모리 보호 기능만 갖고 있는 제어장치이다. ARM 프로세서 중 ARM740T, ARM940T, ARM946E-S와 같이 ARM의 숫자 x4x 형태로 되어 있는 프로세서들이다.

MPU는 메모리를 4KB에서 4GB 크기로 프로그래머가 프로그램 전에 메인 메모리 맵을 설정하고 사용 방법을 결정한 다음에 사용자가 시스템 특성에 맞게 보호 영역을 설정하고 영역별로 접근권한과 캐시 사용여부, 쓰기 버퍼 사용여부를 결정하는 기능을 한다.

MPU의 설정은 프로세서의 CP15의 레지스터 6번을 이용하여 보호 영역을 설정하고 영역별 캐시의 사용여부는 CP15의 레지스터 2번을 이용하고 쓰기 버퍼의 사용여부는 CP15의 레지스터 3번을 이용하고 접근권한은 CP15의 레지스터 5번을 이용하여 설정을 영역별 특성에 맞게 지정한 후에 CP15의 레지스터 1번을 이용하여 MPU를 활성화하고 캐시와 쓰기 버퍼를 활성화하면 영역별 메모리 접근을 제어하고 캐시나 쓰기 버퍼가 사용된다.

5) ARM의 TCM

일반적으로 시스템 성능 향상을 위해 캐시를 사용하는데 캐시는 크기가 메인 메모리보다 작아서 계속적인 내용변경에 따른 성능의 저하를 해결하기 위해 [그림 9-20]처럼 ARM 코어에 TCM(Tightly Coupled Memory) 방식의 고속 메모리를 사용한다.

TCM은 고속으로 처리되어 시간이 보장되는 명령이나 데이터를 저장하고 ARM 코어가 어드레스의 액세스 요청이 있으면 캐시나 메인 메모리를 액세스하지 않고 바로 TCM의 고속 메모리를 액세스하는 메모리 시스템이다.

TCM의 설정은 프로세서의 CP15의 레지스터 1번의 비트 16과 18을 이용하여 TCM 명령과 데이터를 활성화하고 로드 모드로 전환하고 메인 메모리에서 ARM 레지스터로 데이터를 읽어 온 다음에 ARM 레지스터 내용을 명령어 TCM에 저장하고 포인터를 증가하여 모두 복사가 되었는지의 검사를 복사가 끝날 때까지 진행한다.

사용자는 TCM을 사용하고자 하는 프로그램이나 데이터 영역을 사용하기 전에 메인 메모리에서 TCM 메모리에 복사해 놓아야 한다.

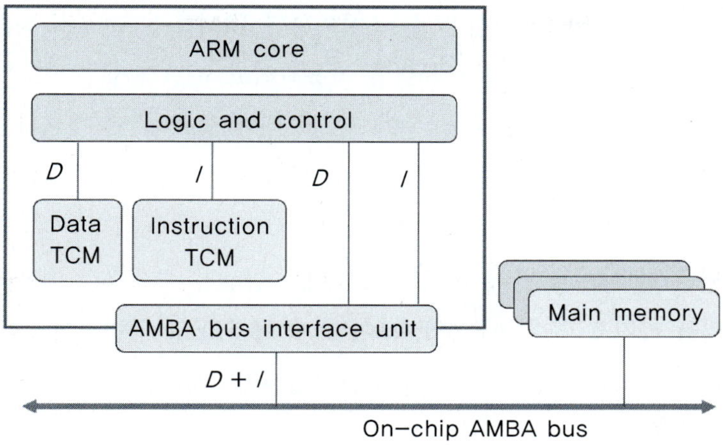

[그림 9-20] ARM의 TCM 구조

6) ARM의 DSP

최근에 많은 디지털 기기들이 MP3, 디지털 카메라, 디지털 핸드폰 등의 다양한 기능이 복합화됨에 따라서 디지털 신호를 처리하려면 큰 메모리 대역과 고속의 MAC(Multiply Accumulate) 연산이 필요하게 되므로 디지털 신호처리(DSP : Digital Signal Processing) 응용에서 ARM 프로세서의 성능을 극대화시킬 수 있는 방법으로 DSP 기능을 채택하게 되었다.

ARM은 속도에 민감한 응용에서는 부동소수점 기능을 하드웨어적으로 지원하지 않고 8, 16, 32비트 고정 소수점 DSP 기능을 지원하고 있다. 단지 속도와 높은 동적 범위를 요구하는 응용을 위해서 블록 부동소수점이나 로그 표현 방법을 사용하고 있다.

ARM 코어는 MAC과 데이터 페치를 병렬로 수행하는 명령어가 없는 전용 DSP가 아니다. 단지 로드된 데이터를 재사용하고 몇 가지 연산을 한꺼번에 계산해내는 블록 알고리즘을 사용하고 있다.

ARM7 계열은 사이클당 8비트 × 32비트 곱셈 배열을 갖고 있고 이것은 16비트 × 16비트의 32비트 MAC에 대하여 4사이클을 소요하고 로드 명령어는 3사이클이 소요되고 스토어 명령어는 제로-대기-상태(zero-wait-state) 메모리 또는 캐시에 대해 2사이클이 소요된다.

ARM9 계열의 ARM9TDMI 코어는 사이클당 8비트 × 32비트 곱셈 배열을 갖고 있지만 로드-스토어 곱셈 연산은 ARM7 계열보다 훨씬 빠르고 로드 명령어 다음에 2사이클 동안에 로드된 값을 사용하지 않는다면 한 사이클이 소요된다.

StrongARM 코어 SA-1은 초기값을 갖는 사이클당 12비트 × 32비트 부호화된 곱셈 배열을 갖는다. 만약 다음 명령어에서 곱셈을 사용하려고 시도하거나 새로운 곱셈을 시작하려고 시도한다면 코어는 한 사이클 동안 정지상태에 놓이게 될 것이다. 로드명령어는 부호된 바이트와 하프워드 로드에서 2사이클이 소요되는 것을 제외하면 한 사이클만 소요된다.

ARM10 계열은 한 사이클 안에 16비트 × 32비트 곱셈을 수행하는 매우 빠른 파이프라인 곱셈기 배열을 가지고 있다. ARM9E 코어도 ARMv5TE로 구현되어 같은 성능을 갖고 있다. 단지 16비트 MAC 명령어가 한 사이클이 아니라 2사이클이 소모되는 것을 제외하고 ARM9E와 같다.

ARM10E 코어는 로드와 스토어 곱셈을 가속화하는 로딩 메커니즘을 구현하였다. 다중 로드-스토어 명령어는 한 사이클 안에 실행될 수 있다. 이 연산은 백그라운드에서 동작하는데 백그라운드 로드가 종료되기 전에 사용하면 코어가 정지된다. 그리고 ARM10E는 백그라운드 사이클당 2개의 레지스터들을 전송할 수 있는 64비트폭의 데이터를 사용한다. 만약 64비트로 어드레스가 정렬되어 있지 않으면 32비트만이 첫 번째 사이클에서 전송된다.

XScale은 ARM9E와 ARM10E와 같은 ARM 아키텍처인 ARMv5TE로 구현되어 있어서 로드와 곱셈 명령어의 수행시간은 ARM9E와 유사하며 ARM9E를 위해 최적화된 코드는 XScale에서도 효과적으로 동작한다.

7) ARM 버스

임베디드 프로세서인 ARM 코어는 x86계열 PC의 PCI(Peripheral Component Interface) 버스와 다른 버스 구조를 사용하고 있다.

PCI 버스는 x86 프로세서 칩 외부의 디바이스에 물리적 전자적으로 연결되도록 설계되어 비디오 카드나 하드디스크 컨트롤로 버스에 연결시켜 주고 PC의 메인보드상에 위치한다. 일반적으로 신호의 집합체인 버스는 데이터 버스(data bus), 어드레스 버스(address bus), 제어 버스(control bus)의 3종류로 구성되어 있다.

ARM 코어의 버스는 칩 내부에 위치하여 다른 주변장치가 ARM 코어와 내부에서 연결될 수 있도록 해 준다.

ARM 버스는 버스 마스터로써 다른 디바이스로 데이터를 전송하는 ARM 프로세서 코어가 있고 버스 슬레이브로써 버스 마스터가 전송요청이 있을 때 동작하는 주변장치가 있다. 버스 구조는 전기적인 특성과 버스폭(16, 32, 64비트)을 담당하는 물리적인 단계이며 프로세서와 주변장치간의 통신을 담당하는 논리적인 버스 프로토콜 단계로 구분된다. ARM사는 버스의 전기적인 특성은 거의 규정하지 않고 버스 프로토콜만을 규정하고 제조사가 각 제품의 특성에 맞게 규정을 정하여 제조한다.

(1) AMBA 버스 프로토콜

1996년에 AMBA(Advanced Microcontroller Bus Architecture)는 ARM 프로세서의 온칩(On-chip) 버스 구조로 채택하였고 ARMA 3.0까지 소개되고 있다. AMBA 버스의 전체 구성도는 [그림 9-21]과 같다.

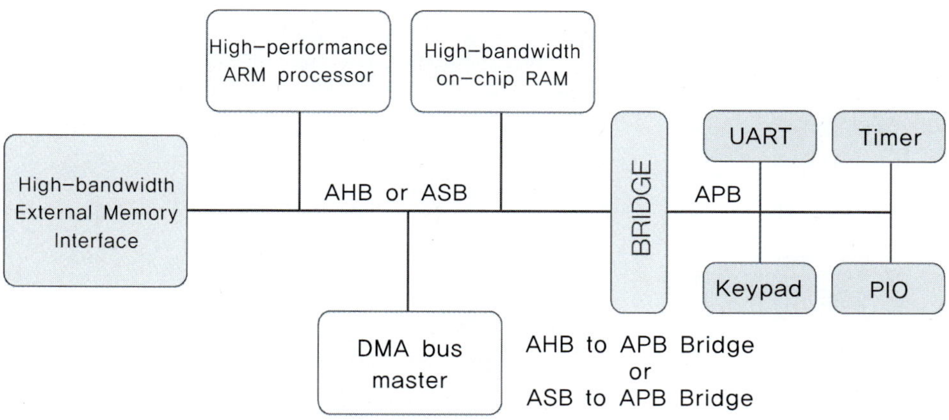

[그림 9-21] AMBA 버스의 구조

AMBA 버스는 ASB(ARM System Bus)와 APB(ARM Peripheral BUS)를 소개하고 그 후에 AHB(ARM High Peripheral Bus) 버스 또는 AMBA 버스 사양 3.0에는 낮은 전력소모와 고속동작을 지원하는 AXI(Advanced eXtensible Bus) 버스를 소개하였다.

AMBA 인터페이스와 함께 개발된 많은 주변장치가 있기 때문에 충분히 테스트되고 검증된 다양한 주변장치를 선택적으로 사용할 수 있다. 주변장치는 각기 다른 프로세서 아키텍처를 위한 인터페이스를 다시 변경하지 않고 온칩 버스에 부착하여 사용할 수 있다.

AHB는 ASB보다 많은 데이터량을 처리하는 것은 ASB 양방향 버스보다 하나에 집중된 멀티플렉스 버스를 기반으로 하고 있기 때문이다. 이것은 AHB 버스가 매우 빠른 속도로 동작할 수 있게 해주었고 64비트와 128비트폭을 지원할 수 있게 되었다.

ARM은 멀티레이어(multi-layer) AHB이고 AHB-lite을 갖고 있다. 한 번에 하나의 버스

CHAPTER 09

마스터만 활성화시킬 수 있는 AHB와는 달리 멀티레이어 AHB는 동시에 여러 개의 버스 마스터를 활성화 상태로 만들어 준다.

AXI는 어드레스 실행단계, 데이터 실행단계, 제어 실행단계로 버스 사이클이 분리되어 있고 정렬되지 않은(Unaligned data) 전송과 버스트(burst) 전송을 지원하고 있고 데이터를 읽고 쓰는 채널이 분리되어 있고 저전력, 고속 동작에 적합하도록 설계되어 있다.

[표 9-9]는 ARM 코어별 AHBA 버스 형태를 나타낸다.

[표 9-9] ARM 코어별 AMBA 버스 형태

CPU	Bus Type	Addr Bus Width	Data Bus Width
ARM7TDMI	Native	32bits	32bits
ARM7TDMI-S	Native	32bits	32bits
ARM720T	AHB	32bits	32bits
ARM7EJ-S	Native	32bits	32bits
ARM920T	ASB	32bits	32bits
ARM922T	ASB	32bits	32bits
ARM926EJ-8	AHB	32bits	32bits
ARM946E-S	AHB	32bits	32bits
ARM966E-S	AHB	32bits	32bits
ARM968E-S	AHB	32bits	32bits
ARM966H-S	AHB-Life	32bits	32bits
ARM1020E	AHB	32bits	64bits
ARM1022E	AHB	32bits	64bits
ARM1026EJ-S	AHB-Life	32bits	32 or 64bits
ARM1136EJ(F)-S	AHB-Life(v6)	32bits	64bits
ARM1156T2(F-)S	AXI	32bits	64bits
ARM1176JZ(F)-S	AXI	32bits	64bits
ARM11MPCore	AXI	32bits	64bits

3. ARM 계열별 구조 및 특징

1) ARM7 계열의 특징

ARM7은 데이터 버스와 명령어 버스가 동일한 폰노이만형의 구조를 채택하고 있다. 코어는 3단계 파이프라인을 가지고 ARMv4T 명령어 세트를 사용하고 있다. 1995년에 소개된 제품으로 현재 가장 인기 있는 코어로써 많은 32비트 임베디드 프로세서에서 사용하고 있다.

ARM7은 매우 훌륭한 성능 대 전력소모의 비를 제공하기 때문에 전 세계 반도체회사에서 사용하고 있다. Thumb 명령어 세트, 빠른 곱셈 명령어, 임베디드 ICE 디버그 기술을 포함하는 첫 번째 코어이다. [그림 9-22]는 ARM7 계열의 구성을 나타내었고 다음은 특징이다.

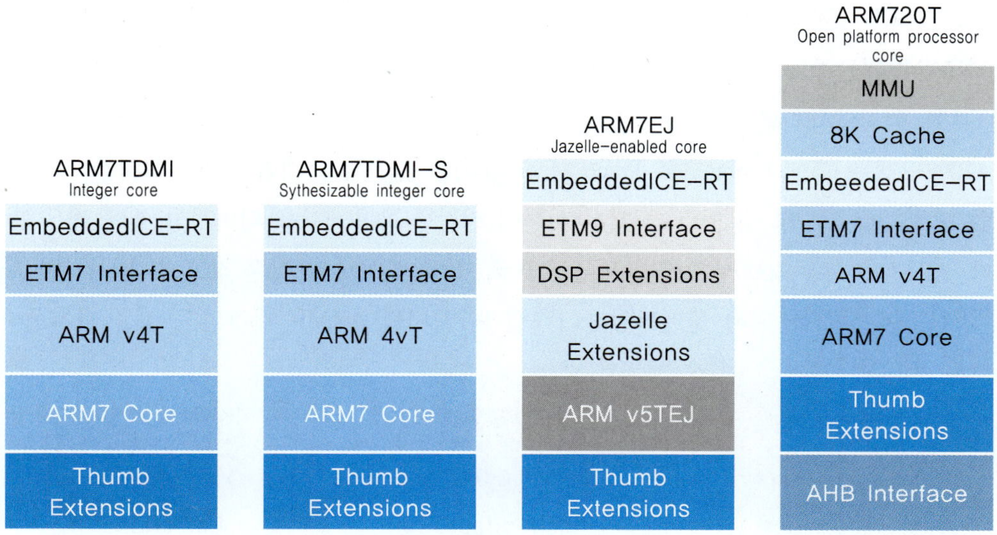

[그림 9-22] ARM7의 구성

① 32/16-bit RISC 아키텍처(ARMv4T)

② 3단계 파이프라이닝(stage pipelining)

③ 하드 매크로 셀(Hard macro cell)

④ 32비트 ARM/16비트 Thumb 명령어(Instructions)

⑤ Unified 버스 구조

⑥ 32비트 ALU & High-performance multiplier

⑦ 저전력, small die size

⑧ 코프로세서 인터페이스(coprocessor interface)

⑨ Embedded ICE-RT support, JTAG interface unit

⑩ Embedded Trace Macro Cell

2) ARM9 계열의 특징

1997년도에 발표된 ARM9 제품군은 5단계 파이프라인 때문에 ARM7보다 빠른 클록 속도로 동작할 수 있다. 추가된 파이프 단계는 프로세서의 전반적인 성능을 향상시켰다. 메모리 시스템 또는 데이터 D버스와 명령어 I버스를 분리한 하버드 아키텍처로 다시 설계되었다. ARM7과 같은 V4 아키텍처를 채용하였고 같은 명령어 세트를 사용하고 있다.

ARM9군의 첫 번째 프로세서는 ARM920T으로 프로세서 코어와 플랫폼 OD를 위한 MMU, 16KB 코드 캐시 & 16KB 데이터 캐시, 각 캐시별 TLB를 사용하였다.

ARM940T는 보다 작은 캐시인 4KB 코드 캐시와 4KB 데이터 캐시, 프로세서 코어 + RTOS를 위한 MPU로 구성되어 있다.

ARM9E-S는 ETM(Embedded Trace Macrocell)을 지원하고 개발자들이 실시간으로 데이터와 명령어를 검사할 수 있다. 이것은 시간이 민감한 응용제품을 디버깅할 때에 매우 중요하다. ARM926EJ는 2000년도에 발표된 것으로 3G폰과 PDA와 같은 작고 휴대 가능한 Java를 지원하는 장치를 위해 설계되었다. [그림 9-23]처럼 ARM9 계열의 구성을 나타낸다.

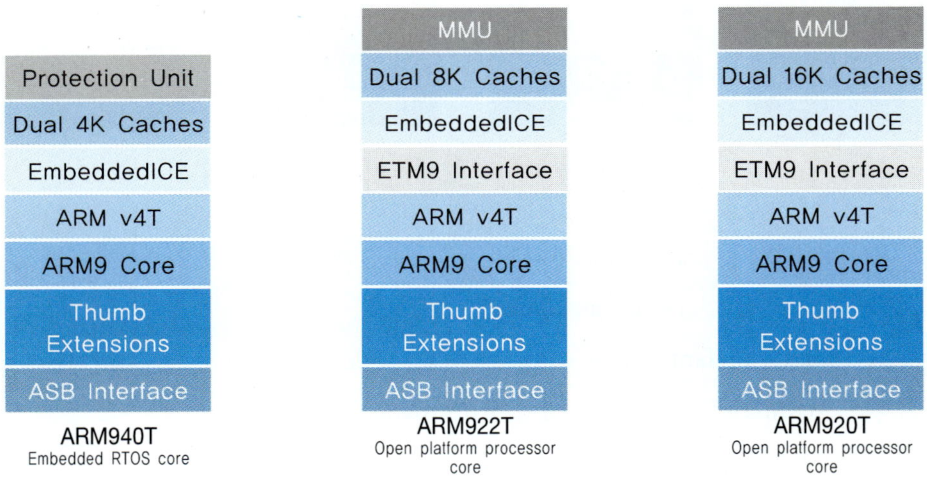

[그림 9-23] ARM9 계열의 구성

3) ARM10 계열의 특징

1999년에 발표된 ARM10은 성능향상을 목적으로 설계된 것으로 ARM9 파이프라인을 6단계로 확장시켰다. 또한 추가적으로 VFP(Vector Floating Point) 장치를 지원하는데 이것은 ARM10 파이프라인의 7번째로 추가될 수 있다. VFP는 부동소수점 성능을 대폭 향상시켜 주며 IEEE754.1985 부동소수점 표준과 호환된다.

ARM1020E는 ARM10E 코어를 이용하여 구현된 첫 번째 프로세서로 ARM9E처럼 향상된 E명령어들을 포함하고 있고 32K로 분리된 캐시와 선택으로 추가 가능한 VFP 및 MMU를 포함하고 있고 64비트 버스 인터페이스를 지원한다.

ARM1026EJ-S는 MPU와 MMU를 모두 가지고 있고 ARM926EJ-S의 유동성과 ARM10의 성능을 모두 갖추었다.

4) ARM11 계열의 특징

2003년에 발표한 ARM1136J-S는 고성능 저전력의 응용을 위해 설계되고 ARM11 마이크로 아키텍처는 ARMv6 명령어 세트 아키텍처를 최초로 구현한 것이고 로드 스토어 파이프라인과 산술 파이프라인이 분리되어 있는 8단계 파이프라인을 적용하고 있고 미디어 처리, 특히 비디오 처리능력을 향상시킬 수 있는 SIMD(Single Instruction Multiple Data) 확장 명령어가 포함되어 있다.

특히 ARM1176JZ-S은 칩 내 보안(on-chip security)기능을 제공하는 TrustZone 기술과 ARM1156T2-S은 향상된 성능과 프로그램의 집적도를 제공하는 Thumb-2 명령 및 소비전력을 줄이기 위한 IEM(intelligent Energy Manager) 기술 등을 포함하고 있다. [표 9-10] 처럼 ARM11 계열의 특징을 나타낸다.

[표 9-10] ARM11 계열의 특징

	Cache Size (Inst/Data)	Tightly Coupled Memory	Memory Mgt	Bus Interface	Thumb	DSP	Jaszalle
ARM11MPCore	Variable	–	MMU+Cache coherency	1xor 2xAMBA AXI	Yes	Yes	Yes
ARM1136J(F)–S	Variable	Yes	MMU	5xAHB	Yes	Yes	Yes
ARM1156T2(F)–S	Variable	Yes	MPU	3xAXI	Yes	Yes	NO
ARM1176JZ(F)–S	Variable	Yes	MMU + TrustZone	4xAXI	Yes	Yes	Yes

(1) ARMv6 아키텍처

ARM 아키텍처인 ARMv6은 2001년 10월에 발표되었다. ARMv6은 지난 10년 동안 ARM이 개발해온 다수의 성공적인 아키텍처 사양을 기초로 만들어졌다. 이러한 ARM 아키텍처들을 기초로, ARM은 16/32비트 마이크로프로세서 코어 부문에서 시장의 리더가 되었다. [표 9-11]은 ARM 아키텍처의 비교표이다.

[표 9-11] ARM 아키텍처의 비교

Architecture	Feature Set			
	Thumb®	DSP	Jazalle™	Media
v4T	v			
v5TE	v	v		
v5TEJ	v	v	v	
v6	v	v	v	v

(2) 응 용

[표 9-12]는 ARM 11계열의 프로세스별 응용 분야를 나타낸 것이다.

[표 9-12] ARM 11 프로세서별 응용 분야

	ARM1136J(F)-S	ARM1156T2(F)-S	ARM1176JZ(F)-S	ARM11MPCore
Automotive	Infotainment, DVD, navigation	Power train, body	*	Infotainment, DVD, navigation, image and speech recognition
Computer	PDA	Printer, data storage	PDA	PDA, Printer, Industrial, Kiosks, server blade
Consumer	Digital TV, DVD, PVR, Set-top box, games	Digital camera	Set-top Box*	DTV, IPSTB, DSC, Camcorder, Games box
Industrial	-	Embedded control	EPOS Terminal	-
Networking	Infrastructure, switch/router	Modern	*	CPE Terminals, SWitch/Router, NAS
Wireless	Smartphone, applications processor	Base station	Combined applications and base-band processor for Smartphone	Mobile gaming, PDA, Media Player

(3) ARM11 파이프라인 구조

ARM11은 효율적으로 고성능을 제공하도록 설계되었다. 이는 파이프라인 설계가 중요한 역할을 한다.

ARM11의 파이프라인은 [그림 9-24]처럼 8단계 구성으로, 종래의 ARM 코어에 비해 40%의 스루풋 향상을 실현한다. 8단계 파이프라인에서는 8개의 처리 스테이지가 동시에 실행된다. 단계수가 많은 파이프라인 구조는 시스템에 지나친 지연 혹은 대기시간을 초래하기 때문에 효율성이 떨어질 수 있다. 단계수가 많은 파이프라인에서는 일부의 명령이 앞의 명령의 결과에 의존하기 때문에 지연될 수 있다.

ARM11의 파이프라인은 '포워딩(forwarding)'을 활용함으로써 이런 지연을 막을 수 있다. 또한, 단계수가 많은 파이프라인을 가진 프로세서에서는 파이프라인에서 처리되는 명령의 원활한 흐름에 인터럽트가 일어날 경우 예를 들면 분기 명령이 발생했을 때에도 성능이 떨어질 수 있다.

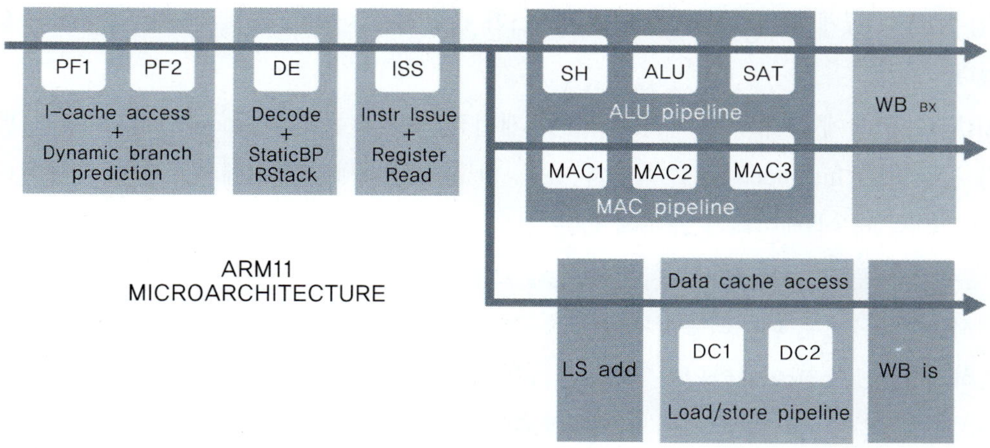

[그림 9-24] ARM11 파이프라인 구조

ARM11의 파이프라인은 명령의 흐름을 예상하는 분기예측을 사용하여 이 지연을 막는다. 포워딩과 분기예측은 파이프라인의 '스톨(stall)'을 줄여 효율성을 유지한다. 스톨이란 다음 명령어가 아직 파이프라인을 통과 중이기 때문에 프로세서가 기다리지 않으면 안되는 상황을 가리킨다. 파이프라인의 최적화에 의해 유효 대기시간은 ARM9™의 5단계 파이프라인과 같으면서 훨씬 높은 스루풋을 실현한다.

(4) 단일 명령의 문제

ARM11의 파이프라인은 'scalar'라고 불린다. 즉, 1회에 1개의 명령어(single issue)를 실행한다. ALU 파이프라인과 MAC 파이프라인 등 일부의 파이프라인 아키텍처에 의해 1회에 복수의 명령어를 실행할 수 있다. 이론적으로는 '복수 발행(multiple issue)' 마이크로 아키텍처쪽이 효율성면에서 유리하다.

그러나 실제 복수발행 머신의 경우, 명령어 처리의 의존성이 큰 문제가 되고 파이프라인의 프론트 엔드(front end)에 있어서 명령어 디코딩 스테이지가 상당히 복잡하게 된다. 그리고 복잡성의 증가가 소비전력과 프로세서 영역에 상당한 영향을 미친다. ARM11의 개발에 있어서 분석한 결과 복수의 명령어 발행에 의해 실현할 수 있는 성능향상이 소비전력과 프로세서 영역의 증가로 적당하지 않다고 판단되었다.

(5) 메모리 액세스의 개선

ARMv6의 개선에 의해 기존보다 많은 태스크에 관해서 명령과 데이터가 더 오래 캐시에 상주할 수 있게 되었다. 따라서 캐시 미스가 상당히 적어지고 프로세서의 성능이 향상되었다.

ARM11 코어에 마이크로 아키텍처상의 개선점으로서 '논블로킹(non- blocking)'과 메모리 시스템의 'hit-under-miss' 처리가 있다. 단순한 프로세서 설계에서는 명령이 데이터를 요구했을 때 이 데이터가 캐시에 없을 경우 캐시 '미스(miss)'가 되고 파이프라인 처리가 멈추어 버린다. ARM11은 이것을 논블로킹 처리한다.

캐시는 미스가 된 데이터를 취득하도록 명령을 내려 다음 명령이 미스가 된 데이터에 의존하지 않는 한 파이프라인이 실행을 계속할 수 있다. 다음 명령이 또 다른 데이터 로드일지라도 이 데이터가 캐시에 있으면 ARM11은 처리를 허용한다. 데이터 미스가 3회 계속된 경우에만 파이프라인이 정지한다.

(6) 파이프라인의 병렬성

파이프라인은 한 번에 하나의 명령만을 실행하지만 파이프라인의 병렬성을 이용하고 ALU, MAC, LS(Load-Store) 명령어의 처리 유닛이 독립되어 있다. LS 파이프라인은 로드(load) 명령과 저장(store) 명령의 처리 전용이다. 산술연산의 실행과 메모리 명령(LS)을 달리함으로써 효율적인 처리가 가능하다.

왜냐하면, LS 명령은 외부 메모리의 가용성에 의해 자주 제약을 받을 수 있기 때문이다. LS 유닛이 메인 파이프라인에 포함되는 마이크로 아키텍처에서는 메모리 동작이 완료되는 것을 기다리기 위해 파이프라인이 쉽게 스톨되어질 수 있다. ARM11에서는 독립된 LS 파이프라인이 설치되어 있기 때문에 ALU나 MAC 명령의 실행이 LS 명령을 기다림에 의해 지연되는 일은 없다. 또한 소프트웨어 컴파일러가 코드의 스케줄링에 있어서 자유도가 늘어나고, 이 역시 성능을 향상시킨다.

LS 명령에서는 데이터 캐시 액세스를 2사이클에 나누어서 처리한다. 이렇게 LS 유닛을 파이프라인 처리하고 있는 ARM11 코어는 상용 RAM 컴파일러로 설계되는 ASIC 설계에 적합하다. 즉, 고속의 커스텀 메모리를 사용하지 않아도 프로세서 성능을 최대로 발휘할 수 있다.

(7) 64비트 데이터 경로

ARM11은 완전한 64비트 솔루션을 사용하지 않고, 필요한 64비트 구조를 프로세서에 이용한다. 그 결과 32비트의 가격으로 사실상 64비트의 성능을 제공한다.

ARM11은 프로세서의 정수 유닛과 명령/데이터 캐시 사이, 그리고 코프로세서와 정수 유닛 사이에 64비트 데이터 버스를 지정하고 있다. 이 64비트 경로에 의해 1사이클에 2개의 명령을 캐시로부터 가져올 수 있으며, 로드 멀티플/저장 멀티플 명령으로 64비트(ARM 레지스터 2개)를 매사이클 전송할 수 있다. 이것 때문에 ARM11 프로세서는 많은 코드 시퀀스, 특히 데이터 전송과 데이터 처리를 동시에 실행할 필요가 있을 경우에 대단히 높은 성능을 발휘한다.

(8) ARM11의 비교

[표 9-13]은 ARM11과 다른 ARM 코어 간의 주요 특징을 비교한 것이다.

[표 9-13] ARM 아키텍처의 특징비교

Feature	ARM9E™	ARM10E™	Intel® XScale™	ARM11™
Architecture Pipeline Length	ARMv5TE(J) 5	ARMv5TE(J) 6	ARMv5TE 7	ARMv6 8
Java Decode	(ARM926EJ)	(ARM1026EJ)	No	Yes
v6 SIMD Instructions	No	No	No	Yes
MIA Instructions	No	No	Yes	Available as coprocessor
Branch Prediction	No	Static	Dynamic	Dynamic
Independent Load-Store Unit	No	Yes	Yes	Yes
Instruction Issue	Scalar, in-order	Scalar, in-order	Scalar, in-order	Scalar, in-order
Concurrency	None	ALU/MAC LSU	ALU/MAC LSU	ALU/MAC LSU
Out-of-order completion	No	Yes	Yes	Yes
Target Implementation	Synthesizable	Synthesizable	Synthesizable	Synthesizable
Performance Range	Up to 250MHz	Up to 325MHz	200MHz→1GHz	350MHz→1GHz

CHAPTER 10

안드로이드 플랫폼 보드의 구성

01 안드로이드 플랫폼 보드의 개요

(1) 삼성 ARM11 Core의 고성능 프로세서 S3C6410(533/667MHz) 탑재

① NTSC/PALMCU에 내장된 Multi Format Codec(MPEG4/H.264/VC1)

② TV-OUT/S-Video/VGA 구현

③ 2D/3D Accelator 구현

(2) 최적의 개발 환경 구축을 위한 초고속 USB 2.0 구현

① NOR 플래시에 비해 매우 적은 비용으로 높은 용량이 가능한 NAND 플래시 (256MB) 탑재

② 기존 SDRAM보다 2배 더 빠른 mDDR(Mobile Dual DRAM) 탑재

(3) 제품 양산에 대비한 고성능, 저비용 메모리 소자 탑재

최대 480Mbps 속도 기반의 USB 2.0 Device Interface 구현

02 안드로이드 플랫폼 보드의 블록도

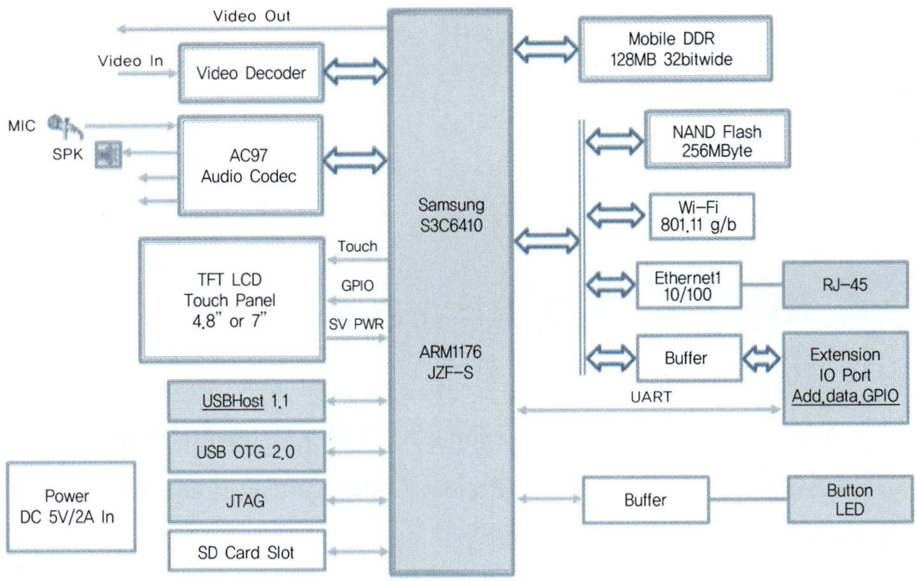

[그림 10-1] 플랫폼 보드의 블록도

03 안드로이드 플랫폼의 하드웨어 사양

(1) PCB : 메인 보드 8층

(2) CPU : Samsung S3C6410 응용 프로세서 - 667MHz, ARM1176JZF-S core

(3) 메모리 : 128MByte - 266MHz 데이터 비율, Mobile DDR, 32-Bit Bus

(4) 저장장치 : 256MByte NAND Flash

(5) LCD : 4.8″ TFT LCD - 320 × 480 H-VGA, LED 백라이트

(6) T/P : 4.8″ Resistive 터치 패널 (4-wire type)

(7) 이더넷 : DM7000 - 10/100Mbps

(8) 오디오 : Wolfson WM9715 - AC97 인터페이스 (Line In / Head-Phone Out)

(9) USB : USB 1.1 Host / USB 2.0 OTG

(10) SD/MMC : 표준 SD 슬롯 × 1EA

(11) WIFI 모듈 (802.11g/b)

(12) UART : 4 포트

(13) JTAG : 20핀 ARM 표준 JTAG

(14) Key : 메인 보드에 장착된 4개의 키, LCD 보드에 8개

(15) 전원 : 5V 단일전원 입력(입력 범위 : 3.6~5.5Volt)

(16) 기타 : I2C, ADC, DAC

04 안드로이드 플랫폼의 구성

① 메인 보드

② Jtag 보드 / 디버그 보드

③ 전원 어텝터

④ SD memory card

⑤ Wi-Fi USB 모듈

⑥ 버닝툴 / 바이너리 코드 / 소스코드 CD

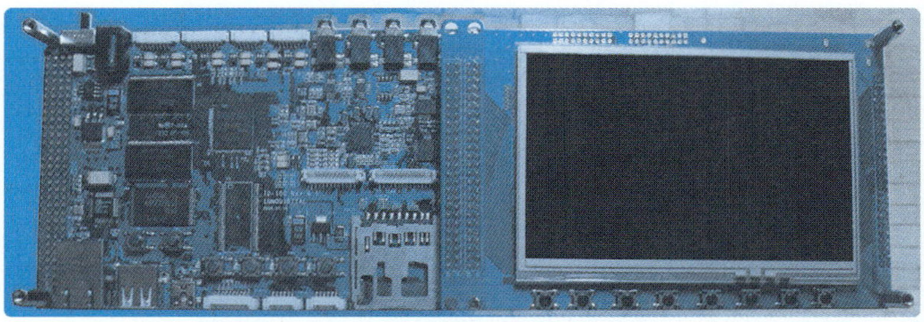

[그림 10-2] 안드로이드 플랫폼의 구성

05 안드로이드 플랫폼의 환경설정 및 구현

(1) uBoot 버닝

uBoot란 맨 처음 Board에 전원을 넣었을 때 실행되는 부트로더(BootLoader)이다. NAND의 맨 처음 영역 0x00에 위치하고, 이것을 이용해서 Kernel, Root FileSystem, Android 이미지 등을 Flash에 Write할 수 있다.

(2) Kernel 쓰기

Linux Kernel을 NAND에 Write 한다. 여기에서 Linux Kernel 2.6.27에 안드로이드 패치를 해서 사용하게 된다.

(3) Root Filesysem 쓰기

Root filesystem을 NAND에 Write한다. cramfs 형태로 되어 있다.

(4) 안드로이드 이미지 쓰기

안드로이드 이미지를 NAND에 Write 한다. ext3 시스템으로 되어 있다.

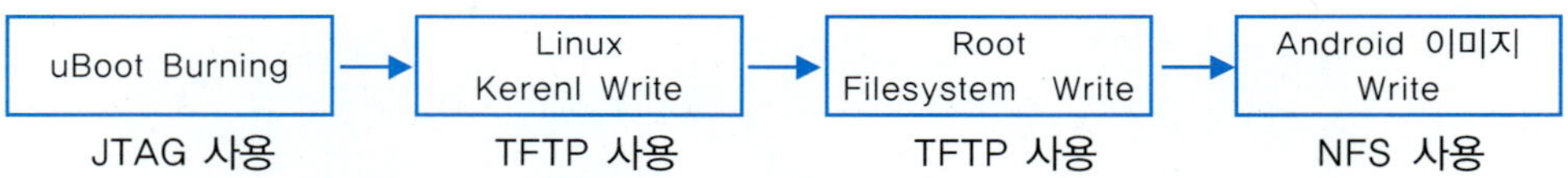

[그림 10-3] 안드로이드 환경설정 및 구현과정

06 Jtag를 통한 uBoot 이미지 퓨징

1. 준비작업

① uBoot를 퓨징하기 위해서는 보드의 JTAG 포트와 PC의 프로그램을 이용하여야 한다.

② 먼저 CD에 있는 e2g_idebugger.exe(/Utility/JTAG 디렉토리에 위치) 설치 파일을 실행하여 E2G_IDebugger를 설치한다.

③ 디버그 보드와 PC를 USB 케이블로 연결한다.

④ Usb to Serial Port가 자동으로 생성된다(Windows XP 기준).

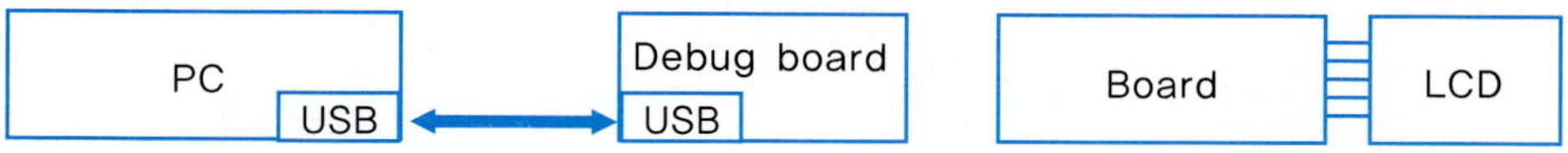

[그림 10-4] uBoot 이미지 퓨징 준비작업 과정

2. uBoot 이미지 퓨징

1 E2G_IDebugger를 실행시킨다.

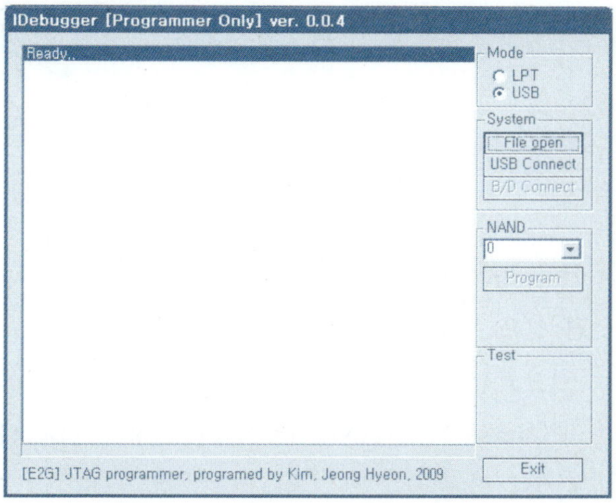

2 File Open을 눌러 uBoot.bin(/Binary/uBoot 디렉토리에 위치) 파일을 선택한다.

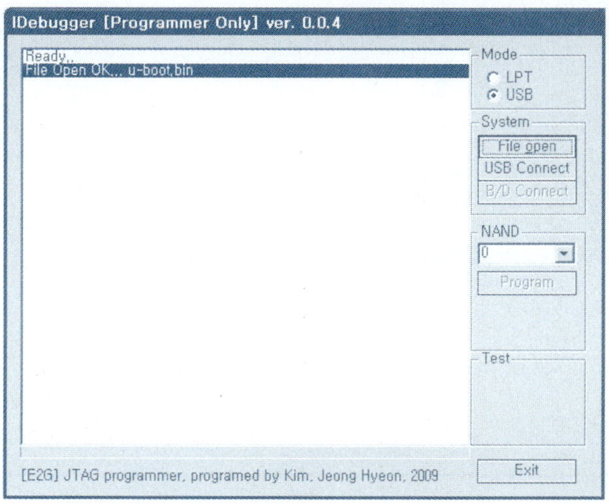

CHAPTER 10

③ USB 커넥션(Connect) 버튼을 누른다. 아래 그림과 같이 나오지 않으면 다시 보드전원을 끄고 켜서 처음부터 다시 시작한다.

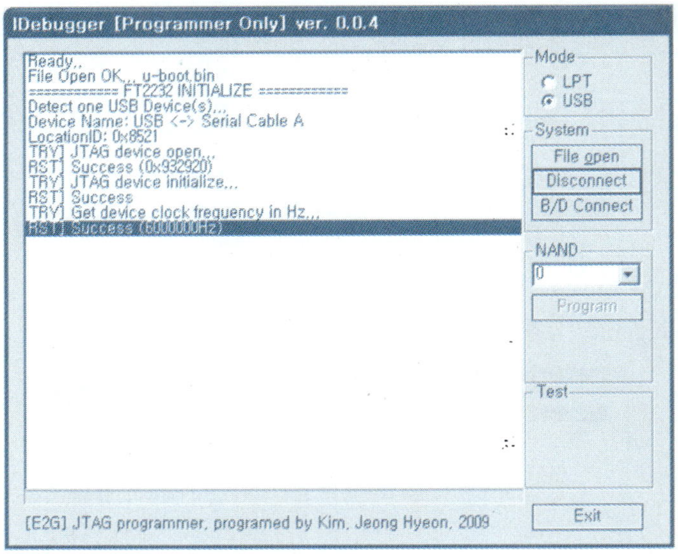

④ B/D Connect 버튼을 누르고, Program 버튼을 누른다. B/D Connect시 CPU ID 등이 나오지 않으면 보드 전원을 끄고 켜서 다시 시작한다.

⑤ Program 버튼위의 Combo 박스는 NAND 어드레스이다. uBoot는 0x00에서 시작하기 때문에 그대로 0로 놔둔다.

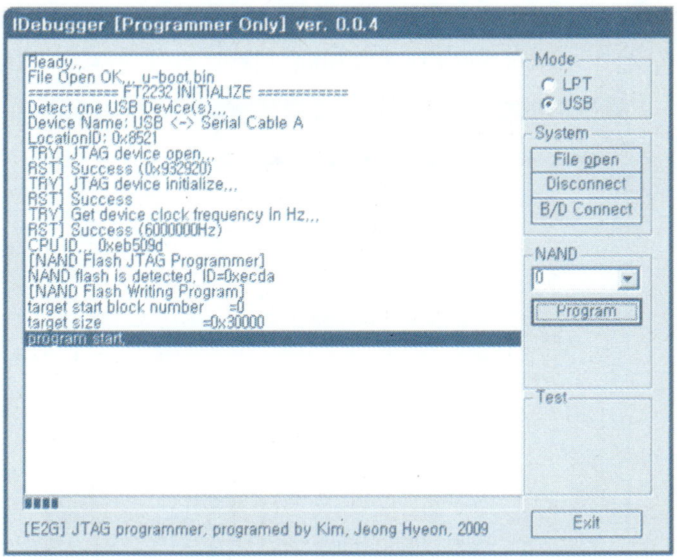

⑥ PC에서 시리얼 터미널 프로그램(Hyper Terminal 또는 CRT Application)에서 보드 비율(Baud Rate) 115200, Data bits 8, Parity None, Stop Bits 1로 셋팅한다.

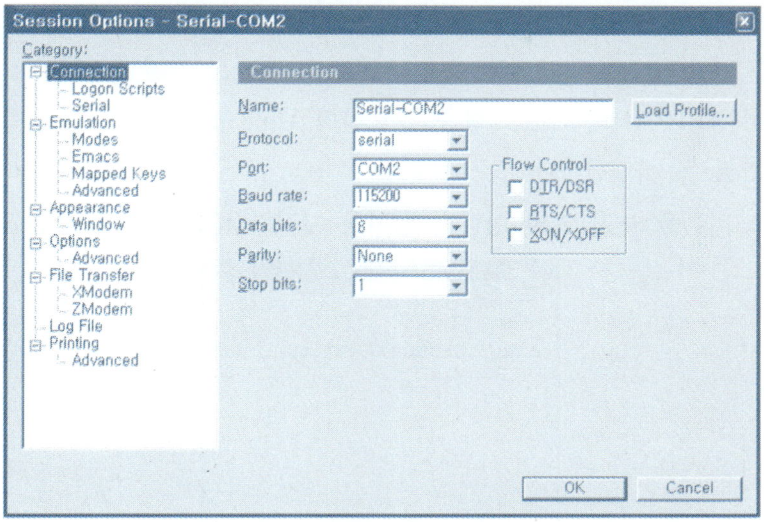

⑦ uBoot가 잘 버닝되었다면 다음과 같은 uBoot 출력 화면을 볼 수 있다.

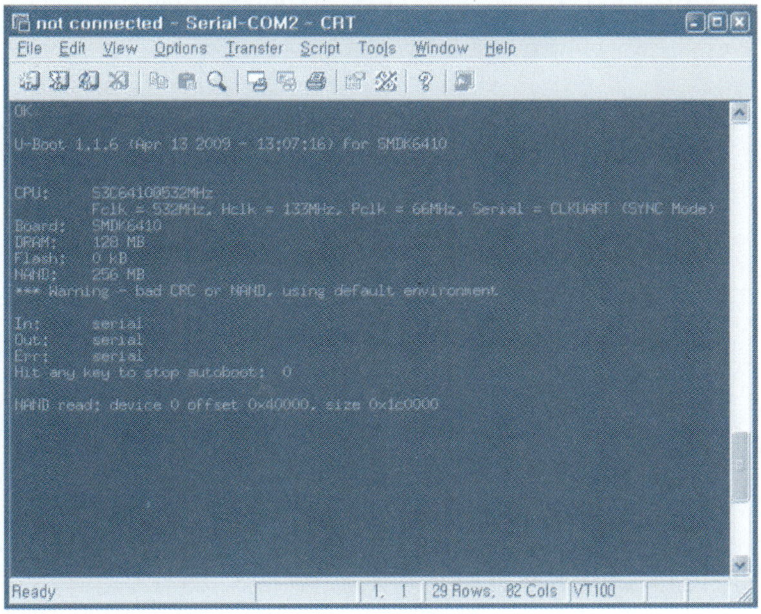

07 리눅스 커널 쓰기(Linux Kernel Write) 구현

1. 준비작업

① PC에서 TFTP 서버 프로그램을 준비한다(/Utility/tftp/tftp32.zip을 압축해제하여 tftpd32.exe을 실행한다).

② Browse 버튼을 눌러 커널 이미지 위치를 지정한다(/Binary/Kernel).

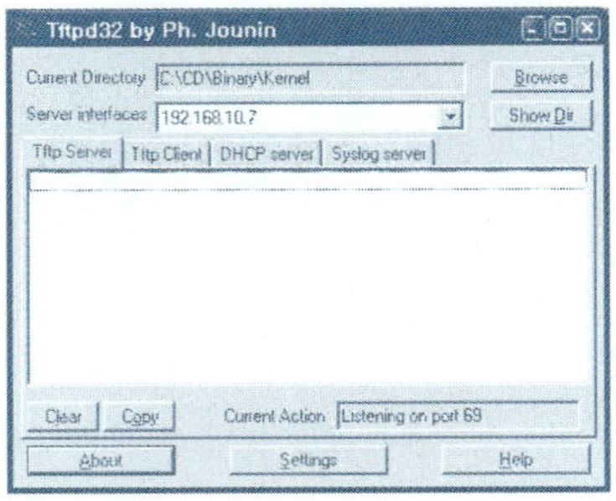

③ Settings 버튼을 눌러 다음과 같이 TFTP Security를 None으로 지정한다.

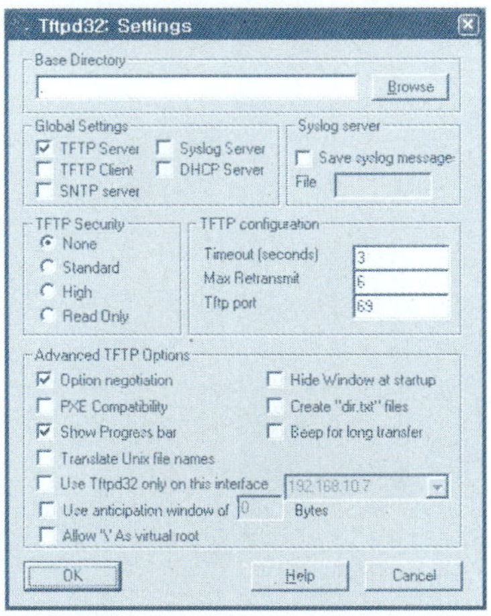

④ 전원을 넣을 때 아무키나 누르게 되면 명령입력 모드가 된다.

2. TFTP 환경변수 설정

① IP 설정 : setenv ipaddr(보드 IP 어드레스)

② gateway 설정 : setenv gatewayip(게이트웨어 IP 어드레스)

③ netmask 설정 : setenv netmask 255.255.255.0

④ tftp server ip 설정 : setenv serverip(TFTP 서버 설치된 PC IP 어드레스)

⑤ saveenv를 입력하여 설정을 저장한다.

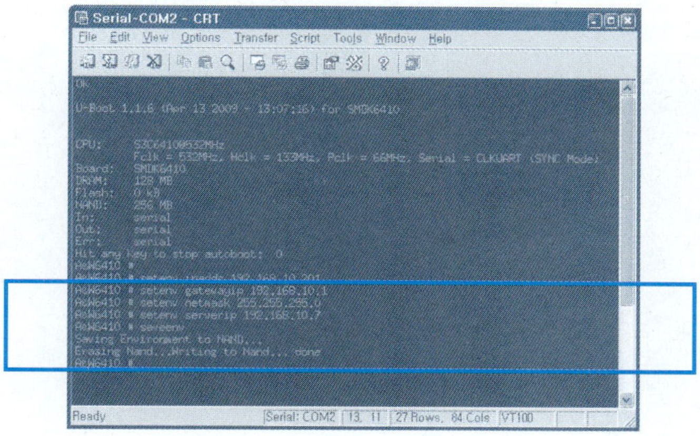

3. 커널 Write

① tftp 0xc0008000 uImage를 입력하여 커널 uImage를 RAM 0xC0008000에 다운받는다.

② nand erase 0x40000 0x300000를 입력하여 NAND Flash의 0x40000 어드레스를 지운다.

③ nand write 0xc0008000 0x40000 0x300000를 입력하여 Flash의 0x40000 어드레스에 RAM 0xc0008000에 다운받은 uImage를 Write한다.

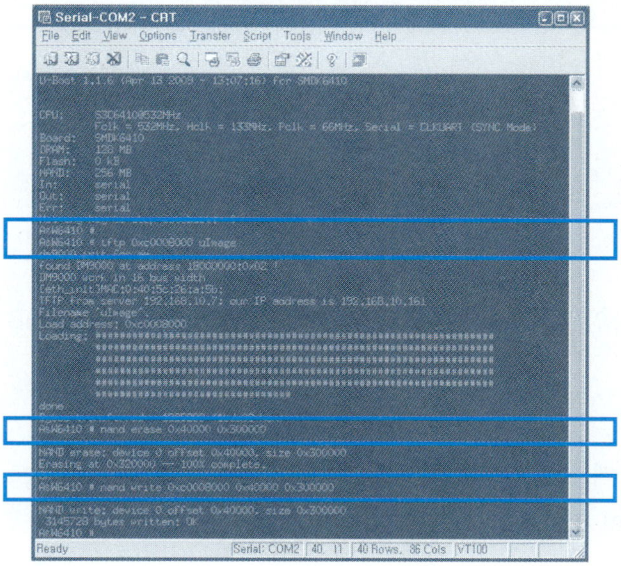

④ 정상적으로 리눅스 커널(Linux Kernel)이 NAND Flash에 프로그램되었다면 다음과 같은 부팅 로그를 볼 수 있다.

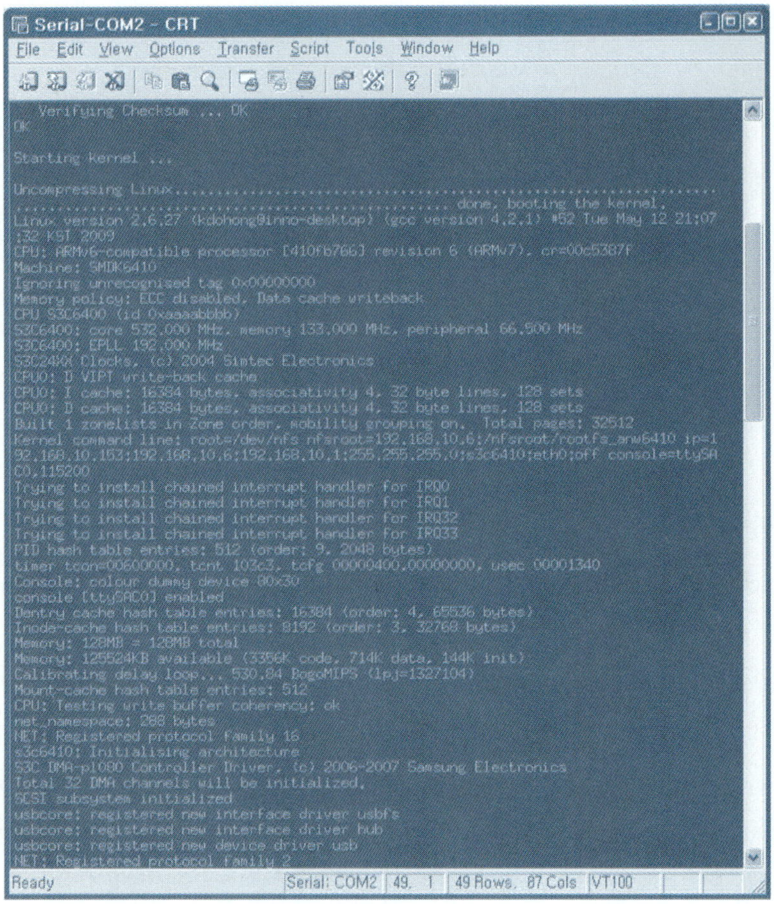

08 루트 파일 시스템 Write 작업

① 커널 write 작업과 마찬가지로 전원을 켰을 때 아무키나 눌러 uBoot 커맨드 상태로 진입한다.

② 이미 IP 어드레스와 TFTP 서버 IP는 저장되어 있기 때문에 별도로 IP 셋팅하는 명령어는 입력하지 않아도 된다.

③ PC의 TFTP 서버 프로그램의 브라우저(Browse) 버튼을 눌러 루트 파일 시스템(Root File system)이 있는 디렉토리를 지정한다(/Binary/RootFS).

④ 루트 파일 시스템(Root File system) Write

① 시리얼 터미널 프로그램에서 tftp 0xc0008000 rootfs.img.gz을 입력하여 rootfs 이미지를 RAM의 0xc0008000에 다운로드한다.

② nand erase 0x400000 0x900000을 입력하여 루트 파일 시스템(Root File system)이 위치할 NAND Flash 0x400000 영역을 지운다.

③ nand write 0xc0008000 0x400000 0x900000을 입력하여 RAM 0xc0008000에 로드했던 root file system 이미지를 NAND Flash 0x400000에 Write한다.

⑤ Bootargs 수정

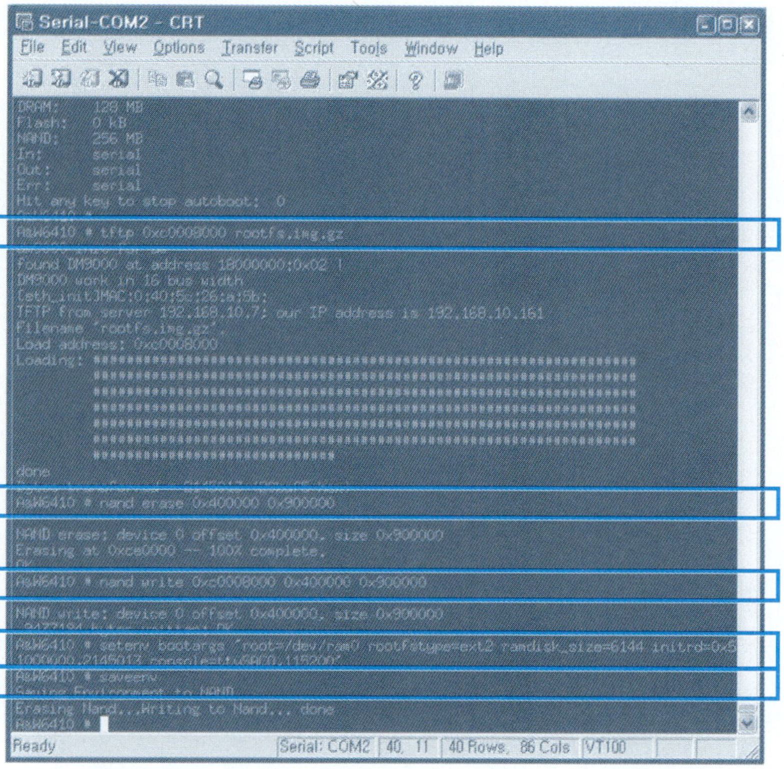

① 리눅스 커널(Linux Kernel)에 boot argument를 설정해주어야 nand에 write했던 Root file system을 이용하여 잘 부팅할 수 있다.

② 시리얼 터미널 프로그램에서 setenv bootargs 'root=/dev/ram0 rootfstype=ext2 ramdisk_size=6144 initrd=0x51000000,2144884 console=ttySAC0,115200'를 입력한다.

③ # saveenv하여 환경변수를 저장한다.

④ 여기서 initrd 부분의 2144884는 바로 전에 write했던 rootfs.img.gz 사이즈(Byte)이다. 나중에 루트 파일 시스템(Root File system)을 변경한다면 이 부분을 rootfs.img.gz 사이즈로 항상 맞추어 주어야 한다.

6 정상적으로 루트 파일 시스템(Root File system)이 올라갔다면 전원을 켰을 때 다음과 같이 명령어 수행 프롬프트까지 나타날 것이다. Login ID는 root이며 password는 없다.

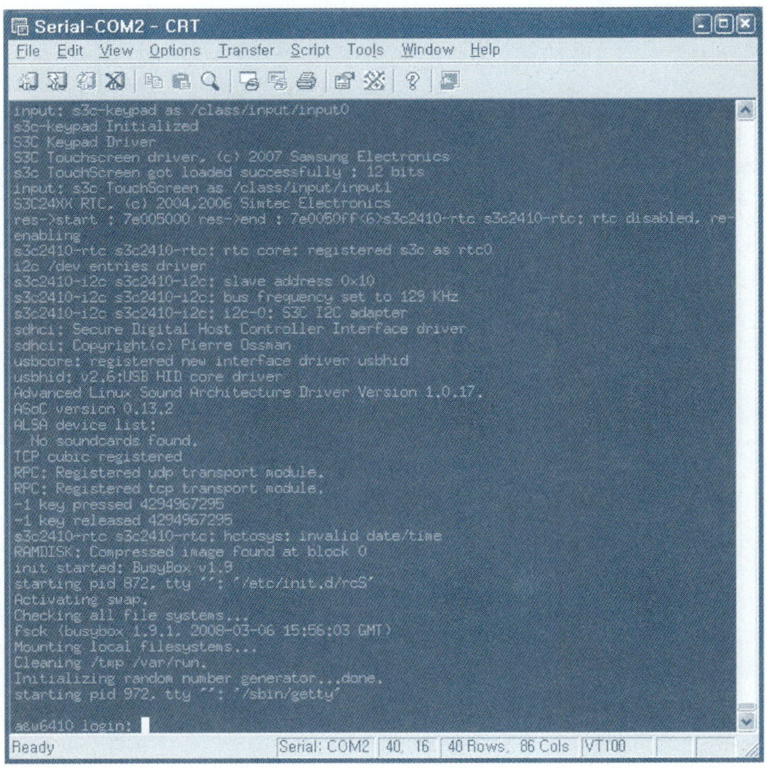

09 NFS 설치

1 NFS 사용하기

① Android 이미지를 NAND Flash에 쓰기(write) 위해서는 NFS(Network File System) Server를 사용해야 한다.

② 개발할 Host PC에 리눅스(Linux)를 설치하여야 하며 우분투(ubntu) 배포본을 권장한다.

③ www.ubuntu.com에 접속하여 최신 우분투(ubntu)를 설치한다.

④ root 권한으로 모든 작업이 이루어져야 한다.

2 nfsd을 설치한다.

```
# apt-get install nfs-kernel-server
```

3 nfs 디렉토리를 만든다.

```
# mkdir /nfsroot
```

4 nfs 설정 파일을 수정한다(위치명 및 위치는 /etc/exports이다).

```
# vi /etc/exports
```

다음 내용을 써주고 저장한다.

```
/nfsroot    *(rw,no_root_squash,no_subtree_check,sync)
```

5 nfs daemon을 restart시킨다.

```
# /etc/init.d/nfs-kernel-server restart
```

6 제공된 CD의 rootfs_anw6410.tgz (/Binary/rootfs_android에 위치)를 /nfsroot에 복사한다.

7 # tar xvzf rootfs_anw6410.tgz를 입력하여 압축을 해제한다.

8 # cdmod -R 775 /nfsroot/rootfs_anw6410로 모든 사용자에게 읽기, 쓰기 권한을 준다.

10 안드로이드 이미지 Write

1 전원을 키고, 부팅될 때 아무키나 눌러 uBoot 명령어 모드 상태로 진입한다.

2 NFS 부팅

setenv bootargs 'root=/dev/nfs nfsroot=192.168.10.6:/nfsroot/rootfs_anw6410 ip=192.168.10.153:192.168.10.6:192.168.10.1:255.255.255.0:s3c6410:eth0:offconsole=ttySAC0,115200'

saveenv

① 192.168.10.6은 NFS 서버의 IP이므로, Host Linux 서버의 IP를 적어 주어야 한다.

② 192.168.10.153은 Board가 받은 IP를 적어 주어야 한다. 개발하고 있는 네트워크 환경에 따라 IP가 충돌나지 않게 수정해 주어야 한다.

③ 192.168.10.1은 Gateway, 255.255.255.0은 Subnet mask이다. 각자의 네트워크 환경에 따라 수정해 주어야 한다.

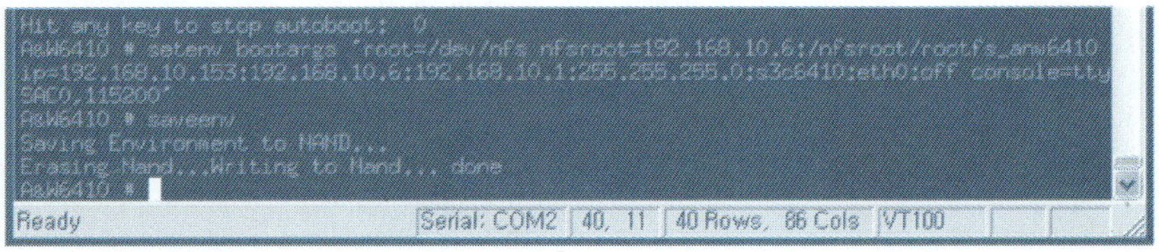

④ 플랫폼 보드(Board)를 재부팅시키면 아래와 같이 출력되면 로그인(login) 대기 상태가 되어야 한다.

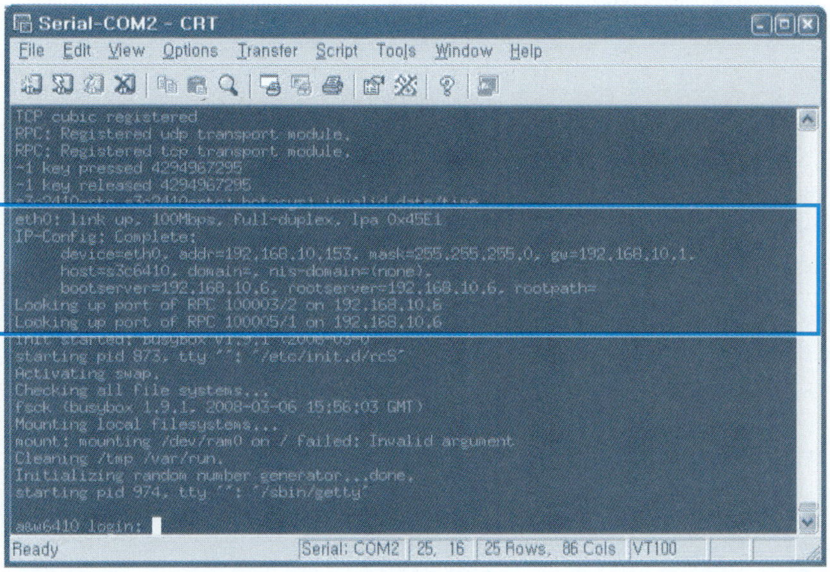

3 NAND Flash에 이미지 쓰기(Write)

① root로 로그인한다.

② 안드로이드 이미지가 위치할 mtd3 영역을 지운다.

```
# flash_eraseall /dev/mtd/mtd3
```

③ mtdblock3를 /mnt 디렉토리로 yaffs2 파일 시스템 방식으로 mount한다.

```
# mount -t yaffs2 /dev/mtdblock3 /mnt
```

④ NFS에 이미 존재하는 안드로이드 시스템(Android System) 디렉토리 내용 모두를 /mnt 디렉토리로 복사한다. 즉 리눅스(Linux) 서버의 안드로이드(Android) 이미지를 NAND Flash에 Write하게 되는 것이다.

```
# cp -a /system /mnt
```

⑤ 혹시 모를 데이터 손실을 막기 위해 캐시(cache) 영역에 있는 데이터를 바로 쓰도록 한다.

```
# sync
```

⑥ 마운트를 해제한다.

```
# umount /mnt
```

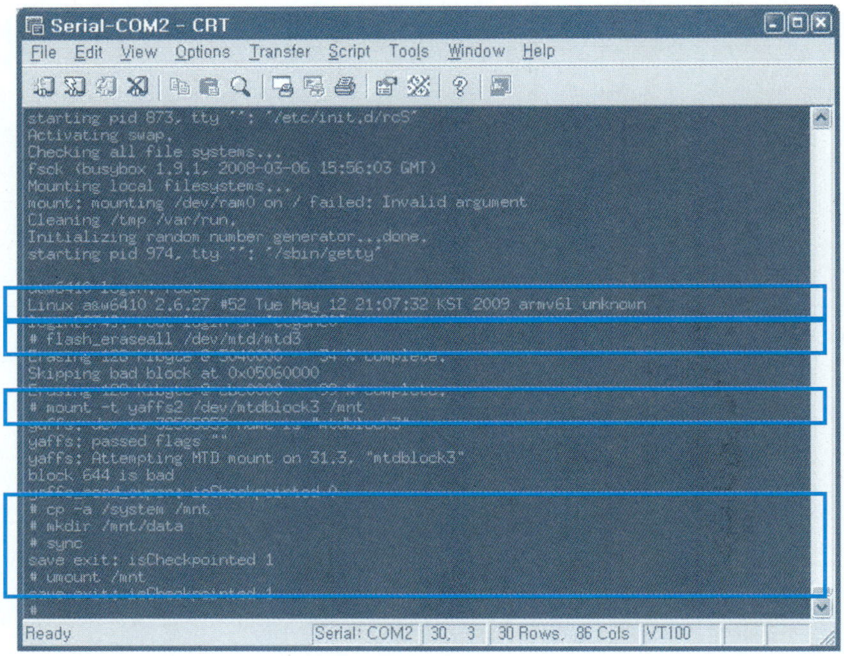

④ Flash 부팅으로 변경

전원을 켜서 uBoot 상태에서 bootargs 수정하여 다시 FLASH 부팅으로 바꾼다.

```
# setenv bootargs 'root=/dev/ram0 rootfstype=ext2 ramdisk_size=6144 initrd=0x51000000,2144884 console=ttySAC0,115200'
# saveenv
```

11 안드로이드 실행

① 모든 작업이 끝나면 재부팅하고 root 로그인 한 후 run.sh를 실행시키면 안드로이드(android)가 실행된다.

```
# /run.sh
```

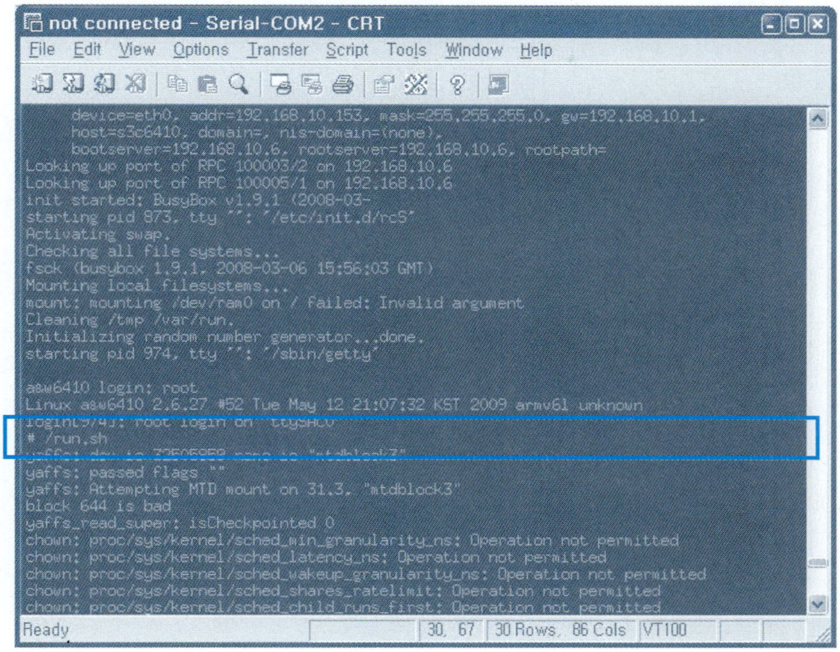

12 SDK 개발된 애플리케이션을 보드에서 테스트

에뮬레이터를 통해 확인한 응용프로그램을 타깃 보드에서 직접 동작시키기 위한 방법에 대하여 설명하겠다. 타깃 보드에서 동작 쉽고 빠르게 확인하기 위하여 플랫폼 보드(Platform board)에서 사용한 NFS 방법을 사용하기로 한다.

① 안드로이드 SDK로 개발된 애플리케이션을 에뮬레이터가 아닌 실제 보드에서 테스트하기 위해서는 개발된 Application의 *.apk 파일을 안드로이드 data/app 밑에 복사하면 된다. Eclipse에서 작성된 DialogTest 예제를 사용하도록 하겠다.
Applcation은 자동으로 빌드 과정을 한 후 프로젝트안에 bin 디렉토리에 [프로그램의 Activity 이름].apk 파일이 생성된다.
C:\[작업 디렉토리]\bin

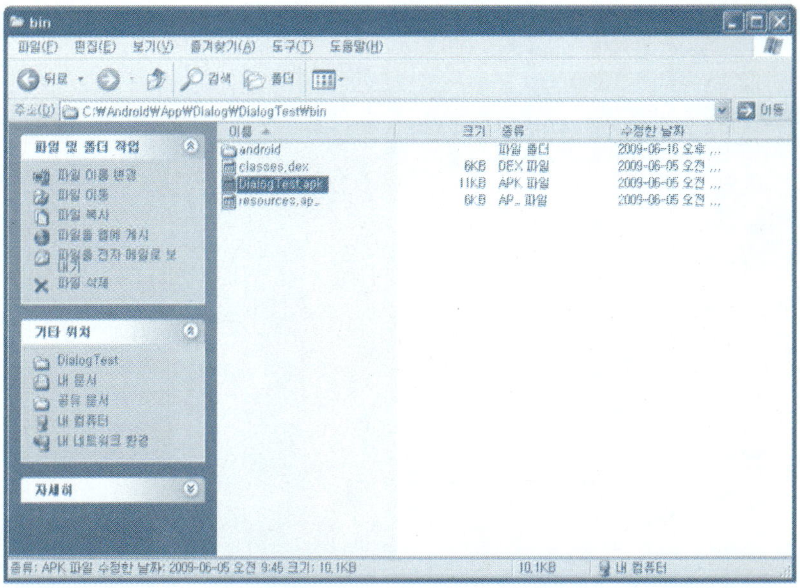

이 파일을 /nfsroot/rootfs_anw6410/data/app 디렉토리에 복사한다.

```
# cp HellowAndroid.apk  /nfsroot/rootfs_anw6410/data/app/
```

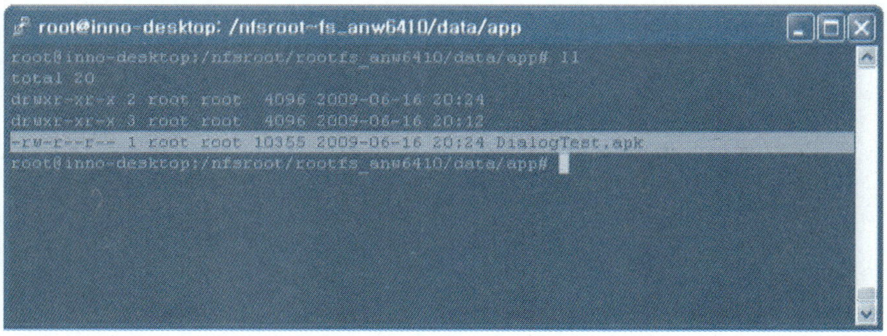

이때 파일의 권한 작성한 사용자(user), 작성사용자의 그룹(group), 기타 사용자(other)에 대하여 -rw-r--r--(644)로 모든 읽기가 가능하도록 하자. 그렇지 않을 경우 권한 설정을 변경해준다.

```
# chmod 644 *
```

ls -l을 입력하여 권한 설정이 변경되었는지를 확인하자.

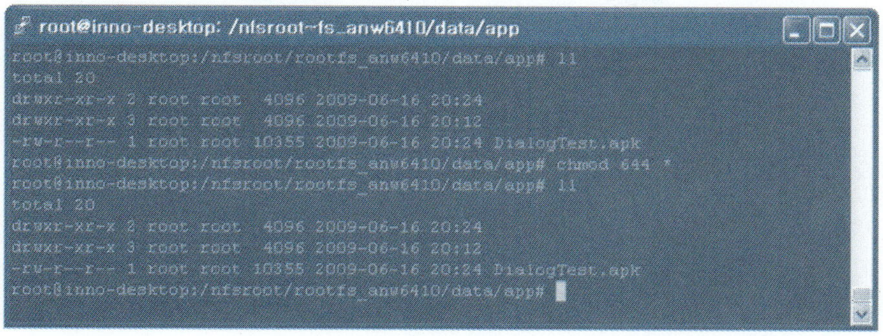

2 복사한 후에 NFS로 부팅하여 확인해 볼 수 있다.

① uBoot 상태에서

```
# setenv bootargs 'root=/dev/nfs nfsroot=192.168.10.6:/nfsroot/rootfs_anw6410
ip=192.168.10.153:192.168.10.6:192.168.10.1:255.255.255.0:s3c6410:eth0:off
console=ttySAC0,115200'
# saveenv
```

② 부팅 후 init을 실행한다.

```
# /init
```

아래와 같이 DialogTest가 추가된 것을 확인할 수 있다. 아래 화면의 경우 이 교재의 모든 예제의 *.apk 파일을 /nfsroot/rootfs_anw6410/data/app/ 디렉토리로 복사를 한 후 타깃보드를 부팅한 결과 화면이다.

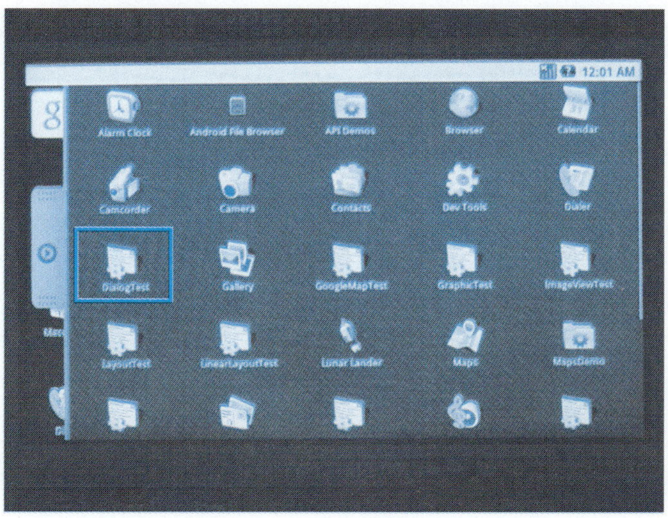

PART III

안드로이드 플랫폼의 응용

CHAPTER 11

안드로이드 응용프로그램 구현

안드로이드 응용프로그램은 이클립스(Eclipse)를 실행하여 메뉴에서 File → New → Project 선택하여 안드로이드 프로젝트를 생성한다. Project Name 및 Package 등 설정을 마친 후 코드를 작성한다.

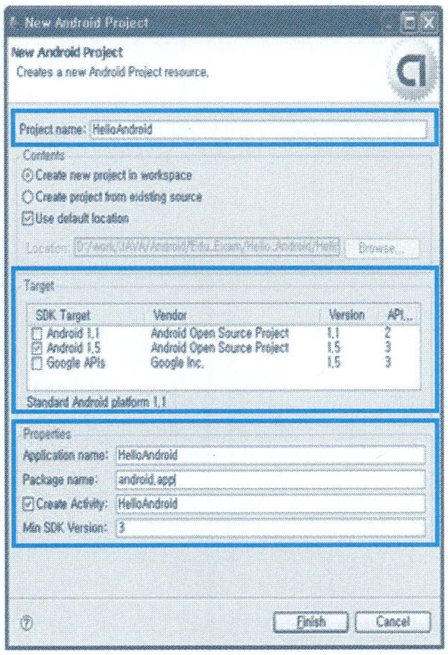

[그림 11-1] 프로젝트 이름 및 패키지 등 설정

코드작성이 끝나면 메뉴 Run/Run Configurations 실행하여 에뮬레이터를 실행하여 작성한 코드가 올바르게 동작하는지 검증한다. 이때 플랫폼에 맞는 AVD가 존재하여야 에뮬레이터가 동작함을 기억하도록 하자.

응용실습 01 Hello, Android 출력하기

기본적인 안드로이드 애플리케이션으로 헬로우 안드로이드(Hellow Android)를 에뮬레이터상에서 동작시켜 보도록 하자.

① 이클립스(Eclipse)를 실행하면 제일 먼저 작업공간을 설정하는 창이 나타난다. Browse 버튼을 클릭한다.

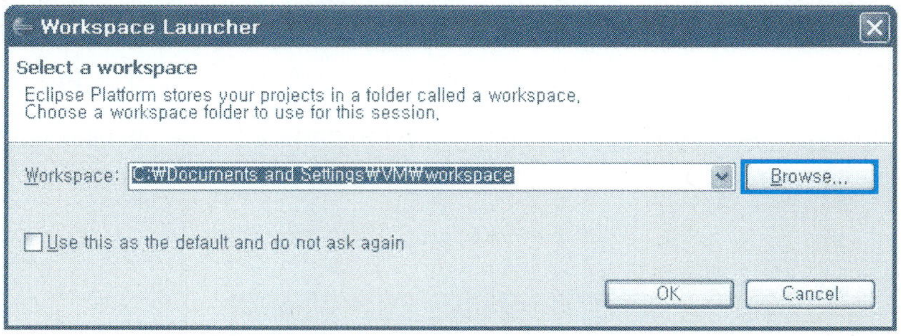

② 새 폴더 만들기를 클릭하고 생성된 폴더 이름으로 HellowAndroid를 입력한 후 확인을 클릭한다.

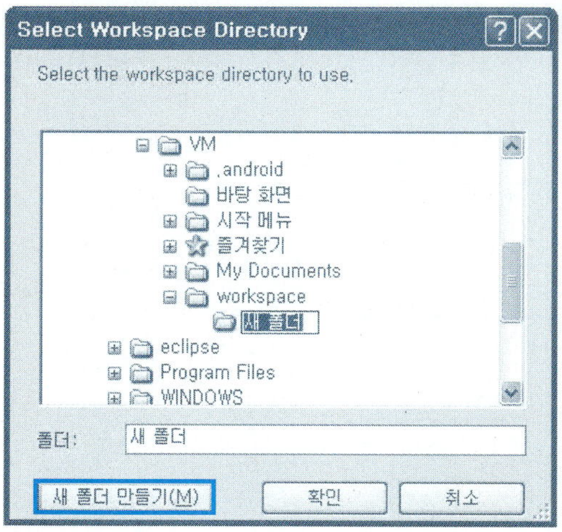

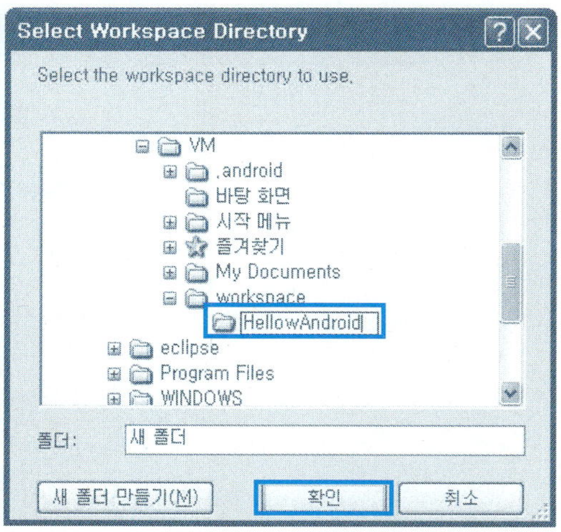

③ 설정한 작업공간을 확인한 후 OK 버튼을 클릭한다.

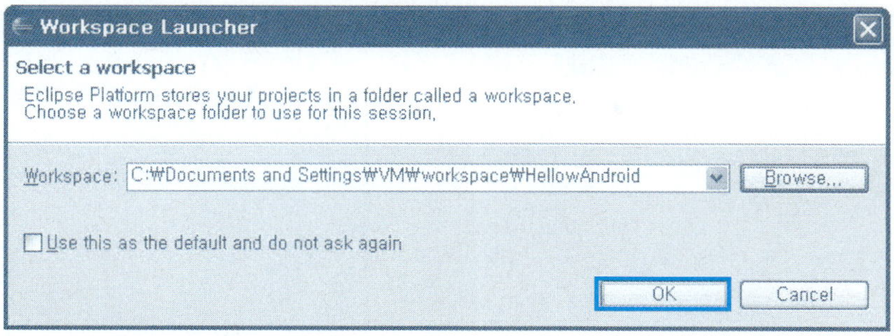

④ 프로젝트를 생성해 보자. 안드로이드 애플리케이션을 위한 프로젝트 생성하기 위한 방법에는 이클립스(Eclipse) 메뉴를 통한 방법과 이클립스(Eclipse) Wizard를 통해 생성하는 방법이 있다.

① 첫 번째 방법 : 메뉴에서에서 File → New → Android Project를 선택하여 New Android Project를 생성한다.

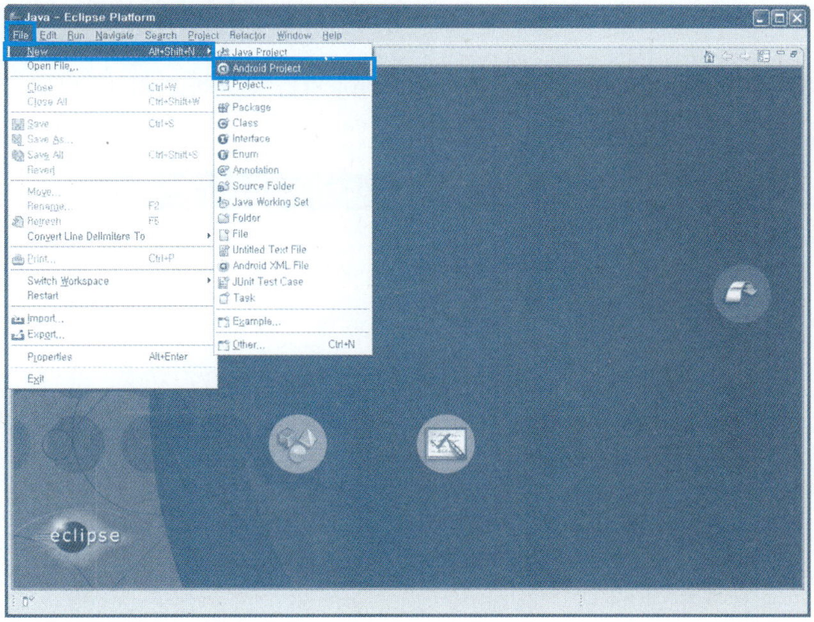

② 두 번째 방법 : 메뉴에서 File → New → Others를 선택한다.

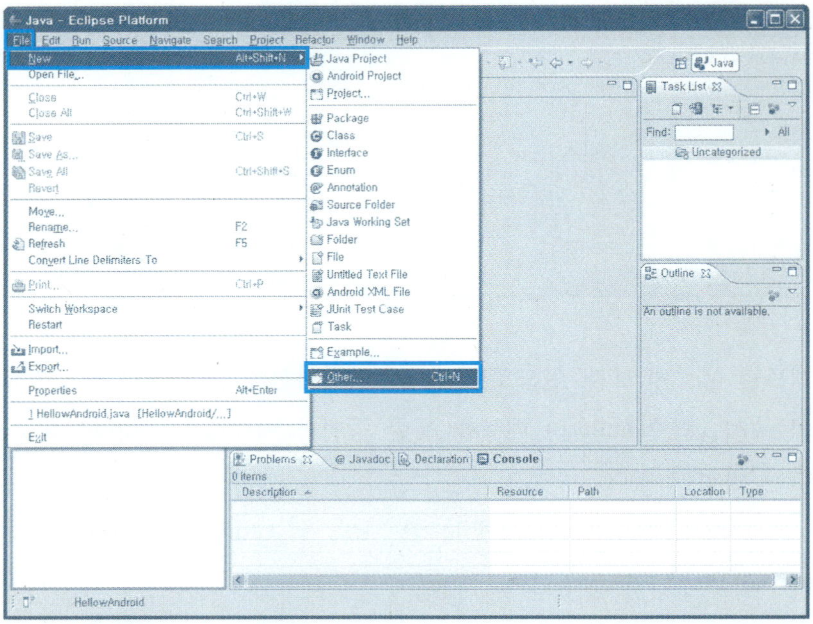

5 아래와 같이 wizard가 실행되면 Android Project를 선택하고 Next 버튼을 클릭하여 New Android Project를 생성한다.

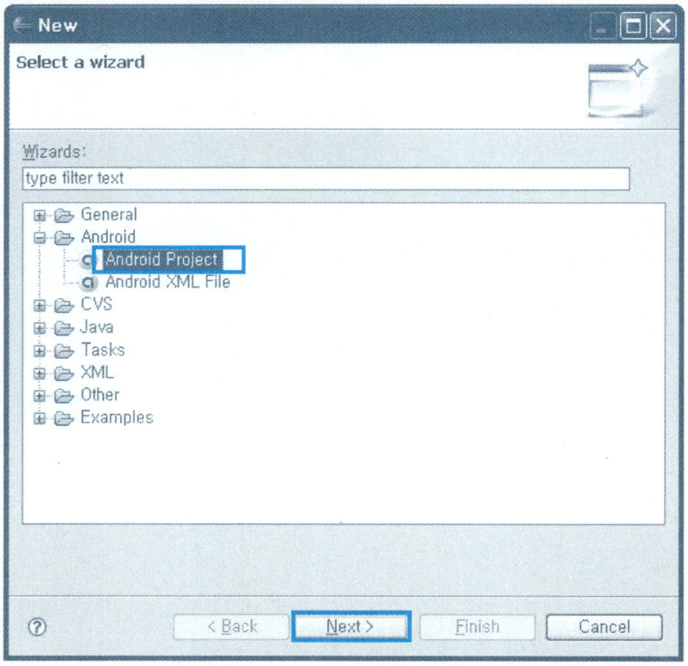

6 앞의 2가지 중 하나의 방법으로 프로젝트 생성을 하면 다음과 같은 창이 나타난다. SDK가 제대로 설정하였다면 Build Target 부분에 다음과 같이 지원 가능한 목록을 보여준다.

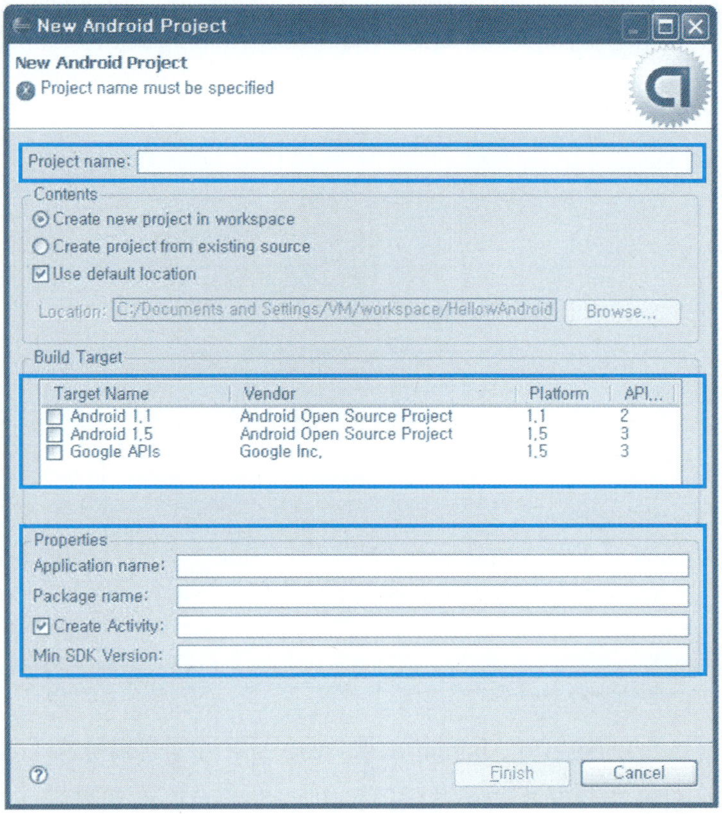

7 만약 SDK 설정이 제대로 되지 않았다면 아래의 경고창이 나타난다.

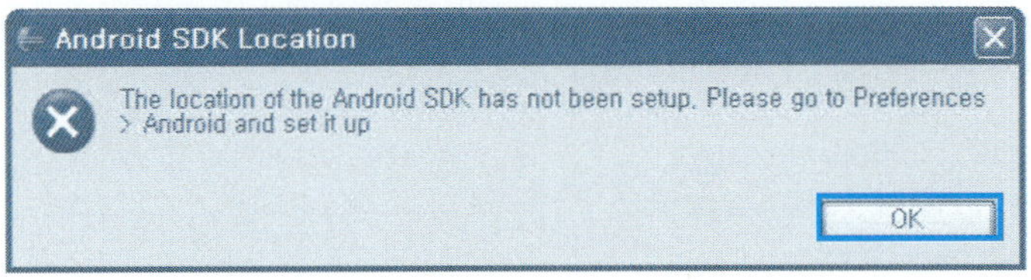

⑧ SDK 설정이 제대로 되지 않았다면 Build Target 부분이 비어 있는 것을 볼 수 있다.

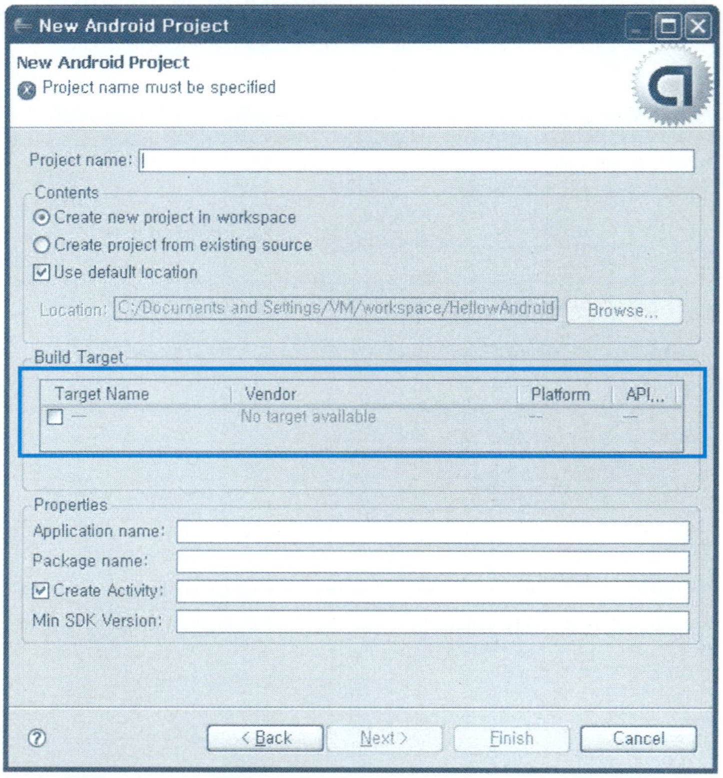

⑨ 이 때 이클립스(Eclipse)의 Android SDK 경로 설정이 잘못되었거나 설정이 되지 않았을 경우 위의 7, 8번과 같이 SDK 설정을 다시 하도록 하자.
다음과 같이 입력한 후 Finish 버튼을 클릭한다.

⑩ 프로젝트 생성

Project Name : HellowAndroid
Application Name : HellowAndroid
Package Name : android.app
Create Activity : HellowAndroid

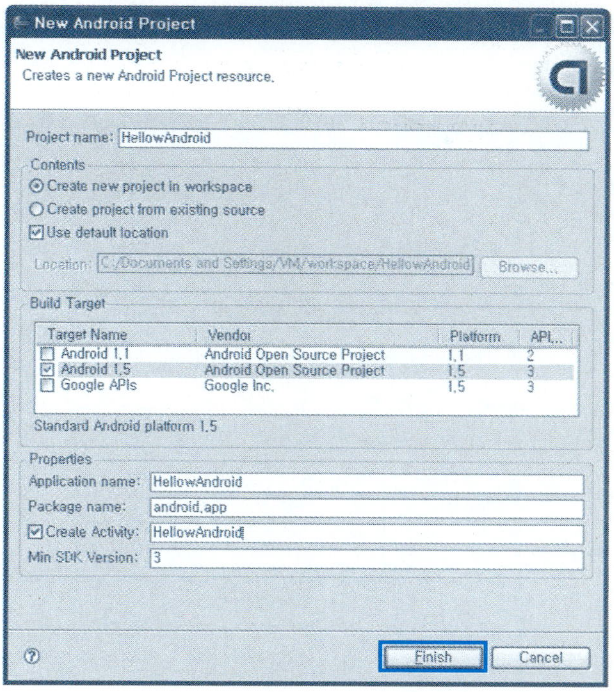

⑪ 프로젝트 생성이 완료되면 다음과 같은 화면을 보여준다.

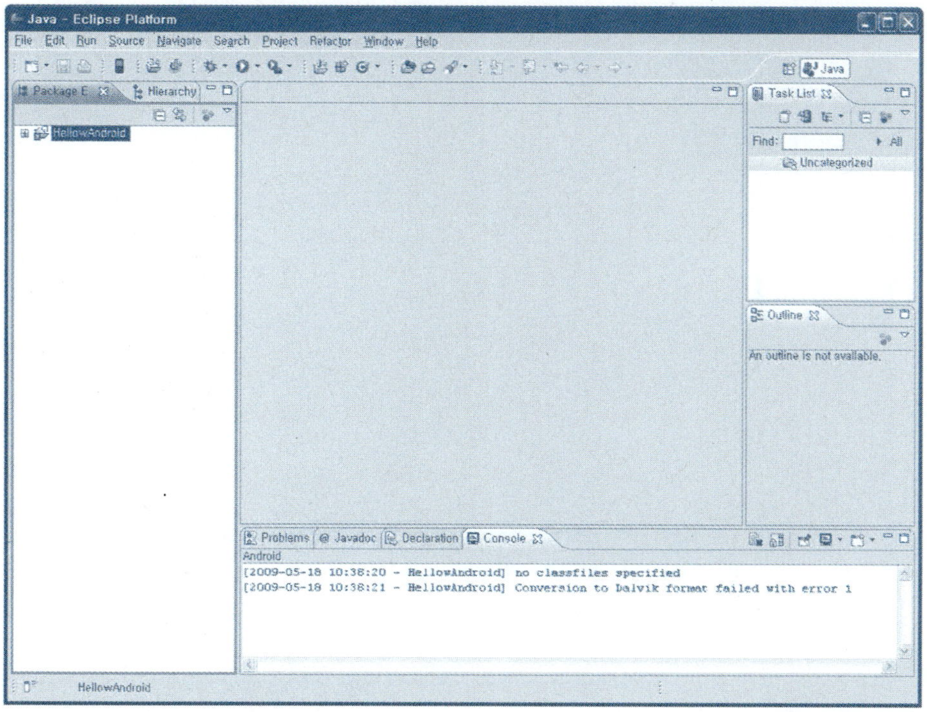

⑫ 프로젝트 생성 후 이클립스(Eclipse) 하단의 Problems에 다음과 같은 에러 메시지가 나타난다면 프로젝트를 Refresh 해주도록 한다.

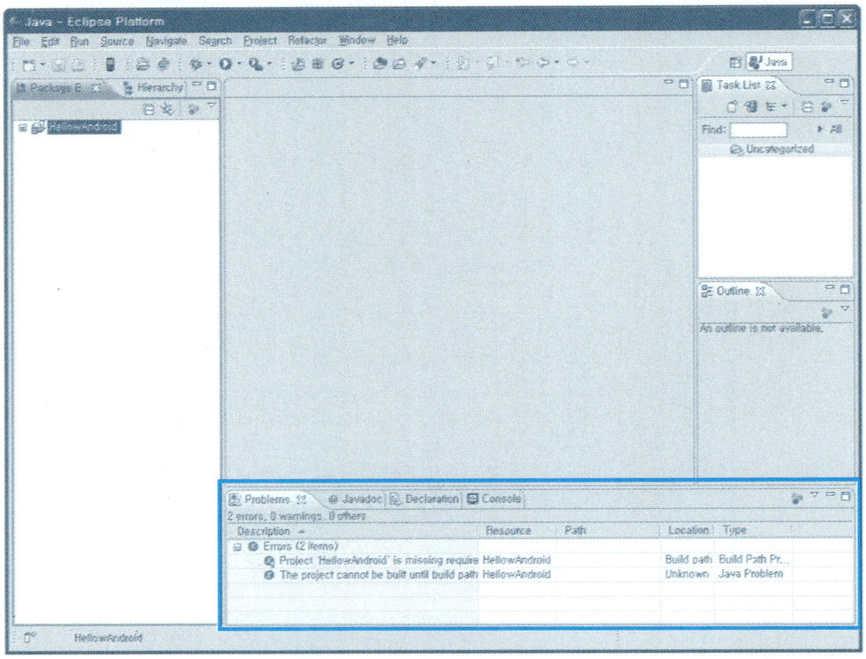

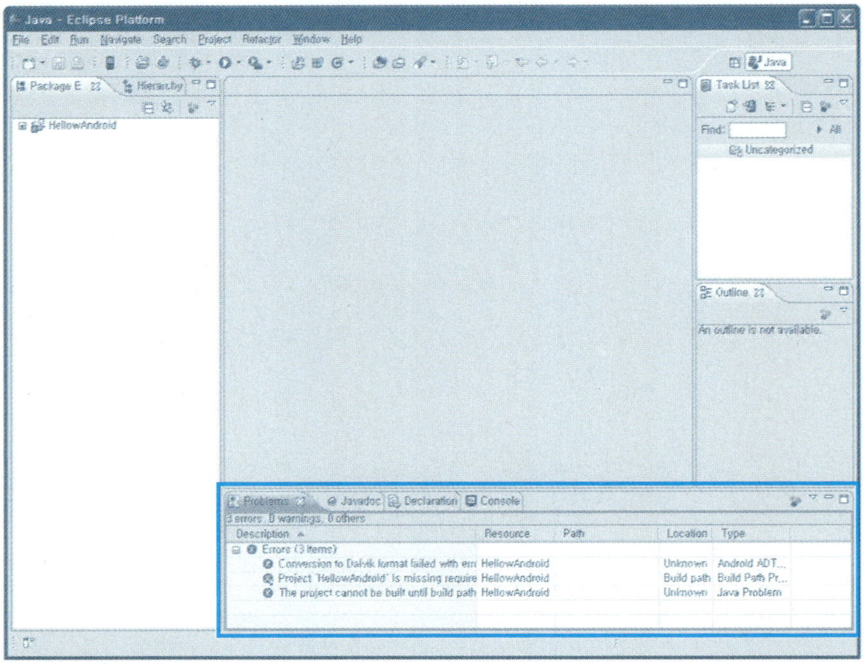

⑬ 프로젝트에서 오른쪽 마우스 또는 F5를 눌러 Refresh를 한다.

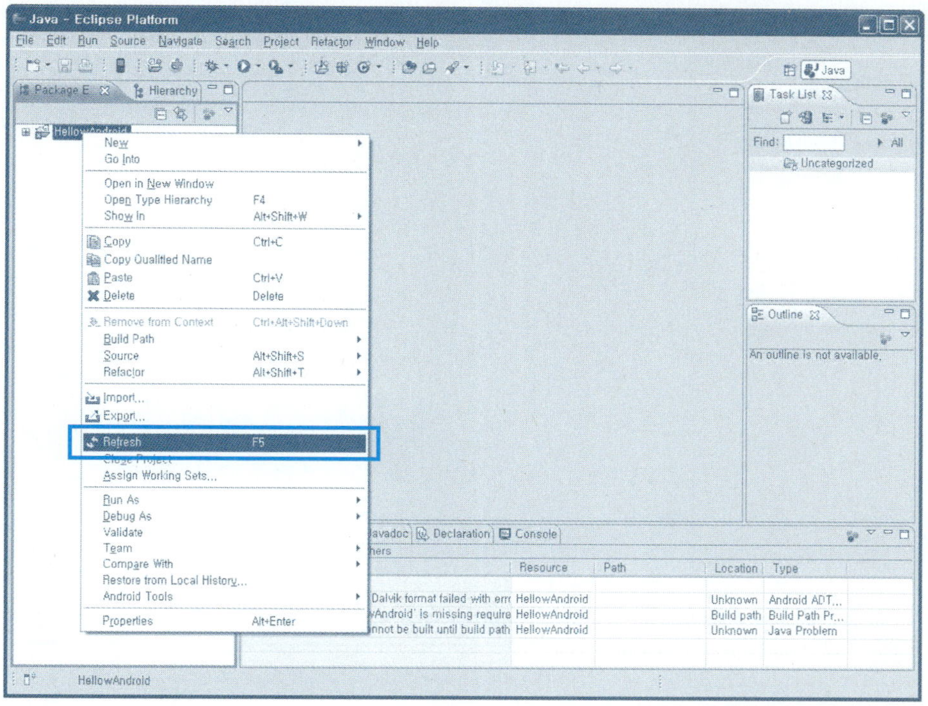

⑭ 기본으로 생성되는 프로젝트 패키지는 다음과 같다.

- src : 자바 소스의 위치
  Main.java : 기본으로 지정해주었던 Activity 클래스
- gen
  R.java : 리소스 파일에서 생성되는 클래스로 항상 자동으로 생성 및 갱신되며 절대 수정하지 않는다.
- res : 애플리케이션에서 필요한 그림, 멀티미디어, 레이아웃, 문자열 등 다양한 리소스 관리
  drawable : 애플리케이션에서 사용될 그림 파일들이 위치
  layout : Activity의 화면 구성 정보인 xml 파일들이 위치
  values : 문자열, 배열, 색, 스타일 등 다양한 부가 정보들이 위치
  Android 1.5 : 안드로이드 SDK 1.5 사용을 위해 포함된 라이브러리
  AndroidManifest.xml : 애플리케이션과 구성과 관련된 모든 정보를 담고 있는 파일로 Activity의 다양한 설정, 사용권한, 연관된 라이브러리 등 다양한 정보 및 전반적인 설정을 담고 있는 파일

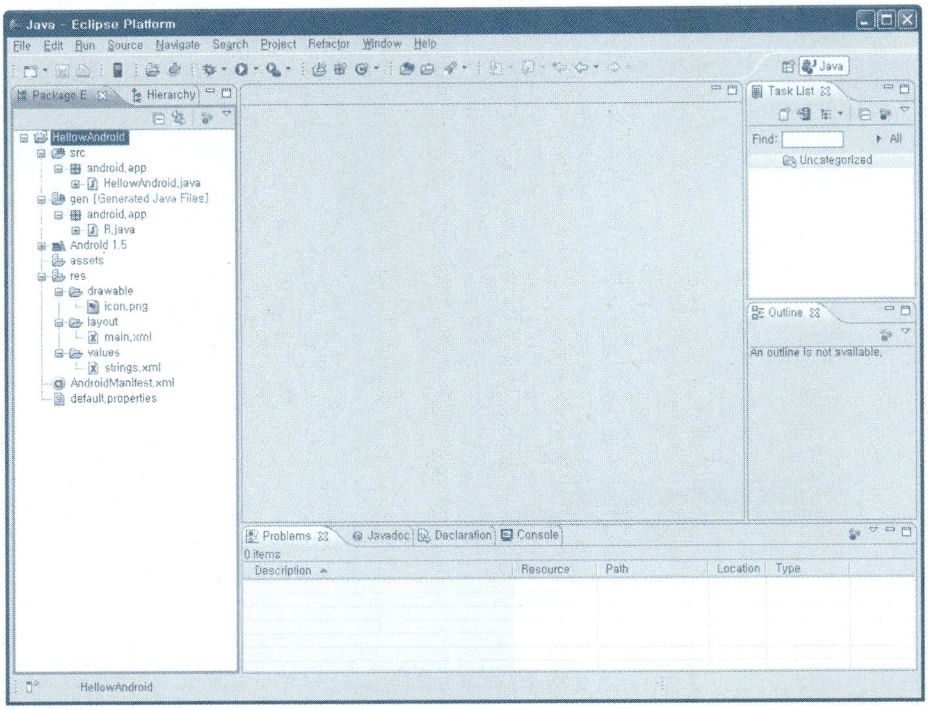

⑮ HellowAndroid.java 파일을 더블클릭하여 열어보면 프로젝트 생성시 기본적인 내용이 자동으로 생성되었음을 확인할 수 있다.

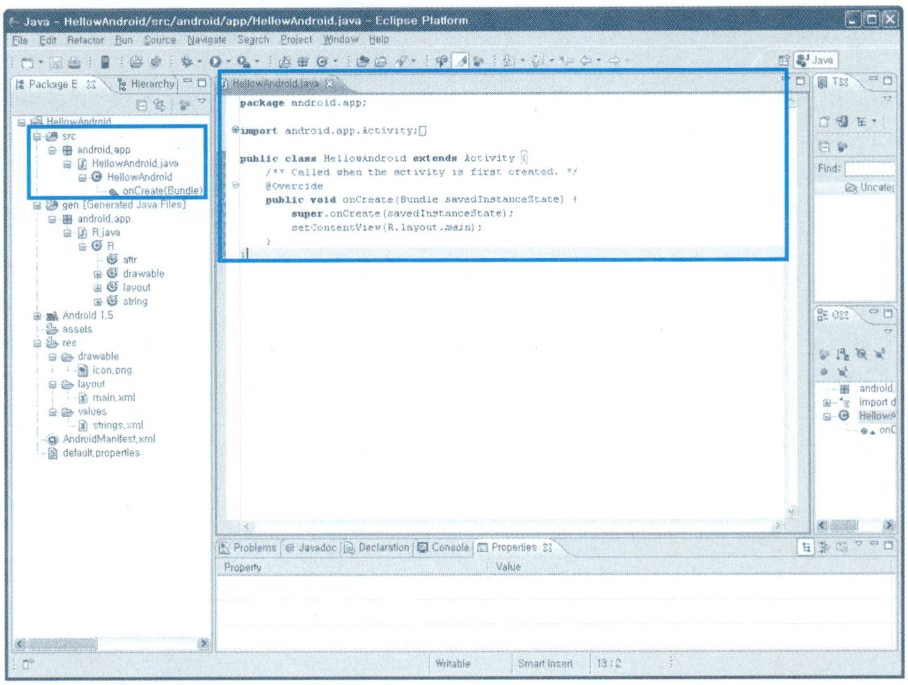

⑯ main.xml은 화면에 대한 레이아웃(화면 구성)에 대한 정보를 포함하고 있는 파일로 마찬가지로 기본적인 코드가 생성된다. xml 파일이 안드로이드의 UI를 생성하는데 중요한 역할을 한다. 보통, 윈도우용 프로그램을 작성할 때 화면구성과 코드를 따로 따로 작성하게 된다. 안드로이드에서도 화면구성은 XML 파일(main.xml), 코드는 java 소스(예 : HelloAndroid. java)가 담당하게 된다.

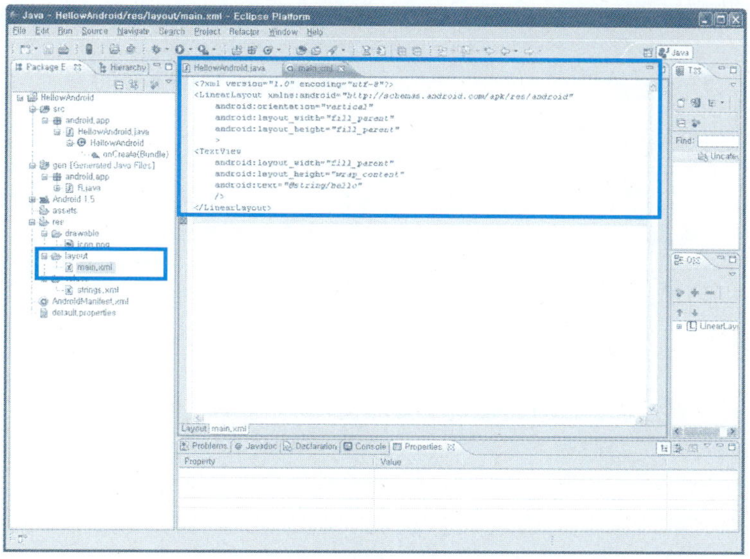

⑰ string.xml은 사용되는 스트링에 대하여 정의를 하는 파일이다.

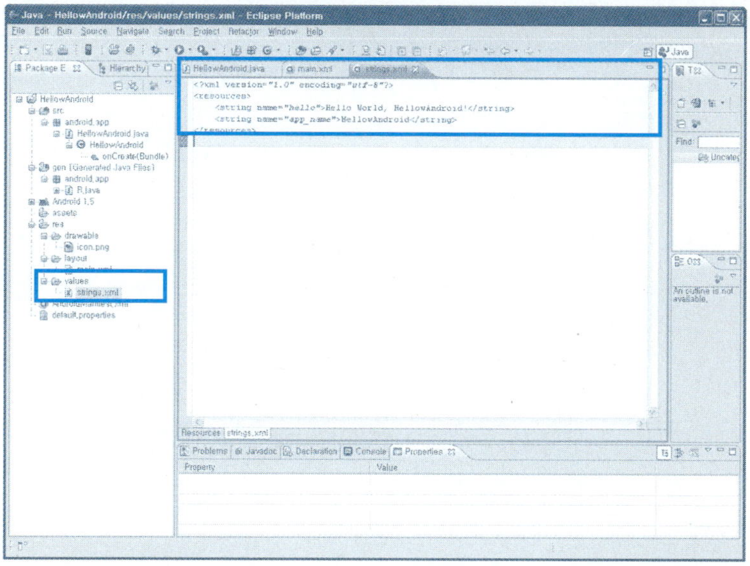

(1) 에뮬레이터에서 동작시켜 보자.

1 메뉴에서 File → Run → Run Configurations를 선택한다.

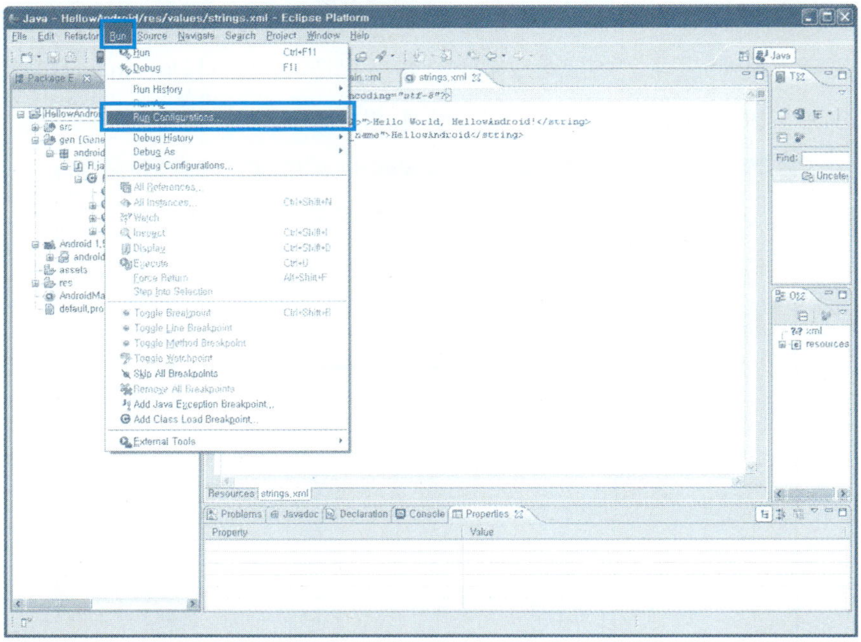

2 다음과 같이 Run Configurations를 실행할 수도 있다.

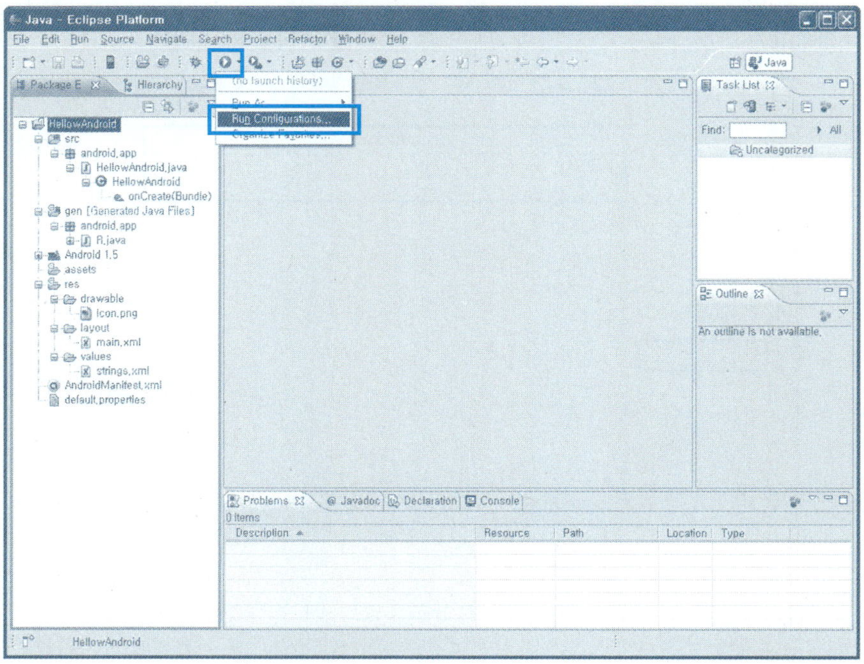

③ 아래와 같은 화면이 나타나면 Android Application을 더블클릭하자.

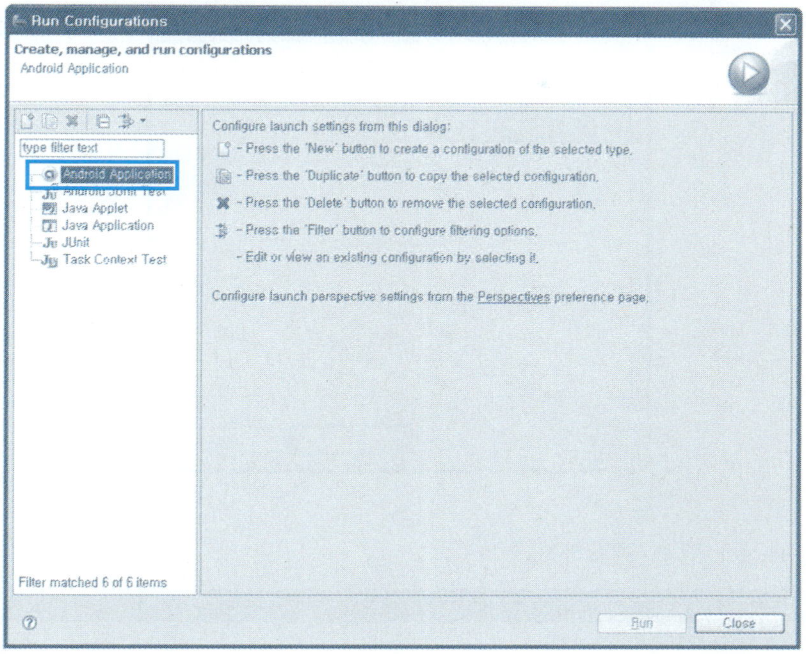

④ Name 부분의 내용에 HellowAndroid를 입력(사용자가 원하는 이름을 입력할 수도 있다.)하고 Browse 버튼을 클릭하여 프로젝트를 선택한다.

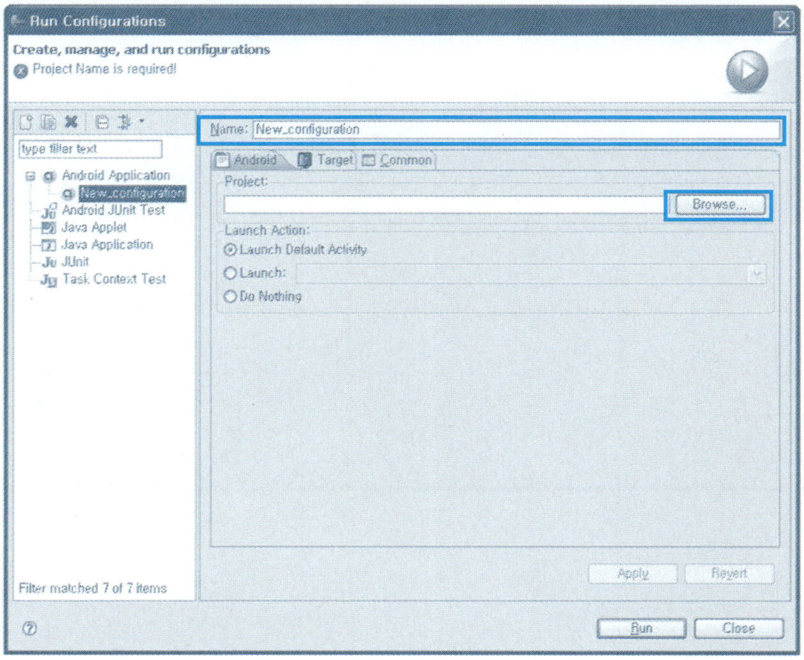

5 HellowAndroid를 선택하고 OK 버튼을 클릭한다.

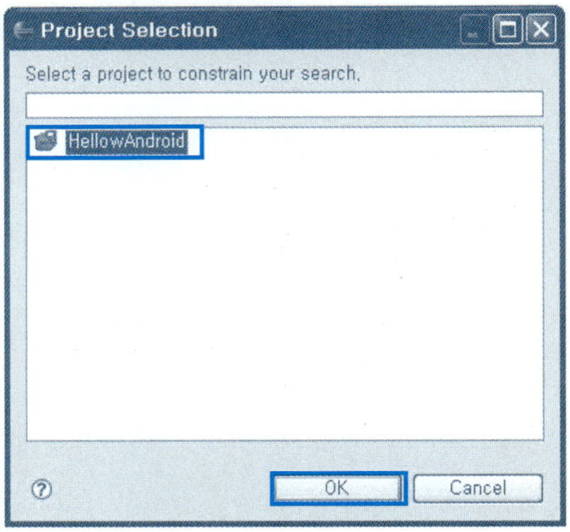

6 이제 Target 탭을 클릭하자.

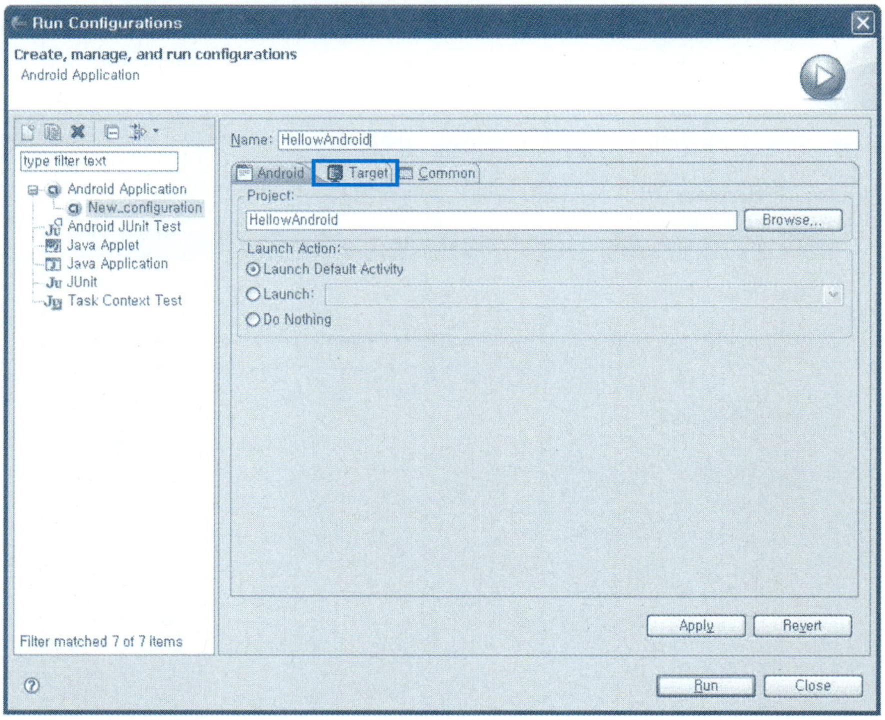

⑦ 작성된 응용프로그램의 Target과 동일한 AVD를 선택한 후 에뮬레이터를 동작시켜야 한다. 이때 Manual로 설정하면 사용자가 Target을 직접 선택할 수 있으며, Automatic을 선택하면 에뮬레이터가 자동적으로 AVD를 선택하여 실행한다. 여기서는 Automatic을 선택 사용하도록 하자. 이 때 Run 버튼을 클릭하여 바로 동작을 시킬 수 있지만 동작은 다음 단계에서 진행하도록 하겠다.

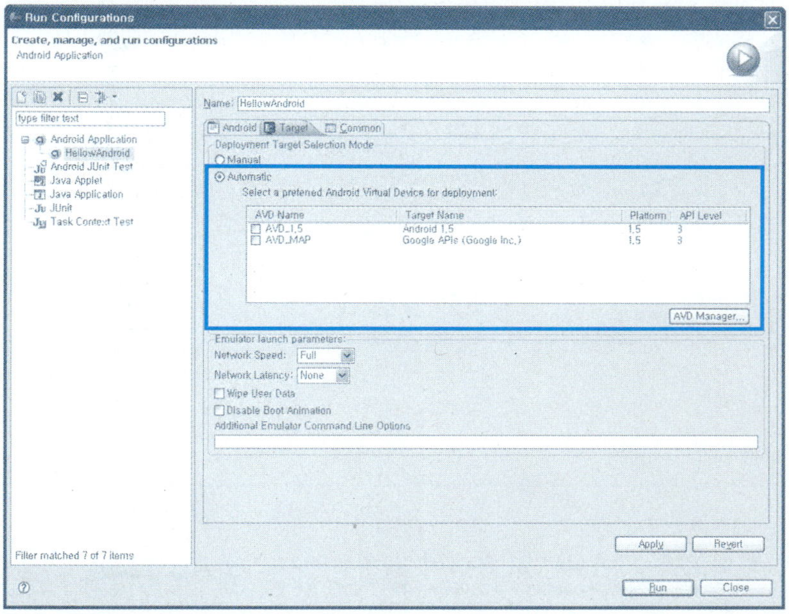

⑧ 하단에 Additional Emulator Command Line Options 부분에는 SD 카드 선택, 스킨 선택 등 에뮬레이터 동작에 대한 부가적인 옵션을 입력할 수 있다.

스킨을 무시하기 위하여 이 부분에 -noskin을 적고 실행하면 스킨이 제거된 에뮬레이터의 실행 화면을 볼 수 있다.

(2) 에뮬레이터를 동작시켜 보자.

① 메뉴에서 Run → Run을 선택한다.

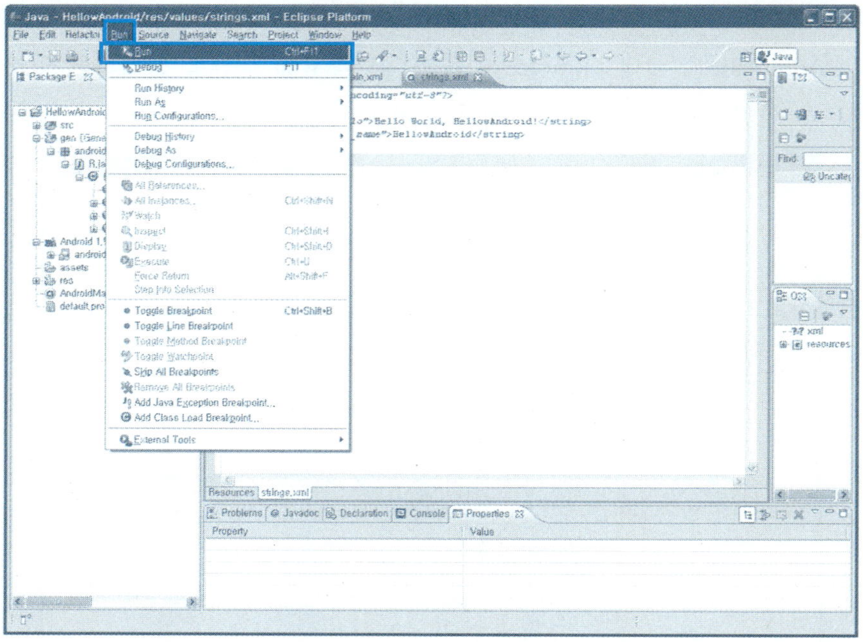

② 아래처럼 바로가기 아이콘을 통하여 실행할 수도 있다.

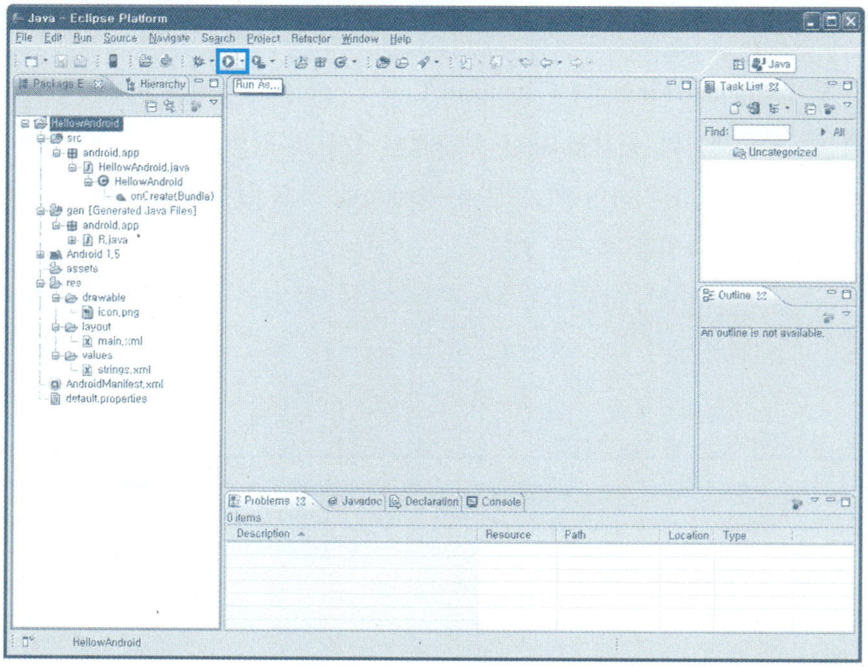

③ Android Application을 선택하고 OK 버튼을 클릭한다.

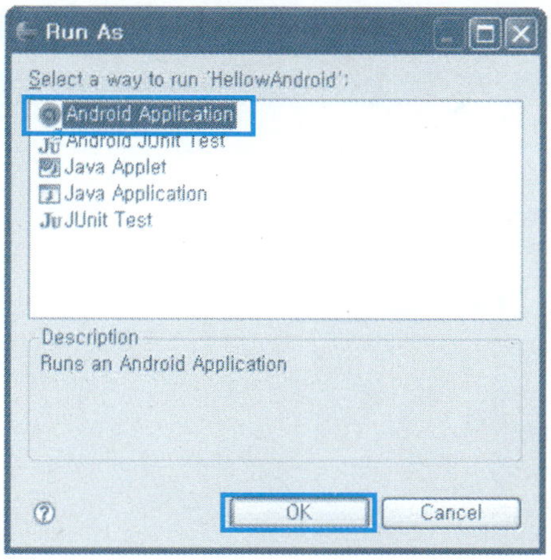

④ 에뮬레이터에서 안드로이드의 부팅 화면이 진행되고 있다.

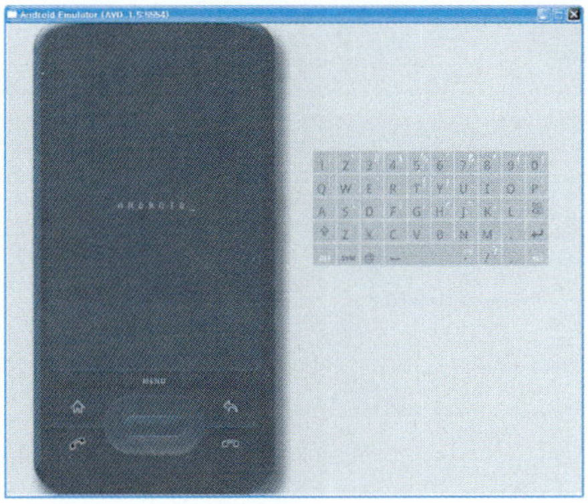

⑤ 부팅이 완료된 모습으로 현재 Locked(잠겨 있는) 상태로 Menu 버튼을 눌러 해제할 수 있다.

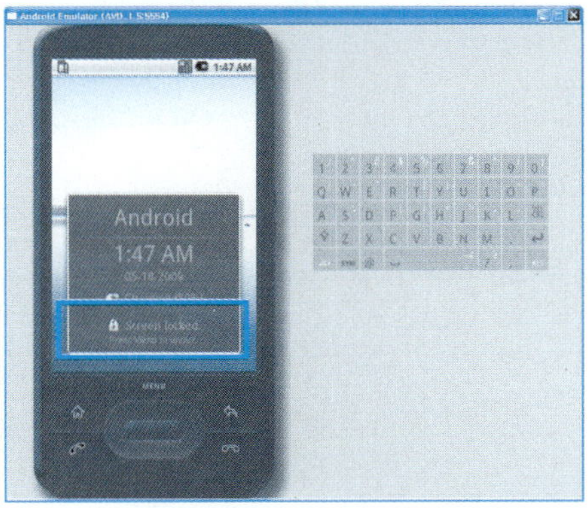

6 에뮬레이터의 keyset는 C:\Documents and Settings\[사용자 계정명]\.android 디렉토리 안에 default.keyset라는 파일에 정의되어 있는데 아래와 같다.

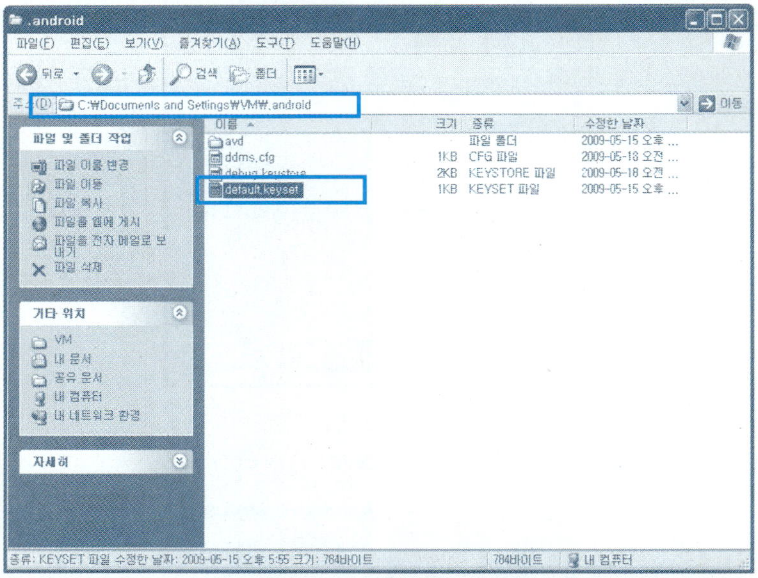

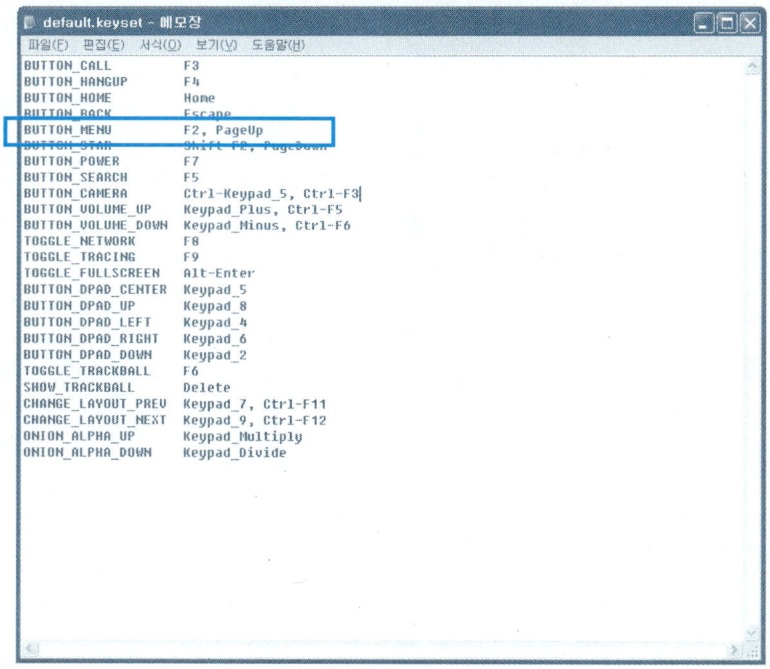

⑦ 메뉴 버튼(F2)를 눌러 잠김 해제를 한 후 다음과 같은 화면이 나온 후 작성한 애플리케이션이 실행된다.

⑧ 작성한 애플리케이션의 실행 모습으로 Hellow World, HellowAndroid가 화면에 출력되었다.

스킨 제거 후 실행된 에뮬레이터

⑨ 작성한 응용프로그램에 대하여 에뮬레이터의 초기 화면에서 아래 화살표를 누르면 나오는 응용프로그램 목록 중 HellowAndroid가 추가된 것을 확인할 수 있다. 추가된 응용프로그램은 삭제하기 전까지 목록에 항상 남아 있게 된다.

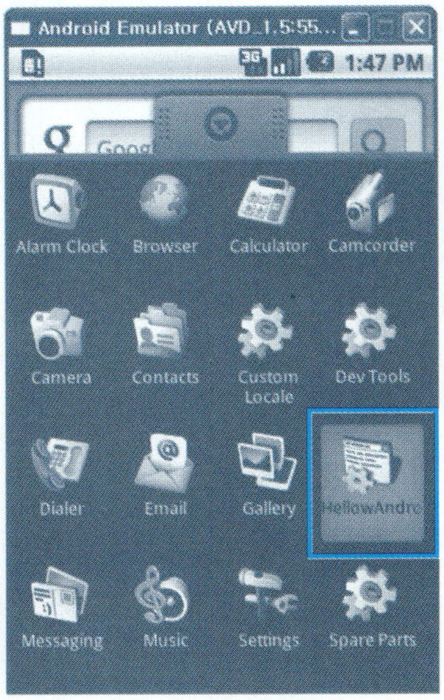

⑩ 삭제 방법은 응용프로그램 목록에서 Setting을 선택한다.

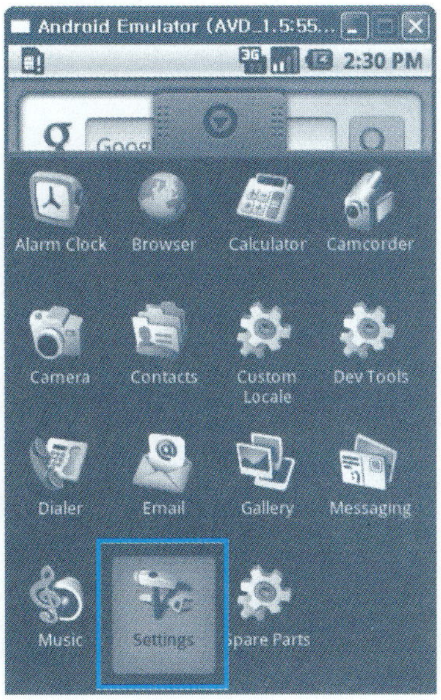

⑪ Applications을 선택한다.

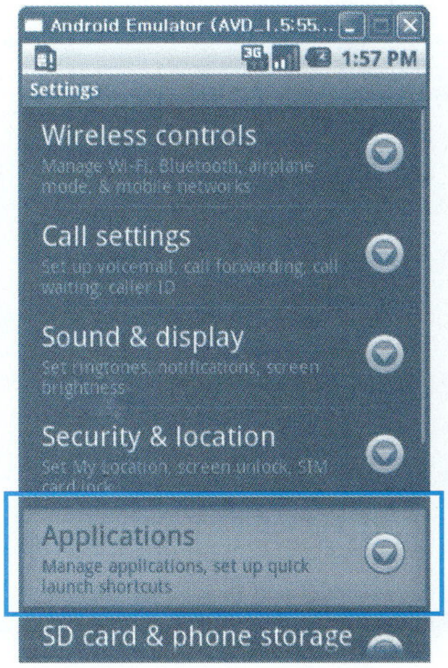

⑫ Manage applications를 선택한다.

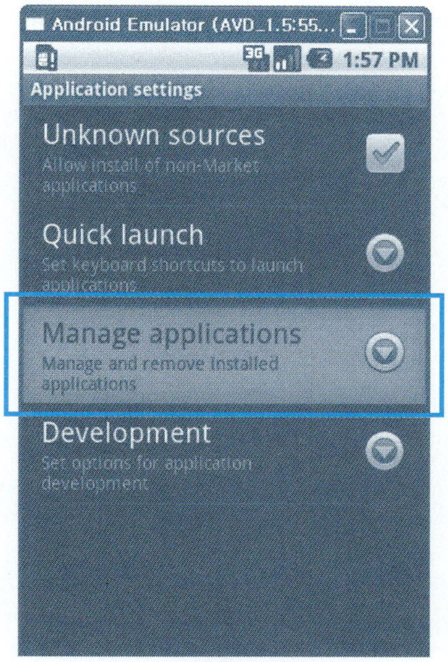

⑬ 삭제할 HellowAndroid를 선택한다.

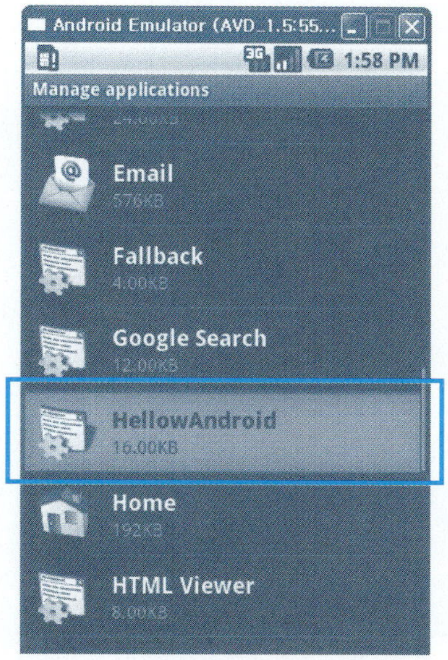

⑭ Uninstall을 선택한다.

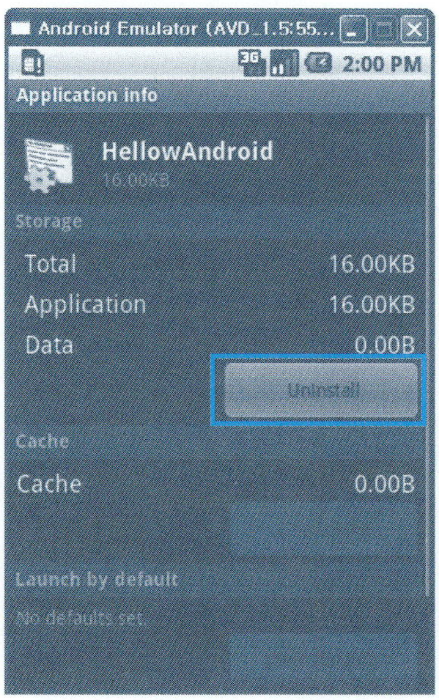

⑮ OK를 누른다.

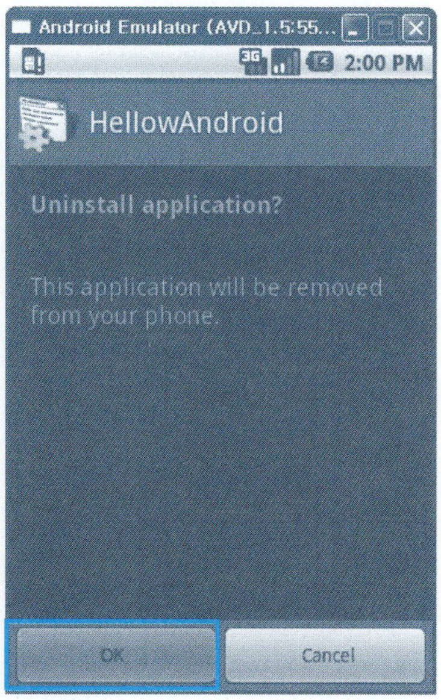

⑯ 삭제과정이 나타난다.

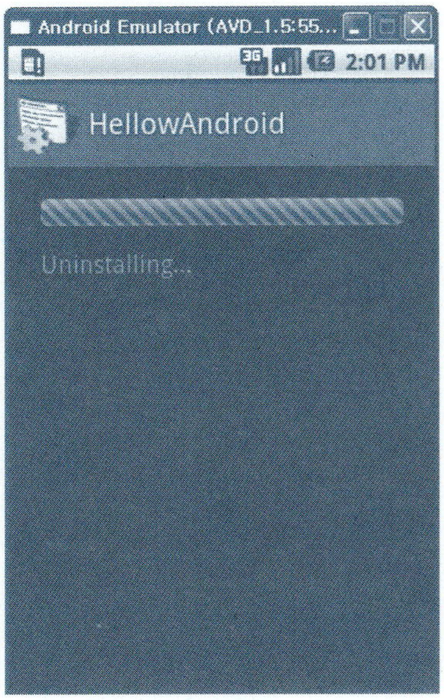

⑰ 삭제가 끝나면 삭제 완료 메시지가 표시된다. OK를 누른다.

⑱ 다시 Manage applications로 돌아오면 HellowAndroid가 삭제되어 목록에서 제거된 것을 확인할 수 있다.

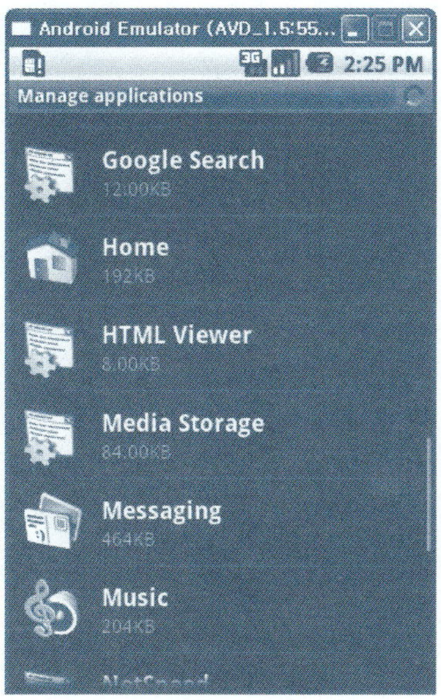

(3) 에뮬레이터의 안드로이드의 언어를 한국어로 바꾸어 보자.

① 응용프로그램 목록에서 Setting를 선택한다.

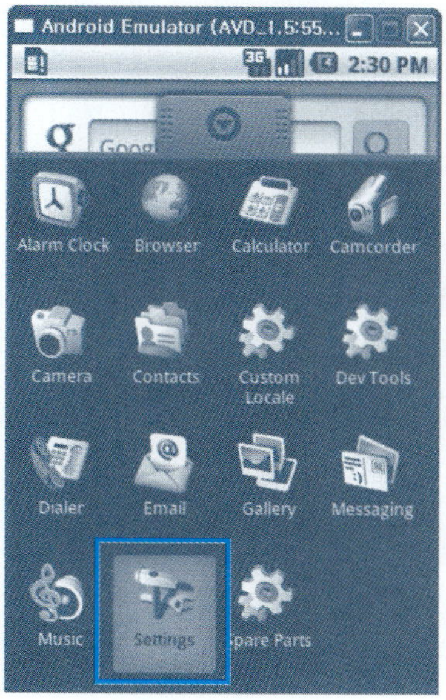

② Locale & text를 선택한다.

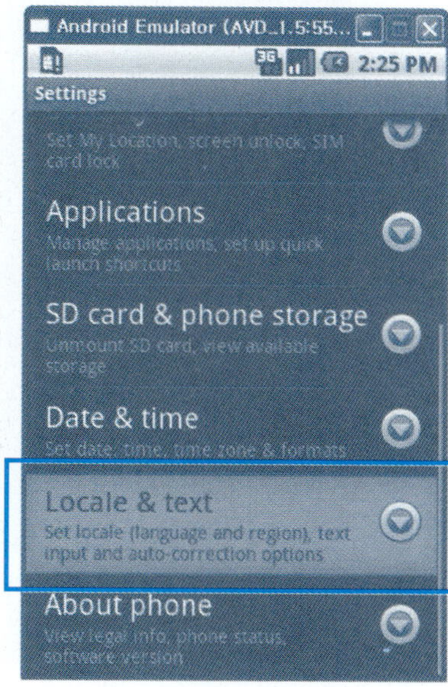

③ Select locale를 선택한다.

④ 목록에서 Korean을 찾아 선택한다.

5 안드로이드가 한국어로 바뀌었음을 확인할 수 있다.

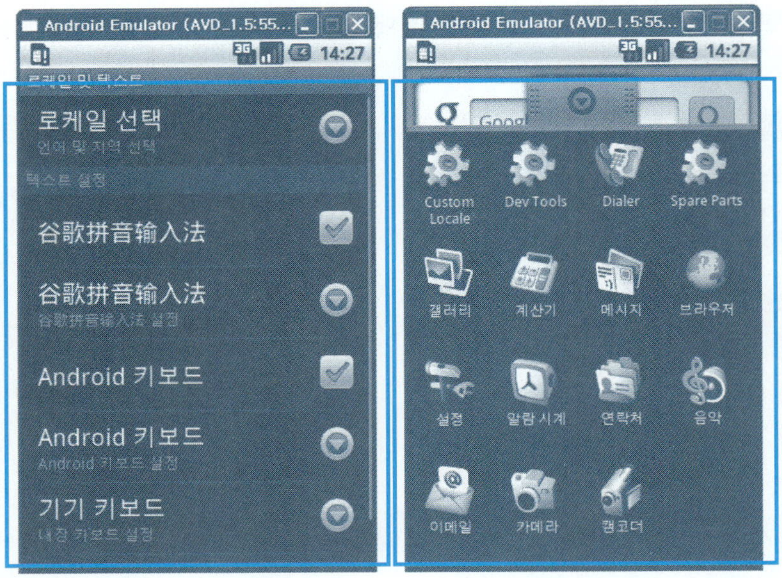

응용실습 02 안드로이드 애플리케이션 구성

안드로이드 응용구성은 액티비티(Activity), 뷰(View), 레이아웃(Layout)으로 구성되어 있다.

1. 액티비티

액티비티는 안드로이드 애플리케이션을 구성하는 가장 기본적인 빌딩블록이다. 보통의 경우 한 화면을 차지하면서 뷰(View)로 구성된 유저 인터페이스를 화면에 표시하고 사용자의 입력을 처리하는 역할을 한다. 보통의 애플리케이션은 여러 다른 화면을 가지고 있고, 각각의 화면은 다른 액티비티로 구현되어 있다. 그러므로 화면의 전환이 이루어지게 되면 새로운 액티비티가 실행되어 처리하게 된다. 어떤 경우는 액티비티 간에 데이터를 서로 주고 받을 수도 있다. 새로운 화면이 생성되며 기존의 화면은 스택에 놓여진다. 각각의 액티비티는 스택을 통해 관리되며 현재 액티비티를 종료하면 그 이전 화면의 액티비티로 돌아가게 된다.

2. 뷰

뷰는 화면상에서 유저 인터페이스를 구성하는 기본 빌딩블록이다. 예를 들어 버튼, 그림, 텍스트, 에디트, 라디오 버튼, 체크박스 등의 기본적인 화면 구성 요소들이 뷰에 포함된다. 또한 웹, 맵, 비디오 등을 표시하는 고급 구성 요소들도 모두 뷰에 포함된다. 뷰의 리스너(Listener) 설정을 통해 이벤트가 발생했을 경우를 처리할 수 있다. 예를 들어 버튼이 클릭되었을 때 등록된 OnClickListener가 호출되어 처리된다.

뷰(View)는 android.view.View 클래스의 객체이다. 이 객체에는 기본적으로 레이아웃과 해당 뷰가 위치하는 지역을 확인한다.

뷰 객체는 측정, 레이아웃, 포커스 변경, 스크롤, 스크린에서의 키 및 행위에 대해서 처리한다. 뷰 클래스는 widgets 클래스를 기반으로 제공된다. 위젯은 자신의 측정 및 그리는 것에 대한 처리를 수행하기 때문에 UI를 보다 빠르게 그리고 사용할 수 있도록 해준다. Text, EditText, InputMethod, MovementMethod, Button, RadioButton, Checkbox, ScrollView 위젯이 이에 속한다.

뷰 그룹은 android.view.Viewgroup 클래스의 객체이다. 이름이 의미하는데로 뷰 그룹은 뷰나 다른 뷰그룹의 객체를 담고 관리하는 일을 한다. 단일 화면을 구성하는 복잡한 요소들을 포함할 수 있도록 도와주는 일을 이 클래스에서 담당한다.

3. 뷰 어트리뷰트(View Attribute)

XML에서 각각의 뷰가 가지는 속성을 어트리뷰트(Attribute)로 지정해 할 수 있다. 모든 View가 공통적으로 가지고 있는 어트리뷰트(Attribute)에 대해서 먼저 설명하도록 하겠다.

1) layout_width, layout_height

뷰의 넓이와 높이를 지정한다. 값으로 fill_parent, wrap_content 혹은 절대적인 수치를 가질 수 있다. fill_parent는 컨테이너 즉 부모가 가지는 길이를 모두 채울 때 사용하고, wrap_content는 해당 뷰가 그려질 수 있게 필요한 길이만 차지한다는 것을 나타낸다. 절대적인 값도 넣을 수 있는데 픽셀의 경우 “100px”, “100dp”, “100sp”처럼 수치와 단위를 써서 지정해준다. 사용할 수 있는 단위는 px, in, mm, pt, dp, sp 등이 있는데 주로 dp, sp, px이 주로 쓰이다. px는 픽셀을 나타내고, dp는 Density-independent Pixel이라고 화면의 밀도의 변화에 독립적으로 1dp는 160dpi의 화면에서의 1px에 대응된다. sp는 Scale-independent Pixel이라고 하여 사용자의 폰트 선호도에 따라 크기가 달라지며 주로 폰트 사이즈 설정에 사용된다.

2) background

배경색 혹은 그림을 지정한다. 색은 #RGB, #ARGB, #RRGGBB, #AARRGGBB 의 포맷으로 지정해 줄 수 있는데 저는 통일성있게 #AARRGGBB 포맷만을 주로 사용한다. 제일 앞에 AA는 투명도를 의미하고 나머지 부분은 RGB값을 의미한다. 투명도인 AA는 00이 완전 투명, FF가 불투명이 된다. 예를 들어 android:background=“#FFFF0000”로 지정해주면 빨간색으로 배경을 칠하게 된다.

배경그림을 지정해줄 수도 있는데 android:background=“@drawable/background_image” 와 같은 형태로 사용가능한다. 배경 그림은 리소스에 들어 있는 jpg, png 등의 그림을 배경으로 지정할 때 사용한다.

3) visibility

뷰가 화면에 보이게 할지 안보이게 할지를 설정한다. visible, invisible, gone의 값을 가질 수 있다. visible 화면에 보임, invisible 화면에 보이지 않으나 공간은 차지함, gone 화면에 보이지도 않고 공간도 차지하지 않는다.

4) id

코드에서 해당 뷰를 찾아올 수 있도록 id를 지정한다.

➡ main.xml 예제

```
<?xml version="1.0" encoding="utf-8"?>
<LinearLayout xmlns:android="http://schemas.android.com/apk/res/android"
              android:orientation="vertical"
              android:layout_width="fill_parent"
              android:layout_height="fill_parent"
              android:background="#FF888888" >
      <TextView android:layout_width="fill_parent"
                    android:layout_height="wrap_content"
                    android:text="파랑"
                    android:background="#FF0000FF" />
</LinearLayout>
```

5) TextView

문자열을 표시해주는 역할을 하는 View이다.

[표 11-1] TextView의 XML 속성

속성명	정의
android:text	문자열을 입력
android:textColor	문자열의 색을 지정
android:textSize	폰트 크기의 설정
android:textStyle	bold, italic 등의 스타일 설정
android:gravity	View안에서 문자열이 어떻게 정렬될 것인지를 지정 (top, bottom, left, right, center, center_vertical, center_horizontal등이 '|' 연산자와 함께 쓰일 수 있다.)
android:singleLine	문자열을 여러 줄로 나누지 않고 한 줄로 표시

이제 속성값들을 변경해보도록 하겠다. 먼저 배경색을 지정하여 실제 뷰가 차지하는 영역을 살펴보도록 하겠다. LinearLayout은 width, height를 각각 fill_parent로 화면 전체를 채우고 있으며, TextView는 width는 fill_parent로 부모의 길이만큼 모두 차지하지만 height를 wrap_content로 하여 자신이 차지하는 부분만을 높이로 가지는 것을 볼 수 있다.

android : orientation : vertical일 경우 위에서 아래로 View들을 차례로 배치하고, horizontal일 경우 왼쪽에서 오른쪽으로 View들을 차례로 배치한다.

먼저 기본으로 생성되는 형태의 레이아웃 XML을 분석해보자.

XML 파일은 항상 <?xml version="1.0" encoding="utf-8"?>으로 시작한다. 그리고 첫 번째 태그에는 xmlns:android="http://schemas.android.com/apk/res/android"라는 XML Namespace가 들어가야 한다.

레이아웃 XML의 각각의 태그 (LinearLayout, TextView)는 하나의 뷰를 나타내며 연결되는 자바 클래스를 가지고 있다. 뷰는 크게 두 가지 형태가 존재하는데 버튼, 그림과 같이 실제 기능을 가지고 화면에 표시되는 뷰와 다른 뷰를 포함하고 배치하는 역할을 하는 레이아웃이 있다. 레이아웃 XML의 최상위에는 하나의 뷰만 존재할 수 있다.

보통 레이아웃이 들어가서 트리 형태로 다른 뷰들을 배치하고 구성하지만 일반 뷰 하나만 들어 있는 레이아웃 XML도 작성할 수 있다. 아래 예제는 3개의 TextView를 자식으로 가지고 있는 형태이다. 레이아웃 태그 사이에는 자식 뷰들이 여러 개 들어갈 수 있으며 레이아웃이 레이아웃을 자식으로 가지고 있는 형태도 가능하다.

➡ main.xml 예제

```
<LinearLayout xmlns:android="http://schemas.android.com/apk/res/android"
    android:orientation="vertical"
    android:layout_width="fill_parent"
    android:layout_height="fill_parent"
    >
<TextView
    android:layout_width="fill_parent"
    android:layout_height="0dp"
    android:layout_weight="1"
    android:background="#FF880000"
    />
<TextView
    android:layout_width="fill_parent"
    android:layout_height="0dp"
    android:layout_weight="1"
    android:background="#FF008800"
    />
<TextView
    android:layout_width="fill_parent"
    android:layout_height="0dp"
```

```
    android:layout_weight="1"
    android:background="#FF000088"
    />
</LinearLayout>
```

① 앞 예제는 LinearLayout에서 세 개의 TextView를 자식으로 가진다. 각 TextView는 android:layout_height="0dp"로 설정하고 android:layout_weight라고 하는 것을 사용했는데 이것은 각각의 View의 높이를 상대적으로 결정한다는 뜻이다. 여기서 각 View가 1 : 1 : 1의 비율의 높이를 가지도록 설정된다.

[그림 11-2] 뷰높이 설정

② LinearLayout의 android:orientation을 horizontal로 수정하고, android:layout_width= "0dp", android:layout_height="fill_parent"로 설정, layout_weight를 각각 1, 2, 1로 설정한 결과이다.

[그림 11-3] 뷰높이 및 수평라인 수정

➡ main.xml 예제

```
<TextView android:layout_width="fill_parent"
          android:layout_height="wrap_content"
        android:text="빨강"
        android:background="#FFFF0000" />
<TextView android:layout_width="wrap_content"
          android:layout_height="50dp"
        android:text="녹색"
        android:background="#FF00FF00" />
<TextView android:layout_width="fill_parent"
          android:layout_height="wrap_content"
        android:text="파랑"
        android:background="#FF0000FF" />
```

① TextView를 두 개 더 추가하여 배경색을 빨강, 녹색, 파랑으로 칠하고 가운데 있는 TextView의 width를 wrap_content로 height를 50dp로 지정했다.

[그림 11-4] 배경색 설정 및 높이 지정

② 각각 두 번째 TextView에 android:visibility="invisible", android:visibility="gone"으로 설정하여 화면에 보일 때와 안보일 때 그리고 영역을 차지하지 않을 때의 차이를 볼 수 있다.

[그림 11-5] 배경 화면 설정

[그림 11-6] 배경 화면 및 영역 설정

6) ImageView

이미지를 표시해주는 역할을 하는 View이다.

[표 11-2] ImageView XML 속성

<table>
<tr><th>속성명</th><th colspan="2">정의</th></tr>
<tr><td>android:src</td><td colspan="2">Image 설정. 프로젝트 디렉토리의 res/drawable에 있는 이미지를 “@drawable/image”로 넣어줌</td></tr>
<tr><td rowspan="5">android:scaleType</td><td colspan="2">이미지의 표시를 위한 크기변환(scaling) 및 채워넣기 옵션</td></tr>
<tr><td>fitCenter</td><td>비율을 유지하며 View의 크기에 맞춰서 표시</td></tr>
<tr><td>fitXY</td><td>비율을 유지 하지 않고 View의 크기에 맞춰서 표시</td></tr>
<tr><td>center</td><td>원래 이미지의 크기 변환을 하지 않음</td></tr>
<tr><td colspan="2">fitStart, fitEnd, centerCrop, centerInside 문서에서 참조
http://developer.android.com/reference/android/widget/ImageView.html</td></tr>
</table>

새로운 이미지를 추가하기 위해서는 프로젝트 디렉토리의 res/drawable에 jpg, png 등의 파일을 복사해 넣으면 이클립스에서 인식해서 표시한다.

만약 이클립스에서 제대로 표시되지 않는 경우 Package 화면에서 프로젝트를 선택한 후에 F5(Refresh)를 누르면 된다.

➡ main.xml 예제

```
<ImageView
    android:layout_width="fill_parent"
    android:layout_height="fill_parent"
    android:src="@drawable/icon"
    android:scaleType="center" />
```

기본으로 들어 있는 icon 그림인 icon.png 파일을 화면에 표시하는 예제이다. scaleType을 center와 fitCenter로 설정해서 실행시켜 본 결과이다.

[그림 11-7] scaleType="center"

[그림 11-8] scaleType="fitCenter"

4. 레이아웃

각각의 뷰들을 화면상에 배치하고 구성해주는 것을 레이아웃이라고 한다. 레이아웃은 보통의 경우 XML을 이용하여 구성한다.

➡ 레이아웃 XML의 예제

```
<?xml version="1.0" encoding="utf-8"?>
<LinearLayout xmlns:android="http://schemas.android.com/apk/res/android"
    android:orientation="vertical"
    android:layout_width="fill_parent"
    android:layout_height="fill_parent" >
        <TextView android:layout_width="fill_parent"
                    android:layout_height="wrap_content"
                    android:text="안녕하세요. 안드로이드의 세계로 오신 여러분" />
</LinearLayout>
```

[그림 11-9] 실행 화면

1) LinearLayout

행(horizontal)으로 배치할 것인지, 열(vertical)로 배치할 것인지를 나타내는 배치방향(orientation)을 결정하며 기본값은 horizontal이다.

android:orientation : vertical일 경우 위에서 아래로 View들을 차례로 배치하고, horizontal일 경우 왼쪽에서 오른쪽으로 View들을 차례로 배치한다. 이 레이아웃의 모든 자식 요소들은 단일 방향으로 배치된다. 즉 가로나 세로로 배치된다는 의미이다. 또한 LinearLayout은 다른 LinearLayout을 포함할 수도 있다.

(1) 프로젝트 생성

Project Name : HellowAndroid

Application Name : HellowAndroid
Package Name : android.app
Create Activity : HellowAndroid

➡ main.xml 수정

전체 레이아웃에 대하여 LinearLayout을 구성한다.

```
<?xml version="1.0" encoding="utf-8"?>
<LinearLayout xmlns:android="http://schemas.android.com/apk/res/android"
    android:orientation="vertical"
    android:layout_width="fill_parent"
    android:layout_height="fill_parent">

    <LinearLayout android:orientation="horizontal"
            android:layout_width="fill_parent"
                android:layout_height="fill_parent"
                android:layout_weight="1" >
    </LinearLayout>

    <LinearLayout android:orientation="vertical"
                android:layout_width="fill_parent"
                android:layout_height="fill_parent"
                android:layout_weight="1" >
    </LinearLayout>
</LinearLayout>
```

(2) 첫 번째 LinearLayout 구성

- 4개의 배경 색을 갖는 텍스트뷰를 작성

텍스트뷰들이 차지하는 넓이는 텍스트만큼 채우고(wrap_content), 나머지 남는 공간은 균등하게 배분(동일한 layout_weight 값을 갖도록)한다.

```
<TextView  android:text="red"
           android:gravity="center_horizontal"
           android:background="#aa0000"
           android:layout_width="wrap_content"
           android:layout_height="fill_parent"
           android:layout_weight="1"/>
<TextView android:text="green"
          android:gravity="center_horizontal"
          android:background="#00aa00"
          android:layout_width="wrap_content"
          android:layout_height="fill_parent"
          android:layout_weight="1"/>
 <TextView android:text="blue"
           android:gravity="center_horizontal"
           android:background="#0000aa"
           android:layout_width="wrap_content"
           android:layout_height="fill_parent"
```

```
            android:layout_weight="1"/>
<TextView android:text="yellow"
            android:gravity="center_horizontal"
            android:background="#aaaa00"
            android:layout_width="wrap_content"
            android:layout_height="fill_parent"
            android:layout_weight="1"/>
```

애플리케이션을 실행시켜본다. red, blue가 yellow보다 텍스트 길이가 짧아서 공간을 적게 보이다.

크기를 모두 같게 하려면 어떻게 해야 할까? layout_width="fill_parent"로 하면 되겠다.

[그림 11-10] 레드블루가 엘로우보다 공간이 적은 상태

[그림 11-11] layout_width="fill_parent" 설정하여 같은 크기 조정

(3) 두 번째 LinearLayout 구성

텍스트 크기(textSize)를 15pt로 하고, 높이는 채워지는 텍스트에 따르고, 나머지 공간은 균등하게 배분한다. 사실 높이는 같은 텍스트 크기를 가지니 wrap_content로 하나, fill_parent로 하나 차이가 없다.

```
<TextView android:text="row one"
          android:textSize="15pt"
          android:layout_width="fill_parent"
          android:layout_height="wrap_content"
          android:layout_weight="1"/>
<TextView android:text="row two"
          android:textSize="15pt"
          android:layout_width="fill_parent"
          android:layout_height="wrap_content"
          android:layout_weight="1"/>
<TextView android:text="row three"
          android:textSize="15pt"
          android:layout_width="fill_parent"
          android:layout_height="wrap_content"
          android:layout_weight="1"/>
<TextView android:text="row four"
          android:textSize="15pt"
          android:layout_width="fill_parent"
          android:layout_height="wrap_content"
          android:layout_weight="1"/>
```

[그림 11-12] 실행 화면

2) RelativeLayout

RelativeLayout에서 자식 View들의 위치는 자식 View들과의 관계 또는 부모와의 관계에 따라 위치가 결정된다. 효율성을 위해 뷰들 사이의 관계는 한 방향으로 진행해야 한다. 예를 들어 뷰 Y가 뷰 X의 위치에 의존한다며, 뷰 X가 먼저 선언되어야 한다.

RelativeLayout의 크기와 자식의 위치 사이는 순환의존이 없어야 한다. 예들 들어, RelativeLayout의 높이가 warp_contnet로 설정하고, 자식을 align_parent_bottom으로 설정하며, RelativeLayout는 높이를 정하기 위하여 자식에게 의존하고, 자식은 부모의 하단 위치에 맞추기 위해서 부모에게 의존하게 되는 경우가 생길 수 있다.

android:layout_alignWithParentIfMissing true로 설정되면 정렬에 부모를 대신 사용한다.

<EditText>는 텍스트를 입력할 수 있는 레이아웃이다. <Button>은 버튼을 생성하여 자바 코드에서 이벤트가 발생했을 때 처리할 수 있다.

• main.xml 수정

```
<?xml version="1.0" encoding="utf-8"?>
<RelativeLayout xmlns:android="http://schemas.android.com/apk/res/android"
                android:layout_width="fill_parent"
                android:layout_height="wrap_content"
                android:background="#0000FF"
                android:padding="10px" >

    <TextView android:id="@+id/label"
              android:layout_width="fill_parent"
              android:layout_height="wrap_content"
              android:text="Type here:" />

    <EditText android:id="@+id/entry"
              android:layout_width="fill_parent"
              android:layout_height="wrap_content"
              android:background="@android:drawable/editbox_background"
              android:layout_below="@id/label" />

    <Button android:id="@+id/ok"
            android:layout_width="wrap_content"
            android:layout_height="wrap_content"
            android:layout_below="@id/entry"
            android:layout_alignParentRight="true"
            android:layout_marginLeft="10px"
            android:text="OK" />
```

```
    〈Button android:layout_width="wrap_content"
              android:layout_height="wrap_content"
              android:layout_toLeftOf="@id/ok"
              android:layout_alignTop="@id/ok"
              android:text="Cancel" /〉

〈/RelativeLayout〉
```

[그림 11-13] 실행 화면

위 XMl 코드에서 EditText 부분에 android:singleLine= "true"를 설정하여 입력되는 텍스트를 1줄로 화면에 나타내어 준다. android:singleLine를 설정하지 않으면 기본으로 android:singleLine= "false"기 적용되어 여러 라인으로 표시된다.

[그림 11-14] android:singleLine= "false" 기 적용되어 여러 라인 표시

[그림 11-15] android:singleLine= "true" 를 설정하여 한줄 표시

3) FrameLayout

FrameLayout은 가장 단순한 레이아웃 객체이다. 이 레이아웃은 위치를 지정할 수 없고, 모든 자식 요소들은 무조건 좌측 상단 구석에 배치된다. 뒤에 추가된 자식은 앞에 추가된 자식 위에 쌓이게 된다. 콘텐츠 위에 그려질 것(foreground)을 설정할 수 있다. 이것은 배치(foregroundGravity)에 대한 설정이 가능한다. 즉, 아무것도 없는 레이아웃 영역으로 오브젝트들을 집어넣는 곳이다.

4) TableLayout

TableLayout는 표에 해당하는 레이아웃으로 자식 요소들을 열이나 행에 배치시킨다. 하지만, 일반 표처럼 선을 기본적으로 표시하지 않는다. 그리고, 각각의 셀을 비운 상태로 유지할 수는 있지만, 열의 크기를 지정할 수 없다.

자식으로 행(TableRow)을 갖으며, 행은 여러 개의 열을 포함한다. 행과 열에 의해 셀이 만들어지며, 테이블 레이아웃은 행과 열에 대해서 외곽선을 갖지 않는다. 각 셀에는 하나의 뷰가 할당될 수 있는데, 뷰가 할당되지 않은 셀은 빈셀이 된다. 또한 열의 너비는 그 열에서 가장 넓은 셀을 가진 열에 의해 정해진다.

셀의 속성 줄어드는 것(android:shrinkColumns)과 늘어날 수 있는 것(android:stretch

Columns)이 있다. 모든 셀의 콘텐츠를 다 보여주기에 테이블의 크기가 작다면, 특정 셀을 줄이도록 설정할 수 있다. 반대로 셀의 콘텐츠를 다 보여주고도 테이블의 크기가 남는다면 특정 셀을 확장할 수 있다.

또한 열은 숨길 수도(android:collapseColumns) 있으며, 적용되는 셀들이 여럿 있을 경우에는 ','로 구분하며, '*'를 사용하여 모든 셀에 적용할 수 있다.

테이블 레이아웃의 자식들은 layout_width를 설정할 수 없으며, 너비는 항상 fill_parent이다. 또한 자식이 TableRow라면 높이는 항상 wrap_content가 된다.

➡ main.xml

```
<?xml version="1.0" encoding="utf-8"?>
<TableLayout xmlns:android="http://schemas.android.com/apk/res/android"
    android:layout_width="fill_parent"
    android:layout_height="fill_parent"
    android:stretchColumns="1">
    <TableRow>
        <TextView
            android:text="@string/table_layout_4_open"
            android:padding="3dip" />
        <TextView
            android:text="@string/table_layout_4_open_shortcut"
            android:gravity="right"
            android:padding="3dip" />
    </TableRow>

    <TableRow>
        <TextView
            android:text="@string/table_layout_4_save"
            android:padding="3dip" />
        <TextView
            android:text="@string/table_layout_4_save_shortcut"
            android:gravity="right"
            android:padding="3dip" />
    </TableRow>
</TableLayout>
```

➡ string.xml

```
<?xml version="1.0" encoding="utf-8"?>
<resources>
    <string name="table_layout_4_open">Open.. </string>
    <string name="table_layout_4_open_shortcut">Ctrl+O </string>
    <string name="table_layout_4_save">Save As..</string>
    <string name="table_layout_4_save_shortcut">Ctrl-Shift-S</string>
</resources>
```

[그림 11-16] 실행 화면

심화학습

1. 위의 예제 TableLayout에 다음 항목을 추가하여 보자.

New File	Ctrl+N
Close	Ctrl+Shift+X

응용실습 03 Menu 사용하기

안드로이드에서는 세 가지 형태의 메뉴를 제공한다.

① 옵션메뉴(Options Menu)

② 컨텍스트 메뉴(Context Menu)

③ 서브메뉴(Submenu)

옵션메뉴는 안드로이드 폰에서 메뉴(Menu) 키를 눌렀을 때 나오는 메뉴로, 한 액티비티의 기본 메뉴 항목들이다.

옵션메뉴는 최대 여섯 개의 항목을 갖는 아이콘 메뉴와 아이콘 메뉴에서 More 메뉴 항목을 선택했을 때 나타나는 확장(Expanded) 메뉴로 구분된다. 컨텍스트 메뉴는 한 뷰를 길게 눌렀을 때 나타나는 메뉴이다. 서브메뉴는 옵션메뉴나 컨텍스트 메뉴의 한 항목에 의해 드러나는 메뉴 항목들이다. 한 서브메뉴 항목은 서브메뉴를 갖지 못한다.

(1) 옵션메뉴(Options Menu)

옵션메뉴가 6개를 넘는다면 모두가 아이콘메뉴로 제공되지 못하고, 확장 메뉴로 제공된다. 이 메뉴가 처음 열릴 때 안드로이드 시스템은 액티비티의 onCreateOptionMenu() 콜백 메소드를 호출한다. 여러분의 액티비티에서 이 메소드를 오버라이드하여 옵션메뉴를 다룰 수 있다.

메뉴 구성은 XML로 할 수도 있고 프로그래밍에서 직접할 수도 있다. XML을 권장 한다. 프로그래밍에서 직접 메뉴 항목을 구성할 때는 onCreateOptionMenu 메소드의 매개변수로 넘겨진 메뉴(menu)에 메뉴 항목을 추가한다.

```
menu.add(0, MENU_NEW_GAME, 0, "New Game");
```

add 메소드의 첫 번째 인자는 그룹 id이고, 두 번째 인자는 추가되는 메뉴 항목의 id이다. 세 번째는 순서이고, 네 번째는 메뉴 항목의 타이틀이다.

이렇게 생성된 메뉴 항목에는 setIcon 메소드를 사용해서 아이콘이나 setAlphabeticShortcut 메소드를 사용해서 단축키를 추가할 수 있다.

메뉴 항목에 대한 그룹을 설정하는 것은 그룹으로 메뉴 항목들을 다루기 위해서이다. 메뉴 항목들을 visible하게 하거나 enable하게 하거나 checkable하게 할 때 유용하다.

서브메뉴를 추가할 때는 addSubmenu 메소드를 사용한다.

XML로 구성된 메뉴는 MenuInflater의 inflate 메소드를 사용한다. 메뉴를 구성한 XML 파일의 이름이 option.xml인 경우에 다음과 같이 할 수 있다.

```
public boolean onCreateOptionsMenu(Menu menu) {
    boolean result = super.onCreateOptionsMenu(menu);
    MenuInflater inflater = getMenuInflater();
    inflater.inflate(R.menu.option, menu);
        return result;
    }
```

XML로 메뉴를 구성할 때 XML 요소는 menu, item이다.

item 요소에 menu 요소를 포함시키면 그 메뉴가 서브메뉴가 된다.

```
<menu xmlns:android="http://schemas.android.com/apk/res/android">
    <item android:id="@+id/insert_note"
          android:title="Insert Note" />
</menu>
```

옵션메뉴에서 메뉴 항목이 선택되었을 때 onOptionsItemSelected 콜백 메소드가 호출된다.

이 콜백 메소드의 인자로 선택된 메뉴 항목이 전달된다. 이 메뉴 항목이 어떤 것인지는 MenuItem의 getItemId 메소드를 통해서 알 수 있다.

(2) 메뉴 수정하기

onPrepareOptionsMenu 메소드를 오버라이드해서 메뉴를 수정할 수 있다.

이 메소드는 메뉴가 열릴 때마다 호출된다. 컨텍스트메뉴의 메뉴 항목은 아이콘이나 단축키를 지원하지 않는다.

액티비티의 onCreateContextMenu 메소드를 오버라이드해서 구성할 수 있다.

메뉴 항목이 선택되었을 때 처리해야 할 일은 onContextItemSelected를 재정의하면 된다.

해당 컨텍스트 메뉴를 어떤 뷰에 연결하기 위해서는 registerForContextMenu 메소드를 사용한다. 메뉴는 사용자 요청에 대한 직접적인 표현으로 Intent와 연결될 수 있다.

```
menuItem.setIntent(new Intent(this, PhotoPicker.class));
```

(3) 프로젝트 생성

```
Project Name : MenuTest
Application Name : MenuTest
Package Name : android.app.menutest
Create Activity : MenuTest
```

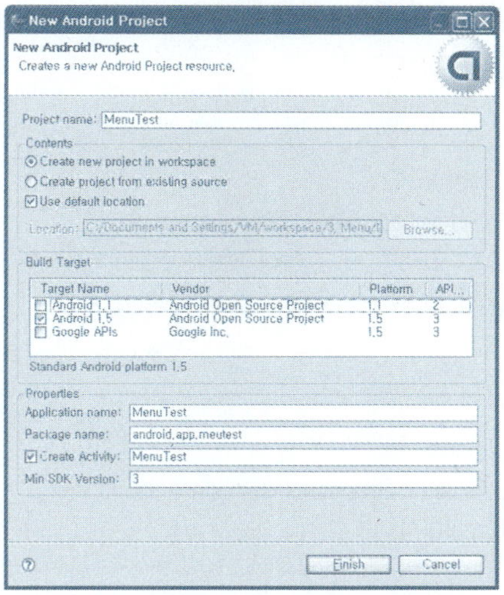

[그림 11-17] 프로젝트 생성

메뉴의 항목을 추가해주기 위해서는 add() 메소드를 사용한다.

```
public abstract MenuItem add
(int groupId, int itemId, int order, CharSequence titleRes)
• groupid : 메뉴 항목의 그룹을 지정
• itemId : 각 메뉴 항목의 고유의 번호
• order : 각 항목의 정렬 방식
• titleRes : 메뉴 항목의 이름
```

➡ MenuTest.java

```
package android.app.meutest;

import android.app.Activity;
import android.os.Bundle;
import android.view.Menu;
import android.view.MenuItem;
```

```
public class MenuTest extends Activity {
    /** Called when the activity is first created. */

        private static final int MENU_TEST = 0;
        private static final int MENU_QUIT = 1;

        @Override
    public void onCreate(Bundle savedInstanceState) {
        super.onCreate(savedInstanceState);
        setContentView(R.layout.main);
    }

    /* Creates the menu items */
    public boolean onCreateOptionsMenu(Menu menu) {
        menu.add(0, MENU_TEST, 0, "Test Ment Button");
        menu.add(0, MENU_QUIT, 0, "Test Quit Button");
        return true;
    }

    /* Handles item selections */
    public boolean onOptionsItemSelected(MenuItem item) {
        switch (item.getItemId()) {
        case MENU_TEST:
         setContentView(R.layout.test);
            return true;
        case MENU_QUIT:
         setContentView(R.layout.quit);
            return true;
        }
        return false;
    }
}
```

➡ res/quit.xml

```
<?xml version="1.0" encoding="utf-8"?>
<LinearLayout xmlns:android="http://schemas.android.com/apk/res/android"
    android:orientation="vertical"
    android:layout_width="fill_parent"
    android:layout_height="fill_parent" >

        <TextView android:layout_width="fill_parent"
                  android:layout_height="wrap_content"
                  android:text="Quit Button Screen"
                  android:background="#00FF00" />
```

```
</LinearLayout>
```

➡ res/test.xml

```
<?xml version="1.0" encoding="utf-8"?>
<LinearLayout xmlns:android="http://schemas.android.com/apk/res/android"
    android:orientation="vertical"
    android:layout_width="fill_parent"
    android:layout_height="fill_parent" >

        <TextView android:layout_width="fill_parent"
                  android:layout_height="wrap_content"
                  android:text="Test Button Screen"
                  android:background="#FF0000" />
</LinearLayout>
```

(4) 실행 화면

[그림 11-18] MenuTest.java 실행 화면

[그림 11-19] res/quit.xml 실행 화면

[그림 11-20] res/test.xml 실행 화면

메뉴에 아이콘을 표시하기 위하여 setIcon() 메소드를 사용한다.

이 예제의 경우 기본적으로 제공해주는 icon.png 파일을 사용하기로 한다. 아이콘의 이지를 변경하고 싶으면 png, jpg 이미지 파일을 res/drawable에 위치시킨 후 파일명을 적어 준다.

```
menu.add(0, MENU_QUIT, 0, "Quit")..setIcon(아이콘으로 사용할 파일명);
```

```
private static final int MENU_ICON = 2;
menu.add(0, MENU_ICON, 0, "Test Icon Button").setIcon(R.drawable.icon);
```

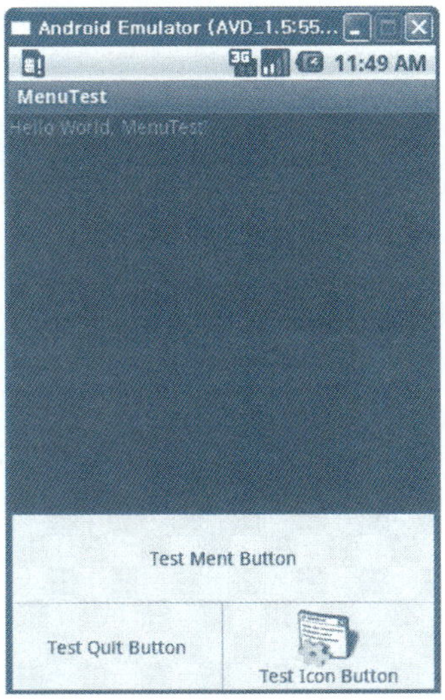

[그림 11-21] 아이콘의 이미지 변경화면

심화학습

1. menu.add를 사용하여 Add Button 이라는 이름으로 메뉴 버튼을 추가해보도록 하자.

응용실습 04 다이얼로그 사용하기

다이얼로그(Dialog)는 화면에 작은 윈도우를 사용하여 표시된다. 다이얼로그는 응용프로그램에 관련된 알림과 경고같은 용도로 되고 있다. 안드로이드 API는 4가지의 다이어로그 오브젝트를 제공한다.

```
AlertDialog
ProgressDialog
DatePickerDialog
TimePickerDialog
```

1. AlertDialog

다이얼로그는 타이틀이 있어야 하며 전달할 메시지가 있어야 한다.

AlertDialog는 버튼을 3개까지 사용할 수 있다. 알림에 대하여 긍정적(PositiveButton)으로 답하거나 부정적(NegativeButton)으로 답하거나 중립적(Neutral)으로 답할 수 있다.

체크박스를 갖거나 라디오 버튼을 갖는 선택 가능한 항목 리스트를 가질 수 있다.

① AlertDialog는 AlertDialog.Builder를 통해서 생성한다.

```
AlertDialog.Builder builder = new AlertDialog.Builder(this);
builder.setMessage("Are you sure you want to exit?")
        .setCancelable(false)
        .setPositiveButton("Yes", new DialogInterface.OnClickListener() {
            public void onClick(DialogInterface dialog, int id) {
                MyActivity.this.finish();
            }
        })
        .setNegativeButton("No", new DialogInterface.OnClickListener() {
            public void onClick(DialogInterface dialog, int id) {
                dialog.cancel();
            }
        });
AlertDialog alert = builder.create();
```

백(back) 버튼으로 대화상자를 닫지 못하게 하기 위해서는 cancelable을 'false'로 설정해야 한다.

② 선택가능한 항목들의 목록을 만들려면 setItems 메소드를 사용한다.

```
final CharSequence[] items = {"Red", "Green", "Blue"};

AlertDialog.Builder builder = new AlertDialog.Builder(this);
builder.setTitle("Pick a color");
builder.setItems(items, new DialogInterface.OnClickListener() {
    public void onClick(DialogInterface dialog, int item) {
        ...
    }
});
AlertDialog alert = builder.create();
```

setItems 메소드는 디스플레이될 항목의 배열과 사용자 항목을 선택했을 때 취할 액션을 정의하는 DialogInterface.OnClickListener를 받아들인다.

③ 체크박스(MultiChoiceItems)와 라디오버튼(SingleChoiceItems)을 추가하기

setItem 대신 setMultiChoiceItems 또는 setSingleChoiceItems를 사용한다.

만약 onCreateDialog 콜백 메소드에서 이들 선택 가능한 항목들을 만들었다면 안드로이드는 여러분을 위해 목록의 상태를 관리한다.

액티비티가 activie하는 한 대화상자는 이전에 선택된 항목들을 기억한다. 하지만 사용자가 액티비티를 exit하면 선택은 지워진다.

2. ProgressDialog

ProgressDialog는 AlertDialog에서 파생된다. spinning wheel과 horizontal bar와 같이 두 스타일이 있다. 기본 스타일은 spinning wheel이다.

간단히 다음과 같이 show할 수 있다.

```
ProgressDialog dialog = ProgressDialog.show(MyActivity.this, "", "Loading. Please wait...", true);
```

첫 번째 인자는 애플리케이션 컨텍스트(Context)이고, 두 번째 인자는 타이틀이고, 세 번째 인자는 메시지이다. 네 번째 인자는 progress가 indeterminate한지 여부이다.

Progress bar를 show하기 위해서는 생성 후 setProgressStyle(STYLE_HORIZONTAL)하고, show한다.

바에서 진척 양을 증가시키기 위해서 setProgress 또는 incrementProgressBy를 사용한다.

3. DatePicker

DatePicker를 사용해서 날짜를 선택하기 위한 대화상자이다.

```
public DatePickerDialog
(Context context, DatePickerDialog.OnDateSetListener callBack, int year, int monthOfYear, int dayOfMonth)
```

기준 날짜로 사용하기 위해 year, monthOfYear, dayOfMonth를 인자로 받는다.
날짜가 설정되었을 때 호출할 수 있는 콜백을 요구한다.

```
public DatePickerDialog
(Context context, int theme, DatePickerDialog.OnDateSetListener callBack, int year, int monthOfYear, int dayOfMonth)
```

대화상자에 테마를 적용할 수 있다.

DatePickerDialog.OnDateSetListener

```
public abstract void onDateSet
(DatePicker view, int year, int monthOfYear, int dayOfMonth)
```

4. TimePicker

TimePicker를 사용해서 사용자가 시간을 선택하는 대화상자이다.

```
public TimePickerDialog
(Context context, TimePickerDialog.OnTimeSetListener callBack, int hourOfDay, int minute, boolean is24HourView)
```

기준 시간으로 사용하기 위해서 hourOfDay와 minute를 받는다. 24시간 뷰를 사용할 것인지(is24HourView), am/pm을 사용할 것인지를 정해야 한다.
시간이 설정되었을 때 호출할 수 있는 콜백(callBack)메소드를 요구한다.

```
public TimePickerDialog
(Context context, int theme, TimePickerDialog.OnTimeSetListener callBack, int hourOfDay, int minute, boolean is24HourView)
```

대화상자에 테마를 적용할 수 있다.

```
TimePickerDialog.OnTimeSetListener
public abstract void onTimeSet(TimePicker view, int hourOfDay, int minute)
```

(1) 프로젝트 생성

```
Project Name : DialogTest
Application Name : DialogTest
Package Name : android.app.dialogtest
Create Activity : DialogTest
```

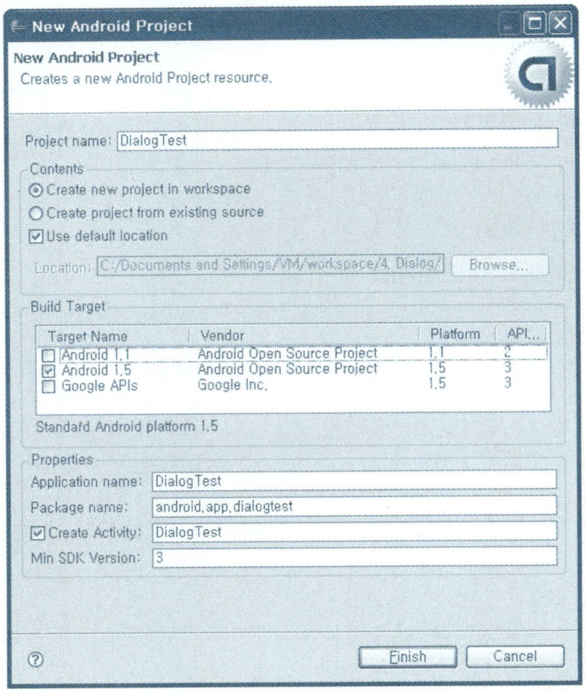

[그림 11-22] 프로젝트 생성

(2) 실행 화면

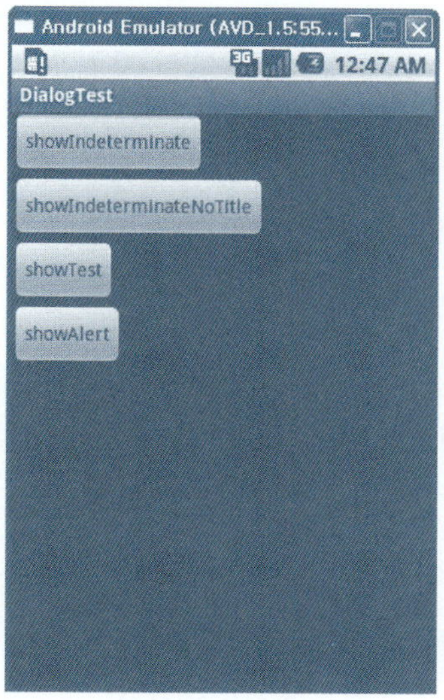

[그림 11-23] 다이얼로그는 화면에 작은 윈도우를 사용하여 표시

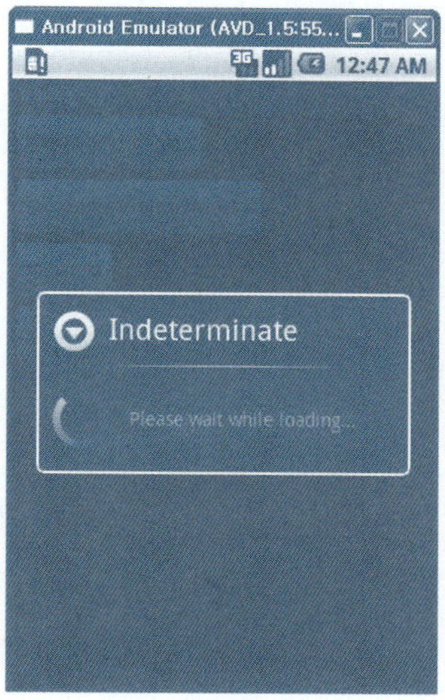

[그림 11-24] Indeterminate 실행 화면

[그림 11-25] 로딩중 화면

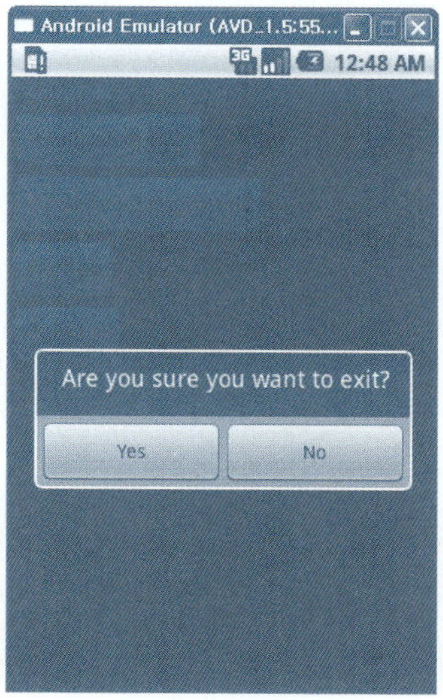

[그림 11-26] 실행 종료화면

심화학습

1. 위의 예제에서 생성한 4개의 버튼에 대하여 크기를 화면의 가로 크기에 꽉 차도록 해보자.

응용실습 05 노트패드 프로그램

이번 예제는 안드로이드의 샘플 코드로 제공된 노트패드(NotePad) 프로그램으로 지금까지 작성해 보았던 것을 레이아웃과 또는 옵션메뉴 등을 사용한다.

1. 첫 번째 연습에 해당하는 애플리케이션

노트 목록을 만드는 것이다. 노트 목록만 추가되고, 노트 작성 및 편집은 되지 않는다. 간단히 사용 시나리오를 작성하면 다음과 같다.

① 애플리케이션은 현재 노트 목록을 데이터베이스로부터 읽어들여 디스플레이한다. 노트가 하나도 없을 경우 "No Notes Yet!"를 디스플레이한다.

② 사용자는 옵션메뉴에서 추가 메뉴를 통해 노트 추가를 요청한다.

③ 애플리케이션은 노트를 추가하고, 노트 목록을 갱신해서 디스플레이한다. 추가되는 노트는 "Note 1"과 같이 순차적으로 번호를 갖도록 작성한다.

1) 프로젝트 생성

```
Project Name : NotePadTest
Application Name : NotePadTest
Package Name : android.app.notepadtest
Create Activity : NotePadEdit
```

2) 메인폼(main.xml)

노트가 하나도 없을 때를 고려해서 리스트뷰(ListView) 외에 텍스트뷰(TextView)를 배치한다. 리스트뷰와 텍스트뷰는 선택적으로 보여져야 한다. 리스트뷰는 노트가 있을 때 보여지고, 없을 때는 "No Notes Yet!"를 텍스트로 갖는 텍스트뷰가 보여야 한다.

ListView를 표시할 때 그냥 Activity를 상속하는 클래스를 사용할 수도 있지만, List에 관련된 여러 메소드들이 추가되어 있는 ListActivity를 주로 사용한다.

다음과 같이 Activity를 ListActivity를 변경한다.

```
package android.app.notepad;
```

```
import android.app.ListActivity;
import android.os.Bundle;

public class NotePadTest extends ListActivity {
    /** Called when the activity is first created. */
    @Override
    public void onCreate(Bundle savedInstanceState) {
        super.onCreate(savedInstanceState);
        setContentView(R.layout.main);
    }
}
```

ListActivity의 경우 화면에 중앙에 전체 스크린 크기를 갖는 하나의 리스트를 갖고 있다. ListActivity를 상속하는 액티비티를 작성할 경우 ListView의 어댑터를 설정할 때 ListView를 참조하는 객체를 만들지 않아도 어댑터를 지정할 수 있지만, ListView의 id를 필히 @android:id/list로 설정해야 한다. 그렇지 않으면 목록에 표시할 항목이 없을 때 보여질 다른 화면(@android:empty)가 제대로 표시되지 않거나 애플리케이션을 실행시키면 런타임 오류가 발생하게 된다. 리스트뷰가 비어있을 때를 대비하여 해당 뷰의 id를 android 플랫폼에서 제공해주는 "@id/android:empty"와 같이 설정해야 한다.

```
<?xml version="1.0" encoding="utf-8"?>
<LinearLayout xmlns:android="http://schemas.android.com/apk/res/android"
                    android:layout_width="wrap_content"
                    android:layout_height="wrap_content">
        <ListView android:id="@android:id/list"
                    android:layout_width="wrap_content"
                    android:layout_height="wrap_content"/>
        <TextView android:id="@android:id/empty"
                    android:layout_width="wrap_content"
                    android:layout_height="wrap_content"
                    android:text="@string/no_notes"/>
</LinearLayout>
```

텍스트뷰의 텍스트(text)를 "No Notes Yet!"로 "No Notes Yet!"해서 res/values/string.xml에 추가한다.

```
<string name="no_notes">No Notes Yet!</string>
```

실행을 하여 처음 화면에 No Notes Yet! 가 출력되는지 확인해보자. 이제 TextView의 id 값을 "@+id/empty"로 수정한 후 다시 실행시켜 보자. 화면에 아무것도 출력되지 않음을 알 수 있다.

[그림 11-27] 실행하여 처음 화면에 No Notes Yet!가 출력

[그림 11-28] "@+id/empty"로 수정한 후 화면에 아무것도 출력되지 않음

ListView : 리스트 내용을 실제 화면에 표시해줌 ArrayAdapter : ArrayList에 들어 있는 데이터를 ListView에 표시할 수 있도록 바꿔줌 ArrayList : 실제 데이터가 들어가 있는 객체

ListView는 리스트에 들어가 있는 내용을 화면상에 나타내주는 역할을 맡으며, ArrayAdapter를 통해 데이터를 받는다. 즉, ArrayAdapter는 하나의 "다리"라고 볼 수 있다.

(1) 노트 추가하기

① 메뉴 버튼을 눌렀을 때 노트를 추가할 수 있는 옵션이 나타나도록 한다.

/res/menu/insert_note..xml를 생성한다.

※ Eclipse에서 XML 파일을 추가할 때는 마우스 오른쪽 버튼→New→Android XML File을 선택하여 작성한다.

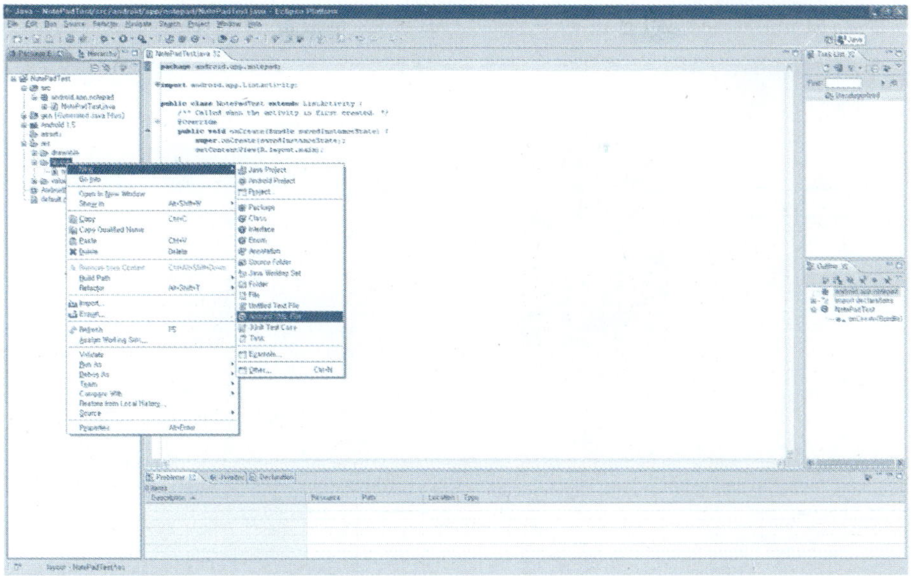

② File 부분에 작성한 XML 파일의 이름과 확장자 .xml을 포함 적은 후 Finish 버튼을 클릭한다.

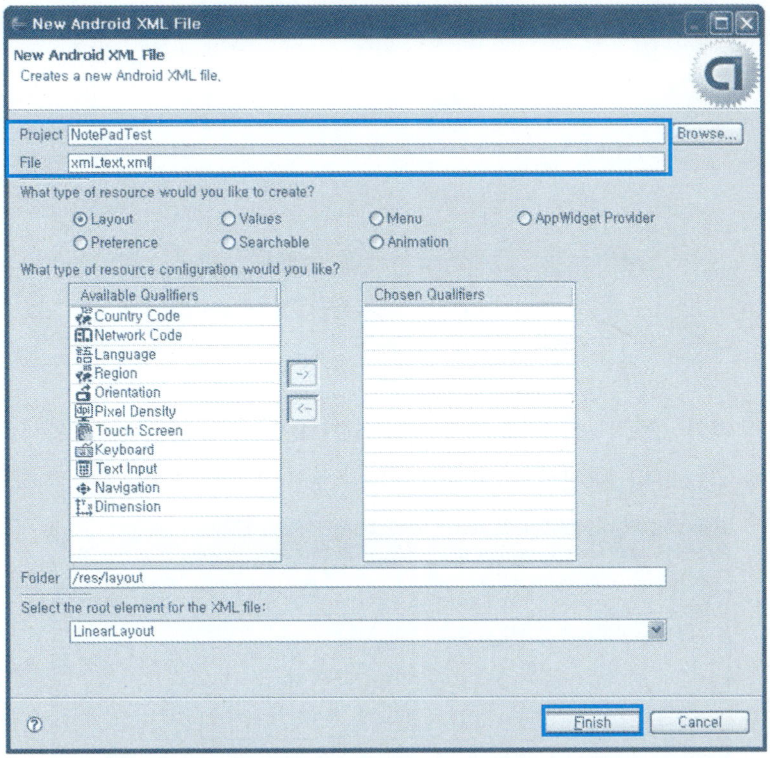

③ 다음과 같이 새로운 xml 파일이 생성되었음을 확인할 수 있다.

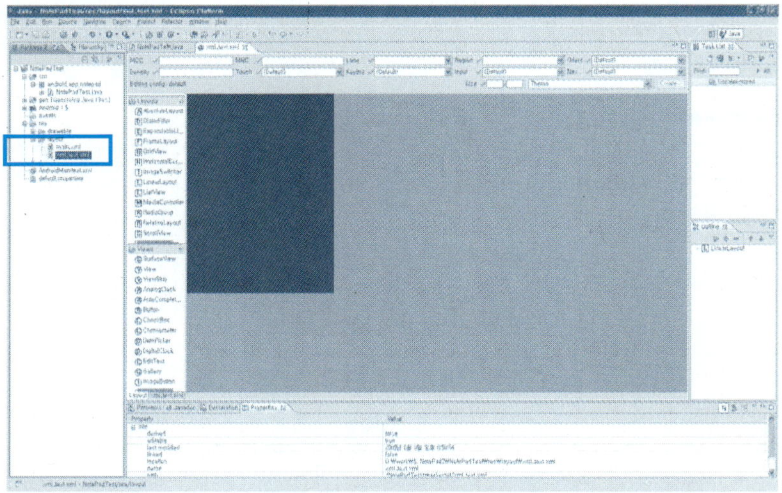

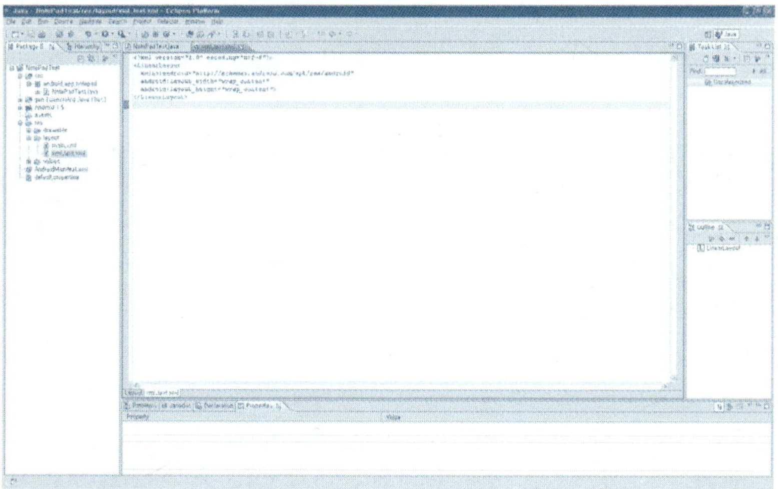

④ 하지만 우리가 설치한 가장 최신 버전인 ADT 0.9.1은 xml 추가 생성시 아래와 같은 메시지가 나타나며 생성이 되지 않는다.

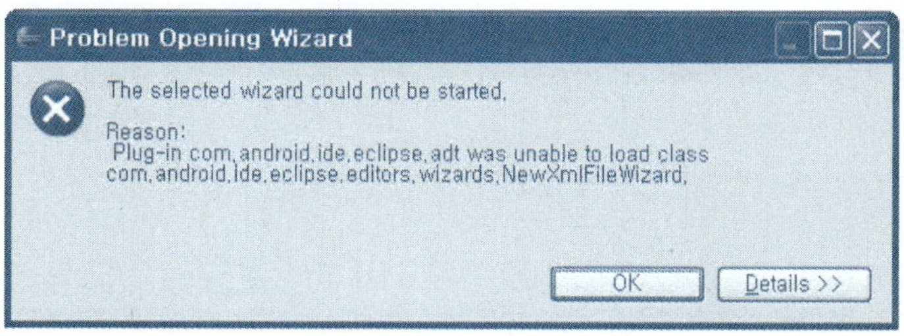

⑤ 다음과 같은 방법으로 xml을 추가하도록 하자. 먼저 layout에서 마우스 오른쪽 버튼 →New→Folder를 선택한다.

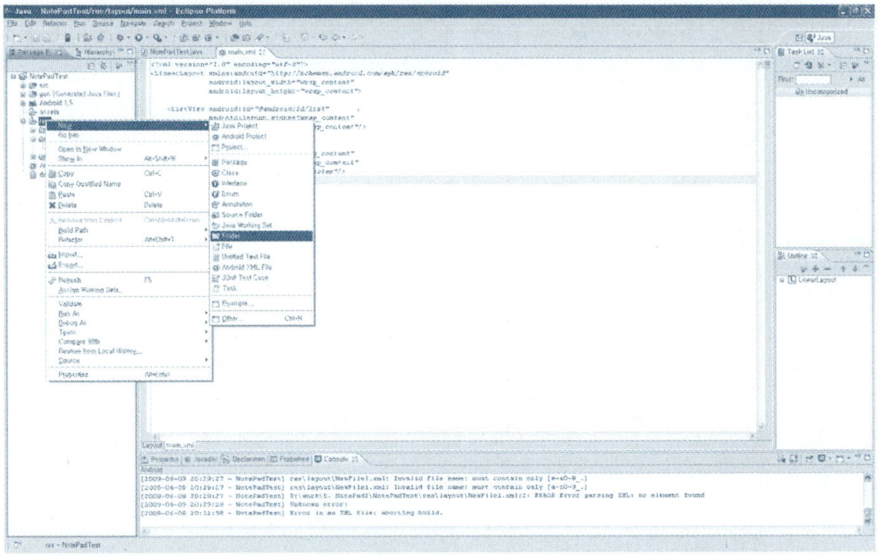

⑥ res를 선택한 후 Folder name 부분에 menu라고 적은 다음 Finish를 클릭한다. res 아래 생성할 수 있는 폴더는 기본적으로 생성되는 아이콘 및 이미지와 관련된 drawable, 화면구성과 관련된 layout, 응용프로그램에서 사용되는 스트링이 정의된 values, 지금 생성하려고 하는 옵션과 관련된 xml 파일이 정의되는 menu, 그 밖의 애니메이션과 관련된 anim 등이 있다. 자세한 내용은
http://developer.android.com/guide/topics/resources/resources-i18n.html
을 참조하기 바란다.

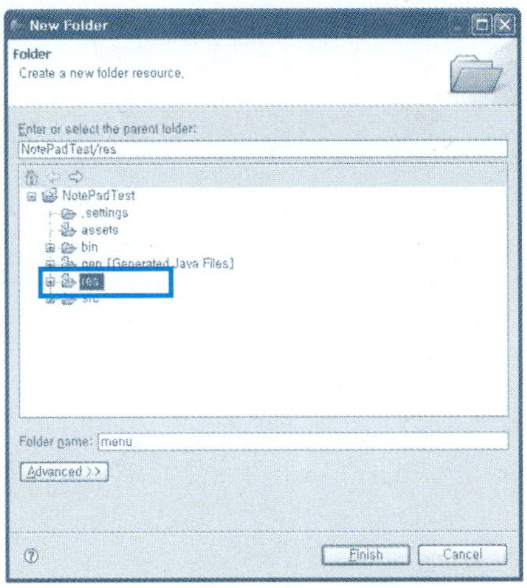

⑦ 리소스와 관련되어 위에서 언급한 폴더 외 다른 이름으로 폴더를 생성한 후 사용할 경우 에러가 발생한다. 아래와 같이 Test라는 디렉토리를 만들 경우 invalid resource directory name test와 같은 에러 메시지가 나타난다.

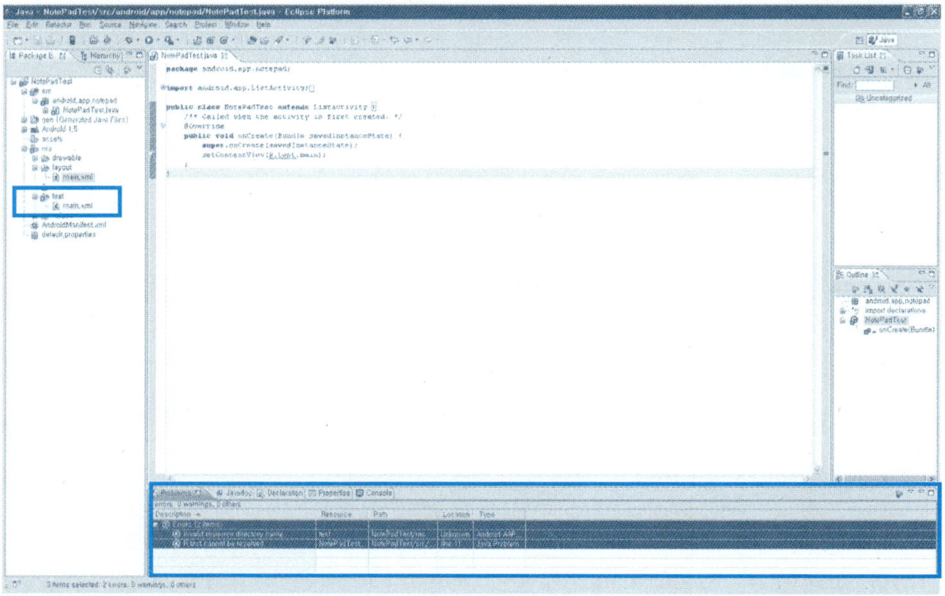

⑧ 다음과 같이 menu 폴더가 생성되었음을 확인할 수 있다.

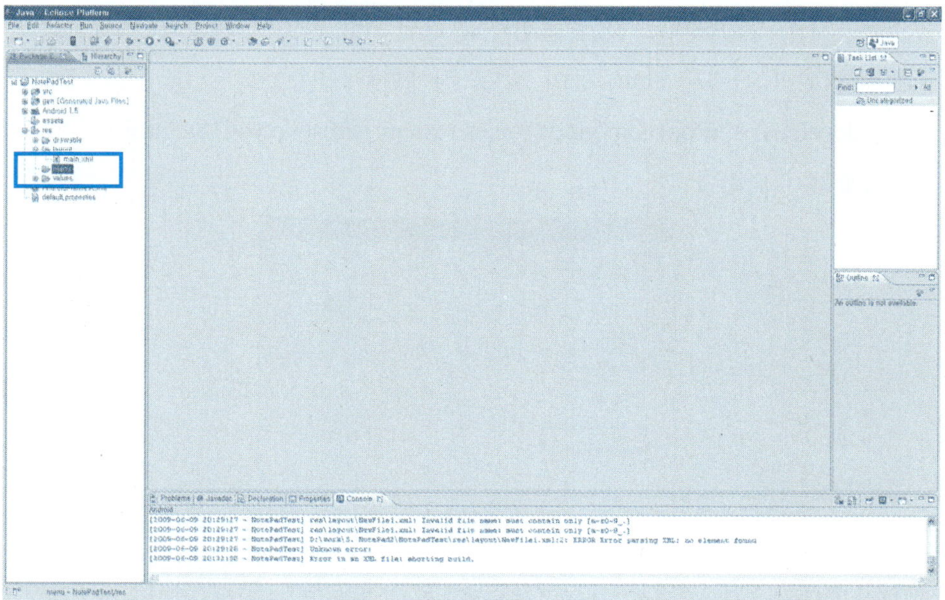

⑨ 이제 insert_note.xml을 생성하기로 한다. menu에서 마우스 오른쪽 버튼 클릭→ New→Others를 선택한다.

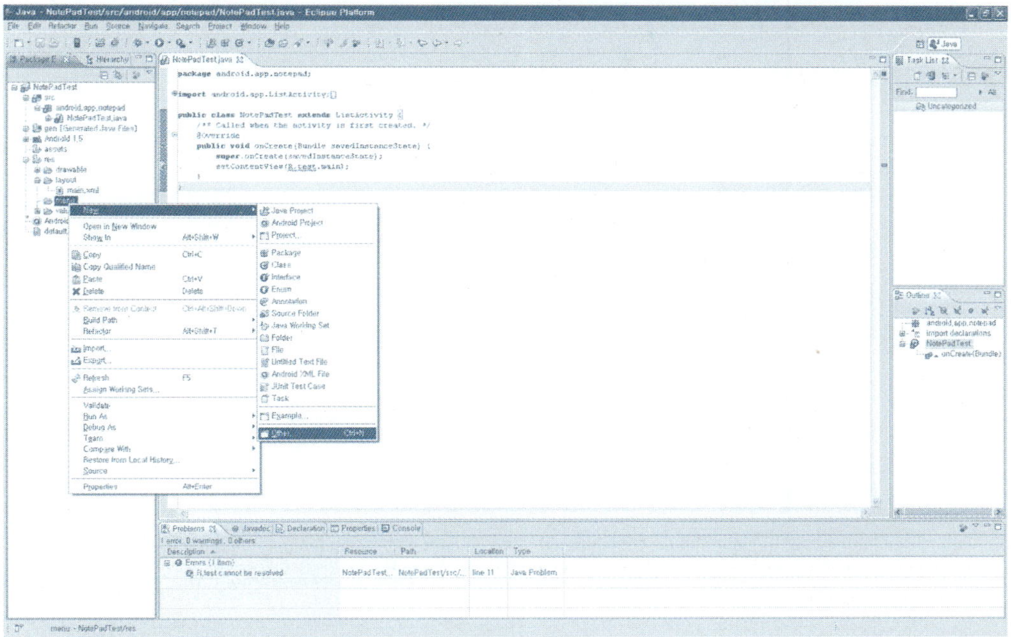

⑩ XML을 선택하고 Next를 클릭한다.

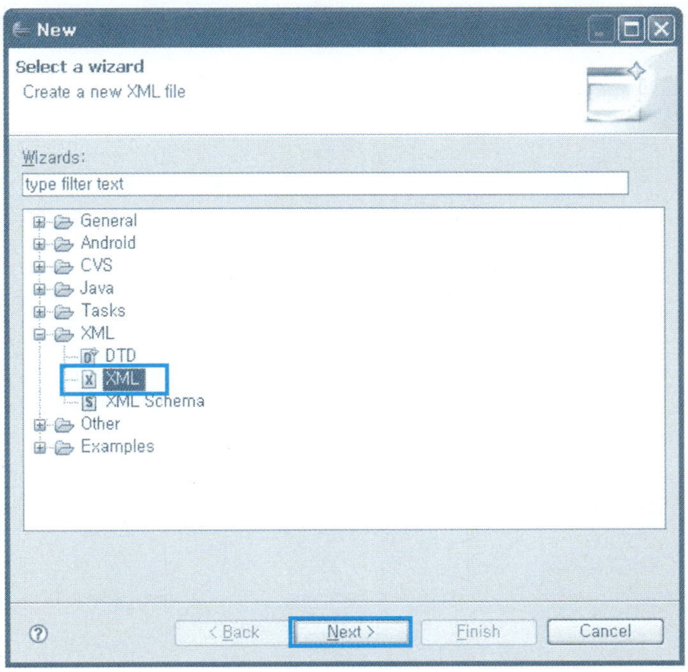

⑪ menu를 선택한 후 File name에 insert_note.xml을 입력하고 Finish를 클릭한다.

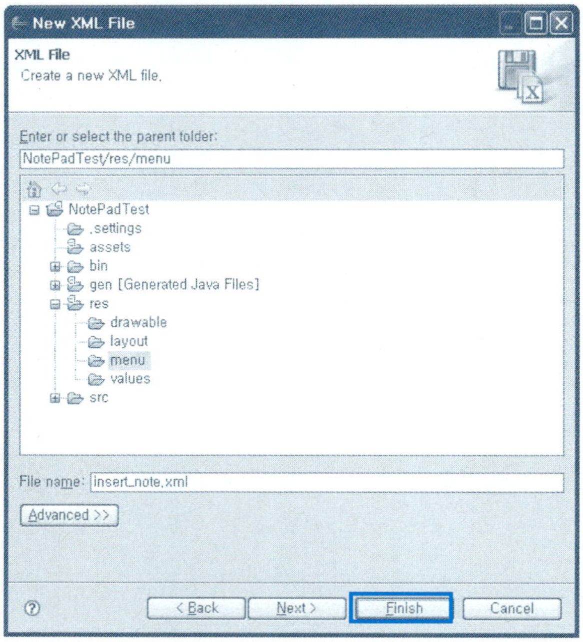

⑫ 다음과 같이 insert_note.xml 파일이 생성되었다.

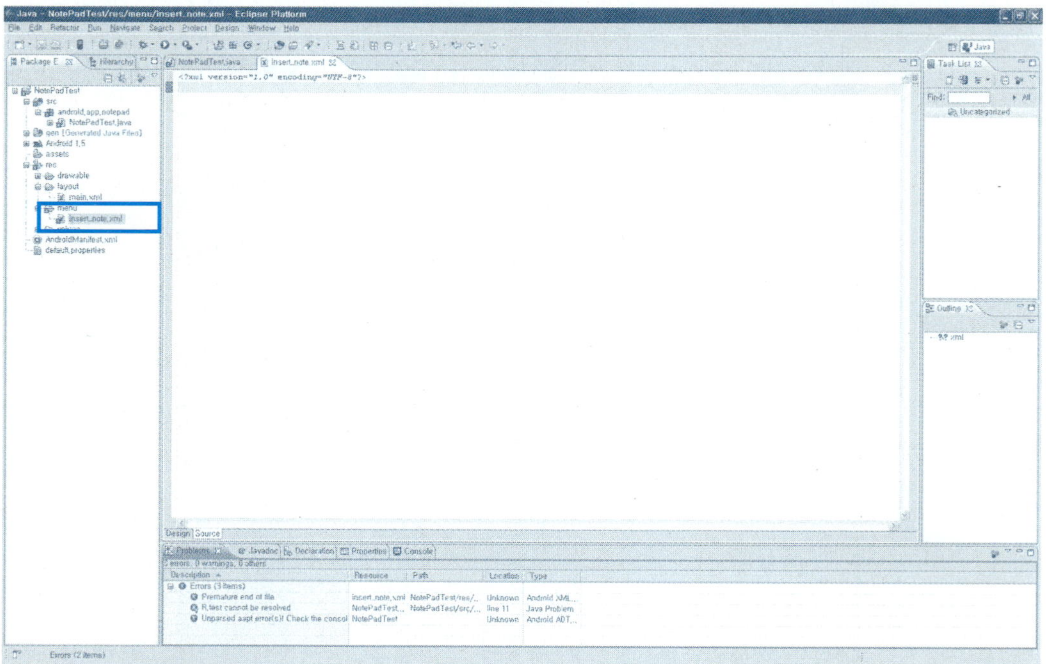

⑬ insert_note.xml 파일을 아래와 같이 작성한다.

```
<?xml version="1.0" encoding="utf-8"?>
<menu xmlns:android="http://schemas.android.com/apk/res/android">
    <item android:id="@+id/insert_note"
          android:title="Insert Note" />
</menu>
```

프로그래밍에서 직접 메뉴 항목을 구성할 때는 onCreateOptionMenu 메소드의 매개변수로 넘겨진 menu에 메뉴 항목을 추가한다.

```
menu.add(0, MENU_NAME, 0, "New Name");
```

add 메소드의 첫 번째 인자는 그룹 id이고, 두 번째 인자는 추가되는 메뉴 항목의 id이다. 세 번째는 순서이고, 네 번째는 메뉴 항목의 타이틀이다. 이렇게 생성된 메뉴 항목에는 setIcon 메소드를 사용해서 아이콘이나 setAlphabetic Shortcut 메소드를 사용해서 단축키를 추가할 수 있다.

메뉴 항목에 대한 그룹을 설정하는 것은 그룹으로 메뉴 항목들을 다루기 위해서이다. 메뉴 항목들을 visible하게 하거나 enable하게 하거나 checkable하게 할 때 유용하다. 서브메뉴를 추가할 때는 addSubmenu 메소드를 사용한다.

XML로 구성된 메뉴는 MenuInflater의 inflate 메소드를 사용한다.
아래의 코드를 NotePadTest 클래스에 추가한다.

```
@Override
public boolean onCreateOptionsMenu(Menu menu) {
    boolean result = super.onCreateOptionsMenu(menu);
    MenuInflater inflater = getMenuInflater();
    inflater.inflate(R.menu.insert_note, menu);
    return result;
}
```

3) 노트 추가

(1) 옵션메뉴(Insert Note 메뉴 항목)를 선택했을 때 해야 할 일은 액티비티의 onOptions ItemSelected를 재정의하기 위하여 다음을 추가한다.

```
@Override
public boolean onOptionsItemSelected(MenuItem item) {
    switch (item.getItemId()) {
            case R.id.insert_note:
                    insertNote();
                    return true;
    }
    return super.onOptionsItemSelected(item);
}
```

(2) insertNote 구현

1 노트 이름을 작성한다.

Note + <노트번호>

노트 목록은 번호 1부터 시작해서 순차적으로 1씩 증가한다.

멤버변수 noteNum 선언한다.

```
private int mNoteNum= 1;
```

2 데이터베이스에 노트를 추가한다. 먼저 데이터베이스를 관리할 수 있는 클래스가 있어야 한다.

노트를 관리하는 NoteManager 클래스를 작성한다.

마우스 오른쪽 버튼→New→Class를 선택한다.

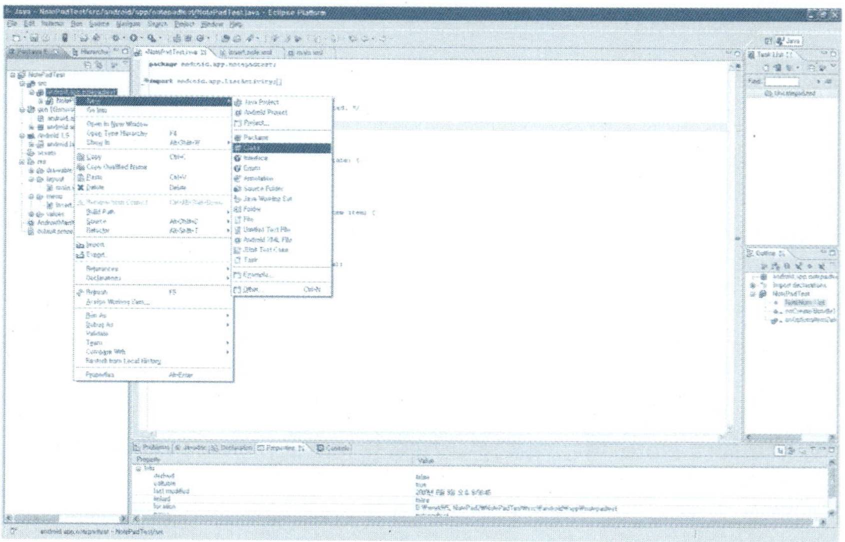

Name에 NoteManager을 적고 Finish를 클릭한다.

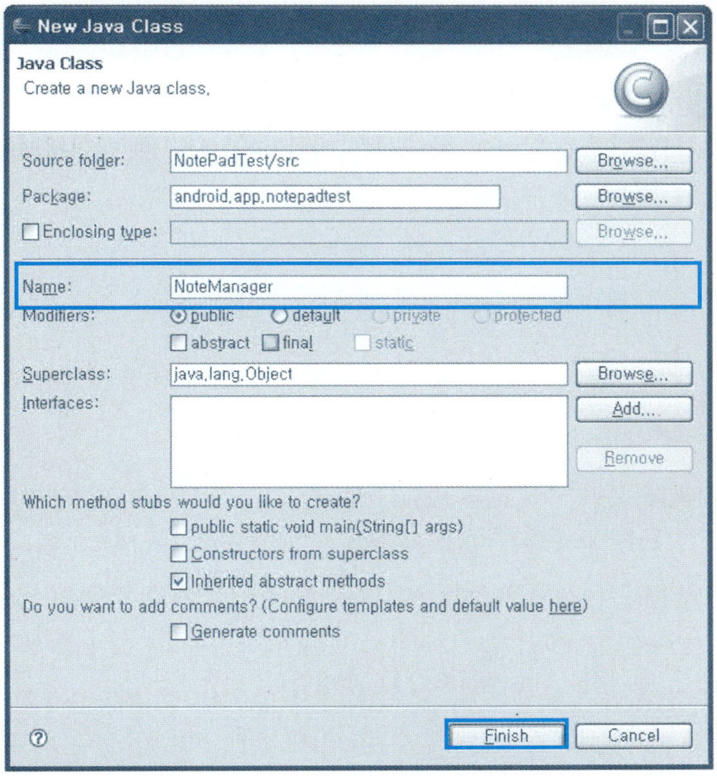

NoteManeger 클래스가 생성되었다. 코드 작성은 NotePadTest 클래스를 작성한 후 작성하기로 한다.

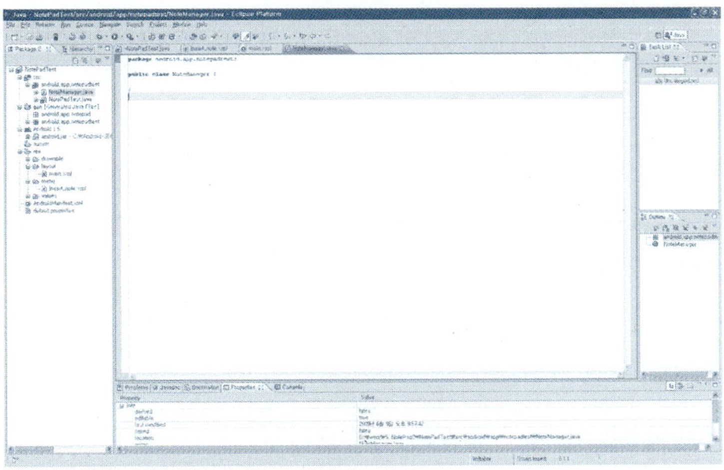

노트 관리를 위해 NotePadTest 클래스에서 NoteManager 멤버 변수를 선언한다.

```
private NoteManager mNoteManager;
```

데이터베이스를 다루려면 먼저 데이터베이스가 열려 있어야 한다. 액티비티가 종료될 때 데이터베이스를 닫아야 한다. 액티비티가 종료될 때 데이터베이스 닫기는 이 예제에서 다루지는 않는다.

NotePadTest 클래스의 onCreate()에 다음을 추가한다.

```
@Override
public void onCreate(Bundle savedInstanceState) {
        super.onCreate(savedInstanceState);
        setContentView(R.layout.main);
        mNoteManager= new NoteManager(this);
        mNoteManager.open();
}
```

실제 노트를 추가하는 insertNote()를 추가한다.

```
private void insertNote() {
      String noteName = "Note" + mNoteNum++;
      mNoteManager.insertNote(noteName, "");
      updateListView();
}
```

③ 리스트뷰를 갱신(updateListView)한다.

모든 노트를 가져온다.

커서 관리를 액티비티에서 알아서 하도록 하기 위해서 startManagingCursor 메소드를 사용한다. Cursor와 리스트뷰의 행을 구성하는 뷰를 연결하는 어댑터를 만들고, 리스트 액티비티의 어댑터로 설정한다.

```
private void updateListView() {
        // Get all of the notes from the database and create the item list
        Cursor c = mNoteManager.getAllNotes();
        startManagingCursor(c);

        String[] from = new String[] { NoteManager.KEY_TITLE };
```

```
        int[] to = new int[] { R.id.text1 };

        // Now create an array adapter and set it to display using our row
        SimpleCursorAdapter notes =
        new SimpleCursorAdapter(this, R.layout.notes_row, c, from, to);
        setListAdapter(notes);
}
```

SimpleCursorAdaptor를 사용해서 노트 목록을 리스트뷰에 연결한다. 리스트뷰의 행을 구성하는 뷰들을 정의해야 한다. 그리고 테이블의 열이름 목록과 매핑해야 한다. 연결을 위한 열이름 목록은 타이틀 하나이니, 리스트뷰의 행을 구성하는 뷰 또한 하나만 있으면 된다.

리스트뷰의 행은 /res/layout/notes_row.xml에 다음과 같이 정의한다.
마우스 오른쪽 버튼→New→Others 선택한다.

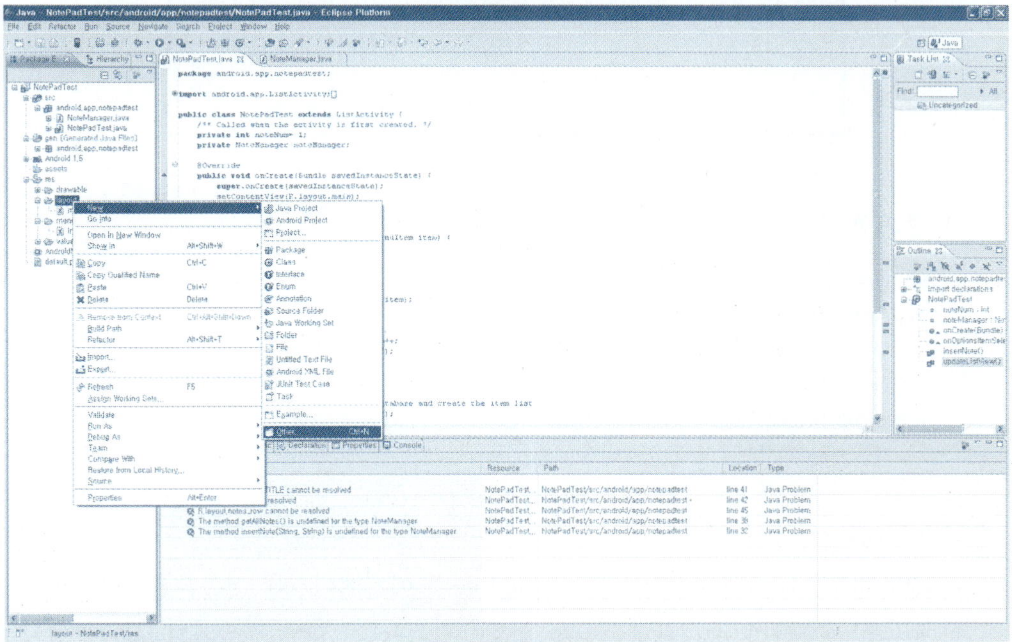

File name에 notes_row.xml을 적은 후 Finish를 클릭한다.

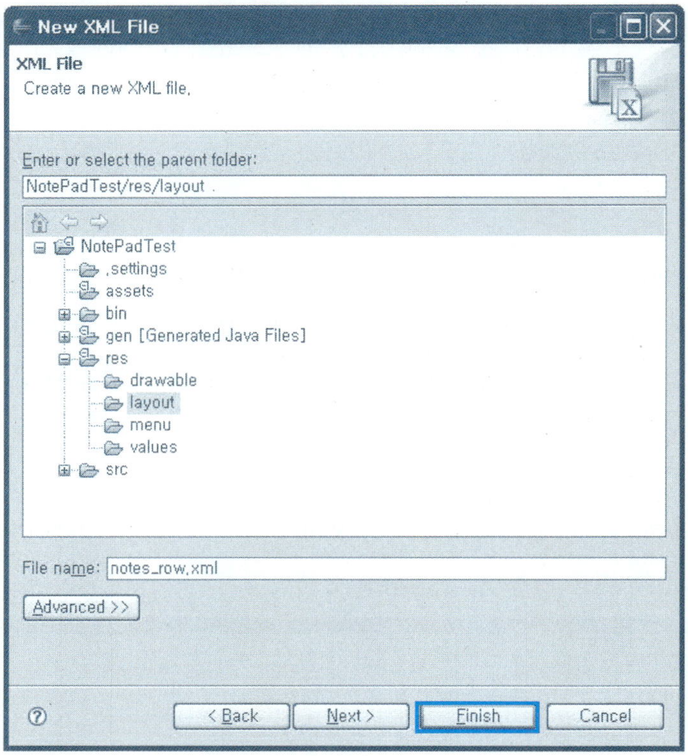

notes_row.xml 파일이 생성되며 아래 코드를 추가한다.

```
<?xml version="1.0" encoding="utf-8"?>
<TextView android:id="@+id/text1"
    xmlns:android="http://schemas.android.com/apk/res/android"
    android:layout_width="wrap_content"
    android:layout_height="wrap_content"/>
```

④ NoteManager 작성

데이터 저장소는 SQLite를 사용하며 SQLite 데이터베이스에 접근은 SQLiteDatabase 클래스를 사용한다. 데이터베이스를 열고 닫는데에는 SQLiteOpenHelper를 확장한 클래스(DatabaseHelper)를 사용한다. DatabaseHelper 생성자에서 컨텍스트(_context)를 요구한다.

NoteManager 클래스를 다음을 추가한다.

```
public static final String KEY_TITLE = "title";
public static final String KEY_BODY = "body";
public static final String KEY_ROWID = "_id";

private static final String TAG = "NoteManager";
private NoteDbAdapter mNoteDbAdapter;
private SQLiteDatabase mSQLiteDatabase;

private static final String DATABASE_NAME = "data";
private static final String DATABASE_TABLE = "notes";
private static final int DATABASE_VERSION = 2;

private static final String DATABASE_CREATE =
"create table notes (_id integer primary key autoincrement," + "title text not null, body
text not null);";

private final Context mContext;
private static class NoteDbAdapter  extends SQLiteOpenHelper {
        NoteDbAdapter (Context context) {
            super(context, DATABASE_NAME, null, DATABASE_VERSION);
        }

        @Override
        public void onCreate(SQLiteDatabase database) {
            database.execSQL(DATABASE_CREATE);
        }

        @Override
        public void onUpgrade(SQLiteDatabase database, int oldVersion, int
newVersion) {
            database.execSQL("DROP TABLE IF EXISTS notes");
            onCreate(database);
        }
}
public NoteManager(Context context) {
    mContext= context;
}
```

데이터를 관리하려면 먼저 데이터베이스를 open해야 한다. 데이터 관리를 종료할 때는 데이터베이스를 close해야 한다. 다음을 추가한다.

```
public NoteManager open() throws SQLException {
    mNoteDbAdapter= new NoteDbAdapter (mContext);
```

```
        mSQLiteDatabase= mNoteDbAdapter.getWritableDatabase();
        return this;
    }

    public void close() {
        mNoteDbAdapter.close();
    }
```

```
    public long insertNote(String title, String body) {
        ContentValues values= new ContentValues();
        values.put(KEY_TITLE, title);
        values.put(KEY_BODY, body);
        return mSQLiteDatabase.insert(DATABASE_TABLE, null, values);
    }

    public boolean updateNote(long rowId, String title, String body) {
        ContentValues values= new ContentValues();
        values.put(KEY_TITLE, title);
        values.put(KEY_BODY, body);
        return mSQLiteDatabase.update(DATABASE_TABLE, values, KEY_ROWID + "=" +
rowId, null) > 0;
    }

    public boolean deleteNote(long rowId) {
        return mSQLiteDatabase.delete(DATABASE_TABLE, KEY_ROWID + "=" + rowId, null)
> 0;  }

    public Cursor getAllNotes() {
        return mSQLiteDatabase.query(DATABASE_TABLE, new String[] {KEY_ROWID,
KEY_TITLE, KEY_BODY}, null, null, null, null, null);
    }

    public Cursor getNote(long rowId) throws SQLException {
      Cursor cursor = mSQLiteDatabase.query(true, DATABASE_TABLE, new String[]
{KEY_ROWID, KEY_TITLE, KEY_BODY}, KEY_ROWID + "=" + rowId, null, null, null, null,
null);
        if (cursor != null) {
            cursor.moveToFirst();
        }
        return cursor;
    }
```

5 실행 화면

[그림 11-29] 노트 이름을 작성

[그림 11-30] insertNote()를 추가

[그림 11-31] 노트1 생성화면

[그림 11-32] 노트2 생성화면

2. 두 번째 연습에 해당하는 애플리케이션

첫 번째 연습한 애플리케이션을 가지고 코드를 추가하여 작성한다.

1) 노트 작성하기

노트 추가에 대한 시나리오가 달라진다.

① 사용자는 옵션메뉴에서 Insert Note 항목을 선택한다.

② 애플리케이션은 노트 내역을 작성할 수 있는 폼을 제공한다.

③ 사용자는 노트 내역을 작성하고, 작성된 노트 내역으로 노트 추가를 요청한다.

④ 애플리케이션은 노트를 추가하고, 노트 목록을 갱신해서 디스플레이한다.

➡ 편집에 대한 시나리오이다.

① 사용자는 노트 목록에서 편집할 노트를 선택하고 편집을 요청한다.
편집 요청은 클릭으로 한다.

② 애플리케이션은 노트 편집 폼을 제공한다.

③ 사용자는 노트 내역을 편집하고, 노트 내역 갱신을 요청한다.

④ 애플리케이션은 노트 내역을 갱신하고, 노트 목록을 갱신해서 디스플레이한다.

➡ 삭제에 대한 시나리오이다.

① 사용자는 삭제할 노트를 선택하고, 삭제를 요청한다. 삭제요청은 오래누르기로 한다.

② 시스템은 삭제항목을 갖는 컨텍스트 메뉴를 제공한다.

③ 사용자는 컨텍스트 메뉴에서 Delete Note 항목을 선택해서 노트 삭제를 요청한다.

④ 애플리케이션은 노트를 삭제하고, 노트 목록을 갱신해서 디스플레이한다.

(1) 노트 편집 폼 작성

/res/layout/note_edit.xml을 추가한다.

마우스 오른쪽 버튼→New→Others을 선택한다.

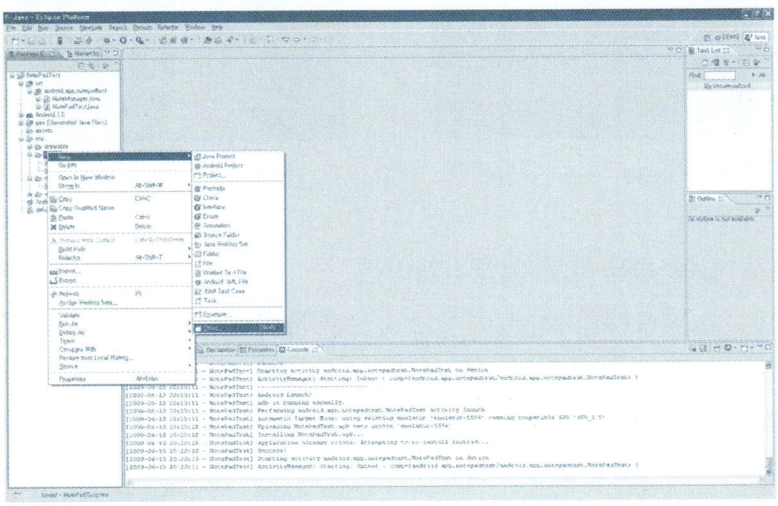

XML을 선택하고 Next를 클릭한다.

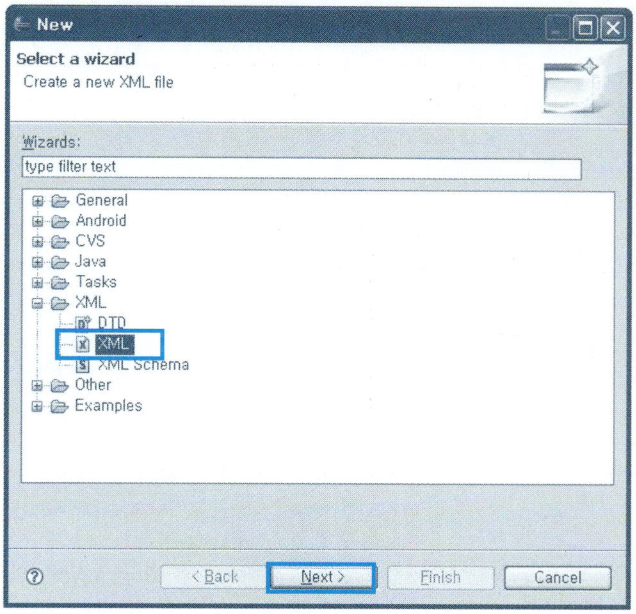

res/layout를 선택한 후 File name에 note_edit..xml을 입력하고 Finish를 클릭한다.

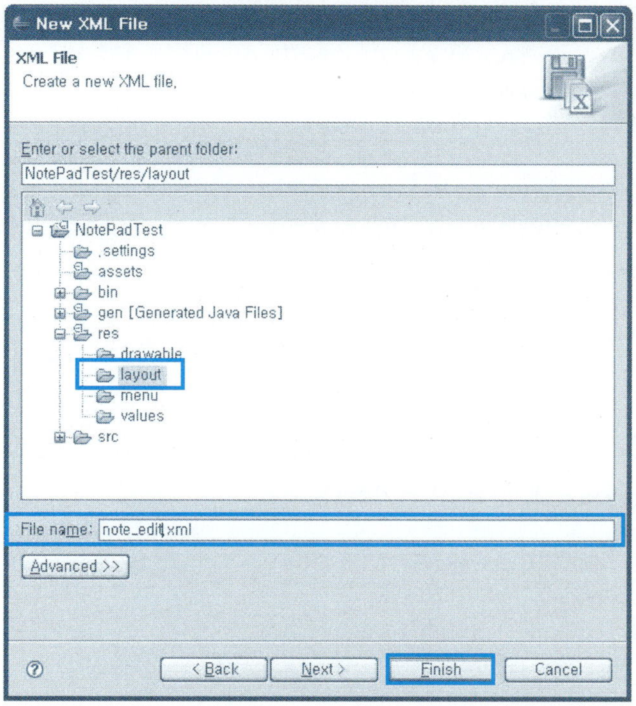

➡ res/layout/note_edit.xml

```
<?xml version="1.0" encoding="utf-8"?>
<LinearLayout xmlns:android="http://schemas.android.com/apk/res/android"
                        android:orientation="vertical"
                        android:layout_width="fill_parent"
                        android:layout_height="fill_parent">

        <LinearLayout android:orientation="horizontal"
                        android:layout_width="fill_parent"
                        android:layout_height="wrap_content">
                <TextView android:layout_width="wrap_content"
                        android:layout_height="wrap_content"
                        android:text="@string/title" />
                <EditText android:id="@+id/title"
                        android:layout_width="wrap_content"
                        android:layout_height="wrap_content"
                        android:layout_weight="1"/>
        </LinearLayout>

        <TextView android:layout_width="wrap_content"
                android:layout_height="wrap_content"
                android:text="@string/body" />
        <EditText android:id="@+id/body"
                android:layout_width="fill_parent"
                android:layout_height="wrap_content"
                android:layout_weight="1"
                android:scrollbars="vertical" />
        <Button android:id="@+id/confirm"
                android:text="@string/confirm"
                android:layout_width="wrap_content"
                android:layout_height="wrap_content" />
</LinearLayout>
```

타이틀, 내용, 확인 버튼에 대한 텍스트를 문자열 값에 추가한다.

res/value/string.xml에 다음을 추가한다.

```
<string name="title">"Title"</string>
<string name="body">"Body"</string>
<string name="confirm">"Confirm"</string>
```

(2) 노트 추가 시나리오 작성

① Insert Note 메소드 작성

옵션메뉴에서 Insert Note 메뉴 항목을 선택했을 때 NoteManagingStoryboard.insertNote 메소드에서 편집 폼(NoteEditForm)이 보여지도록(start activity) 해야 한다. 편집 폼은 액티비티이고, 편집된 결과(for result)를 리턴해야 한다.

결과는 onActivityResult 콜백 메소드를 통해서 제공된다. 결과가 리턴될 때 어디서 호출한 것인지(requestCode)를 알아야 한다.

노트를 추가할 때 요청했음을 알리기 위해 requestCode로 사용할 상수를 사용하기 위하여 NotePadTest 클래스에 멤버 변수를 추가한다.

```
private static final int ACTIVITY_NOTE_INSERT=0;
```

NoteEditForm 액티비티를 시작하도록 하기 위해 인텐트를 작성하고, 그 인텐트를 가지고 액티비티 시작을 요청한다. NotePadTest 클래스에 메소드로 추가한다.

```
private void showNoteEditForm() {
    Intent i = new Intent(this, NoteEditForm.class);
    startActivityForResult(i, ACTIVITY_NOTE_INSERT);
}
```

② NoteEditForm 클래스 작성

클래스를 작성하기 전에 AndroidManifest.xml 파일에 NoteEditForm 클래스를 액티비티로 선언한다.

```
<?xml version="1.0" encoding="utf-8"?>
<manifest xmlns:android="http://schemas.android.com/apk/res/android"
        package="android15.samples"
        android:versionCode="1"
        android:versionName="1.0">
    <application android:icon="@drawable/icon" android:label="@string/app_name">
        <activity android:name=".NoteManagingStoryboard"
                  android:label="@string/app_name">
            <intent-filter>
                <action android:name="android.intent.action.MAIN" />
                <category android:name="android.intent.category.LAUNCHER" />
            </intent-filter>
        </activity>
        <activity android:name=".NoteEditForm"></activity>
```

```
    </application>
    <uses-sdk android:minSdkVersion="3" />
</manifest>
```

마우스 오른쪽 버튼→New→Class를 선택한다.

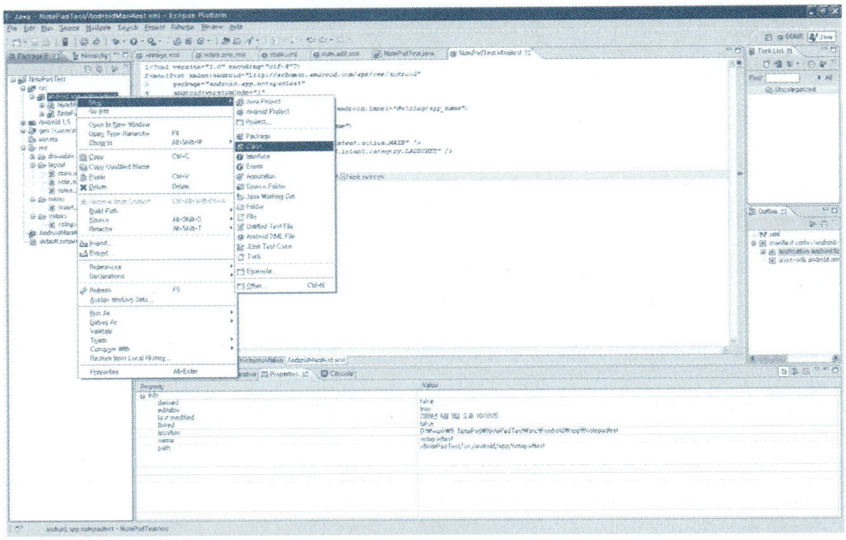

Name에 NoteEditForm을 적은 후 Activity로부터 상속받기 위해 Browse 버튼을 클릭한다.

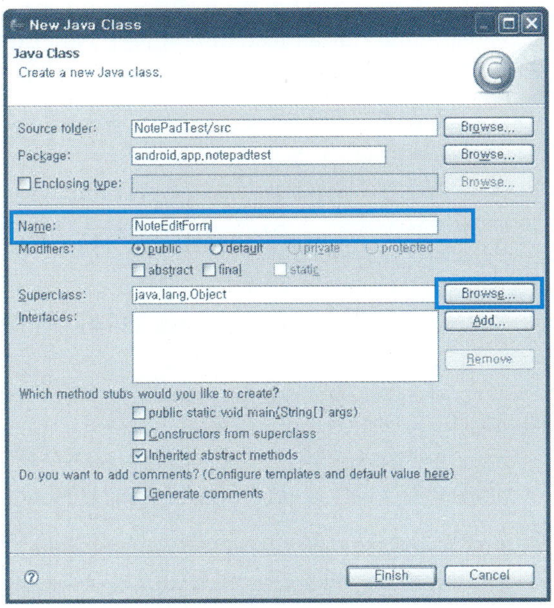

Choose a type 부분에 activity를 적은 후 activity가 포함된 클래스들 중 Activity - android.app를 선택한 후 OK 버튼을 클릭한다.

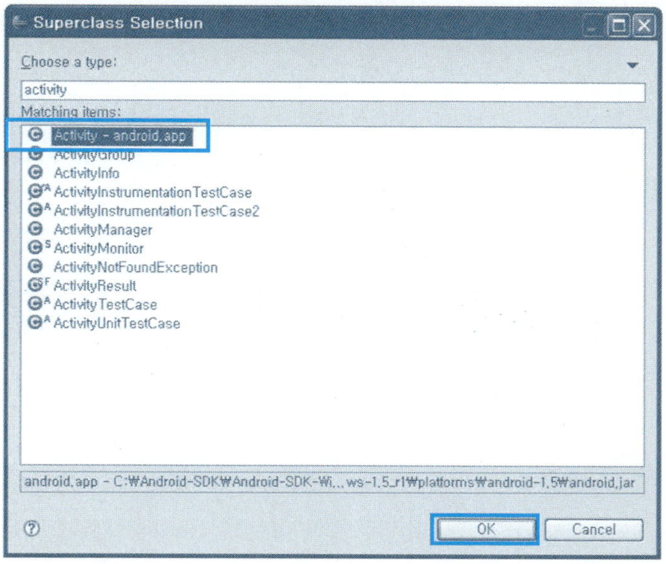

다음과 같이 설정이 완료되면 Finish를 클릭한다.

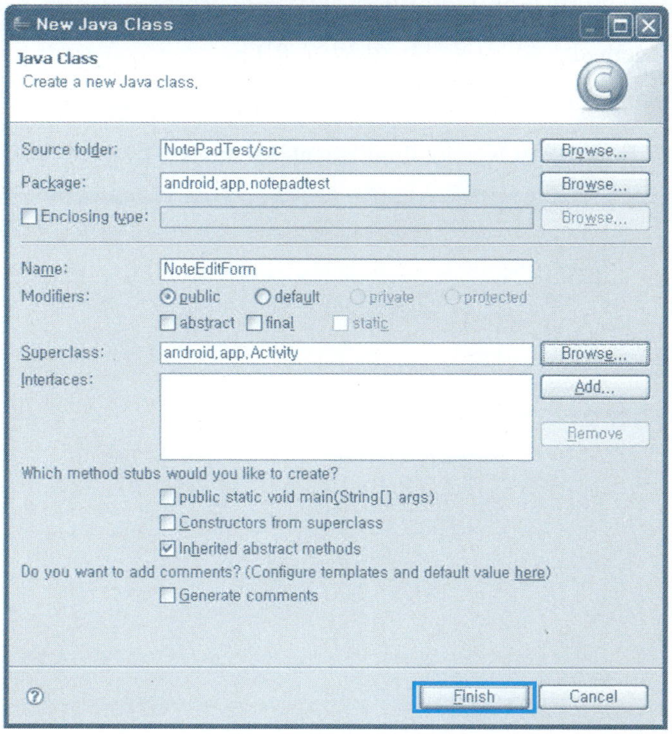

다음과 같이 Activity를 상속받은 NoteEditForm 클래스가 생성되었다.

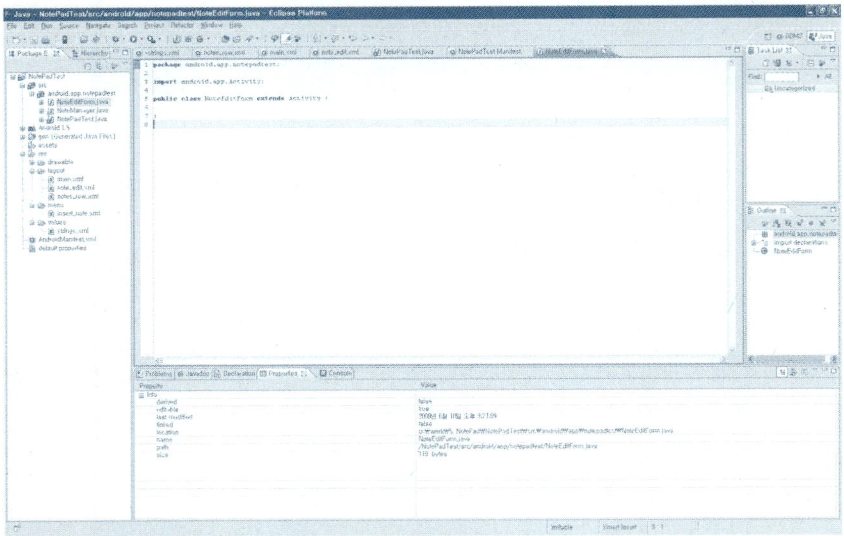

③ 초기화 코드 작성

NoteEditForm 클래스의 onCreate()에 note_edit를 콘텐츠뷰로 설정한다.

onCreate()를 오버라이드하기 위하여 직접 코드를 작성하는 방법과 Eclipse의 Override/Implement Methods...를 사용하는 방법이 있다.

Override/Implement Methods...를 사용하는 방법을 사용하도록 하겠다.

오른쪽 버튼 Source → Override/Implement Methods...를 선택한다.

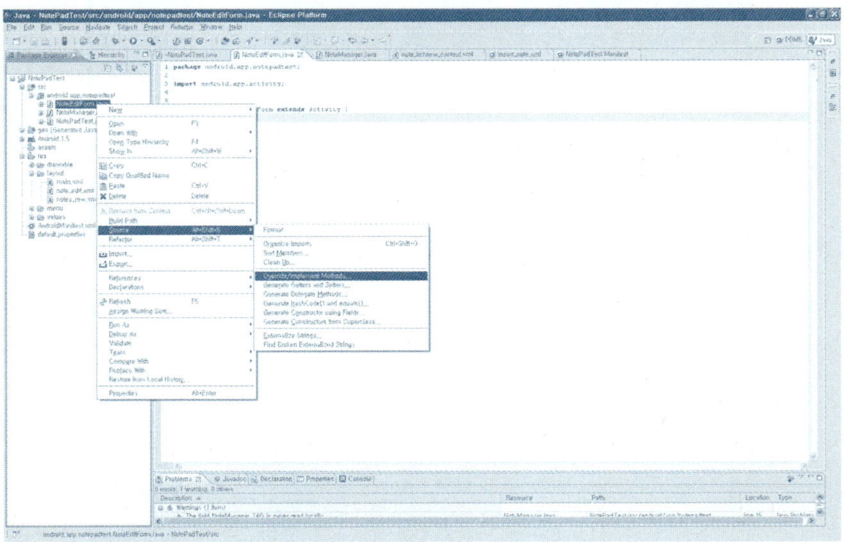

아래와 같은 창이 나타나면 OnCreate(Bundle)을 찾아 추가하도록 한다.

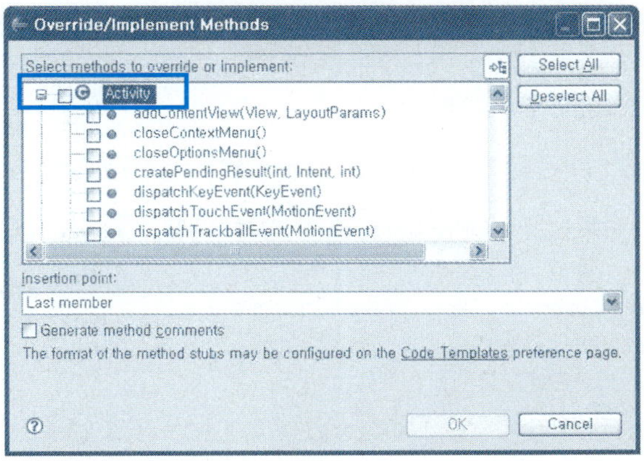

onCreate(Bundle)에 체크를 한 후 OK를 클릭한다.

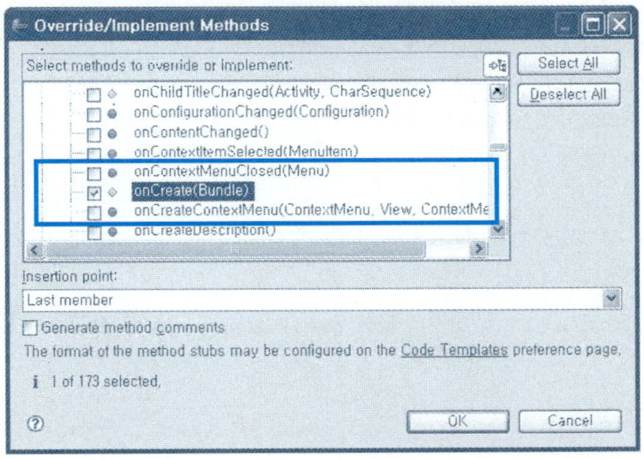

다음과 같이 onCreate() 메소드가 추가되었음을 확인할 수 있다.

import android.os.Bundle;도 추가되었다.

```
package android.app.notepadtest;

import android.app.Activity;
import android.os.Bundle;

public class NoteEditForm extends Activity {
        @Override
        protected void onCreate(Bundle savedInstanceState) {
                // TODO Auto-generated method stub
                super.onCreate(savedInstanceState);
        }
}
```

onCreate() 메소드에 노트를 작성과 관련된 화면 구성과 관련된 note_edit.xml을 보여주기 위하여 다음을 추가한다.

```
setContentView(R.layout.note_edit);
```

확인 버튼에 대한 리스너를 작성하고 설정한다. 그 결과 리턴하는 코드를 작성한다. NoteEditForm 클래스의 onCreate() 메소드에 다음 코드를 추가한다.

```
import android.view.View;
import android.widget.Button;
import android.widget.EditText;
```

```
Button confirmButton = (Button) findViewById(R.id.confirm);
confirmButton.setOnClickListener(new View.OnClickListener() {
public void onClick(View view) {
    Bundle bundle = new Bundle();
    EditText mTitleText = (EditText) findViewById(R.id.title);
    EditText mBodyText = (EditText) findViewById(R.id.body);
    bundle.putString(NoteManager.KEY_TITLE, mTitleText.getText().toString());
    bundle.putString(NoteManager.KEY_BODY, mBodyText.getText().toString());

    Intent intent = new Intent();
    intent.putExtras(bundle);
    setResult(RESULT_OK, intent);
    finish();
    }
});
```

결과는 인텐트에 번들(Bundle)로 작성되어 추가적인 정보로 설정(putExtras)된다. 올바르게 처리되었음을 알리기 위한 결과 코드가 액티비티에 RESULT_OK 상수로 정의되어 있다. 함수에서 return하듯이 호출한 액티비티로 리턴하기 위해서 finish를 사용한다.

④ onActivityResult 구현

리턴된 노트 내역에 따라 노트를 추가하고 리스트뷰를 갱신한다.

NotePadTest 클래스에서 onActivityResult 메소드를 재정의한다.

```
import android.content.Intent;
```

```
@Override
protected void onActivityResult(int requestCode, int resultCode, Intent intent) {
```

```
        super.onActivityResult(requestCode, resultCode, intent);
        Bundle extras = intent.getExtras();
        switch(requestCode) {
            case ACTIVITY_NOTE_INSERT:
                insertNote(extras.getString(NoteManager.KEY_TITLE),
                        extras.getString(NoteManager.KEY_BODY));
                updateListView();
                break;
        }
}
```

노트 내역은 타이틀과 바디로 구성되어 있다. NotePadTest 클래스의 InsertNote() 메소드를 다음과 같이 수정한다.

```
private void insertNote(String title, String body) {
    mNoteManager.insertNote(title, body);
}
```

노트 업데이트는 아이디와 타이틀, 바디로 구성되어 있다. NotePadTest 클래스의 updateNote() 메소드를 다음과 같이 추가한다.

```
private void updateNote(Long rowId, String title, String body) {
        mNoteManager.updateNote(rowId, title, body);
}
```

(3) 노트 갱신 시나리오 작성

노트 편집을 고려해서 NoteEditForm 활성화를 생각해야 한다.

리스트뷰에서 한 노트를 선택했을 경우에는 노트 내역을 Intent에 추가적인 정보로 전달해야 한다. 전달된 노트 내역으로 rowId와 tiitle text와 body text뷰를 초기화해야 한다.

리스트뷰에서 한 항목을 클릭했을 때를 처리하기 위해서 NotePadTest 클래스의 onListItemClick() 메소드를 재정의한다.

```
@Override
    protected void onListItemClick(ListView l, View v, int position, long id) {
        super.onListItemClick(l, v, position, id);
        Cursor c = mNotesCursor;
        c.moveToPosition(position);
```

```
        Intent i = new Intent(this, NoteEditForm.class);
        i.putExtra(NoteManager.KEY_ROWID, id);
        i.putExtra(NoteManager.KEY_TITLE,
        c.getString(c.getColumnIndexOrThrow(NoteManager.KEY_TITLE)));
        i.putExtra(NoteManager.KEY_BODY,
        c.getString(c.getColumnIndexOrThrow(NoteManager.KEY_BODY)));
        startActivityForResult(i, ACTIVITY_NOTE_EDIT);
}
```

mRowId는 update할 때 사용해야 하므로 mRowId를 NoteEditForm 클래스의 멤버 변수로 선언되어야 한다.

```
private Long mRowId = null;
```

NoteEditForm의 클래스의 onCreate() 메소드에 뷰들에 대한 초기화 코드를 추가한다.

```
EditText mTitleText = (EditText) findViewById(R.id.title);
EditText mBodyText = (EditText) findViewById(R.id.body);
Bundle extras = getIntent().getExtras();

if (extras != null) {
    String title = extras.getString(NoteManager.KEY_TITLE);
    String body = extras.getString(NoteManager.KEY_BODY);
    mRowId = extras.getLong(NoteManager.KEY_ROWID);
    if (title != null) {
        mTitleText.setText(title);
    }
    if (body != null) {
        mBodyText.setText(body);
    }
}
```

편집이 요청되었음을 알리기 위해 requestCode로 사용할 상수를 NoteEditTest 클래스에 멤버 변수를 추가한다.

```
private static final int ACTIVITY_NOTE_EDIT=1;
```

onActivityResult() 메소드에 다음 코드를 추가한다.

swith의 case로 추가한다.

```
@Override
protected void onActivityResult(int requestCode, int resultCode, Intent intent) {
    super.onActivityResult(requestCode, resultCode, intent);
    Bundle extras = intent.getExtras();
    switch(requestCode) {
        case ACTIVITY_NOTE_INSERT:
            insertNote(extras.getString(NoteManager.KEY_TITLE),
                    extras.getString(NoteManager.KEY_BODY));
            updateListView();
            break;

        case ACTIVITY_NOTE_EDIT:
            Long rowId = extras.getLong(NoteManager.KEY_ROWID);
            if (rowId != null) {
                String editTitle = extras.getString(NoteManager.KEY_TITLE);
                String editBody = extras.getString(NoteManager.KEY_BODY);
                updateNote(rowId, editTitle, editBody);
            }
            updateListView();
            break;
    }
}
```

확인 버튼에 대한 리스너에 **mRowId** 설정에 대한 코드를 추가한다. **NoteEditForm** 클래스의 **onCreate()** 메소드의 **Button** 관련된 부분에 다음을 추가한다.

```
Button confirmButton = (Button) findViewById(R.id.confirm);
confirmButton.setOnClickListener(new View.OnClickListener() {
    public void onClick(View view) {
        Bundle bundle = new Bundle();
        EditText mTitleText = (EditText) findViewById(R.id.title);
        EditText mBodyText = (EditText) findViewById(R.id.body);

        bundle.putString(NoteManager.KEY_TITLE, mTitleText.getText().toString());
        bundle.putString(NoteManager.KEY_BODY, mBodyText.getText().toString());
        if (mRowId != null) {
            bundle.putLong(NoteManager.KEY_ROWID, mRowId);
        }
        Intent intent = new Intent();
        intent.putExtras(bundle);
        setResult(RESULT_OK, intent);
        finish();
    }
});
```

(4) 노트 삭제 시나리오 작성

① 컨텍스트 메뉴 작성

리스트뷰에 컨텍스트 메뉴를 연결하기 위해서 registerForContextMenu를 사용한다. NotePadTest 클래스의 onCreate() 마지막에 다음을 추가한다.

```
registerForContextMenu(getListView());
```

삭제하고 싶은 노트를 길게 눌렀을 때 나타나는 Context Menu를 NotePadTest 클래스의 onCreateContextMenu를 재정의해서 작성한다.

```
@Override
public void onCreateContextMenu(ContextMenu menu, View v,
                                ContextMenuInfo menuInfo) {
    super.onCreateContextMenu(menu, v, menuInfo);
    MenuInflater inflater = getMenuInflater();
    inflater.inflate(R.menu.note_delete, menu);
}
```

res\menu\note_listview_context.xml를 추가한다.

Eclipse의 Package Explorer의 res의 menu에서 마우스 오른쪽 버튼 클릭→New→Others를 선택한다.

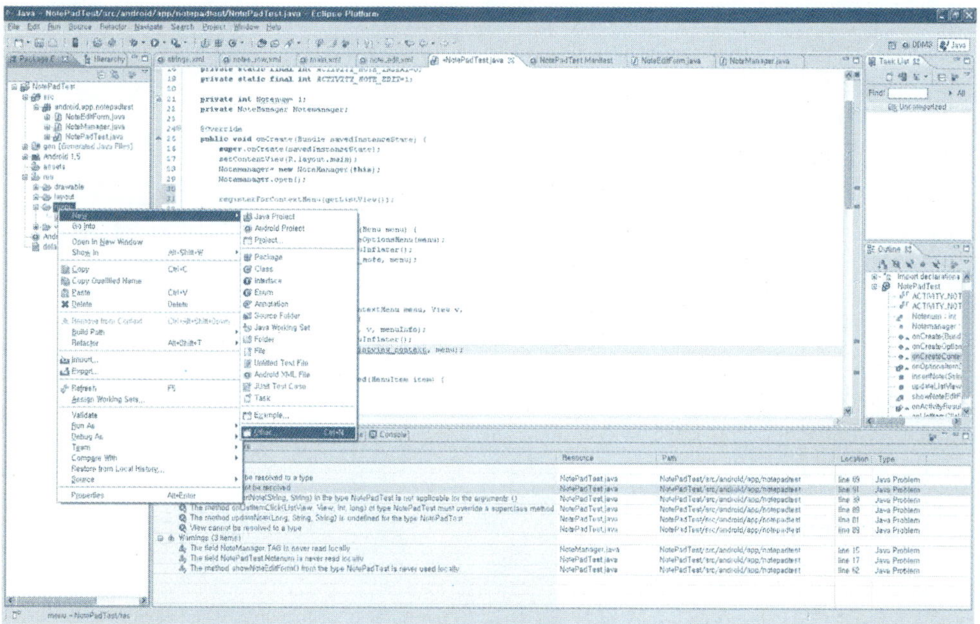

XML을 선택한 후 Next를 클릭한다.

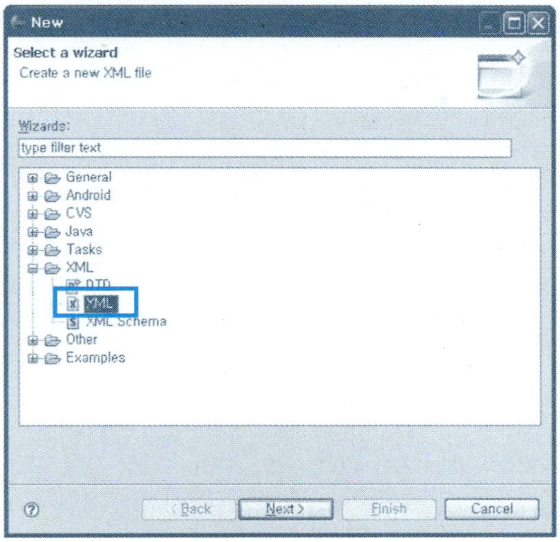

menu를 선택한 후 File name에 note_delete.xml을 적은 후 Finish를 클릭한다.

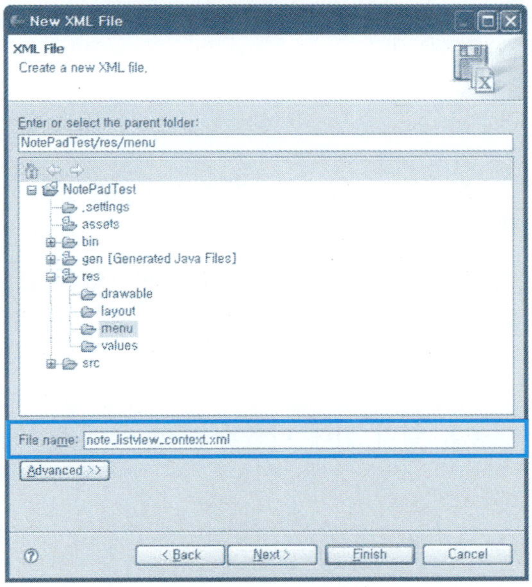

res\menu\note_delete.xml을 생성한 후 코드를 작성한다.

```
<?xml version="1.0" encoding="utf-8"?>
<menu xmlns:android="http://schemas.android.com/apk/res/android">
    <item android:id="@+id/delete_note"
            android:title="Delete Note" />
</menu>
```

컨텍스트 메뉴 항목을 선택했을 때 노트를 삭제하고, 리스트뷰를 갱신한다.
컨텍스트 메뉴 항목에 연결된 항목에 대한 정보는 AdapterContextMenuInfo를 통해 얻을 수 있다. NotePadTest 클래스에서 onContextItemSelected() 메소드를 재정의한다.

```
@Override
public boolean onContextItemSelected(MenuItem item) {
        switch(item.getItemId()) {
            case R.id.delete_note:
                AdapterContextMenuInfo info = (AdapterContextMenuInfo) item.getMenuInfo();
                deleteNote(info.id);
                updateListView();
                return true;
        }
    return super.onContextItemSelected(item);
}
```

NotePadTest 클래스에서 노트를 삭제하는 메소드를 추가한다.

```
private void deleteNote(long id) {
    mNoteManager.deleteNote(id);
}
```

(5) 코드 추가 및 삭제

첫 번째 노트 작성하기에서 사용된 노트 코드에서 필요없는 코드를 제거하고 멤버 변수 선언 및 메소드를 추가한다.

① NotePadTest.java

- 저장된 노트의 내용을 읽기 위해 다음과 같이 멤버 변수를 선언한다.

```
private Cursor mNotesCursor;
```

- OnCreate()에 프로그램 실행시 이전에 작성했던 노트의 목록갱신을 하기 위해 다음을 추가한다.

```
updateListView();
```

- 이름을 자동으로 작성하지 않으므로 private int mNoteNum= 1; 는 삭제한다.

② 실행 화면

처음 시작화면으로 노트가 아무것도 없기 때문에 No notes Yet!이라고 표시되었다.

[그림 11-33] 처음 시작화면 No notes Yet! 표시

이때 메뉴(F2)를 누르면 노트 추가하여 내용을 작성할 수 있는 화면이 나타났다. 타이틀과 바디를 채우고 아래 Confirm을 클릭하여 노트 작성을 완료한다. test가 목록에 생성되었다.

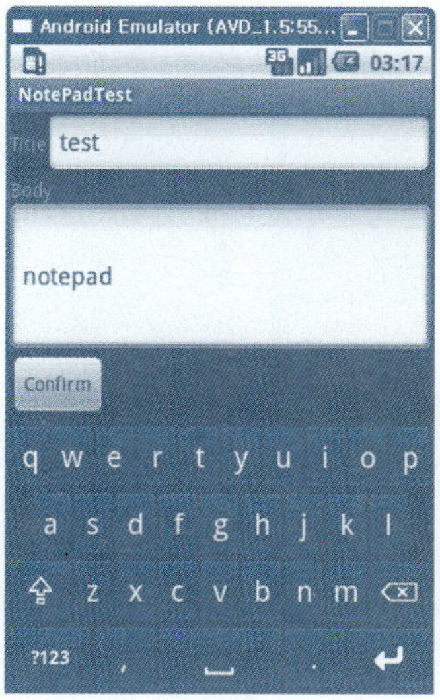

[그림 11-34] 메뉴(F2)를 누르면 노트 추가하여 내용을 작성 화면

[그림 11-35] 노트 작성을 완료 test가 목록 생성

test1도 마찬가지 방법으로 노트를 작성해 보자. 노트 목록에 test1이 추가되었다.

[그림 11-36] 노트 목록에 test1이 추가

이제 test1 노트를 삭제하도록 하자. 먼저 삭제할 노트를 선택한 후 누르고 있으면 Delete Note라는 메뉴가 나타난다. 다시 화면을 누르면 test1이 삭제되었음을 확인할 수 있다.

[그림 11-37] test1 노트를 삭제하기

[그림 11-38] Delete Note라는 메뉴 생성

[그림 11-39] 다시 화면을 누르면 test1이 삭제 확인

심화학습

1. 현재 작성된 노트패드 프로그램은 노트작성 중에 Back 버튼을 누르면 충돌이 생긴다. 또한 편집에 대하여 내용을 잃어버릴 수도 있다.
   다음의 웹페이지를 참조하여 수정해보도록 하자.
   http://developer.android.com/guide/tutorials/notepad/notepad-ex3.html

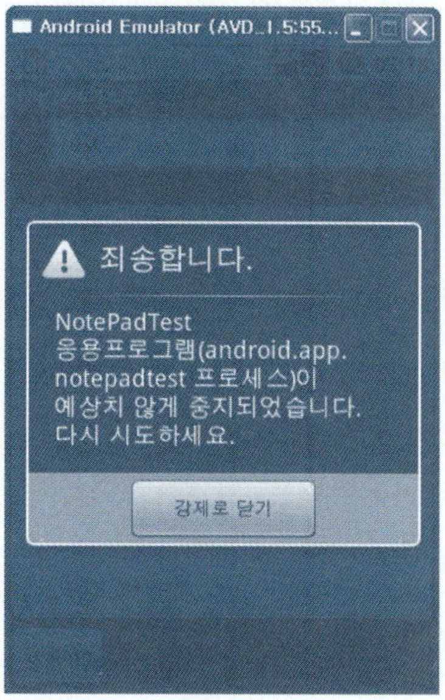

[그림 11-40] 노트패드 프로그램은 노트작성 중에 Back 버튼을 누르면 충돌이 발생

2. 메뉴 버튼을 누르면 Insert Note 옵션에 아이콘을 추가하여 보자.

3. 노트를 삭제하기 위해 길게 누르면 삭제 취소가 가능한 메뉴 팝업 메뉴가 나타나 확인 취소가 가능하게 작성하여 보자.

응용실습 06 그래픽 프로그램

안드로이드는 OpenGL API(OpenGL ES API)를 통해 고성능의 3D 그래픽(Graphic)을 지원한다. OpenGL ES는 OPenGL을 임베디드 장치에서 지원하기 위하여 만들어졌다. 현재 안드로이드는 OpenGL 1.3에 해당하는 OpenGL ES 1.0을 지원한다.

GLSurfaceView를 사용하면 2D 또는 3D 액션 게임이나 구글 맵스 스트리트뷰와 같은 OpenGL ES 애플리케이션을 더 쉽게 작성할 수 있다,

이번 예제는 간단하지만 완벽한 OpenGL ES 애플리케이션이다. 이 애플리케이션이 시작할 때 화면을 검정색으로 지워버린다. 사용자가 화면 위를 터치하는 좌표에 기반해서 화면을 지우는 색을 설정한다.

queueEvent는 UI 스레드와 렌더링 스레드 사이에 안정된 커뮤니케이션을 위해 사용된다.

안드로이드 액티비티의 생애주기를 완벽하게 구현한다. 액티비티가 멈췄을 때 렌더링을 멈추고, 액티비티가 다시 시작할 때 렌더링도 다시 시작(resume)된다.

GLSurfaceView.Renderer 인터페이스는 세 개의 메소드를 가진다.

onSurfaceCreated, onSurfaceChanged, onDrawFrame

(1) 프로젝트 생성

```
Project Name  : GraphicTest
Application Name : GraphicTest
Package Name : android.app.graphictest
Create Activity GraphicTest
```

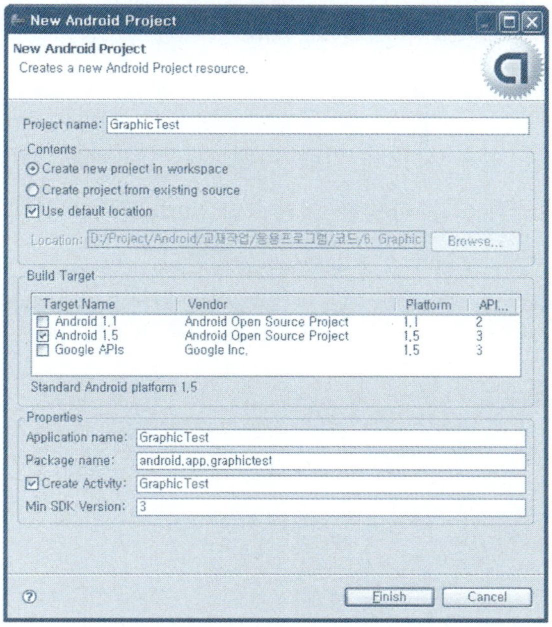

1 GraphicTest 클래스를 다음과 같이 수정한다.

```
package android.app.graphictest;

import android.app.Activity;
import android.opengl.GLSurfaceView;
import android.os.Bundle;

public class GraphicTest extends Activity {
    @Override
    protected void onCreate(Bundle savedInstanceState) {
        super.onCreate(savedInstanceState);
        mGLSurfaceView = new SurfaceTest(this);
        setContentView(mGLSurfaceView);
    }
    @Override
    protected void onPause() {
        super.onPause();
        mGLSurfaceView.onPause();
    }
    @Override
    protected void onResume() {
        super.onResume();
        mGLSurfaceView.onResume();
    }
```

```
    private GLSurfaceView mGLSurfaceView;
}
```

② GLSurfaceView는 쉽게 사용자 입력 이벤트를 입력받을 수 있다. GLSurfaceView 클래스를 파생한 클래스인 SurfaceTest 클래스를 생성한다. 마우스 오른쪽 버튼→New→Class를 선택한다.

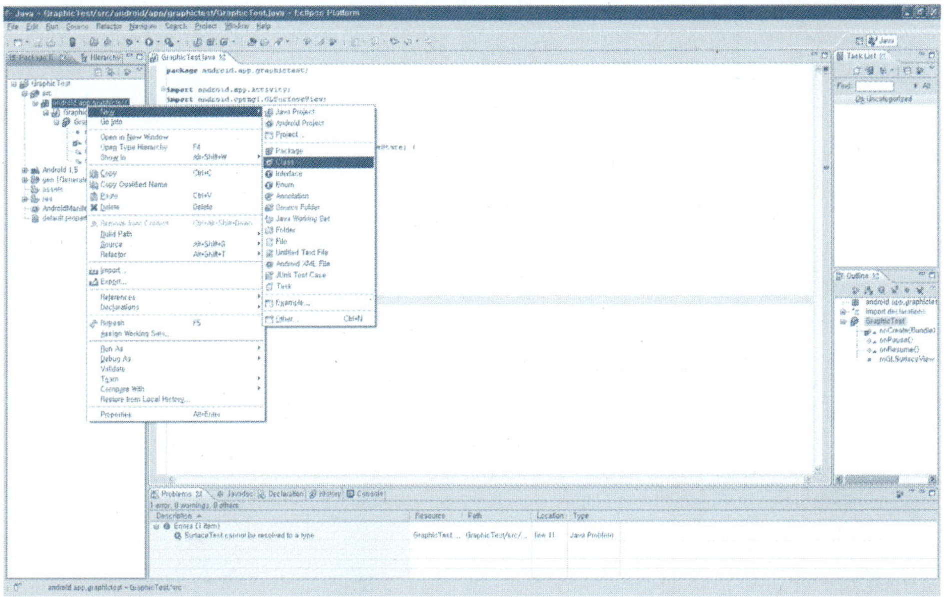

③ Name에 SurfaceTest를 입력한 후 Browsw...을 클릭한다.

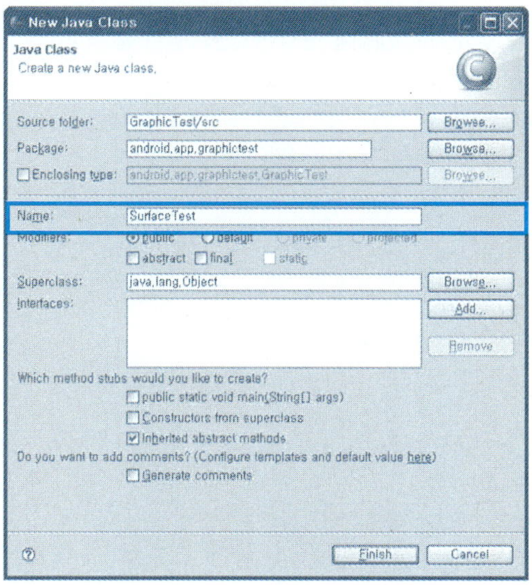

4 Choose a type:에 glsurview을 적으면 아래 관련된 아이템이 나타나는데, GLSurface View를 선택한 후 OK를 클릭한다.

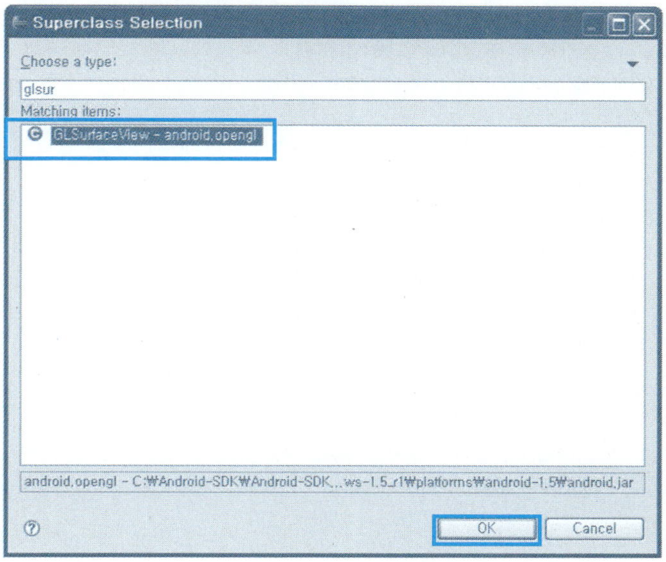

5 constructors from superclass를 체크한 후 아래 항목과 일치하는지 확인한 후 Finish를 클릭하여 마친다.

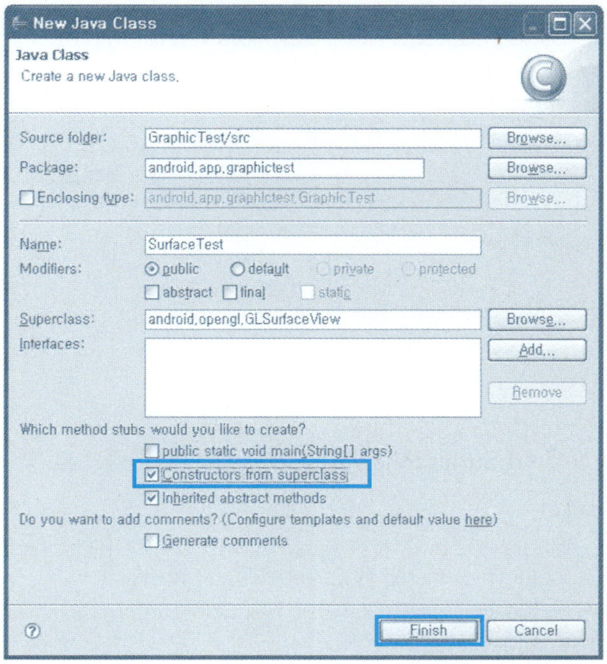

⑥ SurfaceTest 클래스에 다음을 추가한다.

```
package android.app.graphictest;

import javax.microedition.khronos.egl.EGLConfig;
import javax.microedition.khronos.opengles.GL10;

import android.content.Context;
import android.opengl.GLSurfaceView;
import android.util.AttributeSet;
import android.view.MotionEvent;

public class SurfaceTest extends GLSurfaceView {

        public SurfaceTest(Context context) {
                super(context);
               mRenderer = new FillBackRenderer();
               setRenderer(mRenderer);
        }

        public SurfaceTest(Context context, AttributeSet attrs) {
                super(context, attrs);
                // TODO Auto-generated constructor stub
        }

        public boolean onTouchEvent(final MotionEvent event) {
       queueEvent(new Runnable(){
           public void run() {
        mRenderer.setColor(event.getX() / getWidth(),
                                 event.getY() / getHeight(), 1.0f);
            }});
            return true;
        }
    FillBackRenderer mRenderer;
}
```

⑦ SurfaceTest.java에 GLSurfaceView.Renderer를 인터페이스로 갖는 FillBackRenderer 클래스를 선언한다.

```
class FillBackRenderer implements GLSurfaceView.Renderer {
    public void onSurfaceCreated(GL10 gl, EGLConfig config) {
    // Do nothing special.
    }
```

```
    public void onSurfaceChanged(GL10 gl, int w, int h) {
        gl.glViewport(0, 0, w, h);
    }

    public void onDrawFrame(GL10 gl) {
        gl.glClearColor(mRed, mGreen, mBlue, 1.0f);
        gl.glClear(GL10.GL_COLOR_BUFFER_BIT |
                GL10.GL_DEPTH_BUFFER_BIT);
    }

    public void setColor(float r, float g, float b) {
         mRed = r;
        mGreen = g;
        mBlue = b;
    }
    private float mRed;
    private float mGreen;
    private float mBlue;
}
```

(2) 실행 화면

[그림 11-41] 처음 실행시

[그림 11-42] 화면 중앙 터치시

[그림 11-43] 화면 오른쪽 하단 터치시

[그림 11-44] 화면 오른쪽 상단 터치시

응용실습 07 MP3 플레이어 프로그램

안em로이드는 android.media 패키지의 MediaPlayer 클래스를 통해 영상과 음성 출력을 지원한다. 이번 예제는 재생, 일시 정지, 멈춤, 반복 설정이 가능한 아주 심플한 MP3 플레이어를 작성해보자. 안드로이드가 지원하는 오디오 형식은 [표 11-3]과 같다.

[표 11-3] 오디오 형식

파일 형식	설 명
WAV	PCM 압축되지 않음
AAC	아이팟 포맷
WMA	MPEG Audio Layer-3
AMR	음성 코덱
OGG	Ogg Vorbis
MID	악기

실제로는 OGG, WAV, MP3만이 제대로 동작한다. 예제 역시 MP3 파일을 사용하기로 한다. 이 예제에서 사용한 MP3 파일 포맷은 [표 11-4]와 같다.

[표 11-4] MP3 파일 포맷

재생 시간	0:03:21
비트 전송률	320kbps
채널	2(스테레오)
오디오 샘플 속도	44kHz

먼저 프로그램을 작성하기 전에 하나의 MP3 파일을 준비하도록 하자. MediaPlayer 인스턴스 생성 후 create() 메소드를 사용하여 MP3 파일을 사용 준비한 후 start() 메소드로 재생 시작, MediaPlayer의 pause(), stop() 메소드로 재생 컨트롤을 하며 재생이 끝나면 미디어플레이어 객체를 소멸한다.

① 프로젝트 생성

```
Project Name : MP3PlayerTest
Application Name : MP3PlayerTest
Package Name : android.app.mp3playertest
Create Activity : MP3PlayerTest
```

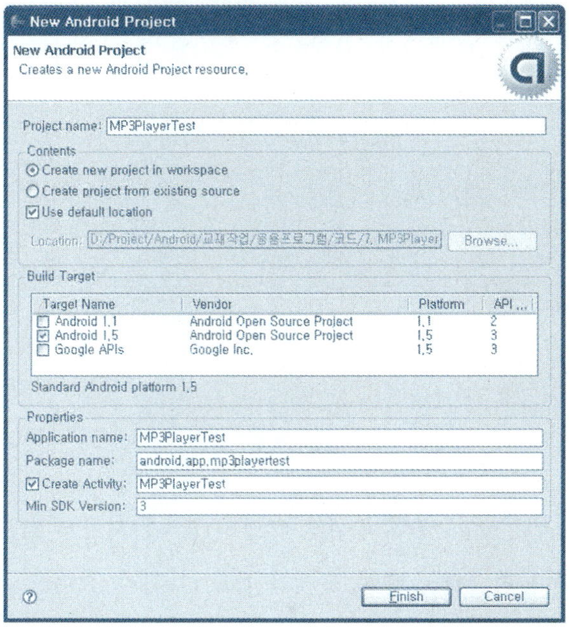

② main.xml에 화면에 대하여 재생 및 멈춤 버튼 등 화면을 구성한다.

```
〈?xml version="1.0" encoding="utf-8"?〉
〈LinearLayout xmlns:android="http://schemas.android.com/apk/res/android"
    android:orientation="vertical"
    android:layout_width="fill_parent"
    android:layout_height="fill_parent"〉

        〈TextView android:layout_width="fill_parent"
                android:layout_height="wrap_content"
                android:text="@string/Intro" /〉

        〈CheckBox android:id="@+id/LoopSet"
                android:layout_width="fill_parent"
                android:layout_height="wrap_content"
                android:text="@string/Repeat" /〉

        〈Button android:id="@+id/PlayPause"
```

```
                    android:layout_width="fill_parent"
                    android:layout_height="wrap_content"
                    android:text="@string/PlayPause" />

        <Button android:id="@+id/Stop"
                    android:layout_width="fill_parent"
                    android:layout_height="wrap_content"
                    android:text="@string/Stop" />

</LinearLayout>
```

③ string.xml에 스트링을 추가한다.

```
<?xml version="1.0" encoding="utf-8"?>
<resources>
    <string name="Intro">Very Simple MP3Player</string>
    <string name="app_name">MP3PlayerTest</string>
    <string name="Repeat">반복설정</string>
    <string name="PlayPause">재생</string>
    <string name="Stop">멈춤</string>
</resources>
```

④ MP3 파일 넣기

이 예제는 프로그램에 MP3 파일을 포함하여 실행 파일을 생성한다. 실행 파일의 크기가 커지는 문제점이 있지만 쉽게 사용해 볼 수 있기 때문에 여기서 이 방법을 사용하기로 한다. MP3 파일을 넣기 위하여 res 폴더에 raw 폴더를 생성한다.

① 먼저 마우스 오른쪽 버튼→New→Folder을 선택한다.

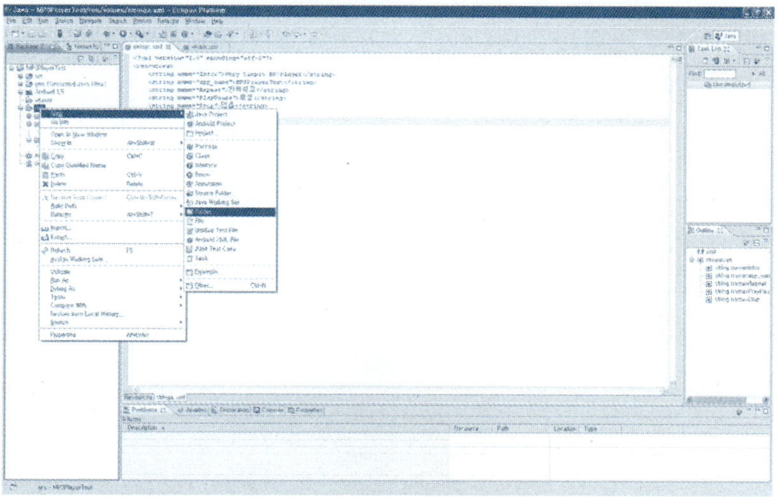

② res를 선택한 후 Folder name에 raw을 입력한 후 Finish를 누른다.

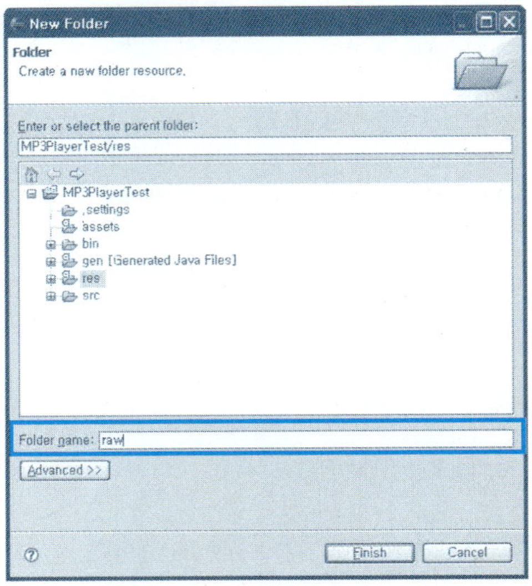

③ raw 폴더가 생성되었다.

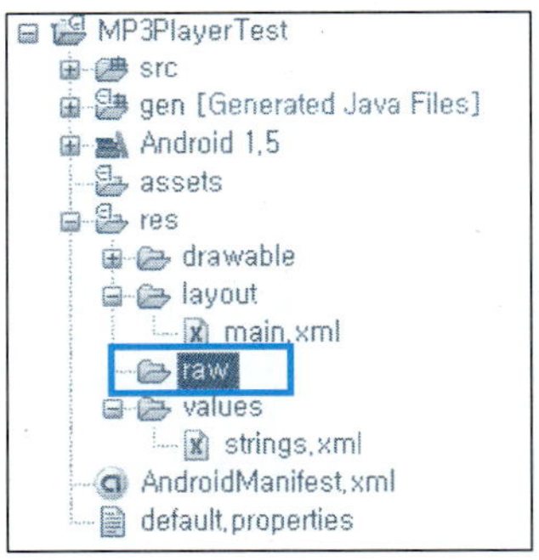

이제 준비한 MP3 파일을 드래그하여 raw 파일에 넣기로 하자. CD에 포함된 코드에 MP3는 존재하지 않는다.

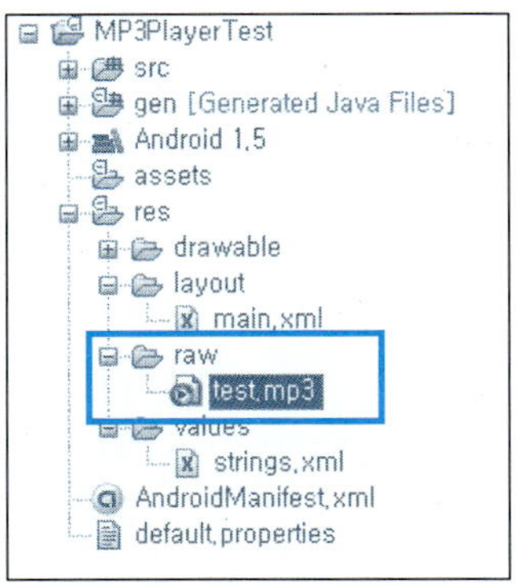

5 이제 MP3PlayerTest 클래스를 작성한다.

MediaPlayer의 인스턴스를 생성한 후 OnCreate() 메소드에 Button과 체크 박스에 대하여 버튼과 체크 박스를 연결 및 MP3 파일을 읽어 파일 처음으로 설정한다.

```
package android.app.mp3playertest;

import android.app.Activity;
import android.media.MediaPlayer;
import android.os.Bundle;
import android.util.Log;
import android.view.View;
import android.view.View.OnClickListener;
import android.widget.Button;
import android.widget.CheckBox;

public class MP3PlayerTest extends Activity {
    /** Called when the activity is first created. */
    MediaPlayer mMP3;
    Button PlayPause,Stop;
    CheckBox RepeatEn

    @Override
    public void onCreate(Bundle savedInstanceState) {
        super.onCreate(savedInstanceState);
        setContentView(R.layout.main);

        mMP3 = MediaPlayer.create(this, R.raw.test);

        mMP3.seekTo(0);

        PlayPause = (Button)findViewById(R.id.PlayPause);
        Stop = (Button)findViewById(R.id.Stop);
        RepeatEn= (CheckBox)findViewById(R.id.LoopSet);
  }
```

MP3=MediaPlayer.create(this, R.raw.test)에서 R.raw.test에서 사용자가 사용할 raw/에 표시된 파일 이름을 적는다. 이때 사용할 파일 이름은 0~9, a~z 만을 사용하기로 하자.

① 재생 일시 정지 추가

파일이 재생중일 때 재생 버튼을 다시 누르면 일시 정지하고 다시 버튼을 누르면 재생이 된다. OnCreate() 메소드에 추가한다.

```
PlayPause.setOnClickListener(new OnClickListener(){
  public void onClick(View v){
        if( mMP3.isPlaying()){
                PlayPause.setText("재생");
                mMP3.pause();
        }else{
                PlayPause.setText("일시 정지");
                mMP3.start();
        }
        Stop.setEnabled(true);
  }
});
```

② 정지 추가

정지가 되면 **prepare()** 메소드를 사용하여 초기 상태로 만들어 주어야 한다. 그렇지 않으면 재생이 동작하지 않는다. **OnCreate()** 메소드에 추가한다.

```
Stop.setOnClickListener(new OnClickListener(){
        public void onClick(View v){
                mMP3.stop();
                PlayPause.setText("재생");
                PlayPause.setEnabled(true);
                Stop.setEnabled(false);

                try{
                        mMP3.prepare();
                        return;
                }catch(Exception e){
                        return;
                }
        }
});
```

③ 반복 재생 설정

체크박스에 체크를 하면 재싱이 끝난 후 반복 재생을 한다.

setLooping() 메소드를 사용하여 반복을 설정한다. **OnCreate()** 메소드에 추가한다.

```
RepeatEn.setOnClickListener(new OnClickListener(){
  public void onClick(View v){
        if(RepeatEn.isChecked()){
```

```
                mMP3.setLooping(true);
                RepeatEn.setText("반복");
            }else{
                mMP3.setLooping(false);
                RepeatEn.setText("반복해제");
            }
    }
});
```

⑥ 객체 반환

액티비티가 종료될 때 미디어플레이어 객체를 반환한다. MP3PlayerTest의 메소드로 아래를 추가한다.

```
public void onDestroy(){
        super.onDestroy();
        if(mMP3 != null)
                mMP3.release();
        mMP3 = null;
}
```

⑦ 실행 화면

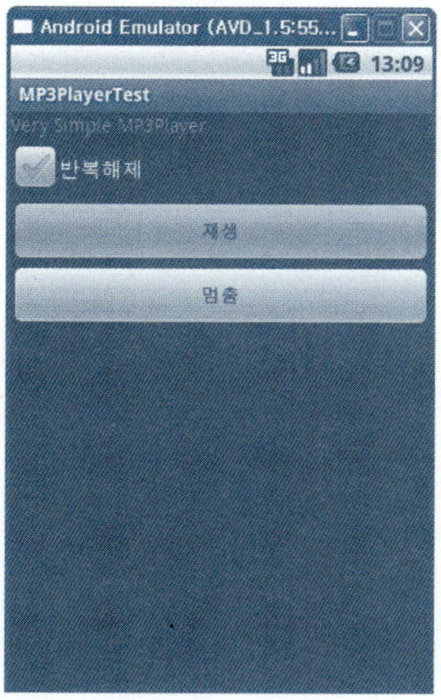

[그림 11-45] 파일이 재생중일 때 재생 버튼을 다시 누르면 일시 정지하고 다시 버튼을 누르면 재생

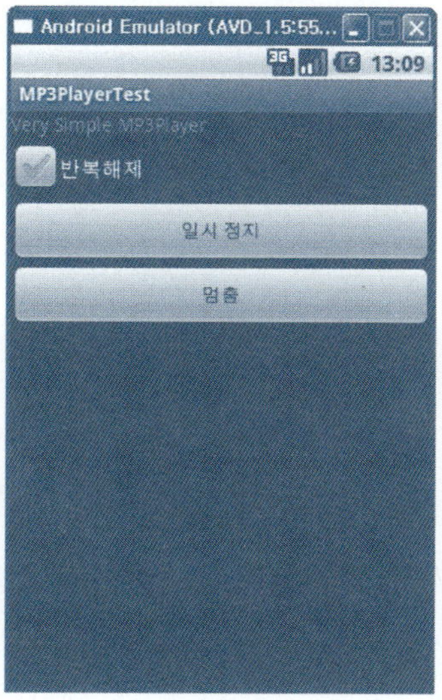

[그림 11-46] 정지가 되면 prepare() 메소드를 사용하여 초기 상태로 설정

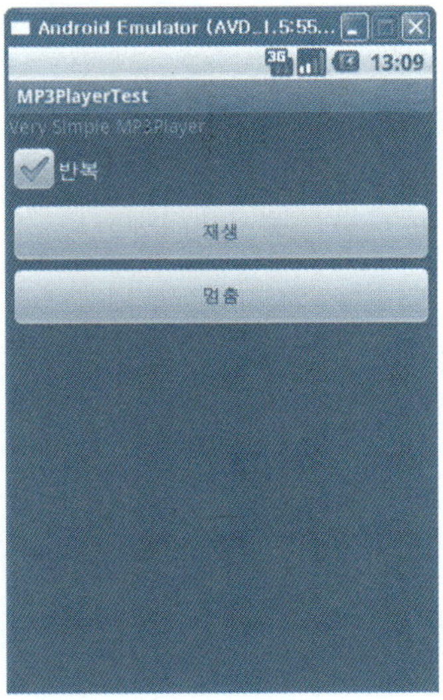

[그림 11-47] 체크박스에 체크를 하면 재생이 끝난 후 반복 재생

심화학습

1. 위 MP3PlayerTest 프로그램의 경우 반복 체크부분에 대하여 수평방향으로 아무 곳이나 터치를 하여도 체크가 된다. 이 문제를 해결해 보도록 하자.

응용실습 08 자바 게임 응용프로그램

이 예제는 SDK 샘플에 포함된 LunarLander이라는 우주선을 착륙시키는 게임에 대한 예제로 제공된 코드의 주요 부분을 설명하기로 한다.

프로젝트 생성 후 프로그램 작성에 필요한 이미지 파일 및 string.xml 파일을 SDK가 설치된 폴더에 존재한다.

C:\Android\SDK_1.5\android-sdk-windows-1.5_r1\platforms\android-1.5\samples\LunarLander

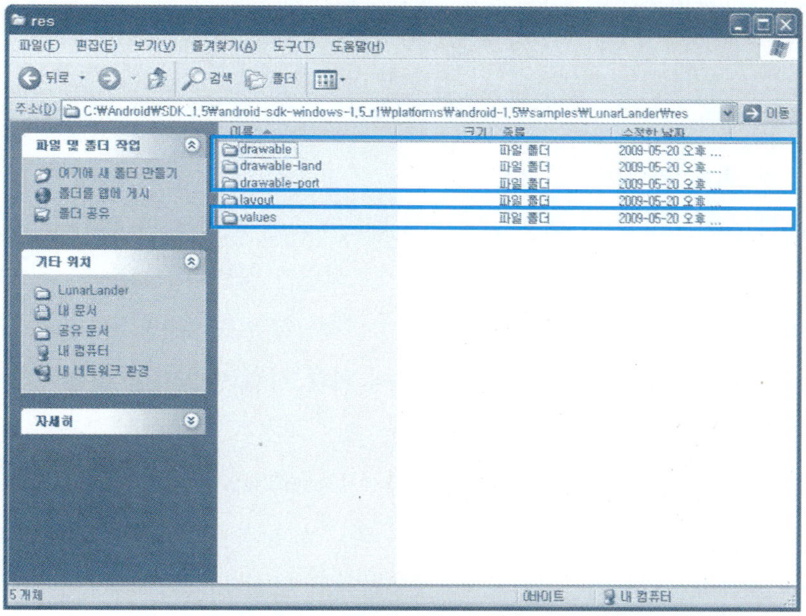

[그림 11-48] 이미지 파일 및 string.xml 파일을 SDK가 설치된 폴더에 존재

(1) 리소스 설명

1. drawable/app_lunar_lander.png // 프로그램 아이콘이다.
2. drawable/lander_crashed.png // 착륙선이 부서졌을 때 나오는 이미지
3. drawable/lander_firing.png // 불꽃을 착륙선에 붙이는게 아니었습니다. 스페이스바를 누르면 나오는 추진시의 착륙선 이미지이다.
4. drawable/lander_plain.png // 그냥 착륙선 이미지
5. drawable-land/earthrise.png // 단말기가 Landscape 모드에 있을 때 배경
6. drawable-port/earthrise.png // 단말기가 Portrait 모드에 있을 때 배경
7. layout/lunar_layout.xml // 레이아웃 파일
8. values/strings.xml // 게임 설명 텍스트는 여기 다 모여 있다.

(2) 배경 화면

Lunar Lander의 화면이 복잡하게 보이는 것은 Thread와 SurfaceHolder의 개념들이 복잡하게 얽혀 있기 때문이다. 기존에는 Thread나 화면제어를 개발자가 큰 신경쓸 필요없이 이미 만들어진 기준에 그냥 의존했다. 하지만 게임들을 위해서는 화면제어가 더욱 복잡해지고 개발자들이 필요에 의해 정의해야 할 부분들이 많이 생긴다.

간단히 결론부터 말하면 Lunar Lander의 배경 화면은 Thread가 시작되면서 그려지고 그 Thread의 시작은 SurfaceHolder가 만들어지는 시점이라고 하겠다.

Lunar Lander 배경 화면은 LunarLander.java에서 시작한다.

```
setContentView(R.layout.lunar_layout);
mLunarView = (LunarView) findViewById(R.id.lunar);
mLunarThread = mLunarView.getThread();
```

여기에서 첫 번째 라인이 그 시작점이다.

먼저 lunar_layour.xml 속의 내용을 보면서 메모리속에 화면을 만들어 낸다. 만드는 과정에서 각각의 widget과 콘테이너에 대한 컨스트럭터가 불린다. FrameLayout과 같이 이미 정의되어 있는 것들은 android.widget에서 그 해당부분을 그 참조하고, com.example.android.lunarlander.LunarView와 같이 개발자에 의해 직접 만들어진 것은 해당 프로그램을 보면서 작업한다.

그러므로 첫번째 라인을 실행시키는 과정에서 LunarView.java의 LunarView가 당연히 불리워진다. LunarView를 보면서 앞으로 배경 화면을 놓기에 필요한 SurfaceHolder을 선언하고 더미 thread를 만들어 놓는다. 이 정도만하고 다시 LunarLander.java로 돌아온다.

```
private LunarThread thread;

public LunarView(Context context, AttributeSet attrs) {
          super(context, attrs);

          SurfaceHolder holder = getHolder();
          holder.addCallback(this);

          thread = new LunarThread(holder, context, new Handler() {
                    @Override
                    public void handleMessage(Message m) {
                              mStatusText.setVisibility(m.getData().getInt("viz"));
                              mStatusText.setText(m.getData().getString("text"));
```

```
                    }
            });

            setFocusable(true);
}
```

SurfaceHolder란 화면의 계층 구조 내에서 이미지를 놓거나 그림 그릴 수 있는 영역이다. 이 SurfaceHolder 인터페이스는 getHolder()로 프로그램 내에 선언될 수 있다. SurfaceHolder에 addcallBack()을 실행시켜주면 surfaceHolder의 변경사항을 시스템이 알려준다. 만들어지고 변경되고 소멸될 때가 surfacedCreated()와 surfacedChanged(), surfaceDestroyed()로 알 수 있다. 이 세 가지 사건의 발생을 아주 중요하게 이해하여야 한다. surfacedCreated와 surfaceDestroyed는 게임 화면을 제어하는 Thread의 시작과 종료 시점으로 사용된다.

LunarLander.java로 돌아가서 다음 줄로 가면서 lunar id를 가진 VIew를 찾아 mLunarView로 선언하고 거기에 화면에 연결해놓았던 Thread를 찾아 mLunarThread로 선언한다.

```
<com.example.android.lunarlander.LunarView
        android:id="@+id/lunar
        android:layout_width="fill_parent"
        android:layout_height="fill_parent"/>
```

화면과 게이머의 커뮤니케이션은 LunarView.java 내에서 만들 Thread에 의해 컨트롤 된다.

LunarLander 애플리케이션은 아래와 같이 화면 그래픽을 컨트롤할 Thread를 Surface Holder가 만들어지는 시점인 surfaceCreated()에서 thread.start();로 시작시키고 이 Thread가 생성되는 과정에서 run()을 이용 doDraw()를 실행시키면서 배경 화면을 놓는다.

```
public void surfaceCreated(SurfaceHolder holder) {
            thread.setRunning(true);
            thread.start();
}
.

@Override
public void run() {
            while (mRun) {
```

```
                    Canvas c = null;
                    try {
                        c = mSurfaceHolder.lockCanvas(null);
                        synchronized (mSurfaceHolder) {
                            if (mMode == STATE_RUNNING) updatePhysics();
                            doDraw(c);
                        }
                    } finally {
                        // do this in a finally so that if an exception is thrown
                        // during the above, we don't leave the Surface in an
                        // inconsistent state
                        if (c != null) {
                            mSurfaceHolder.unlockCanvasAndPost(c);
                        }
                    }
        }
}
```

(3) 실행 화면

[그림 11-49] Lunar Lander 배경 화면

[그림 11-50] SurfaceHolder을 선언하여 실행 화면

[그림 11-51] LunarView.java 내에서 만들 Thread에 의해 컨트롤

[그림 11-52] run()을 이용 doDraw()를 실행시키면서 배경 화면

응용실습 09 브라우저 응용프로그램

1. 프로젝트 생성

Project Name : MapViewingApp
Application Name : MapViewingApp
Package Name : android.test.app
Create Activity : MapViewingApp

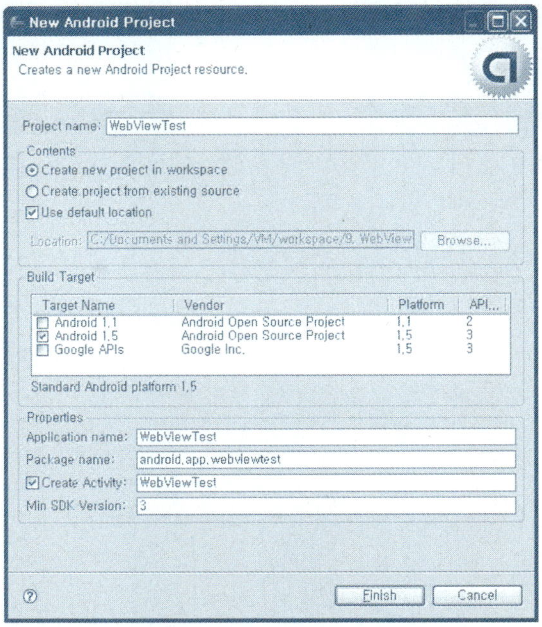

[그림 11-53] 프로젝트 생성

2. 메인 폼 작성

(1) 전체에 대한 레이아웃 구상

웹뷰가 화면 전체 영역을 차지한다.

➡ main.xml

```
〈?xml version="1.0" encoding="utf-8"?〉
〈LinearLayout xmlns:android="http://schemas.android.com/apk/res/android"
                android:layout_width="fill_parent"
                android:layout_height="fill_parent"
                android:orientation="vertical"〉
```

```
    <WebView android:id="@+id/laywebview"
                  android:layout_width="fill_parent"
                  android:layout_height="fill_parent"/>
</LinearLayout>
```

3. 애플리케이션 초기화면

① 웹뷰를 다루는 멤버를 선언한다.

```
WebView webview;
```

② onCreate()에 추가

웹뷰가 자바스크립트를 사용하도록 설정하고, 시작 페이지로 구글페이지를 로드한다.

```
webview = (WebView) findViewById(R.id.laywebview);
webview.getSettings().setJavaScriptEnabled(true);
webview.loadUrl("http://www.google.com");
```

③ 인터넷 접근허용

웹뷰는 인터넷을 사용해야 한다. 인터넷은 접근허용을 받아야 하는 것이다.

AndroidManifest.xml 파일에 아래 내용을 추가한다.

```
<?xml version="1.0" encoding="utf-8"?>
<manifest xmlns:android="http://schemas.android.com/apk/res/android"
      package="android.app.webviewtest"
      android:versionCode="1"
      android:versionName="1.0">

    <uses-permission android:name="android.permission.INTERNET" />

    <application android:icon="@drawable/icon" android:label="@string/app_name">
        <activity android:name=".WebViewTest"
                  android:label="@string/app_name">
            <intent-filter>
                <action android:name="android.intent.action.MAIN" />
                <category android:name="android.intent.category.LAUNCHER" />
            </intent-filter>
        </activity>
    </application>
```

```
    <uses-sdk android:minSdkVersion="3" />
</manifest>
```

④ 애플리케이션을 수행한다.

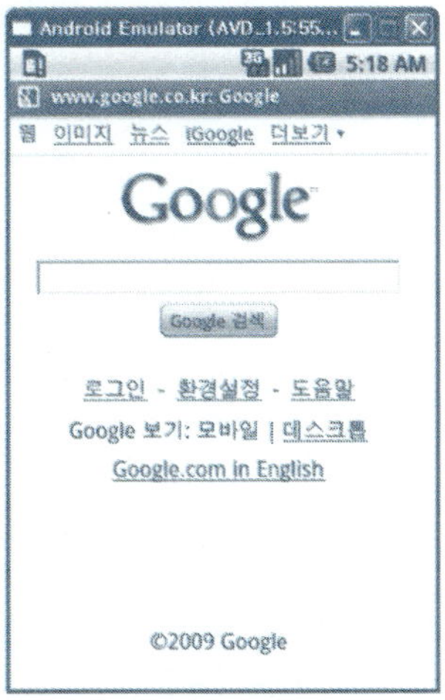

[그림 11-54] 애플리케이션을 수행

웹페이지의 링크를 클릭해 본다.

작성한 응용프로그램에서 링크된 페이지를 보여주는 것이 아니라 안드로이드에 기본으로 설정된 웹 브라우저가 해당 페이지를 보여준다.

[그림 11-55] 웹페이지의 링크를 클릭

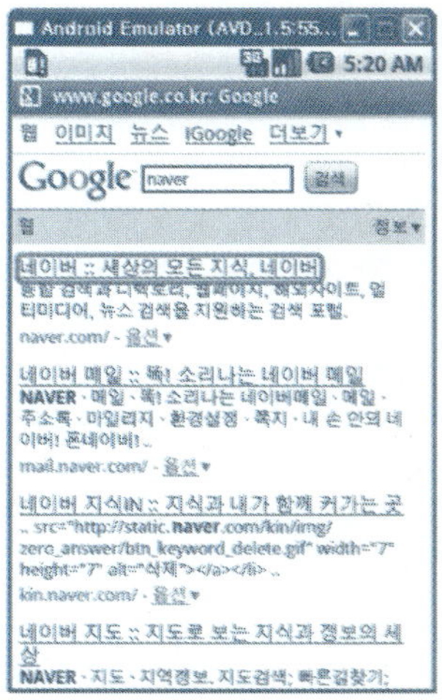

[그림 11-56] 안드로이드에 설정된 웹 브라우저가 해당 페이지를 보여줌

4. 링크된 페이지가 작성한 웹뷰 안에서 로드되게 하기

(1) 웹뷰클라이언트 Web 재정의(WebViewClient)

① WebViewClient 클래스를 확장하는 WebViwеClientTest 클래스 작성한다.
마우스 오른쪽 버튼을 누른 후 → New → Class를 선택한다.

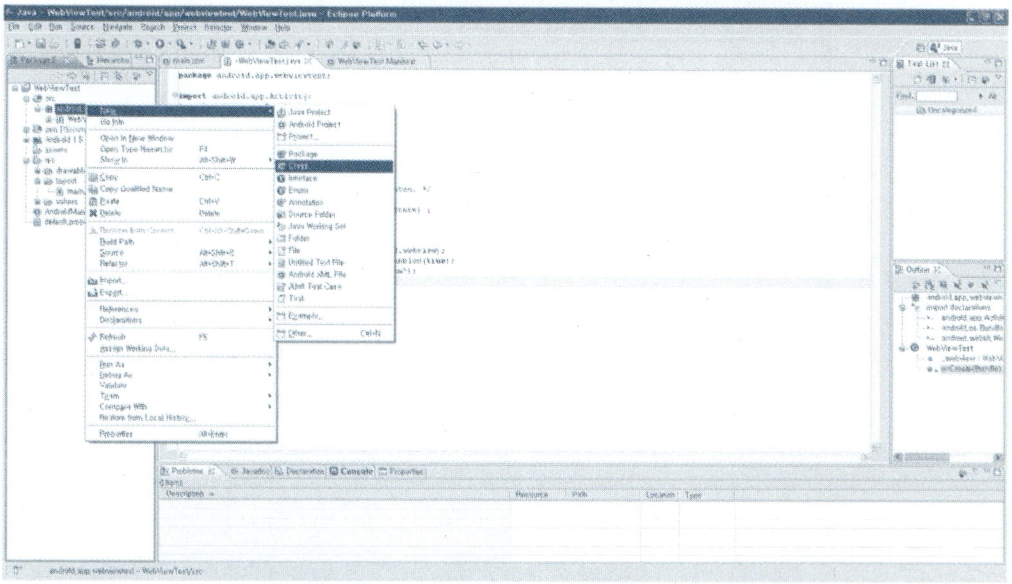

② Name에 WebViewClientTest를 입력한 후 Browse...을 클릭한다.

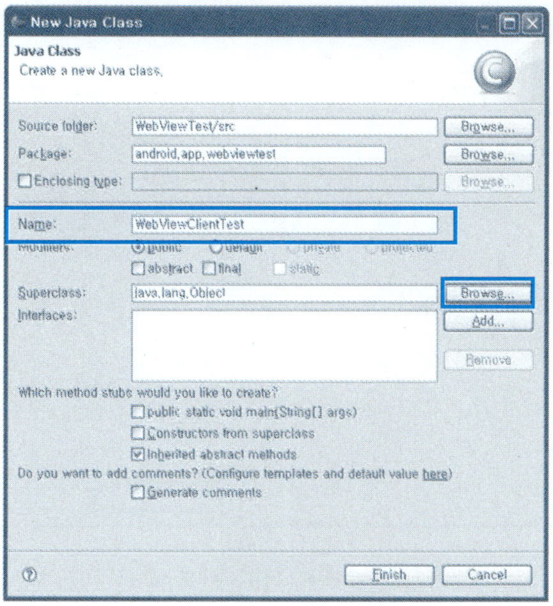

3 webviewclient를 입력하면 아래 해당하는 클래스가 나타난다. WebViewClient를 선택한 후 OK 버튼을 누른다.

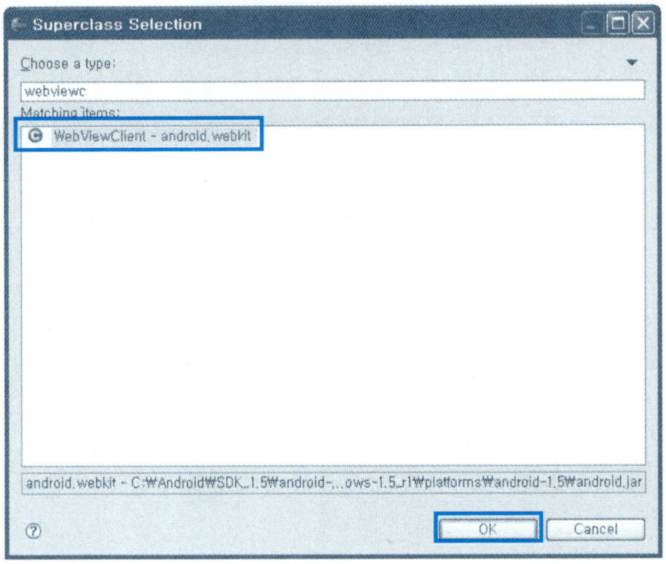

4 이제 Finish 버튼을 클릭한다.

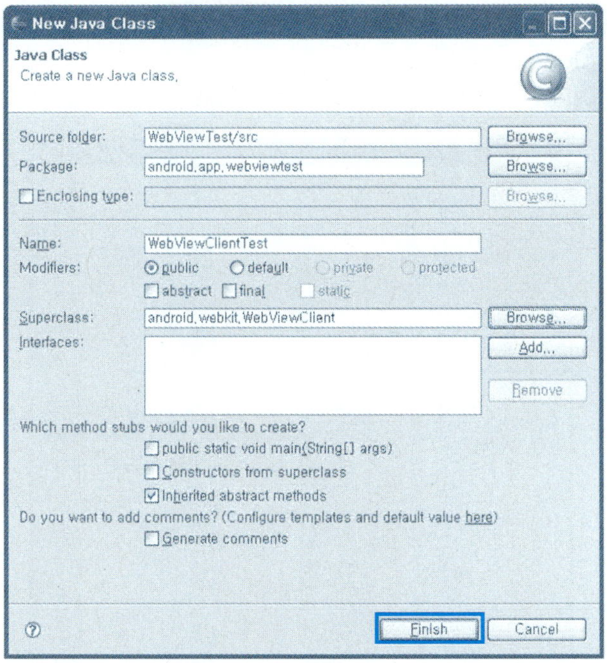

⑤ shouldOverrideUrlLoading() 메소드를 재정의한다.

true를 리턴하여 우리의 웹뷰에서 URL을 처리했음을 알린다.

```
public class WebViewClientTest extends WebViewClient {
        @Override
            public boolean shouldOverrideUrlLoading(WebView view, String url) {
                view.loadUrl(url);
                return true;
            }
}
```

(2) 웹뷰에 웹뷰 클라이언트 설정

① WebViewTest 클래스의 onCreate()에 다음을 추가한다.

```
webview.setWebViewClient(new WebViewClientTest() );
```

② 새로운 페이지를 로드한 후에 BUTTON_BACK(ESC 버튼)을 누르면 이전 페이지로 돌아가기 위해 다음을 추가한다.

```
@Override
public boolean onKeyDown(int keyCode, KeyEvent event) {
    if ((keyCode == KeyEvent.KEYCODE_BACK) && webview.canGoBack()) {
        webview.goBack();
        return true;
    }
    return super.onKeyDown(keyCode, event);
}
```

③ 이제 실행을 하여 이전 페이지로 가기가 제대로 동작하는지 확인하여 보자.

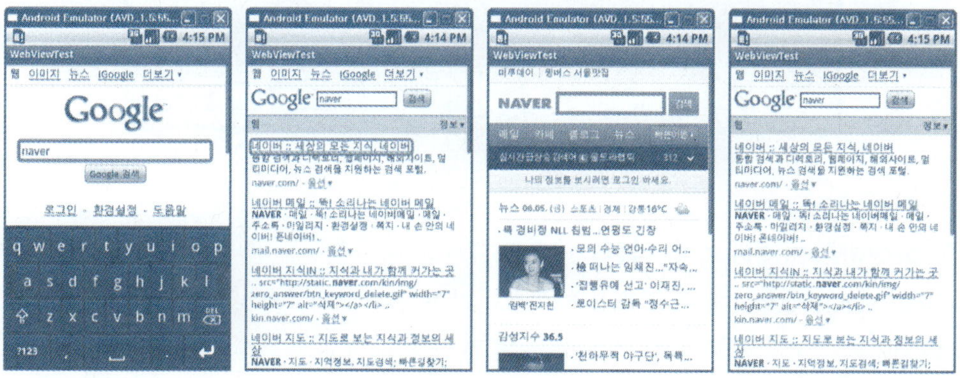

응용실습 10 구글 맵 응용프로그램

1. 프로젝트 생성

Project Name : MapViewingApp
Application Name : MapViewingApp
Package Name : android.test.app
Create Activity : MapViewingApp

프로젝트 생성시에 빌드 타깃(Build Target)을 구글(Google) APIs로 설정한다.

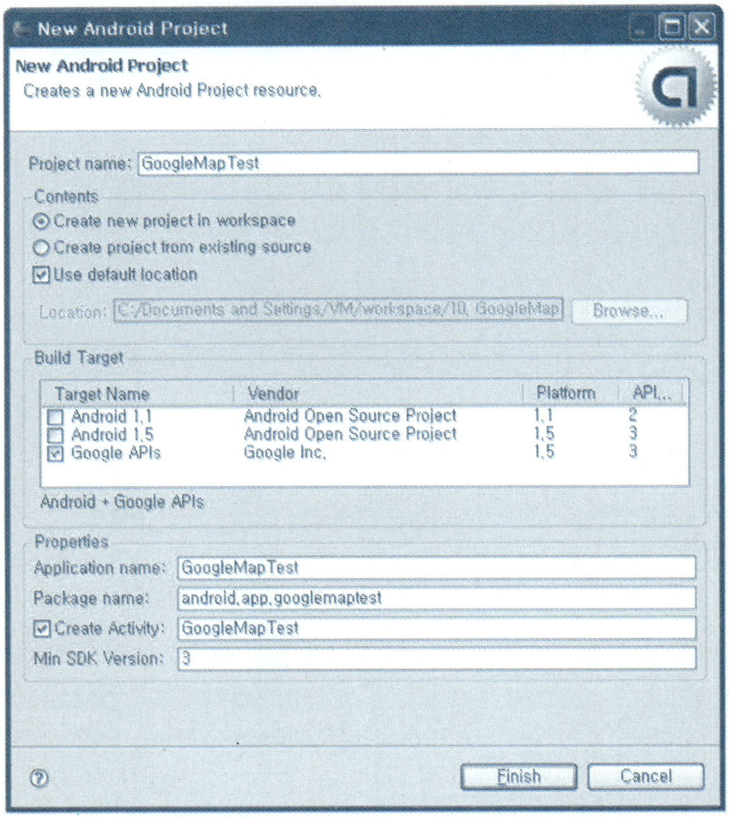

[그림 11-57] 빌드 타깃을 구글 APIs로 설정

2. AndroidManifest.xml 작성

AndroidManifest.xml에 구글맵스 라이브러리와 인터넷 접근허용에 대하여 포함하도록 하여야 한다.

➡ AndroidManifest.xml

```
<?xml version="1.0" encoding="utf-8"?>
<manifest xmlns:android="http://schemas.android.com/apk/res/android"
      package="android.app.map"
      android:versionCode="1"
      android:versionName="1.0">

    <uses-permission android:name="android.permission.INTERNET" />

    <application android:icon="@drawable/icon" android:label="@string/app_name">

        <uses-library android:name="com.google.android.maps" />

        <activity android:label="@string/app_name" android:name="GoogleMapTest">
            <intent-filter>
                <action android:name="android.intent.action.MAIN" />
                <category android:name="android.intent.category.LAUNCHER" />
            </intent-filter>
        </activity>
    </application>
    <uses-sdk android:minSdkVersion="3" />
</manifest>
```

3. main.xml 작성

android:apiKey 값으로 여러분이 구글 Maps 서비스에 등록한 Maps API 키를 작성한다. 구글 Maps과 같은 구글 API를 사용하기 위해서는 구글 Maps 서비스에 등록하고, MD5 Fingerprint를 생성하여 API 키를 받아야 한다. 참고로 구글 Maps 서비스는 애플리케이션 개발(Debug)와 배포할 때를 구분하여 등록을 요구하고 있다.

① MD5 Fingerprint를 생성하기 위하여 debug.keystore 파일과 keytool.exe가 필요하다.

② debug.keystore

C:\Documents and Settings\[사용자계정]\.android

③ keytool.exe

JDK가 설치된 폴더의 \bin

교재에서는 C:\Program Files\Java\jdk1.6.0_13\bin에 위치하고 있다. 이 위치에 PATH를 설정하여 사용하도록 하자.

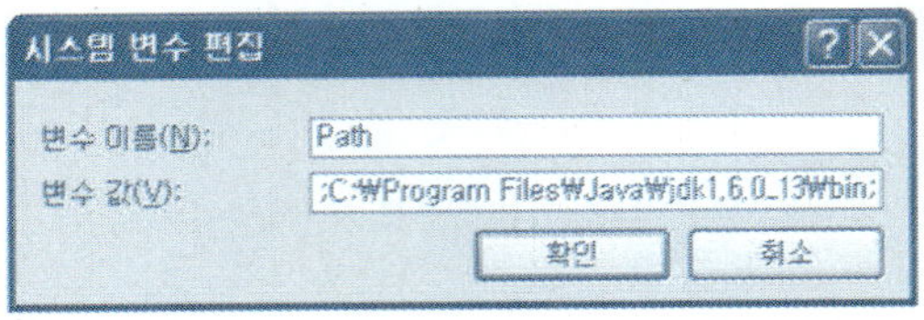

1 시작 → 실행을 클릭한 후 cmd를 입력한 후 확인을 클릭하여 커맨드창을 연다.

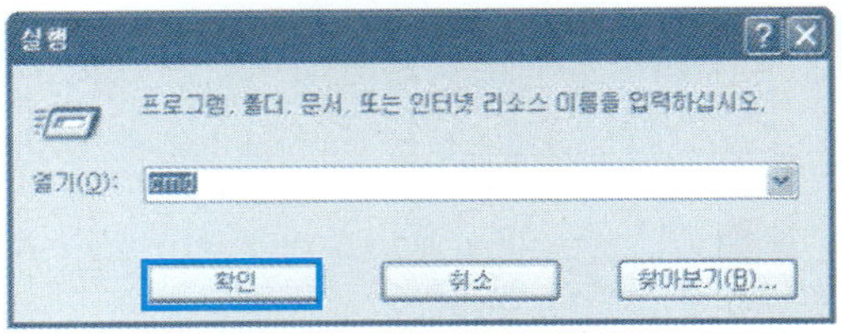

2 아래의 명령을 입력하여 debug.keystore의 디렉토리로 이동한다.

```
C:₩Document and Settings₩[사용자계정명]〉 cd .android
```

3 아래의 명령을 입력하여 MD5 fingerprint를 생성한다.

```
C:₩Document and Settings₩[사용자계정명]〉 keytool –list –keystore debug.keystore
–storepass android –keypass android
```

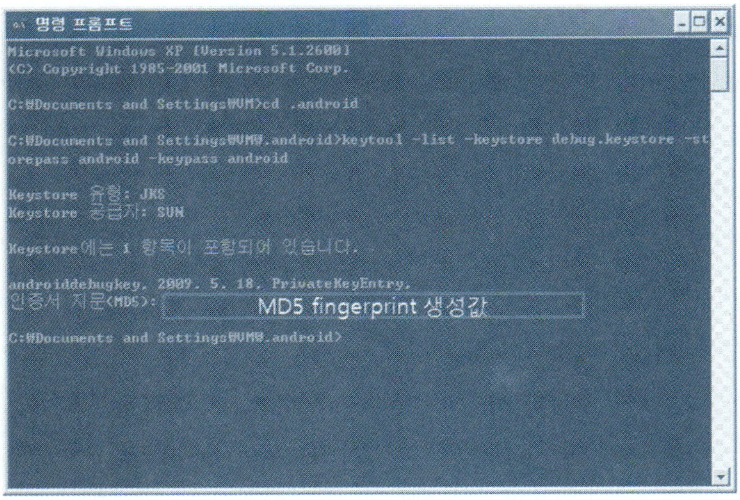

④ 이제 API key를 발급받기 위하여

http://code.google.com/android/maps-api-signup.html에서 접속한다.

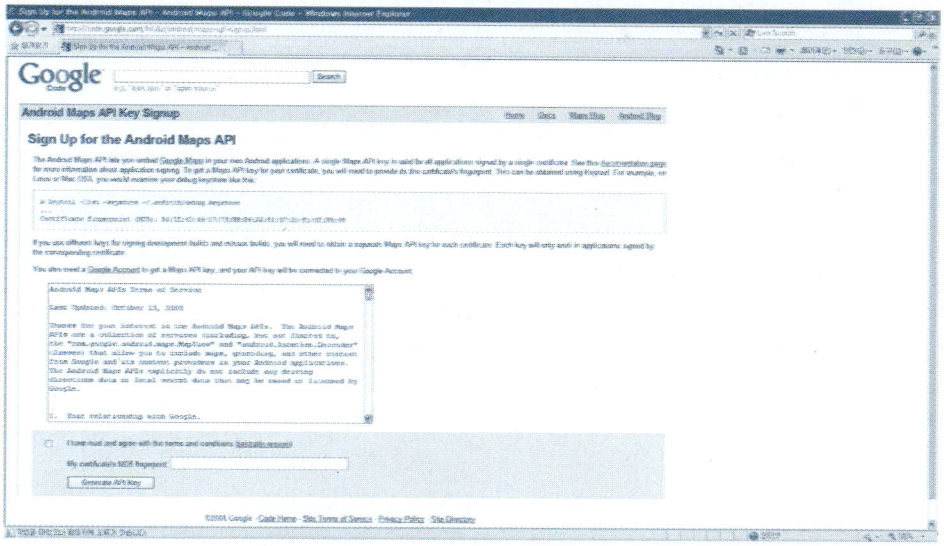

⑤ 체크박스에 체크를 한 후 생성된 MD5값을 입력한다.

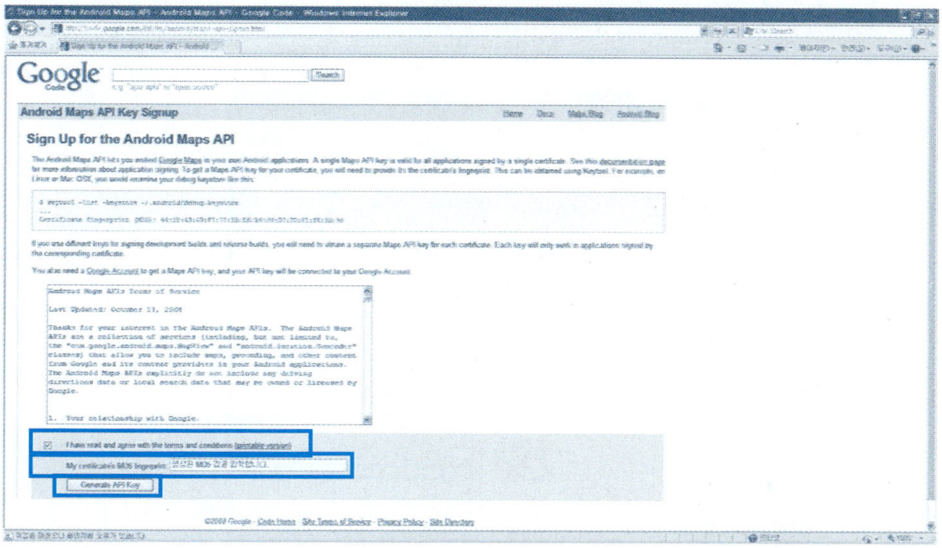

⑥ Generate API Key 버튼을 클릭하여 구글 계정으로 로그인하면 API Key가 발급된다.

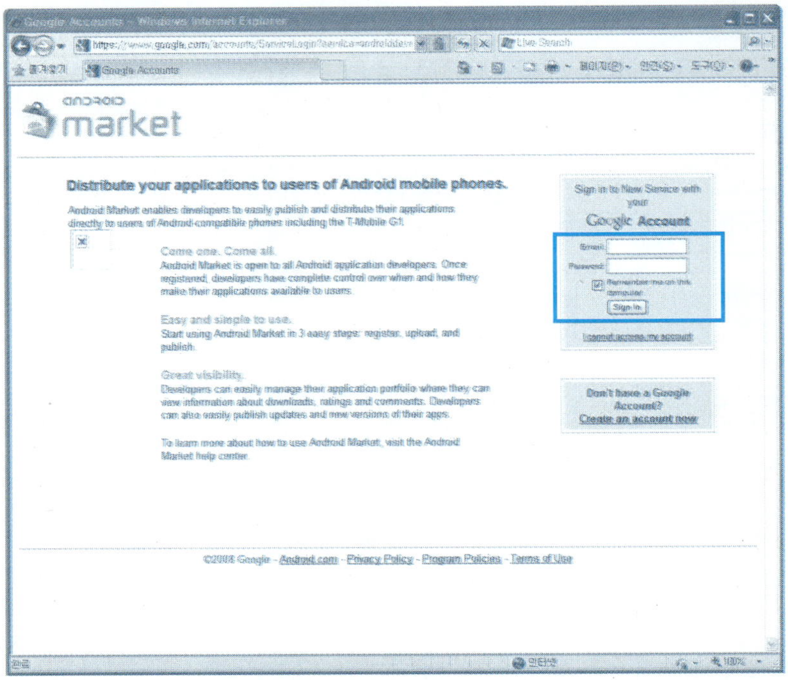

⑦ 익스플로러의 경우 글자 깨짐 현상이 발생할 수 있다.

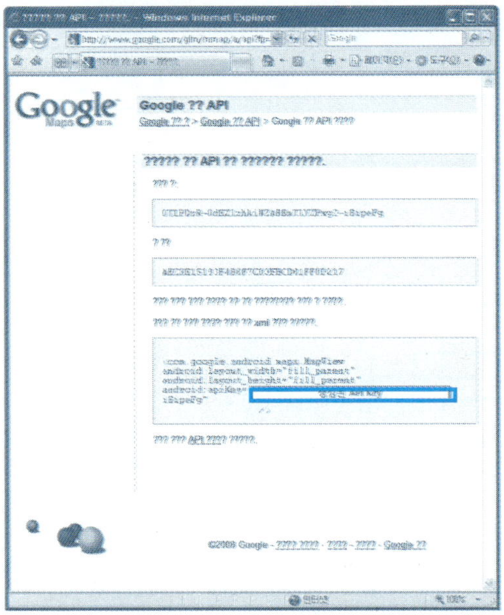

⑧ 구글 크롬으로 접속한 결과 화면이다.

윗 부분에 xxxxxxx-xxxxxxxxxxxxxxxxxxxxxxxxx-xxxxxxx와 같이 표시된 값이 생성 받은 API Key 값이다. 위 페이지의 키 값을 구글 API와 관련된 애플리케이션을 작성할 때 사용되므로 저장하여 놓기로 하자.

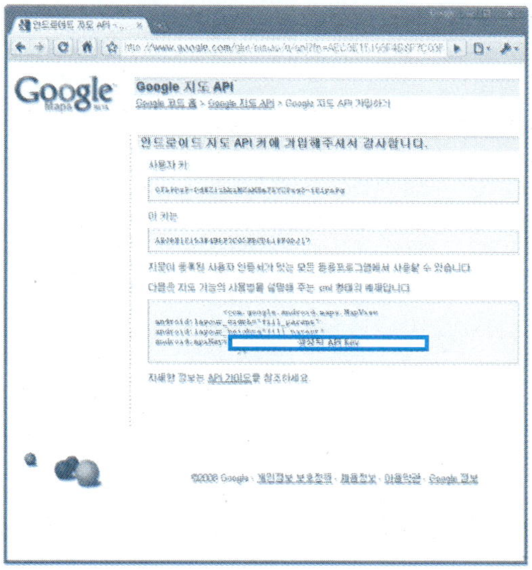

아랫부분에 있는 xml 코드는 생성된 API Key 값을 사용하여 구글맵을 사용할 수 있는 예제이다. 이 부분도 같이 저장하여 놓기로 한다.

⑨ 이제 mail.xml 파일을 아래의 내용을 추가 작성한다. apiKey 부분에 구글에서 받은 자신의 API Key 값을 적는다.

```
<?xml version="1.0" encoding="utf-8"?>
<RelativeLayout xmlns:android="http://schemas.android.com/apk/res/android"
    android:id="@+id/mainlayout"
    android:orientation="vertical"
    android:layout_width="fill_parent"
    android:layout_height="fill_parent" >

    <com.google.android.maps.MapView
        android:id="@+id/mapview"
        android:layout_width="fill_parent"
        android:layout_height="fill_parent"
        android:clickable="true"
        android:apiKey="생성된 API Key 값"
    />
</RelativeLayout>
```

android:clickable 애트리뷰트는 맵에서 사용자와의 상호작용을 허용할 것인지 여부를 나타냅니다.

4. MapActivity 확장

1 GoogleMapTest 클래스를 MapActivity로 확장한다.

```
import android.os.Bundle;
import android.util.Log;

import com.google.android.maps.MapActivity;
import com.google.android.maps.MapView;

public class GoogleMapTest extends MapActivity  {  // MapActivity를 상속
    /** Called when the activity is first created. */

    MapView mapView;        //MapView에 대한 인스턴스 생성

    @Override
    public void onCreate(Bundle savedInstanceState) {
        super.onCreate(savedInstanceState);
        setContentView(R.layout.main);
    }
}
```

2 isRouteDisplayed 메소드를 재정의한다. MapActivity를 상속하면 반드시 이 메소드를 추가해줘야 한다.

```
@Override
protected boolean isRouteDisplayed() {
    return false;
}
```

③ Run을 하여 에뮬레이터를 실행하면 구글 Maps를 볼 수 있다.

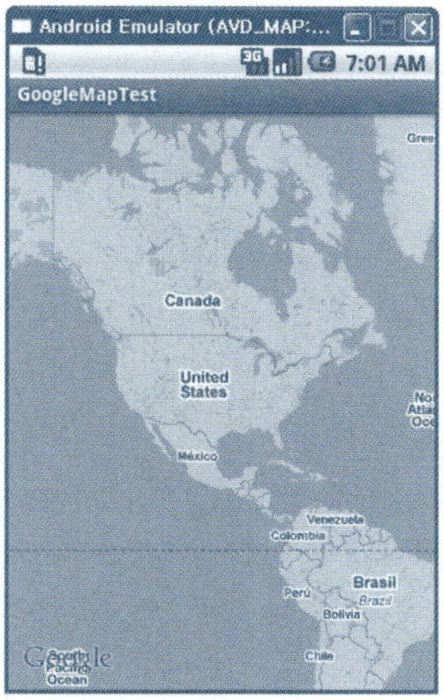

④ 이때 Run Configurations에서 Target 탭을 확인하여 Google APIs와 관련된 AVD가 있는지 확인한다. Automatic으로 설정된 경우 작성한 애플리케이션의 Target에 대하여 자동으로 AVD를 선택하여 동작시켜 주며, Manual로 설정되어 있을 경우 사용자가 원하는 AVD를 선택하여 에뮬레이터를 동작시킬 수 있다. 반드시 작성한 애플리케이션의 Target과 같은 AVD가 생성되어 있어야 한다.

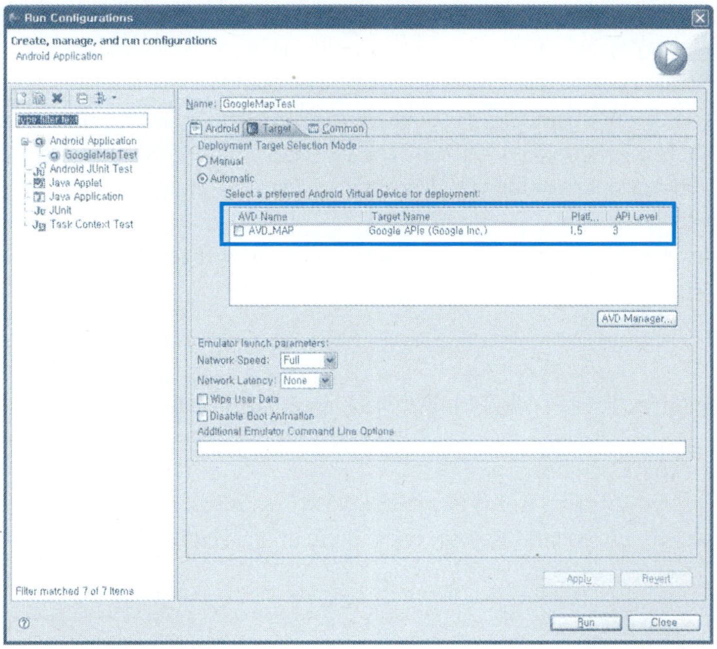

만약 Google APIs Target으로 된 AVD가 보이지 않는다면 AVD 생성과 관련된 페이지를 참고하여 AVD Manager 버튼을 클릭하여 생성하도록 한다.

5. 구글 맵(Maps)이 보이지 않을 경우 확인 사항

① ClassNotFoundException이 뜨는 경우

```
ERROR/AndroidRuntime(402): Uncaught handler: thread main exiting due to uncaught exception
ERROR/AndroidRuntime(402): java.lang.RuntimeException: Unable to instantiate activity ComponentInfo{org.contentbrowser.android/org.contentbrowser.android.activity.ViewContentMap}: java.lang.ClassNotFoundException: org.contentbrowser.android.activity.ViewContentMap in loader dalvik.system.PathClassLoader@433e72d8
ERROR/AndroidRuntime(402): at android.app.ActivityThread.performLaunchActivity(ActivityThread.java:2068)
ERROR/AndroidRuntime(402): at android.app.ActivityThread.handleLaunchActivity(ActivityThread.java:2156)
ERROR/AndroidRuntime(402): at android.app.ActivityThread.access$1800(ActivityThread.java:112)
ERROR/AndroidRuntime(402): at android.app.ActivityThread$H.handleMessage(ActivityThread.java:1580)
ERROR/AndroidRuntime(402): at android.os.Handler.dispatchMessage(Handler.java:88)
ERROR/AndroidRuntime(402): at android.os.Looper.loop(Looper.java:123)
ERROR/AndroidRuntime(402): at android.app.ActivityThread.main(ActivityThread.java:3742)
ERROR/AndroidRuntime(402): at java.lang.reflect.Method.invokeNative(Native Method)
ERROR/AndroidRuntime(402): at java.lang.reflect.Method.invoke(Method.java:515)
ERROR/AndroidRuntime(402): at com.android.internal.os.ZygoteInit$MethodAndArgsCaller.run(ZygoteInit.java:739)
ERROR/AndroidRuntime(402): at com.android.internal.os.ZygoteInit.main(ZygoteInit.java:497)
ERROR/AndroidRuntime(402): at dalvik.system.NativeStart.main(Native Method)
ERROR/AndroidRuntime(402): Caused by: java.lang.ClassNotFoundException: org.contentbrowser
.android.activity.ViewContentMap in loader dalvik.system.PathClassLoader@433e72d8
ERROR/AndroidRuntime(402): ... more
```

AndroidManifest.xml의 애플리케이션의 application 태그 밑에 uses-library 포함

```
view plaincopy to clipboardprint?
    <application android:icon="@drawable/icon" android:label="@string/app_name" >
     <uses-library android:name="com.google.android.maps"/>
```

② 인터넷 설정이 안되어 있는 경우

```
xx-xx xx:xxxx.xxx: ERROR/OSNetworkSystem(470): unknown socket error -1
xx-xx xx:xx:xx.xxx: WARN/AndroidHttpConnectionFactory(470): IOException  in HttpClient:
unknown error
```

인터넷 설정이 잘못되어 발생하는 경우 user-permission을 추가한다.

```
<manifest xmlns:android="http://schemas.android.com/apk/res/android"
        package="org.contentbrowser.android"
        android:versionCode="1"
        android:versionName="1.0.0">
    <uses-permission android:name="android.permission.INTERNET"/>
```

③ Zoom In/Out 기능 추가

OnCreat() 메소드에 아래의 코드를 추가한다.

MapView.setBuiltInZoomControls 메소드를 사용해서 줌 컨트롤을 설정한다.

```
mapView = (MapView) findViewById(R.id.mapview);

mapView.setSatellite(true);                  // 위성뷰로 설정
mapView.setBuiltInZoomControls(true);        // 줌 인아웃 설정
```

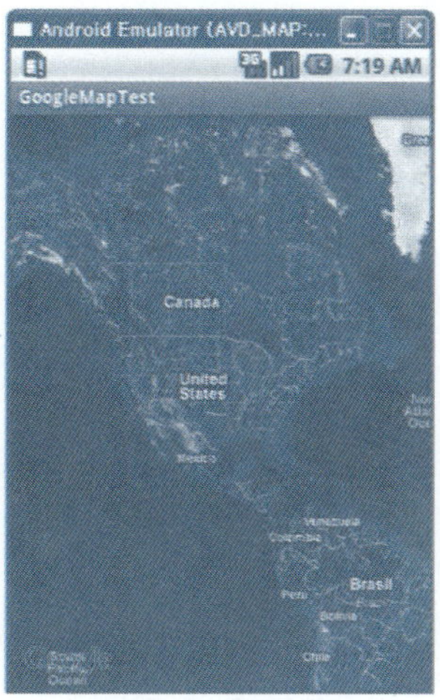

[그림 11-58] 위성뷰로 설정

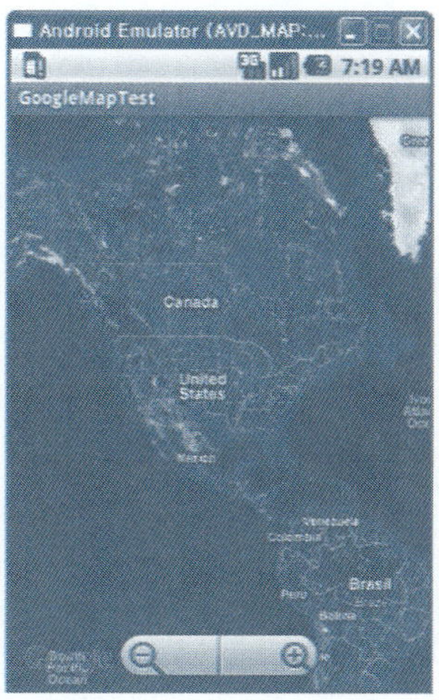

[그림 11-59] 줌 인아웃 설정

④ 시작 위치를 우리 나라로 설정 추가

아래의 사이트에 접속하여 위도와 경도의 좌표값을 알아낸다.

http://www.mygeoposition.com/

[그림 11-60] 사이트에 접속하여 위도와 경도의 좌표값 확인

➡ 우리나라의 위치 정보 예제

위도 : 35.907757

경도 : 127.766922

사이트를 참고하여 얻어진 위치 정보에 대하여 1,000,000 곱하여서 사용한다.

```
import com.google.android.maps.GeoPoint;
import com.google.android.maps.MapController;

GeoPoint p = new GeoPoint(35907757,127766922); // 위도와 경도 적용
MapController mc = mapView.getController();
mc.animateTo(p);    // 위치정보에 해당하는 지도를 표시
mc.setZoom(5);       // 확대 단계 정의
```

5 다시 애플리케이션을 실행시킨다.

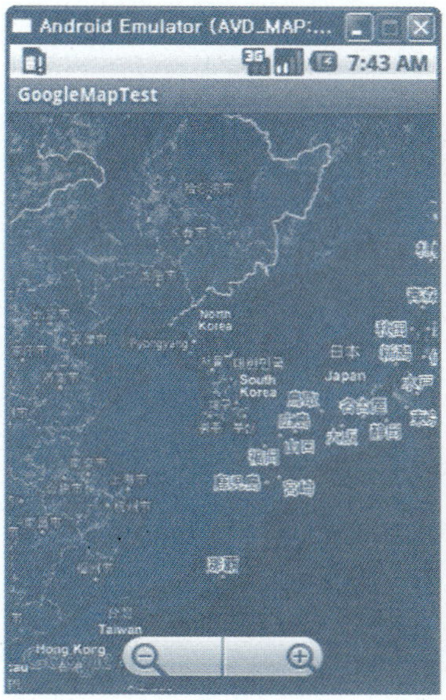

[그림 11-61] 기본 실행 화면

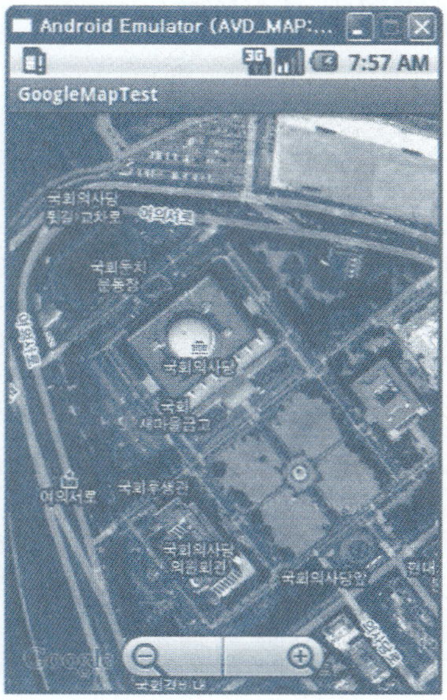

[그림 11-62] Zoom In 화면

심화학습

1. 맵을 실행하면 현재 자신이 있는 위치가 맵에 나타나도록 해보자.

응용실습 11 디버깅

안드로이는 다음과 같은 디버그와 테스트를 위한 도구들을 제공한다.

DDMS는 포트 포워딩(port forwarding), 에뮬레이터상에서 화면 캡쳐, 스레드와 스택 정보를 지원한다. logcat을 사용하여 에뮬레이터의 메시지 로그와 스택 트레이스를 확인할 수 있다. 이클립스에서 android.util.Log를 임포트하여 사용할 수 있다.

Log 로깅 클래스는 로그 메시지를 할당하기 원하는 중요성에 의존해서 v(verbose), d(debug), i(information), w(warning), e(error) 전역 메소드를 사용한다. 트레이스뷰(Traceview)는 로깅 파일을 볼 수 있도록 한다.

1. 디버그와 테스트 환경설정

에뮬레이터에서 개발 설정 페이지를 얻기 위해서 Dev Tools 애플리케이션을 실행하고, Development Settings를 열고, 다음과 같은 사항들을 설정할 수 있다.

(1) Debug App

① 디버거에 연결하기 위해 설정할 필요는 없지만 이것을 설정하므로 다음과 같은 두 가지 효과를 얻을 수 있다.

② 디버깅 동안 오랜 시간 동안 중단점에서 멈추고 있을 때 에러를 던지지 않게 한다. 디버거에 연결될 때까지 애플리케이션 시작을 멈추도록 Wait for Debuuger 옵션을 선택할 수 있도록 한다.

(2) Wait for debugger

① 이 방법은 액티비티의 시작 프로세스를 디버깅하는데 중요한 onCreate에 중단점을 설정할 수 있게 한다.

② 코드에서 waitForDebugger를 추가함으로 같은 효과를 얻을 수 있다.

(3) Immediately destroy activities

① 액티비티가 멈추자마자 액티비티를 소멸하도록 한다.

② onSaveInstanceState/onCreate 코드 경로를 테스팅하는데 유용하다.

③ 이 옵션을 선택하는 것은 아마도 여러분의 애플리케이션에서 상태를 저장하지 않아서 발생하는 많은 문제들을 드러낼 것이다.

(4) Show screen updates

① 화면에서 다시 그려져야 할 부분을 분홍색 사각형으로 깜박이게 한다.

② 이것은 불필요한 화면 그리기를 발견하는데 유용하다.

(5) Show CPU usage

① 화면 상단에 CPU meters를 디스플레이한다. 빨강 막대는 전체 CPU사용을 보여주고, 녹색 막대는 화면을 구성하는데 사용된 CPU 시간을 보여준다.

② 설정을 바꾸려면 에뮬레이터를 다시 시작해야 한다.

(6) Show background

액티비티 화면이 하나도 보이지 않을 때 배경 패턴을 디스플레이한다.

2. 디버깅 팁들

(1) 빠른 스택 덤프

에뮬레이터로부터 스택 덤프를 얻기 위해서 adb shell을 가지고 로그할 수 있다. 여러분이 원하는 프로세스를 발견하기 위해서는 ps를 사용하고 나서 kill-3을 한다. 스택 트레이스가 로그 파일 내에 나타낸다.

(2) 에뮬레이터 화면에 유용한 정보를 디스플레이

CPS 사용 정도나 다시 그려야할 영역을 하이라이트하는 것과 같이 유용한 정보를 장치에 디스플레이한다.

(3) 에뮬레이터로부터 시스템 상태 정보를 얻기

DDMS로부터 dumpstate 정보에 접근할 수 있다.

(4) 에뮬레이터로부터 애플리케이션 상태 정보를 얻기

DDMS로부터 dumpsys 정보에 접근할 수 있다.

(5) 무선 연결 정보를 얻기

DDMS의 Device 메뉴에서 Dump radio state를 선택

(6) 트레이스 데이터를 로깅

android.os.Debug.startMethodTracing을 호출해서 액티비티의 메소드 호출과 다른 트레이싱 데이터를 로그할 수 있다.

(7) 라디오 데이터 로깅

기본적으로 라디오 정보는 시스템에 로그되지 않는다. 그러나 다음과 같은 명령을 사용하므로 로깅할 수 있다.

```
adb shell
logcat -b radio
```

(8) adb를 수행

(9) 에뮬레이터에서 화면 캡쳐를 얻기

(10) 디버깅 헬퍼 클래스를 사용

util.Log와 Debug 클래스

3. IDE를 디버깅 포트에 연결

DDMS는 특별한 디버깅 포트를 모든 가상 머신에 할당할 것이다. 기본 포트인 8700을 사용하던가 특별한 포트를 설정해야 한다.

4. 이클립스를 사용하여 DDMS 실행하기

① 먼저 이클립스에서 작성한 애플리케이션을 에뮬레이터에서 실행시킨다. 이클립스 메뉴에서 Window → Open Perspective → DDMS를 선택한다.

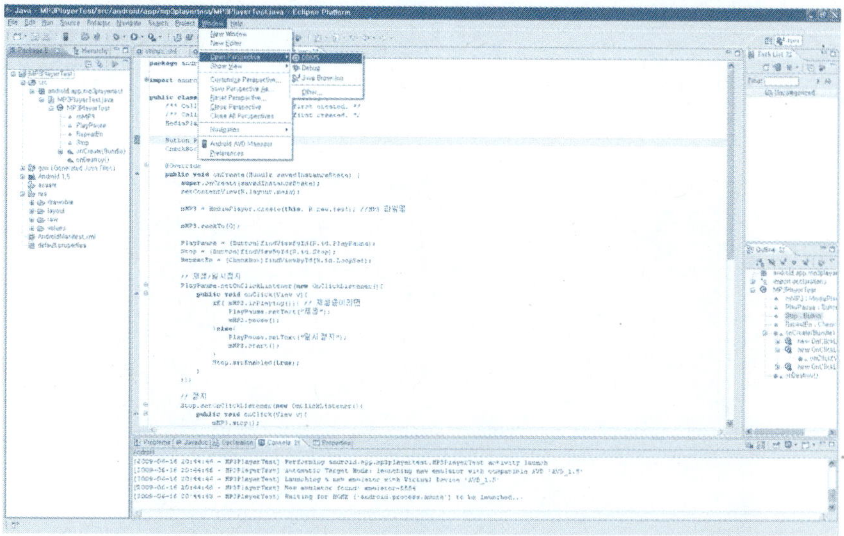

② DDMS 실행 화면이다. 왼쪽 상단 Devices 탭에 현재 동작중인 에뮬레이터가 표시된다.

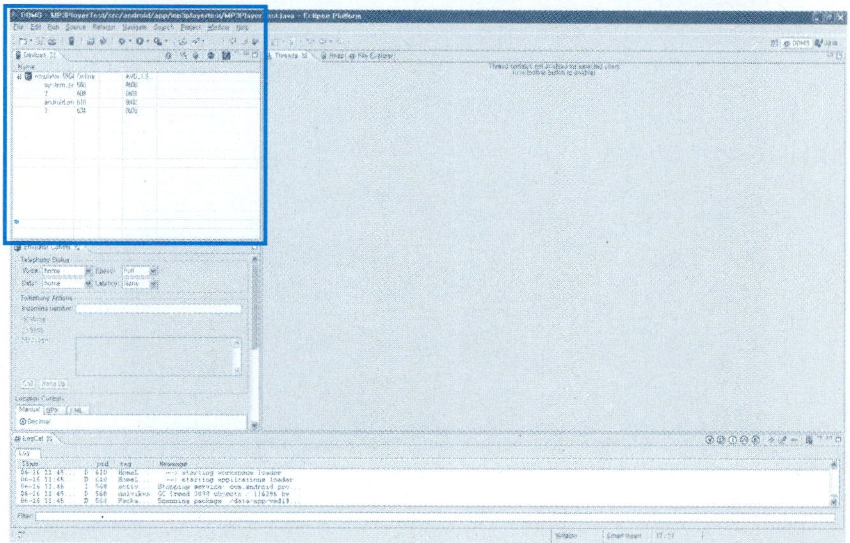

3 하단에 LogCat을 통하여 현재 시스템의 메시지들을 확인할 수가 있다.

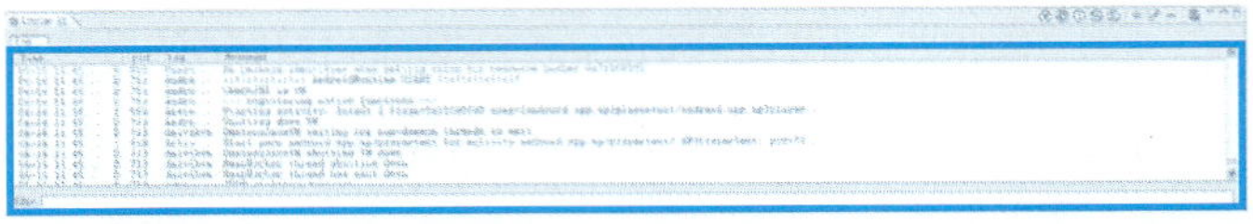

4 LogCat의 경우 에뮬레이터가 실행되고 있는 상태에서 커맨드창에서 adb logcat 입력하면 확인이 가능하다.

⑤ Devices 탭의 왼쪽 Screen Capture 아이콘을 사용하여 에뮬레이터의 화면을 저장할 수 있다.

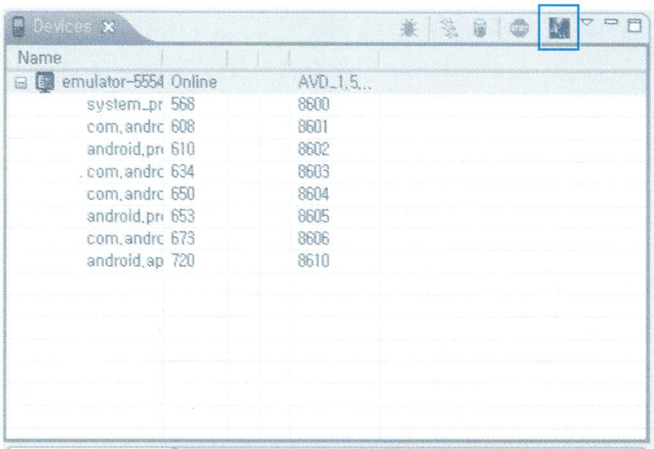

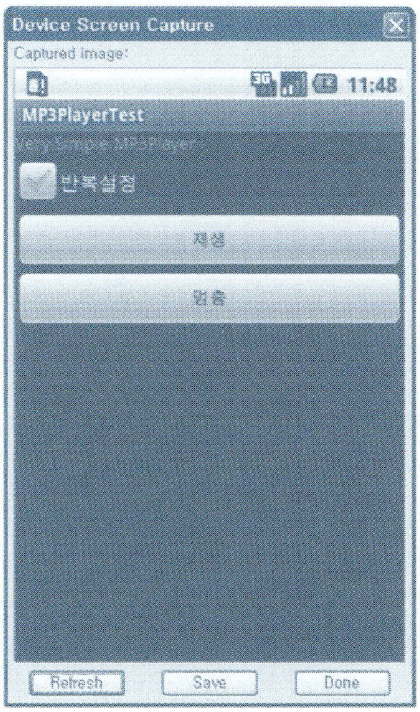

⑥ 오른쪽 상단의 DDMS 아이콘과 Java 아이콘을 선택하여 DDMS와 에디터 창을 옮겨 다닐 수 있다.

참고문헌

1. http://www.androidpub.com/1050
2. http://android15.tistory.com/
3. http://developer.android.com/guide/topics/ui/layout-objects.html
4. http://android15.tistory.com/132
5. http://developer.android.com/guide/topics/ui/layout-objects.html
6. http://developer.android.com/reference/android/widget/RelativeLayout.html
7. http://android15.tistory.com/135
8. http://developer.android.com/reference/android/widget/TableLayout.html
9. http://android15.tistoryoptionoo.com/20
10. http://android15.tistory.com/174
11. http://developer.android.com/guide/topics/ui/menus.html
12. http://android15.tistory.com/25
13. http://android15.tistory.com/26
14. http://android15.tistory.com/139
15. http://android15.tistory.com/149
16. http://developer.android.com/guide/topics/ui/dialogs.html
17. http://android15.tistory.com/44
18. http://android15.tistory.com/74
19. http://android15.tistory.com/82
20. http://developer.android.com/guide/tutorials/notepad/notepad-ex1.html
21. http://developer.android.com/guide/tutorials/notepad/notepad-ex2.html
22. http://developer.android.com/guide/tutorials/notepad/notepad-ex3.html
23. http://android15.tistory.com/143
24. http://developer.android.com/guide/topics/graphics/opengl.html
25. http://developer.android.com/guide/samples/ApiDemos/src/com/example/android/apis/graphics/GLSurfaceViewActivity.html
26. http://developer.android.com/guide/topics/media/index.html
27. http://android15.tistory.com/213
28. http://rsequence.com/android_blog/node/42
29. http://rsequence.com/android_blog/node/50

30. http://rsequence.com/android_blog/node/52
31. http://rsequence.com/android_blog/node/53
32. http://developer.android.com/guide/samples/LunarLander/index.html
33. http://android15.tistory.com/164
34. http://android15.tistory.com/168
35. http://developer.android.com/guide/tutorials/views/hello-webview.html
36. http://android15.tistory.com/118
37. http://android15.tistory.com/119
38. http://developer.android.com/guide/tutorials/views/hello-mapview.html
39. http://android15.tistory.com/224
40. http://developer.android.com/guide/developing/debug-tasks.html
41. http://android15.tistory.com/130
42. http://developer.android.com/guide/topics/ui/layout-objects.html
43. http://developer.android.com/reference/android/widget/LinearLayout.html
44. http://developer.android.com/reference/android/widget/FrameLayout.html
45. http://cafe.naver.com/linuxkernel26.cafe
46. http://www.aesop.or.kr/
47. http://www.kandroid.org/
48. http://source.android.com
49. http://source.android.com/license
50. http://news.cnet.com/8301-1001_3-10071093-92.html?tag=newsEditorsPicksArea.0
51. http://googlekoreablog.blogspot.com/2008/10/blog-post_6323.html
52. SW 지적재산권 동향『SW IPReport 제39호』2008. 10. 20 발행.
53. 주간경제 721호, '컨버전스 시대의 플랫폼 경쟁'
54. David S. Evans, Andrei Hagiu, Richard Schmalensee(2008), Invisible Engines, MIT.
55. David S. Evans, Andrei Hagiu, Richard Schmalensee(2005), A Survey of the Economic Role of Software Platforms in Computer-based Industires, CEDigo Economic Studies, Vol. 51.
56. Gawer & Cusumano(2002), Platform Leadership, Harvard Business School.
57. Gawer & Cusumano(2008), How Companies Become Platform Leaders, MITSloan Management Review, Winter 2008.
58. Iansiti & Levien(2004), The Keystone Advantage, Harvard Business School.
59. Johnson and Br?ms(2000), Profit Beyond Measure, The Free Press.
60. Gave & Kaletsky(2005), Our Brave New World, GaveKal Research.
61. Chesbrough(2006), Open Business Models, Harvard Business School.
62. Yang & Jiang(2006), Strategies for Technology Platforms, Research Technology Management, May/Jun 2006.
63. Meyer & Mugge(2001), Make Platform Innovation drive Enterprise Growth, Research Technology Management, Jan/Feb 2001.
64. Economides & Katsamakas(2005), Two-sided competition of proprietary vs. open source

technology platforms and the implications for the Software industry, SSRN.
65. Jiao, Simpson & Siddique(2007), Product family design and platform-based product development: a state-of-the-art review, J Intell Msnuf.
66. KETI(2008), 구글 안드로이드 플랫폼 분석 version 2.0, EIC(전자정보센터).
67. Kmobile(2008), Korea Mobile Day 2008.
68. ROA(2008), Intel, 차세대 성장 동력으로 'UMPC', 'Viiv'접고 Linux 기반 MID에 All-in.
69. Bruce Brown, "Microsoft's Smartphone Exceeds Expectations," http://www.pcmag.com/print_article/0,3048,a=113391,00.asp, Dec. 30, 2003.
70. Min-Hong Yun, Do-Hyung Kim, and Sun-Ja Kim, "Experience of Linux and GTK+2 Smartphone," IEE 3G2004 Conference, London, Oct. 2004.
71. 배준현, "차세대 운영체제 플랫폼, L4/Iguana," 마이크로소프트웨어, 2007. 1., pp.228-233.
72. Justin Helmig, "Developing Core Software Technologies for TI's OMAP Platform," TI, 2002. 8.
73. R. Karavets and P. Krishan, "Power Management Techniques for Mobile Communication," The 4th Annual ACM/IEEE Int'l Conf. on Mobile Computing and Networking (MOBICOM-98), Oct. 25, 1988.
74. Chun-Chieh Lin, Chuen-Liang Chen, and Ching- Hsu Tseng, "Source Code Arrangement of Embedded Java Virtual Machine for NAND Flash Memory," Int'l Symp. on Communications and Information Technologies, 2007.
75. Mobil Standard Platform, TTAS.KO-06.0036, May 2002.
76. Sun Microsystems, "Korea's Wireless Internet Standardization Forum Embraces Java Technology," http://www.sun.com/smi/Press/sunflash/2003-04/sunflash.20030428.1.html, Apr. 28, 2003.
77. BREW Official Web Site, http://brew.qualcomm.com/brew/en/
78. BREW 3.1 SDK, https://brewx.qualcomm.com/brew/sdk/download.jsp?page=dx/en/brew31/ ad/tl/sdk
79. Stefan Butlin, "uiOne: Developing the Core UI," BREW Conference, 2005.
80. Ramesh Chandrasekhar, "Preparing for Next Generation BREW," BREW Conference, 2007.
81. Symbian Developer Network, http://developer.symbian.com/
82. Forum Nokia, http://forum.nokia.com/
83. iPhone Dev Center, http://developer.apple.com/iphone/devcenter/
84. 홍종진, "글로벌 하이엔드 모바일 플랫폼 동향," 2007 KWSF & WIDEF 모바일 기술 컨퍼런스 프로시딩, 2007.
85. Open Handset Alliance, http://www.openhandsetalliance.com/
86. Android SDK, http://code.google.com/android/
87. Official OpenGL|ES Web site, http://www.khrnos.org/opengles/index.html
88. SQLite: An Embeddable SQL Database Engine, http://www.sqlite.org
89. Windows Mobile Devleoper Center, http://msdn2.microsoft.com/ko-kr/windowsmobile/ default (en-us).aspx
90. 노무라종합연구소, "2010 IT 로드맵," 매일경제신문사, 2007.
91. 한국마이크로소프트 [2008년 5월호].

찾아보기

저자 약력

■ 남 상 엽

- 공학박사
- 삼성종합기술원 정보시스템연구소 근무
- 모토로라 반도체통신(주) 기술연구소 근무
- (현) 국제대학 IT계열 교수

■ 강 민 구

- 공학박사(연세대)
- 삼성전자통신연구소 근무
- 가온미디어 신규사업팀 근무
- (현) 한신대학교 정보통신학과 교수

■ 김 인 기

- 공학석사(한신대)
- 삼성전자기술연구소 근무
- 가온미디어 근무(CTO/연구소장)
- (현) 이노디지털(주) 대표이사

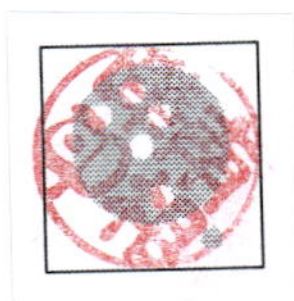

안드로이드 분석과 실습

2010년 9월 10일 1판 2쇄 발행

저 자 남상엽 · 강민구 · 김인기
발행인 남 승 우

발행처 도서출판 상尙 학學 당堂

서울특별시 동작구 사당3동 220-43
TEL : 02) 595-1692~4
FAX : 02) 595-1394
E-mail : namdoo6@unitel.co.kr
신고 : 2-155호 (1968. 11. 29)

(DVD 포함) 정가 25,000원

ISBN 978-89-93383-61-4 93560

이노디지털 회사소개

사람이 있는 곳, 그리고 사람을 위하여 언제나 "이노디지털" 이 있습니다.

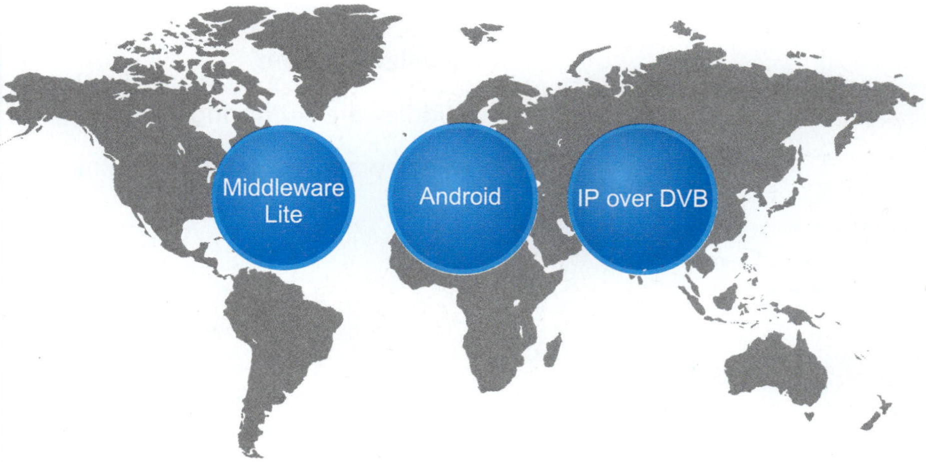

빨리 가기 위해 시간을 보는 기업이 되기 보다는 고객의 모소리에 귀 기울이며 바른 길로 가기 위해 **"나침반을 보는 기업"**, **"기술과 신뢰"**를 바탕으로 인류의 행복한 삶을 위해 버팀목이 되도록 최선을 다하는 기업이 되는 것이 "이노디지털의 목표" 입니다.

이노디지털은 방송통신 및 임베디드 솔루션 분야의 전문기업으로 다양한 경험과 기술력을 바탕으로 작고 빠른 임베디드 제품을 Middleware-Lite, 임베디드 코어 소프트웨어, 임베디드 GUI(Graphic User Interface), 모바일 오픈 솔루션(Android) 및 네트워크 솔루션에 최고의 경쟁력을 가지고 있습니다.
인간의 삶과 함께 하고 인간을 위한 기술을 바탕으로 디지털의 혁신을 이노디지털이 이끌어 가겠습니다.

항상 낮은 자세로 언제나 최선을 다하여 고객과 함께하는 따뜻한 기업, 그리고 존경 받는 기업이 되기 위해 **"열정"**을 가지고 **"탐험"**하고 **"도전"**하고 "창조"하겠습니다.

이노디지털 비즈니스 소개

Future style embedded solution

Middleware-Lite

- Embedded Middleware
- Easy to development
- Easy to menu design
- Easy to cutomize
- Easy to porting on various platform
- Very, fast, small and lite software

Middleware Core

Middleware Authoring Tool

Middleware Presentation Engine

Android

- Open Integrated Platform
- Linux embedded Kernel
- Easy to developement with Java
- Rich Internet Application
- Webkit based Full Browser
- VoIP

Android Control System

Android MID

Android Set Top Box

방송통신 / 네트워크 Solution

- MPEG Multiprotocol encapsulation(MPE)
- Data broadcast
- IP Mulicast & Unicast
- Satellite Internet access
- Remote education
- Enterprise file distribution

IP over DVB

방송통신 Core Software

Network Solution

MIDDLEWARE -LITE

Embedded small & lite middleware for mobile, set top box and consumer devices.

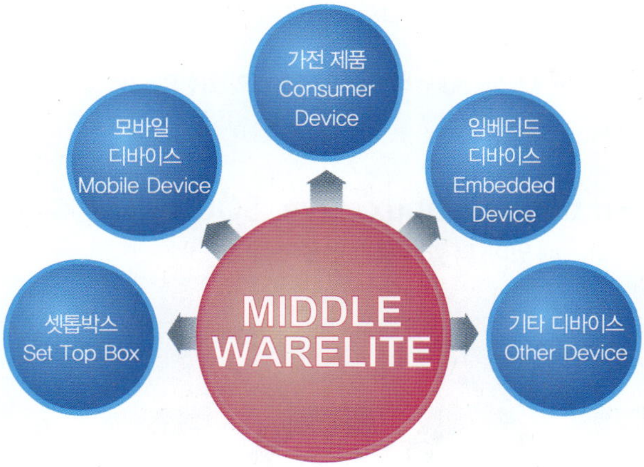

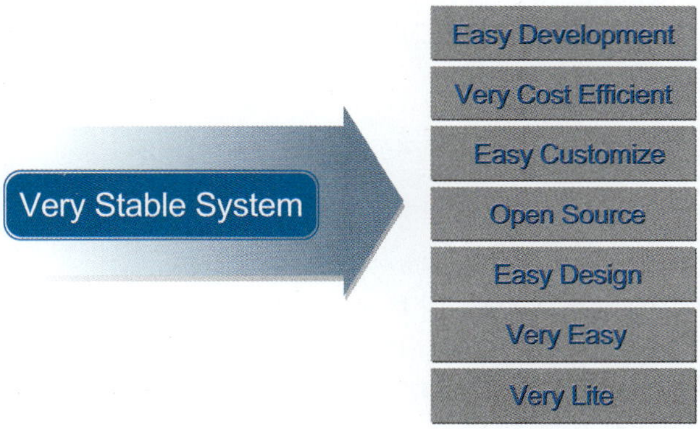

Chipset Suport

ST BROADCOM. CONEXANT NEC Empowered by Innovation ALi

Client

KAON

Android

안드로이드 교육 솔루션 (ID-100)

구글이 주도하는 **OHA(Open Handheld Allica)**에서 발표한 안드로이드를 이해하고,
임베디드 H/W 및 Linux OS , 디바이스 드라이버를 학습하기 위한 최적의 솔루션이다.

삼성의 S32C6410 를 통한 ARM core, Multi codec 비디오 드라이버와 최신의 모바일 디바이스
기술을 익히는 데에도 손색이 없다.

구글의 안드로이드 플랫폼은 **Embedded Linux, Java, SQL** 등의 최신 기술로 중무장 되어 있어
이를 통해 임베디드 솔루션을 익히는 데 있어, 더 할 나위가 없을 것이다.

H/W 사양

- PCB: Main board 8 layers
- CPU: Samsung S3C6410 Application Processor - 667Mhz, ARM1176JZF-S core
- Memory: 128MByte - 266Mhz Data Rate, Mobile DDR, 32-Bit Bus
- Storage: 256MByte NAND Flash
- LCD: 4.8" , 7" TFT LCD - 800x480 H-VGA, LED Back-light
- T/P: 4.8" Resistive Touch Panel (4-wire type)
- Audio: Wolfson WM9715 - AC97 interface (Line In / Head-Phone Out)
- USB: USB 1.1 Host / USB 2.0 OTG
- SD/MMC: Standard SD Slot x 1EA
- WIFI Module (802.11g/b)
- Bluetooth 2.1 + EDR

특징

- 4.8인치 / 7 인치 터치 스크린
- 안드로이드 탑재
- Internet Browser
- WIFI 802.11b/g
- Mini USB
- Media Player
- Internet Browser
- Internet RADIO
- VOIP

Android

안드로이드 STB (ID-200)

최근 방송용 Digtial Settop 시장에서는 기존의 일방적인 방송 수신외에 시청자의 참여가 가능한 양방향의 서비스와 네트웍을 통한 인터넷 브라우징, VoIP, T-Commerce, Internet VOD등 예전에는 PC 에서만 가능했던 일을 원하게 되었다.

기존의 Settop box 는 방송에만 최적화된 고정 Codec (MPEG2, MPEG4) 와 낮은 사양의 CPU (80 ~ 160MHz)만 사용하였기 때문에, 고도화된 어플리케이션을 운용하기 힘들었다.

Android 가 기존 방송용 Settop 에 많이 사용되는 **MIPS core** 에 이식되어, 오랫동안 안정화 되어 온 방송기술 (Demux / Decording)과 복잡하고 다양한 어플리케이션을 운용할 수 있는 기반이 된 것이다.

이노디지털에서는 오픈 플랫폼인 **안드로이드**를 사용하여 다양한 인터넷 **어플리케이션** 및 **3D UI**를 통한 사용자 인터페이스를 획기적으로 개선하게 되었다.

H/W 사양

- Broadcom BCM7405 MPEG4 HD Decorder or SIGMA
- Memory: 128MByte - 266Mhz Data Rate, Mobile DDR, 32-Bit Bus
- Storage: 256MByte NAND Flash
- USB: USB 1.1 Host / USB 2.0 OTG
- SD/MMC: Standard SD Slot x 1EA
- WIFI Module (802.11g/b)
- Bluetooth 2.1 + EDR

특징

- Fully HD (MPEG2, MPEG 4 Part 10) video compliant
- Simultaneous 2 Channels Recording and 1 Playback
- Time Shifted Record for 3hours
- Chase Play Support
- Bookmark function
- Up to 160 hours recording (250G HDD)
- Pause live TV
- Commercial AD Skip Function
- View the 7-day schedules of TV program
- Common Interface for Pay TV
- 안드로이드 탑재
- DVB Mpeg2, Mpeg4 HD PVR
- Dual Tuner (SAT, Cable, Terrerstrial)
- HDMI (HDCP)
- Embedded CAS (Conax, Nagravison, IRDETO)
- Internet Browser
- VoIP
- VOD
- YouTube support
- Twitter, Facebook support

Android

안드로이드 MID (ID-300)

MID 란 **Mobile Internet Device** 의 약자로, 최근 무선 네트웍이 발달하면서 가볍고, 오래 가며, 어디서든지 인터넷에 접근할 수 있는 디바이스가 필요해 짐에 따라 새롭게 출현한 장치이다.
기존의 노트북, 스마트폰에 비교해서는 노트북 보다는 작으며, 스마트폰 보다는 좀 더 큰 LCD 사이즈를 가진다 (4~5인치)

	노트북	넷북	MID	스마트폰	PMP
CPU	1GHz이상의 CPU	아톰 프로세서 (1.1Ghz~1.6Ghz)	아톰 프로세서 (1.1Ghz~1.3Ghz)	800MHz이하의 모바일 CPU	900MHz이하의 모바일 CPU
LCD	11인치 이상	7인치~10인치	4인치~5인치	2인치~3인치	4인치~5인치
운영체제	윈도, OS X,리눅스	윈도 XP, 리눅스	윈도 XP, 리눅스	모바일용 운영체제	주로 Win CE
키보드	쿼티 키보드 탑재	쿼티 키보드 탑재	쿼티 키보드 탑재 또는 가상키보드	미니 키보드 탑재 또는 가상키보드	주로 가상키보드
무게	1.2KG 이상	1.2KG 내외	300g~400g	100g~200g	300g~400g
활용	일반컴퓨팅 작업	단순컴퓨팅	인터넷을 이용한 멀티미디어 작업	통화,부가 멀티미디어 활용	멀티미디어 활용

이전의 MID 들에는 주로 윈도 XP 나 윈도우 CE, Linux 등이 탑재가 되었으나 고가의 로열티와 느린 동작 속도을 보였다.
또한 CPU도 기존 X86 계열인 아톰 (1.1Ghz ~ 1.3Ghz) 등이 채택되어 동작시간이 2~3 시간 내외로 제한적이었다.

이노디지털에서는 CPU 를 ARM11 계열의 저전력 **Samsung S3C6410 SoC** 를 사용하여
긴 동작시간과 다양한 멀티미디어 Codec 에 대응하였고,
안드로이드 플랫폼을 채용하여, 풍부한 응용 어플리케이션을 확보 할 수 있게 되었다.

H/W 사양

- PCB: Main board 8 layers
- CPU: Samsung S3C6410 Application Processor - 667Mhz, ARM1176JZF-S core
- Memory: 128MByte - 266Mhz Data Rate, Mobile DDR, 32-Bit Bus
- Storage: 256MByte NAND Flash
- LCD: 4.8" TFT LCD - 800x480 H-VGA, LED Back-light
- T/P: 4.8" Resistive Touch Panel (4-wire type)
- Audio: Wolfson WM9715 - AC97 interface (Line In / Head-Phone Out)
- USB: USB 1.1 Host / USB 2.0 OTG
- SD/MMC: Standard SD Slot x 1EA
- WIFI Module (802.11g/b)
- Bluetooth 2.1 + EDR

Network Solution

IP over DVB

IP over DVB Receiver는 Data Broadcasting을 위한 DVB규정을 적용한 제품으로

Headend에서 IP Data를 DVB Encapsulation하여 위성으로 전송하면 IP over DVB Receiver가 위성 안테나로 신호를 수신하여 수신된 TS Stream을 IP Data로 변환하여 RJ45 Ethernet connector에 연결된 Network망을 통하여 Client에 전달하는 역할을 한다.

IP over DVB Receiver는 IPTV처럼 IP base의 application을 전송하거나, 날씨 정보와 같은 Image와 Data를 전송, 원거리 교육, 영화나 음악 같은 Media file 배급,
위성을 통한 Internet 사업을 원하는 중소규모 회사나 고객의 Client 단말기로 알맞은 제품이다.

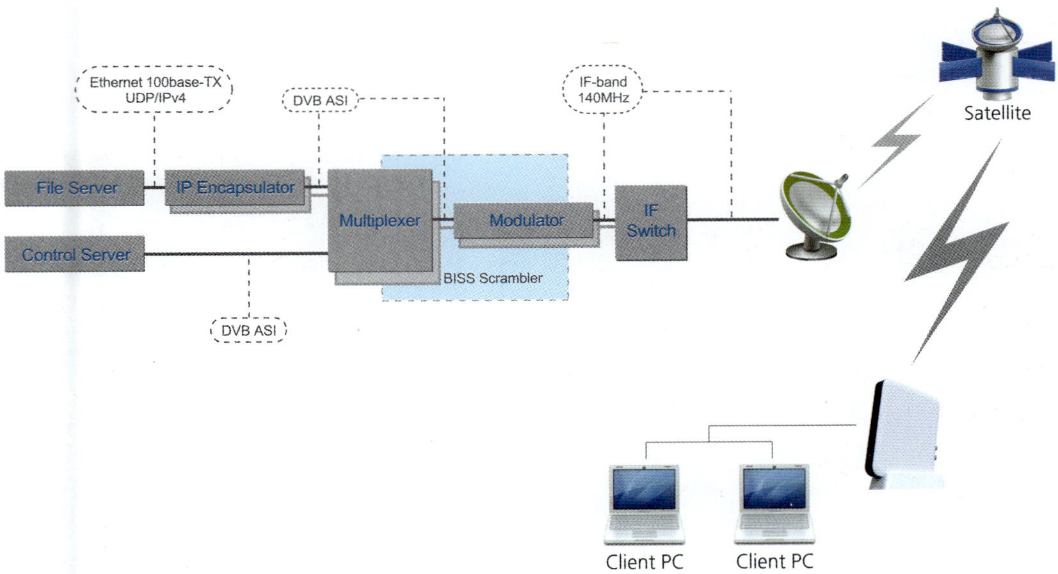

사양 및 특징

- DVB Compliant (ETSI EN 301 192)
- 55 Mbps Sustained Throughput
- BISS-CAS implemented
- Compatible with TCP/IP Protocol Suite
- RJ45 10/100 Base-T Ethernet Interface
- IGMP
- Multi-LED Signal Strength Display in Front Panel
- Downloadable Firmware
- Reliable Fan-Less Operation
- Application, Image File, Media File Transparent
- Satellite Internet Service